ÉTUDES MUSULMANES

Fondées par
Étienne GILSON et Louis GARDET

Dirigées par
Cristina D'ANCONA COSTA, Jean JOLIVET
et Dominique URVOY

ASPECTS
DE LA PENSÉE MUSULMANE

DANS LA MÊME COLLECTION
(DERNIÈRES PUBLICATIONS)

Tome 46 - *De l'Antiquité tardive au Moyen Âge ; Études de logique aristotélicienne et de philosophie grecque, syriaque, arabe et latine offertes à Henri Hugonnard-Roche*, E. Coda & C. Martini Bonadeo (éd.), 664 p., 2014.

Tome 45 - AVICENNE, *Commentaire sur le livre* Lambda *de la* Métaphysique *d'Aristote*, éd. critique, traduction et notes par Meryem Sebti, Marc Geoffroy et Jules Janssens, 120 p., 2014.

Tome 44 - DAFTARY F., *Les ismaéliens dans les sociétés musulmanes médiévales*, 184 p., 2011.

Tome 43 - IBN ZUHR DE SÉVILLE, *Le traité médical (Kitâb al-Taysir)*, introduit, traduit et annoté par Fadila Bouamrane, 480 p., 2010.

Tome 42 - AL-ĠAZÂLÎ, *Le critère de distinction entre l'islam et l'incroyance. Interprétations et divergences en Islam*, édition, trad., présentation et notes par M. Hogga, 128 p., 2010.

Tome 41 - BONMARIAGE C., *Le réel et les réalités. Mulla Sadra Shirazi et la structure de la réalité*, 352 p., 2008.

Tome 40 - DAFTARY F., *La légende des Assassins. Mythe sur les ismaéliens*, 208 p., 2007.

Tome 39 - ARNALDEZ R., *Les sciences coraniques, Grammaire, droit, théologie et mystique*, 288 p., 2005.

Tome 38 - VALLAT Ph., *Al-Fârâbî et l'école d'Alexandrie. Des prémisses de la connaissance à la philosophie politique*, 432 p., 2004.

Tome 37 - ARNALDEZ R., *Fakhr al-Dîn al-Râzî, commentateur du Coran et philosophe*, 288 p., 2005.

Tome 36 - ALAMI A., *L'ontologie modale. Étude de la théorie des modes d'Abû Hâšim al-Ǧubbâ'î*, 240 p., 2001.

Tome 35 - JOMIER J., *L'islam vécu en Égypte*, 244 p., 1994.

Tome 34 - HOGGA M., *Subversion et réforme en Islam. Ġazâlî et les Seljuqides*, suivi de *Textes politiques de Gazali*, préf. de J. Jolivet, 272 p., 1993.

Tome 33 - MICHOT J.-R., *Musique et danse selon Ibn Taymiyya*, 224 p., 1991.

Tome 32 - GILLOT C., *Exégèse, langue et théologie en Islam. L'exégèse coranique de Ṭabarî (m. 311/923)*, 320 p., 1990.

Tome 31 - AL-FÂRÂBÎ, *Traité des opinions de la Cité*, intro., trad. et notes par T. Sabri, 158 p., 1990.

Tome 30 - DEMEERSEMAN A., *Nouveau regard sur la voie spirituelle d'Abd al-Qâdir al-Jilânî*, 182 p., 1988.

Tome 29 - AL-ĠAZÂLÎ, *Le livre de l'amour, du désir ardent, de l'intimité et du parfait contentement*, intro., trad. et notes par M.-L. Siauve, 340 p., 1986.

Tome 28 - SIAUVE M.-L., *L'amour de Dieu chez Ghazâlî. Une philosophie de l'amour à Bagdad au début du XIIe siècle*, 336 p., 1986.

Tome 27 - AVICENNE, *La métaphysique du Shifâ', Livres VI à X*, intro., trad. et notes par G. C. Anawati, 240 p., 1985.

Tome 26 - ELAMRANI-JAMAL A., *Logique aristotélicienne et grammaire arabe*, 240 p., 1983.

ÉTUDES MUSULMANES
XLVII

ASPECTS DE LA PENSÉE MUSULMANE

par

Roger ARNALDEZ

Préface de Maurice BORRMANS

Deuxième édition

PARIS
LIBRAIRIE PHILOSOPHIQUE J. VRIN
6 place de la Sorbonne, V[e]
2015

ISBN 2-7116-0931-6

Imprimé en France

ISSN 0531-1888
ISBN 978-2-7116-2627-4

www.vrin.fr

PRÉFACE

ROGER ARNALDEZ (1911-2006)
PHILOSOPHE ET ISLAMOLOGUE, AU SERVICE D'UN ŒCUMÉNISME ÉLARGI ET D'UN DIALOGUE DIFFICILE

Lorsque le Professeur Roger Arnaldez décida de publier, en 1987, grâce aux Éditions Vrin, les vingt-et-un articles ici regroupés sous le titre *Aspects de la pensée musulmane* que les mêmes Éditions rééditent à ce jour, il avait déjà pris sa retraite depuis 1978 et entendait faire connaître certaines de ses études en matière d'islamologie pour ainsi compléter ce qu'il en avait déjà dit en quelques livres essentiels. Il est certain qu'on ne peut comprendre le choix qui fut alors fait de ces articles qu'en les situant dans l'ensemble de l'œuvre de celui qui, philosophe et islamologue, se consacra aussi, tout au long de sa carrière, au service d'un œcuménisme élargi aux trois monothéismes que sont l'islam, le judaïsme et le christianisme. Né à Paris le 13 septembre 1911, il y fit de brillantes études qui l'amenèrent à poursuivre son parcours intellectuel jusqu'à l'université, séduit tout à la fois par les langues et la philosophie. Comme le dit de lui Mme Chantal Delsol, qui devait lui succéder plus tard à l'Académie des Sciences Morales et Politiques, en 2008, sa vocation de linguiste l'amena à maîtriser une vingtaine de langues « outre les langues anciennes classiques, latin et grec, et les langues vivantes proches comme l'anglais et l'allemand, d'autres assez courantes (l'italien, l'espagnol, le portugais), d'autres rares (le russe, le polonais, l'hébreu), voire étrange (le ghèze, langue ancienne de l'Éthiopie), ou régionale (le catalan). Curiosité intense, sens de la précision (…). Pour lui, la reine-mère des langues est le grec, et il s'indigne qu'on le néglige. Mais sa fascination va à l'arabe. Il le comprendra si parfaitement que certains musulmans viendront lui demander des interprétations de texte en arabe classique » [1]. Mais c'est aussi la philosophie qui devint très vite le champ privilégié de ses recherches et de ses publications : « Sa vocation philosophique s'annonce en classe terminale (de ses études secondaires), dans le sillon d'un professeur enthousiasmant. Il suit donc un cursus universitaire en philosophie, et fréquente en même temps le courant qui convient à ses convictions : le courant personnaliste chrétien. Il se rend aux réunions des agrégatifs chaque lundi chez Gabriel Marcel, où l'on étudie notamment Kierkegaard, Scheler, Jaspers. Il connaît Jacques Maritain et chez lui, à Meudon, rencontre Maurice de Gandillac qui deviendra le directeur de sa thèse principale » [2].

C'est ainsi qu'après de brillantes études secondaires et supérieures, il débute sa carrière professorale de jeune agrégé de philosophie au lycée de Mont-de-Marsan, puis se retrouve bien vite au Caire pour y enseigner la philosophie au Lycée français en 1938-1939. Mobilisé comme aspirant au début de la guerre, il se retrouve prisonnier, en juin 1940, à l'aspilag de Stablack. Comme en témoigne son ami de captivité, Maurice Girault, « sa personnalité intellectuelle était manifeste, jointe à des qualités de simplicité et de disponibilité (...). À cette époque, il parlait au moins une demi–douzaine de langues et en lisait autant d'autres, à commencer par le latin, le grec et les langues sémitiques. Au camp, il eut l'occasion d'apprendre notamment le portugais (il connaissait l'italien et l'espagnol), mais il étudia surtout l'arabe ». Et cet ami de captivité d'ajouter : « En captivité, sa connaissance de l'allemand et du russe a rendu des services (...). Et son initiative d'enseignement du russe a rendu de réels services dans la période finale, sous occupation soviétique, (car) les Russes exigèrent des "listes de rapatriement" en russe ». « Libéré en juin 1945, raconte encore Maurice Girault, il reprit ses activités professionnelles. En septembre 1945, de retour au Caire, il fut nommé sous-directeur du Lycée, puis, l'année suivante, "attaché culturel" à l'Ambassade de France (...). Les lourdes tâches administratives imposées à l'attaché culturel ne passionnaient pas Roger Arnaldez ; aussi reprit-il rapidement ses enseignements de philosophie, cette fois au Lycée franco-égyptien d'Héliopolis. Le Caire était, à cette époque, une grande capitale internationale, et plus particulièrement la capitale du monde arabe. Elle le devait à son passé, mais aussi à la situation stratégique qu'elle prit au cours de la Seconde Guerre qui venait de s'achever. Un renouveau de l'Islam, avec réflexions sur sa place dans le monde moderne, amorcé au début du siècle,

1. *Cf.* p. 10 de sa *Notice sur la vie et les travaux de Roger Arnaldez (1911-2006)*, lue par elle le lundi 8 décembre 2008, en séance publique, à laquelle il est ici renvoyé sous le titre *Notice*, et qu'elle soit aussi remerciée pour nous en avoir aimablement communiqué le texte. « Pourtant, précise-t-elle, ce polyglotte ne parlait que le français, et s'il devait donner une conférence en langue étrangère, lisait un texte qu'il avait préparé ».

2. Cf. *Notice*, p. 10.

continuait de s'y manifester [1]. Pour l'arabisant qu'était Roger Arnaldez, il pouvait trouver des contacts intéressants ; deux centres actifs rassemblaient les chercheurs : Al-Azhar et le Centre des Dominicains. C'est dans ce cadre qu'il put approfondir ses connaissances sur la civilisation musulmane sous tous ses aspects, avec un intérêt marqué pour le développement de la pensée philosophique de l'Islam au cours des deux grandes périodes historiques symbolisées par Bagdad et Cordoue. Reconnu, en Egypte même, comme arabisant, il fut chargé d'enseigner cette discipline à la Faculté du Caire de 1952 à 1955 ». Très lié aux Dominicains du Caire, il participe de tout cœur à leurs activités du Cercle thomiste, publie maints articles dans les *Cahiers* de ce Cercle [2] et collabore étroitement aux initiatives de Dâr as-Salâm où il se retrouve côte à côte, pour conférences, avec Louis Massignon, Louis Gardet et Georges Anawati, se situant ainsi dans la droite ligne d'un Orientalisme catholique dont ils sont alors les meilleurs représentants.

Les titres des conférences alors données par Roger Arnaldez dans le cadre de ces Mardis de Dâr as-Salâm, tels que les rapporte Dominique Avon en sa magistrale étude sur *Les Frères prêcheurs en Orient* [3], disent assez les orientations de sa pensée : au cours des années 1951-1952, ce sont « L'œuvre de l'école d'Alexandrie », « Alexandrie et les aspirations de la pensée antique », « Moïse et Platon dans la philosophie de Philon d'Alexandrie », « Langage philosophique et foi chrétienne : aux temps d'Origène, de Saint Cyrille et de Jean Philopon », « L'École d'Alexandrie et la pensée de l'Islam » et « Transcendance et révélation » ; au cours des années 1953-1954, ce sont « La conception profane et classique de l'Histoire », « La conception chrétienne de l'Histoire », « La conception musulmane de l'Histoire » et « Perspectives eschatologiques ». Ce séjour au Caire lui permit de préparer son Doctorat : c'est à la Sorbonne, à Paris, qu'en 1955, il put défendre sa thèse principale, « Ibn Hazm de Cordoue, grand penseur musulman du XIe siècle », qui fut ensuite publiée sous le titre *Grammaire et théologie chez Ibn Hazm de Cordoue* [4] et dédiée à Ṭâhâ Ḥusayn, et sa thèse complémentaire consacrée à Philon d'Alexandrie, d'où les six livres

1. Comme le rappelle Mme Chantal Delsol, « Le Caire était alors une capitale intellectuelle brillante. Il y fréquente par exemple les chercheurs de l'École de Droit, et le directeur du Musée d'art arabe, Gaston Wiet. Enfin le grand écrivain arabe Tâhâ Husayn, l'auteur du *Livre des Jours*, accompagne sa jeune ambition, lui conseille d'étudier Ibn Hazm de Cordoue et, en tant que ministre de l'Instruction Publique, le fait entrer à l'université d'Héliopolis » (cf. *Notice*, p. 12).

2. Ainsi dans ces *Cahiers du Cercle thomiste*, Le Caire, « La délicatesse de conscience comme unique fondement de la vie morale », oct. 1947, p. 3-13 ; « Réflexions sur la doctrine thomiste de la vertu », déc. 1948, p. 36-46 ; « Stoïcisme et christianisme », déc. 1949, p. 19-26 et « Ecclésiologie du dogme de l'Assomption », avril 1951, p. 28-37.

3. *Les Frères prêcheurs en Orient : Les dominicains du Caire (années 1910-années 1960)*, Paris, Cerf, 2005, ici plus particulièrement p. 559-568.

4. Avec, comme sous-titre, *Essai sur la structure et les conditions de la pensée musulmane*, Paris, Vrin, 1956 (rééd. : Paris, Vrin, 1981).

ensuite édités où ses œuvres sont par lui traduites et commentées [1]. Il accède alors à l'enseignement supérieur, d'abord à la Faculté des Lettres de Bordeaux, puis à celle de Lyon (1956-1968) et enfin à celle de Paris-Sorbonne, de 1968 jusqu'à sa retraite en 1978. Ses enseignements, ses publications et sa participation à nombre de colloques internationaux lui assurent alors une audience des plus notoires dans le monde des dialogues interculturels et interreligieux. C'est alors qu'il enseigne aussi au Pontificio Istituto di Studi Arabi e d'Islamistica (PISAI) de Rome, comme professeur invité, tout en participant bien vite au comité de rédaction de sa revue *Islamochristiana*. Il fut aussi, pendant un certain temps, consulteur auprès du Secrétariat (romain) pour les Non Chrétiens. Membre associé de l'Académie royale de Belgique et membre correspondant de l'Académie arabe du Caire, il est élu, le 10 février 1986, à l'Académie des Sciences Morales et Politiques, dans la section de philosophie, au fauteuil de Pierre-Maxime Schuhl. Plus tard, il s'employa à coordonner les travaux du quatrième volume de l'*Encyclopédie philosophique universelle*.

Islam et philosophie

Roger Arnaldez a su manifester, en ses deux thèses de Doctorat, sa capacité d'assumer et le passé philosophique de la Grèce repris dans l'œuvre de Philon et les élaborations de la philosophe hellénistique de l'Islam classique dont Ibn Hazm, Averroès et Râzî furent les témoins diversifiés en leur temps. On lui doit l'article falsafa de l'*Encyclopédie de l'Islam* [2] avant qu'il ne se consacre à cette *Encyclopédie philosophique* qui lui prit le meilleur de ses dernières années. Mais c'est par l'école d'Alexandrie qu'il eut accès à Philon le juif et lui consacra sa thèse secondaire : ce faisant, il devait avoir accès à la pensée de Plotin (205-270) et de ses *Ennéades*, puis, à travers son néo-platonisme, entrer de plein pied dans l'étude des diverses étapes et des multiples écoles de la philosophie hellénistique musulmane. C'est de Philon qu'il avait traduit six de ses ouvrages où le philosophe d'Alexandrie tentait d'harmoniser l'orthodoxie hébraïque avec l'hellénisme de Platon et d'Aristote, avant d'inspirer par là le néo-platonisme de Plotin et nombre de Pères de l'Eglise. Linguiste et traducteur, R. Arnaldez est ainsi attentif à l'expression linguistique de la philosophie et de la théologie,

1. *Philon d'Alexandrie : 1. De opificio mundi* (introduction générale à l'œuvre de Philon, traduction et notes), Paris, Cerf, 1961 ; *2. De virtutibus* (introduction, traduction et notes), Paris, Cerf, 1962 ; *3. De mutatione nominum* (introduction, traduction et notes), Paris, Cerf, 1964 ; *4. De aeternitate mundi* (introduction, traduction et notes), Paris, Cerf, 1969 ; *5. De posteritate Caini* (introduction, traduction et notes), Paris, Cerf, 1972 ; *6. De vita Mosis, I-II* (introduction, traduction et notes), Paris, Cerf, 1967.

2. *Encyclopédie de l'Islam*, Leyde/Paris, Brill/G.-P. Maisonneuve et Larose, 2e éd., t. II, 1965, p. 788-794.

ce qu'illustrait parfaitement sa thèse principale, *Grammaire et théologie chez Ibn Hazm de Cordoue* : il y avait là tout un programme pour ses recherches subséquentes. De fait, la lecture de l'article *Ibn Ḥazm* [1] que R. Arnaldez a confié à l'*Encyclopédie de l'Islam* permet ainsi de comprendre quels furent les axes essentiels de sa recherche ultérieure en philosophie, en théologie et en mystique, car tout langage a pour mission d'exprimer la vérité, toute intelligence est sollicitée par l'être de Dieu ou son mystère, toute expérience spirituelle a une logique et une finalité, toute cohésion sociale se fonde sur des légitimités et des solidarités [2]. C'est pourquoi le présent ouvrage reproduit six articles qu'Arnaldez a publiés pour mieux faire connaître la pensée d'Ibn Hazm : « Akhbâr et Awâmir chez Ibn Hazm de Cordoue » [3] en 1955 (p. 93-110), « La raison et l'identification de la vérité selon Ibn Hazm de Cordoue » [4] en 1956 (p. 153-163), « La guerre sainte selon Ibn Hazm de Cordoue » [5] en 1962 (p. 137-151), « Le profession de foi d'Ibn Hazm » [6] en 1964 (p. 111-135), « La place du Coran dans les *Usûl Al-Fiqh* d'après le *Muhallâ* d'Ibn Hazm » [7] en 1970 (p. 165-174) et « Controverse d'Ibn Hazm contre Ibn Naġrila le Juif » [8] en 1973 (p. 175-182). Il y faudrait ajouter une de ses premières études, « Les biens en droit musulman à travers les idées d'Ibn Hazm de Cordoue » [9], publiée en 1956.

Rien d'étonnant alors si R. Arnaldez ait voulu décrire plus largement « l'âge d'or » que connurent « La science arabe » [10] et la pensée musulmane en son livre de 1985, *Les grands siècles de Bagdad* (*De la fondation de Bagdad au* IVe/X^{e} *siècle)* [11], avant de se pencher plus particulièrement sur les philosophes que furent al-Fârâbî, le bagdâdien (873-950), Averroès, l'andalou (1126-1198)

1. *Encyclopédie de l'Islam*, t. III, 1971, p. 814-822.

2. Ce sont là, en effet, les dimensions particulières de l'expérience d'Ibn Ḥazm de Cordoue (994-1064) qui fut, à la fois, poète, historien, juriste, philosophe, théologien et aussi homme politique dans une Andalousie alors fragmentée en de multiples principautés aux destins diversifiés, sinon contrastés.

3. Article publié dans *Arabica*, Leiden, Brill, 1955, t. II, fasc. 2, p. 211-227.

4. Article publié dans *Mélanges Louis Massignon*, Damas, Institut français de Damas, 1956, p. 111-121.

5. Article publié dans *Études d'Orientalisme dédiées à la mémoire de Lévi-Provençal*, Paris, G.-P. Maisonneuve et Larose, 1962, p. 445-459.

6. Article publié dans *Actas del primer congreso de estudios Arabes e Islamicos*, Madrid, Imprenta y Editoria Maestre, 1964, p. 137-161.

7. Article publié dans *Studia Islamica*, Paris, G.-P. Maisonneuve et Larose, 1970, fasc. XXXII, 1970, p. 21-30.

8. Article publié dans *Mélanges Le Tourneau, Revue de l'Occident musulman et de la Méditerranée*, Aix-en-Provence, n° 13-14, 1973, p. 41-48.

9. Article publié dans *Les Mardis de Dar el-Salam*, t. VI, 1956-1957, p. 147-186.

10. Article publié dans *Histoire générale des sciences*, t. 1 : *La science antique et médiévale*, Paris, P.U.F., 1957, p. 430-471.

11. Alger, Société Nationale d'Édition et de Diffusion, 1985.

et Faḫr al-Dîn al-Râzî, l'iranien (1149-1209) dont il ne cessa de méditer les écrits pour s'interroger sur leurs idées philosophiques, leurs expériences existentielles et leurs convictions religieuses. Deux articles furent, par lui, consacrés à al-Fârâbî, qui sont repris dans le présent ouvrage : « L'âme et le monde dans le système philosophique de Fârâbî » [1] en 1976 (p. 229-239) et « Pensée et langage dans la philosophie de Fârâbî » [2] en 1977 (p. 241-249). Averroès eut sa préférence puisqu'il lui consacra trois études ici reproduites : « La pensée religieuse d'Averroès. I. La doctrine de la création dans le *Tahâfut* » [3] en 1957 (p. 251-66), « La pensée religieuse d'Averroès. II. La théorie de Dieu dans le *Tahâfut* » [4] en 1957 (p. 267-280) et « La pensée religieuse d'Averroès. III. L'immortalité de l'âme dans le *Tahâfut* » [5] en 1959 (p. 281-299). Toutes choses qui amenèrent R. Arnaldez, après un premier essai intitulé « Averroès (1126-1198) ou la pensée arabe à son apogée » [6], en 1977, à reprendre l'ensemble en un livre édité en 1998, *Averroès, un rationaliste en Islam* [7]. Mais c'est l'ensemble des articles et des livres par lui élaborés et publiés qui témoignent de cette constante volonté de soumettre la culture, la spiritualité et la mystique aux exigences d'une saine raison qui seule peut fonder la rencontre des hommes et le dialogue des religions. En témoigne, à sa manière, son attention aux dimensions philosophiques de l'œuvre d'al-Râzî, d'où, après un premier article, publié en 1961, « Apories sur la prédestination et le libre arbitre dans le commentaire de Râzî » [8], un deuxième, qui date de 1963, « La louange à Dieu dans le Coran d'après le Commentaire de Fakhr al-Dîn al-Râzî » [9] et un troisième de 1968, « Trouvailles philosophiques dans le commentaire coranique de Fakhr al-Dîn al-Râzî » [10], l'article ici reproduit : « Le Moi divin et le Moi humain d'après le commentaire coranique de Fakhr al-Dîn al-Râzî » [11] en 1972 (p. 183-209), avant qu'un livre entier ne vienne couronner ses recherches en la matière, en 2002, sous le titre *Fakhr al-Dîn al-Râzî,*

1. Article publié dans *Studia Islamica*, Paris, G.-P. Maisonneuve et Larose, 1976, fasc. XLIII, p. 53-63.
2. *Ibid.*, 1977, fasc. XLV, p. 57-65.
3. *Ibid.*, 1957, fasc. VII, p. 99-114.
4. *Ibid.*, facs. VIII, p. 15-28.
5. *Ibid.*, 1959, fasc. X,p. 23-41.
6. Article publié dans *Les Africains*, sous la direction de Charles-André Julien *et alii*, Paris, Jeune Afrique, 1977, p. 41-69.
7. Paris, Éd. Balland, 1998, bien vite traduit en anglais par David Streight, *Averroes: A Rationalist in Islam*, University Notre Dame Press, 2000.
8. Article publié dans *Mélanges de l'Institut Dominicain d'Études Orientales*, Le Caire, 6 (1959-1961), p. 123-136.
9. Article publié dans *Annales Islamologiques*, IV (1963), p. 79-92.
10. Article publié dans *Études philosophiques et littéraires*, Paris, 3/1968, p. 11-24.
11. Article publié dans *Studia Islamica*, Paris, G.-P. Maisonneuve et Larose, 1972, fasc. XXXVI, p. 71-97.

commentateur du Coran et philosophe[1]. Toutes choses cependant qui l'amenèrent, avec beaucoup, à se poser la question qui fut le titre de son article dans une publication collective de 1957 : « Comment s'est ankylosée la pensée philosophique dans l'islam ? »[2].

ISLAM ET SUNNISME CLASSIQUE

C'est pour répondre aux requêtes d'une approche scientifique, d'une interrogation philosophique et d'une interrogation spirituelle que R. Arnaldez s'astreignit à la fréquentation des témoins les plus représentatifs de l'orthodoxie musulmane afin de mieux comprendre l'islam « comme du dedans ». Profondément marqué par ses années d'études approfondies et de contacts multipliés au Caire, attiré ou fasciné par les dimensions humanistes de l'islam de Bagdad ou de Cordoue, d'où le livre dont il a déjà été parlé, il ne pouvait pas rester indifférent au défi qu'était pour lui l'Islam classique et moderne. S'y trouverait-il une autre forme d'humanisme qui avait eu ses lettres de noblesse au Moyen-Age ? En ce « moment de grâce, où les docteurs des trois traditions, dans une grande liberté d'esprit, et parlant tous l'arabe, dialoguaient véritablement autour des sujets essentiels, et parvenaient à se rencontrer sur les questions de la liberté humaine et de la justice divine »[3]. C'est donc en toute honnêteté qu'il s'efforce de s'expliciter à lui-même et d'expliquer à ses lecteurs ce qu'est réellement « l'islam, religion et société ». D'où les cinq articles très tôt publiés par lui, lesquels sont ici reproduits avant d'être repris plus tard sous forme de livres où il tente d'être exhaustif sur leur sujet : « Un témoignage sur la culture arabo-musulmane. Le livre d'*Adab* d'Al-Mawardî »[4] en 1960 (p. 301-340), « Sur une interprétation économique et sociale des théories de la "*zakât*" en Droit musulman »[5] encore en 1960 (p. 341-362), « Aspects de l'Exégèse coranique »[6] en 1963 (p. 83-92), « Le Dieu de l'Islam »[7] en 1968 (p. 7-15) et « Dieu, la création et la révélation en Islam »[8] en 1969 (p. 17-25), articles qui se présentent comme une propédeutique à tout ce qu'il précisera

1. Paris, Vrin, 2002.

2. Article publié p. 247-261, dans *Classicisme et déclin culturel dans l'histoire de l'islam*, R. Brunschvig et G.E. von Grunebaum (dir.), Paris, Besson-Chantemerle, 1957 ; rééd. : Paris, G.-P. Maisonneuve et Larose, 1977.

3. Cf. *Notice*, p. 18.

4. Article publié dans *Cahiers de l'Institut de Sciences Economiques Appliquées*, Presses Universitaires de Grenoble, 1960, n° 103, p. 85-124.

5. *Ibid.*, n° 106, p. 65-86.

6. Article publié dans *L'Homme et Dieu*, Mélanges offerts au Père Henri de Lubac, Paris, Aubier, 1963, vol. 3 : *Perspectives d'aujourd'hui*, p. 51-60.

7. Article publié dans *Studia Missionalia*, Roma, Gregoriana, 1968, vol. XVII, p. 81-89.

8. Article publié dans *Revue de Théologie et de Philosophie*, 1969, 19/4, p. 353-261.

par la suite, auxquels il faudrait ajouter « L'Islam et la langue arabe » [1] en 1965 et « Réflexion sur le Dieu du Coran, du point de vue de la logique formelle » [2] en 1996. C'est ainsi qu'il publia bientôt son petit livre *Mahomet ou la prédication prophétique* [3], en 1970, deux fois réédité, qui entend faire connaître pédagogiquement celui qui est aux origines de l'Islam (*présentation, choix de textes, bibliographies*), bientôt suivi d'un autre, en 1983, intitulé *Le Coran, guide de lecture* [4], qui en propose les repères historiques et les thèmes essentiels, ainsi que les commentaires classiques. L'auteur, dit une recension, « cherche à montrer comment les musulmans comprennent leur livre, comment ils expliquent ce qui à leurs yeux doit être expliqué et comment ces textes vivent en eux, dans leur méditation et leur pensée. Point de vue qui se veut profondément respectueux de l'originalité de l'autre » [5]. C'est alors, en 1987, qu'il pensa rassembler ses diverses études philosophiques et théologiques dans un volume intitulé *Aspects de la pensée musulmane*, qui reprenait vingt-et-un de ses meilleurs articles en matière de philosophie et d'islamologie : la présente réédition témoigne ainsi de ses recherches au cours des premières trente années de sa vie intellectuelle. Soucieux d'approfondir encore les expressions classiques et modernes tant de l'exégèse coranique que de la réflexion théologique, R. Arnaldez proposa, l'année suivante, en 1988, un ouvrage de synthèse intitulé *L'Islam* [6], avant de le compléter, en 1991, par un article au titre significatif « La théologie (*kalâm*) et la philosophie (*falsafa*) en Islam » [7], puis d'exposer, bien plus tard, sous forme plus technique, ce qu'il en est de *L'homme selon le Coran* [8], en 2003, pour d'autant mieux s'expliquer, en 2005, sur *Les sciences coraniques : grammaire, droit, théologie et mystique* [9], reprenant alors ce qu'il avait proposé en des études plus circonstanciées en chacune de ces disciplines. Ce fut là son dernier livre et ces quatre « sciences » avaient constitué les champs privilégiés de ses interrogations et de ses méditations.

1. Article publié dans *Islam, civilisation et religion*, Paris, Arthème Fayard, 1965, p. 46-55.
2. Article publié dans *Vivre avec l'Islam ?*, Versailles, Saint-Paul, 1996, p. 130-137.
3. Paris, Seghers, 1970 (rééditions en 1975 et 1979).
4. Paris, Desclée de Brouwer, 1983.
5. Recension de Michel Lagarde, dans *Islamochristiana*, PISAI, Rome, 9 (1983), p. 279.
6. Paris/Ottawa, Desclée/Novalis, 1988.
7. Article publié dans *Communio*, Paris, 16/5-6, 1991, p. 99-118.
8. Paris, Hachette, 2003.
9. Paris, Vrin, 2005.

Islam et mystique

Évoquant en 1975, dans un article intitulé « Dialogue islamo-chrétien et sensibilités religieuses » [1], les dimensions philosophiques et théologiques de la rencontre entre chrétiens et musulmans, Roger Arnaldez reconnaissait qu' « effectivement, ce sur quoi on sera le plus profondément d'accord, ce sont des réalités mystiques », car « il est très certain que, du côté de la mystique musulmane, on découvre des richesses de spiritualité très réelles, si bien que le chrétien se sent plus à l'aise qu'il ne l'est en face d'un traité de théologie dogmatique musulmane ». C'est bien pourquoi, à la suite de Louis Massignon qui ne fut pas sans exercer une certaine influence sur sa pensée, il a voulu interroger al-Ḥallâğ, ce mystique musulman condamné au gibet par les siens à Bagdad en 922, d'où son étude sur *Hallâj ou la religion de la croix* [2], publiée en 1964, où il étudie la « courbe de vie » et la doctrine spirituelle de ce sûfî sunnite dont le témoignage le marquera tout autant qu'il a marqué celui qui en avait fait, bien avant lui, le thème essentiel de sa thèse de 1922 en Sorbonne, à savoir Louis Massignon lui-même [3]. Quatre articles, ici repris, avaient préparé ou accompagné ces premières recherches de R. Arnaldez dans le champ de la mystique musulmane : « Ontologie et mystique musulmane » [4] en 1962 (p. 67-82), « Prophétie et sainteté en Islam » [5] en 1975 (p. 37-65), « Le moi divin dans la pensée d'Ibn 'Arabî » [6] en 1977 (p. 211-228) et « Dieu comme Essence et comme Personne dans la théologie et la mystique chrétiennes et

1. Article publié dans *Islamochristiana*, Roma, PISAI, 1 (1975), p. 11-24.

2. Paris, Plon, 1964.

3. Toute l'œuvre de Louis Massignon, islamologue catholique accompli, ne fait qu'expliciter sa thèse de doctorat, *La passion d'Al-Hosayn-Ibn-Mansour Al Hallaj, martyr mystique de l'Islam exécuté à Bagdad le 26 mars 922 (Étude d'histoire religieuse)*, Paris, Geuthner, 1922, t. I, p. 1-460 et t. II, p. 461-942. Réédité, augmenté et corrigé, *La Passion de Husayn Ibn Mansûr Hallâj martyr mystique de l'Islam exécuté à Bagdad le 26 mars 922 (Étude d'histoire religieuse)*, Paris, Gallimard, 1975, t. I : *La vie de Hallâj* ; t. II : *La survie de Hallâj* ; t. III : *La Doctrine de Hallâj* ; t. IV : *Bibliographie*. Pour la vie et l'œuvre de L. Massignon, *cf.* principalement, *Louis Massignon, Écrits mémorables*, textes établis, présentés et annotés sous la direction de Christian Jambet, par François Angelier, François L'Yvonnet et Souâd Ayada, Paris, Laffont, 2009, vol. I : 926 p., dont *repères biographiques*, p. XXIX-LXXX ; vol. II : 1016 p. dont *bibliographie*, p. 941-997 ; Christian Destremau et Jean Moncelon, *Massignon, le « cheikh admirable »*, Paris, Plon, 1994 ; Maurice Borrmans, *Prophètes du dialogue islamo-chrétien : Louis Massignon, Jean-Mohammed Abd-el-Jalil, Louis Gardet, Georges C. Anawati*, Paris, Cerf, 2009, pour L. Massignon, p. 15-44 (biographie) et p. 149-175 (« Bibliographie »).

4. Article publié dans *Travaux et Jours*, Beyrouth, mai-août 1962, n° 6, p. 3-18.

5. Article publié dans *Mélanges Anton Antweiler, Weg in die Zukunft*, A.T. Khoury et M. Wiegels (Hrgb), Leiden, Brill, 1975, p. 229-257.

6. Article publié dans *Mélanges offerts à H. Corbin*, édités par Seyyed Hossein Nasr, Téhéran, MacGill University, 1977, p. 219-236.

musulmanes »[1] en 1982 (p. 27-36). Parallèlement, il avait publié en 1965, « La mystique musulmane »[2], en 1967 « Dynamique et polarité des états mystiques »[3] et en 1970 « Réflexions sur la spiritualité de l'Islam »[4] avant de publier plus tard, en 1985, « Les éléments bibliques du Coran comme sources de la théologie et de la mystique musulmane »[5] et en 1987, « Les grands traits de la pensée et de l'œuvre de Ghazâlî »[6]. Et c'est dans le cadre de ces recherches en mystique musulmane que Roger Arnaldez fut amené à publier en 1973 sa traduction de l'œuvre singulière d'un chirurgien égyptien musulman connu par lui au Caire, le docteur Kâmil Ḥusayn[7], intitulée *al-Qarya l-ẓâlima* (*La cité inique*)[8] et parue au Caire en 1954[9], puisqu'il s'agit d'une étrange méditation sur le mystère de « la condamnation à mort, sur une croix, du seul innocent de l'histoire », celle de 'Îsâ, fils de Marie, dont rien n'est dit quant à sa mort réelle, car tout s'y arrête avant que sa vie ne s'achève enfin. Triptyque étrange où chacun, qu'il soit romain ou juif, disciple ou adversaire, entend se disculper d'une quelconque responsabilité en l'affaire. Méditation d'un penseur musulman sur ce jour mémorable qui fut, pour les chrétiens, celui de la passion et de la mort du Christ. Pour le docteur Kâmil Ḥusayn, c'est l'occasion de s'exprimer sur les problèmes les plus dramatiques de la condition humaine et sur les injustices quasi inhérentes à toutes les sociétés humaines allergiques au pur témoignage de « l'innocent », quel qu'il soit. L'iniquité est un thème récurrent dans le Coran lui-même sur lequel l'auteur et son traducteur ont été amenés à longuement réfléchir, car les mystiques s'y sont affrontés dans leur expérience du bien et du mal[10]. Pourrait-on penser que R. Arnaldez ait

1. Article publié dans *The Concept of Monotheism in Islam and Christianity*, Hans Köchler (ed.), Wien, International Progress Organization, Wilhem Braumüller, 1982, p. 97-106.

2. Article publié dans *La mystique et les mystiques*, A. Ravier (dir.), Paris, Desclée de Brouwer, 1965, p. 571-646.

3. Article publié dans *L'ambivalence dans la culture arabe*, Paris, Anthropos, 1967, p. 143-152.

4. Article publié dans *Comprendre*, saumon, Paris, n° 94, 1970.

5. Article publié dans *Aspects de la foi de l'Islam*, Bruxelles, Fac Univ. Saint-Louis, 1985, p. 29-55.

6. Article publié dans *Islam d'hier et d'aujourd'hui : Ghazali, la raison et le miracle*, Paris, G.-P. Maisonneuve et Larose, 1987, p. 3-11.

7. Né au Caire en 1901 et mort le 6 mars 1977 en la capitale égyptienne, Kâmil Ḥusayn fut à la fois un chirurgien de renommée internationale et un penseur d'aspirations mystiques. Outre les deux livres ici évoqués, on lui doit aussi une étude sur le Coran, *al-Ḏikr al-ḥakîm*, un recueil d'articles, *Mutanawwi'ât*, et un essai *al-Ši'r al-'arabî wa-l-ḏawq al-mu'âṣir (La poésie arabe et le goût contemporain)*.

8. Kamel Hussein, *La Cité inique*, récit philosophique, traduction de l'arabe et introduction de Roger Arnaldez, préface de Jean Grosjean, Paris, Sindbad, 1973. Chaque chapitre y est une « scène » et les scènes se regroupent en trois sections : chez les Juifs, chez les Apôtres et chez les Romains.

9. Maṭba'at Miṣr.

10. On sait que les éditeurs parisiens renoncèrent à en publier deux chapitres, lesquels furent proposés dans une revue spécialisée. *Cf.* R. Arnaldez, « Deux chapitres non traduits de "la Cité

fait siennes les dernières phrases du deuxième chapitre ? K. Ḥusayn le conclut ainsi : « Les signes de Dieu ne conduisent dans la voie droite que l'homme préparé en son âme à recevoir les impressions religieuses ; celui-là est déjà croyant, de par sa nature ; il lui est facile de renoncer à croire en l'erreur pour croire en la vérité. Mais quand un homme n'est pas préparé à croire, les signes ne sauraient avoir aucun effet sur lui. C'est ainsi que les signes de Dieu ne valent que pour les personnes douées d'une foi innée et pour les êtres dont l'âme est disposée à saisir les valeurs religieuses et à percevoir les réalités spirituelles ». Pessimisme résigné à un innéisme de la foi ou bien irruption de la grâce en toute conscience inquiète ? R. Arnaldez a dû affronter ce dilemme essentiel.

Il a tenté d'y répondre en ses *Réflexions chrétiennes sur les mystiques musulmans*, en 1989 [1], où « il décrit tout ce que le Coran trouva dans la Bible, ce socle commun, et la ressemblance étroite entre le Dieu des chrétiens et le Dieu du Coran : Dieu unique, créateur et parole révélatrice. Pourtant, le Coran "critique ouvertement les dogmes essentiels du christianisme, la Trinité et l'Incarnation". Mais une simple critique ne serait rien que légitime » [2], s'il n'y avait pas, dans le Coran, « deux erreurs grossières quand il parle des dogmes chrétiens », à propos de la Trinité et de la Vierge Marie [3]. Ses *Réflexions*, après avoir rappelé quels sont « les piliers de l'islam », amène le lecteur à la découverte des « stations et états mystiques » en islam. Il se devait d'y présenter « le Coran comme source de vie spirituelle » et d'y décrire « les trois niveaux de l'être humain » (l'âme-*nafs*, le cœur-*qalb* et l'esprit-*rûḥ*, appelé aussi Secret intime-*sirr*), pour mieux expliquer « la structure des stations et des états » et leur vocabulaire spécifique : il y trouve ainsi des « ensembles à trois termes » (comme la mise en présence de Dieu, le dévoilement et la contemplation) [4],

inique" », dans *Islamochristiana*, PISAI, Rome, 3 (1977), p. 177-195. Il s'agit d'abord du chapitre *La malade* qui s'insère dans la 2e section *Du côté des Apôtres*, après les scènes de *La Magdeleine* et du *Soldat chrétien* et avant celles de *La réunion des disciples* et de *Leur départ*, et ensuite du chapitre *Puis les ténèbres recouvrirent la terre*, qui s'insère dans la 3e section, *Chez les Romains*, après les scènes du *Jugement du traître* et de *Pilate* et avant celle du *Retour au Sermon sur la Montagne*.

1. Paris, O.E.I.L.

2. Cf. *Notice*, p. 21. Dans une lettre au Père M. Borrmans, en date du 24 février 1986, il confiait ceci : « J'ai achevé "Réflexions chrétiennes sur la mystique musulmane". Je montre que le chrétien peut se sentir à l'aise dans les valeurs du *tasawwuf* et les apprécier du fait surtout de tout ce que le Coran a gardé, sans le dire, de la Bible, et qui fait l'objet essentiel de la méditation des soufis. Par conséquent, tout en donnant un coup de chapeau à l'Islam, je lui fais comprendre que les chrétiens n'ont rien à gagner à la mystique musulmane, puisque le chrétien trouve chez lui tout ce qu'elle propose de valeurs spirituelles authentiques, et bien davantage encore ».

3. « Il est évidemment grave, écrit-il dans *Les religions face à l'oecuménisme*, qu'une telle formulation soit mise au compte de Dieu ».

4. *Muḥâḍara, mukâšafa* et *mušâhada* en arabe. Et R. Arnaldez d'exceller ici en des analyses similaires : *tawâǧud, waǧd* et *wuǧûd* ; *'ilm al-yaqîn* (science de la certitude), *'ayn al-yaqîn* (oeil de la certitude) et *ḥaqq al-yaqîn* (réalité de la certitude) ; *tawakkul, taslîm* et *tafwîḍ* ; *'ibâda, 'ubûdiyya* et *'ubûda*.

« des couples de deux termes » (comme la constriction et la dilatation du cœur) [1] et des « termes isolés » (qui impliquent ou n'impliquent pas une relation de réciprocité) [2]. En ces *Réflexions*, R. Arnaldez s'est contenté d'analyser l'expérience et le vocabulaire des meilleurs représentants du *taṣawwuf*, délaissant « la mystique à tendances ésotériques d'Ibn ʿArabî et de son école, d'ordre plus philosophique que religieux » et laissant à d'autres le soin de se prononcer sur le caractère naturel ou surnaturel de la mystique musulmane, problème qui relève de la théologie. Mais il a su, avec perspicacité, signaler quelle est la grande différence entre les expressions de l'expérience mystique en christianisme et en islam : « C'est, dit-il, une profonde différence de ton. La Bible est une histoire qui se développe horizontalement dans le temps. Dieu se révèle dans le cours immanent de cette histoire. Les Évangiles, les Actes des Apôtres, les Epîtres sont aussi des tranches d'une histoire : ils ont par suite un *ton dramatique* » et c'est pourquoi les écrits des mystiques chrétiens sont « du genre des confessions (...). Au contraire, le Coran est une révélation qui descend du ciel, verticale : il donne des leçons sans même rappeler le contexte des histoires saintes auxquelles il fait allusion. Dieu parle de haut ». Et c'est pourquoi « le ton du Coran est *didactique*, sec, tranchant, autoritaire » et « les écrits des mystiques musulmans ont, pour la plupart, le même *ton*. Ils classent, divisent, définissent avec un goût pour les formules gnomiques, les termes assonancés, les aphorismes » pédagogiques. Il n'empêche que R. Arnaldez demande alors de savoir « retrouver sous un style trop impersonnel et didactique les valeurs réelles qui font la richesse de la mystique musulmane ».

ISLAM ET CHRISTIANISME

Si l'Islam est apparu à Roger Arnaldez capable d'accompagner une élite de croyants vers les sommets d'une expérience mystique relevant de l'unicité de témoignage (*waḥdat al-šuhûd*) ou de l'unicité d'existence (*waḥdat al-wuǧûd*), il lui a aussi posé un défi essentiel s'agissant de la personne de Jésus et de son identité dernière, s'y révélant à la fois prochain et lointain. R. Arnaldez a donc voulu savoir ce qu'il en était à son sujet, condition première et nécessaire pour tout dialogue authentique entre chrétiens et musulmans. D'où son premier ouvrage, en 1980, *Jésus, fils de Marie, prophète de l'Islam* [3], dont il assure le

1. *Qabḍ* et *basṭ*, ainsi que *ḫawf* (peur) et *raǧâ'* (espérance), *hayba* (crainte révérentielle) et *uns* (intimité étroite).

2. Dans le premier cas, il y a le repentir (*tawba*), le remerciement (*šukr*), la remémoration (*ḏikr*), l'agrément (*riḍâ*, *riḍwân*) et l'amour (*ḥubb*, *maḥabba*) ; dans le deuxième cas, on trouve la pauvreté (*faqr*), la crainte pieuse (*taqwâ*), la patience (*ṣabr*) et l'ascétisme (*zuhd*).

3. Paris, Desclée, coll. « Jésus et Jésus-Christ », n° 13.

profil à partir des versets coraniques [1] tels qu'ils sont commentés par al-Ṭabarî (m. 923), al-Zamaḫšarî (m. 1144), al-Râzî (1209), al-Qurṭubî (m. 1272) et les Ǧalâlayn (m. 1459, m. 1515), pour conclure que le Jésus du Coran est un « prophète de l'Islam », mais qu'il « n'est pas le Christ des Évangiles plus ou moins retouché » [2]. Roger Arnaldez y entendait seulement « recueillir les témoignages des penseurs musulmans qui ont médité sur le Coran et noter comment ils réagissent en face des problèmes que leur posent les versets révélés » qui parlent de Jésus, d'autant plus que « le Coran est extrêmement bref et succinct dans son rappel de la vie de Jésus. En outre, les versets qui lui sont consacrés sont essentiellement des allusions ».

Il semble bien que Roger Arnaldez avait en projet une étude plus approfondie de la christologie islamique telle que la théologie musulmane l'a développée au cours des siècles. C'est pourquoi il publia, en 1988, *Jésus dans la pensée musulmane* [3], ouvrage qui complète le précédent en dépassant le cadre coranique de celui-ci, pour mesurer l'importance relative de Jésus dans la spiritualité musulmane au cours des siècles. Dans une 1re partie, c'est *Jésus, figure du soufisme et maître de sagesse et de spiritualité* qui est présenté à trois niveaux successifs : celui du commentaire coranique d'al-Qušayrî (m. 1074), celui des livres d'adab/bienséance d'al-Ǧâḥiẓ (m. 868) et d'Ibn ʿAbd Rabbi-hi (m. 940) et celui des œuvres de mystiques musulmans, présentés dans leurs livres par al-Makkî (m. 996) et al-Ġazâlî (m. 1111). Force est bien, pour l'auteur, de conclure que « le Jésus que les mystiques musulmans évoquent est normalement conforme à l'image que l'Islam se fait de lui (...). Bien des propos, mis dans la bouche du Christ (et proches des) Évangiles, sont islamisés et insérés dans un ensemble d'idées caractéristiques de la pensée mystique musulmane ». Dans la 2 e partie, consacrée à *Jésus, sceau de la sainteté dans le soufisme d'Ibn ʿArabî : sa place dans la mystique ésotérique*, R. Arnaldez s'efforce cependant d'aller plus loin, « mais, si cette pensée a des aspects profondément mystiques, elle est très marquée par l'ésotérisme, par une conception de type gnostique d'une Réalité cachée qui se manifeste dans le monde d'ici-bas et dans l'histoire (...). C'est dans l'ensemble d'une telle théorie ontologique et cosmologique que Jésus joue un rôle », et il en est de même dans l'Islam šîʿite d'al-Kulaynî

1. Surtout ceux des sourates 3, 5 et 19.

2. Cette vie de Jésus s'y développe en neuf chapitres : l'élection de la famille de ʿImrân ; les problèmes de la généalogie de Jésus ; Marie, mère de Jésus, sa naissance et son enfance ; Zacharie et Jean ; l'annonce faite à Marie et la nativité ; l'enfance de Jésus ; son message et sa vie publique ; l'élévation de Jésus au ciel ; Jésus et la fin des temps.

3. Paris, Desclée, 1988, coll. « Jésus et Jésus-Christ », n° 32, traduit en italien, *Gesù nel pensiero musulmano*, Milano, Éd. Paoline, 1990. Dans une lettre adressée au Père M. Borrmans, à la date du 24 février 1986, il disait : «Je viens de remettre au P. Joseph Doré mon "Jésus dans la pensée musulmane". Constat des plus décevants. Je conclus que, si on peut parler avec les musulmans des valeurs mystiques générales, le dialogue ne peut tourner autour de Jésus, même considéré comme un simple maître de soufisme ou comme sceau de la sainteté ».

(m. 939), des Frères de la Pureté (Xe siècle), d'al-Âmolî et d'al-Simnânî (m. 1336). Ce n'est que dans le cas d'al-Ḥallâğ (m. 922) qu'on peut envisager une influence de Jésus sur « la passion » du mystique de Bagdad, car « si le Jésus de Ḥallâğ n'est pas le Rédempteur au sens chrétien du mot, il est du moins sauveur par sa passion et son immolation. En effet, il n'est pas Dieu, et c'est parce qu'il n'est pas Dieu que Ḥallâğ a pu vouloir se conformer à lui ». Ainsi donc Jésus demeure-t-il un « mystère » que nul ne saurait ramener à un « problème » ou à une « gnose » [1].

C'est parce qu'il s'était engagé très tôt dans un oecuménisme tous azimuts que Roger Arnaldez s'est vu amené à faire du comparatisme entre les religions, et singulièrement entre christianisme et islam. Déjà en sa conclusion sur l'œuvre d'Ibn Ḥazm, il constatait « les divergences profondes entre l'islam et le christianisme » et y décrivait, selon Mme Chantal Delsol, « le fossé entre le Dieu de l'islam, "transcendance pure, qui ne se manifeste que par la transcendance du commandement", et le Dieu des chrétiens, "transcendance d'amour". Soumission muette de l'homme devant l'autorité arbitraire de Dieu : nous sommes loin du Dieu du contrat qui, dans l'attente de réciprocité, ressemble à l'éternel fiancé. Il le redit dans son texte sur Hallâj : le Dieu de l'islam n'a pas besoin de l'amour des hommes, il n'attend d'eux que l'obéissance et l'observation de la loi (...). Ce Dieu a l'amour absent. Cette divergence engendre deux théologies qui s'opposent sur bien des points. En islam, l'homme ne fut pas créé "à l'image et à la ressemblance" d'un Dieu qui n'avait besoin de personne, écrit-il encore dans *L'homme selon le Coran*, L'homme fut créé responsable, mais si faible que tout juste a-t-il les capacités d'obéir à la loi divine. Il naît entre les mains de ce Dieu et ne saurait lui échapper, il n'y a pas de "nature"pour l'islam, tout homme est musulman pour ainsi dire par nature, ce qui explique que "la laïcité, si ouverte qu'on la veuille, ne trouve aucun fondement dans le Coran" » [2]. Toute sa vie durant, Roger Arnaldez s'est donc attaché à comparer « comme du dedans » islam, judaïsme et christianisme. « Et finalement, constate encore Mme Chantal Delsol, on a l'impression que l'étude comparative aboutit à une apologie. Toujours le christianisme en sort grandi : grandi non pas au regard de la foi personnelle du chercheur, mais au regard de ce qu'il cherche à l'origine : l'oecuménisme. C'est du côté du christianisme que l'on trouve la liberté, la tolérance, la volonté de dialogue. Le livre *Révolte contre Jéhovah* [3], datant de 1998, est significatif à cet égard. Avec pour sous-titre, *Essai sur l'originalité de la religion chrétienne*. Non pas la "vérité", mais bien l' "originalité". *Un Génie du christianisme*. Qu'est-ce que le génie du christianisme ?

1. C'est à cette même conclusion qu'aboutit le livre de Maurice Borrmans, *Jésus et les musulmans d'aujourd'hui*, Paris, Desclée, 1996, (2e éd. augmentée, 2005), qui s'inscrivait dans la même ligne et entendait compléter la recherche de R. Arnaldez.

2. Cf. *Notice*, p. 20.

3. Paris, Cerf, 1998.

L'omniprésence de l'amour. Le "jéhovisme" traduit d'après lui une fausse idée de Dieu, présente dans l'islam et aussi dans le judaïsme. Parce que le Dieu des chrétiens est amour, il exige le respect absolu de celui même qui s'égare. Spécificité qui soulève l'admiration » [1].

La lecture attentive de cet *Essai* introduit le lecteur dans la synthèse personnelle que s'est faite R. Arnaldez au terme de ses recherches et de ses méditations. C'est, en fait, son *credo* développé où philosophie, théologie et mystique, comme autant d'ondes concentriques, répondent à ses interrogations existentielles sur la présence du mal dans le monde, mal physique et mal moral, et sur les dimensions exactes du salut universel assuré par la mort et la résurrection de Jésus Christ. Pour lui, le péché des anges et surtout celui de Satan prennent toute leur signification, et c'est l'œuvre rédemptrice du Verbe incarné qui assure une restauration universelle. Maître en exégèse de la Bible, expert en sagesse philosophique et parfait connaisseur des expériences mystiques, musulmanes et surtout chrétiennes, il entend bien délivrer les monothéismes d'une tentation réductrice qui ferait du Dieu de la révélation un Jéhovah, semblable à celui des philosophes, d'où sa « révolte » contre celui-ci. Et c'est la *Conclusion* qu'il faudrait citer en son entier où il dénonce « la fausse idée qu'on se fait de Dieu » : « On a beau répéter que le vrai Dieu n'est pas celui des philosophes, mais le Dieu d'Abraham, d'Isaac et de Jacob, on n'en continue pas moins à se le représenter comme un monarque tout-puissant, omniscient, qui fait arbitrairement ce qu'il veut, qui n'a besoin de rien hors de lui-même, qui crée sans motif autre que son pur décret, qui exige obéissance à ses commandements dont la seule valeur consiste en ce qu'il les commande, de sorte qu'en leur obéissant, les hommes sont récompensés, et châtiés s'ils ne les respectent pas. La soumission à cette volonté transcendante constitue la véritable morale, à laquelle se réduit finalement la vie prétendue religieuse » [2]. Selon R. Arnaldez, judaïme et islam ne proposent aucune réponse valable au problème du mal et du péché : « Le Dieu de la Révélation chrétienne est évidemment transcendant, mais la notion de transcendance ne nous apprend rien sur son être (...). Le vrai Dieu est éternel, et l'éternité est son mode d'existence (et) d'être, tout rempli par l'amour, car Dieu est Amour. Et parce que Dieu est Amour, il est trine. Ce n'est donc pas son unicité qui le caractérise, mais c'est sa Trinité » [3]. D'où la conclusion de son *credo* : « Nous savons donc, grâce à la

1. Cf. *Notice*, p. 25.

2. R. Arnaldez concède ici « que cette conception de Dieu puisse s'appuyer sur certains versets de la Bible, c'est incontestable. Leur but est d'inspirer la juste vénération du Seigneur, et certes, en la combattant, nous ne prétendons pas nous libérer de cette vénération qui s'impose. Mais dans la Bible même, elle se fonde sur une tout autre idée de Dieu, sur un Dieu d'Amour. La Révélation chrétienne ne fera que fonder ontologiquement et développer cette idée ».

3. Et de préciser : « Grâce à la méditation de la Trinité, nous avons pu comprendre la distinction de l'être nécessaire, qui est celui du Dieu éternel, et de l'être gratuit qui est celui de la

Révélation chrétienne du Dieu trine et de l'amour divin essentiel, pourquoi nous existons et d'où nous venons, ce que nous faisons sur terre en attendant la Résurrection avec le Christ qui est la fin à laquelle nous restons destinés après le péché, comme nous sommes destinés à être unis à lui dès l'origine de la création ».

ŒCUMÉNISME ÉLARGI À TOUS LES HOMMES DE BONNE VOLONTÉ

Ainsi donc, à bien lire les livres et les articles de Roger Arnaldez, tels que ceux intitulés en 1964 « L'apport de l'islamologie à la pensée chrétienne » [1], en 1971 « Les valeurs de l'Islam » [2], en 1973 « Eléments d'éthique coranique » [3], en 1986 « Livre et Parole de Dieu dans chacune des religions monothéistes » [4], « La foi vécue » [5] et « Le monothéisme à la recherche d'un nouvel humanisme » [6] et, en 1988, « Mystique et humanisme dans les trois monothéismes » [7], on ne peut que voir grandir en lui son désir d'une connaissance toujours plus grande, précise et scientifique, des grandes réalisations de l'*homo religiosus* dans l'histoire humaine. Ce faisant, il rejoignait Louis Massignon en son effort constant pour comprendre les musulmans et apprécier les valeurs de leur tradition religieuse, et c'est pourquoi il en célébra les mérites après sa mort en de multiples articles : « Abrahamisme, islam et christianisme chez Louis Massignon » [8] en 1962, « La spiritualité de Louis Massignon » [9] en 1963, « Louis Massignon, l'Inde et la culture indienne » [10] en 1987, « Hallâj et Jésus dans la

création. Nous avons compris que la création n'est pas éternelle, car Dieu seul l'est, mais qu'elle n'est pas non plus temporelle, car Dieu n'agit pas successivement dans le temps. Nous l'avons appelée, faute de mieux, sempiternelle de par sa gratuité qui s'oppose à la nécessité ontologique, et qu'il ne faut pas confondre avec la contingence des choses temporelles. Nous avons vu, avec saint Paul, que le Père a donné la création à son Fils, car toutes les créatures ont été créées en lui, pour lui, par lui. Le péché de Satan a été de refuser sa finalité dans le Fils et de se complaire en l'excellence de sa propre nature ».

1. Article publié dans *Travaux et Jours*, Beyrouth, n° 13, avril-Juin 1964, p. 57-84.
2. Article publié dans *Bulletin* du Secrétariat (romain) pour les Non Chrétiens, 19 (1971), p. 21-29.
3. Article publié dans *Études Arabes*, Roma, PISAI, n° 35, 1973, p. 33-59.
4. Article publié dans *Colloque sur le Dieu unique*, Paris, Buchet/Chastel, 1986, p. 19-84.
5. *Ibid.*, p. 85-134.
6. *Ibid.*, p. 137-193.
7. Article publié dans *La vie spirituelle (Mystiques du Dieu unique)*, Paris, 1988, p. 317-334.
8. Article publié dans *Les Cahiers de l'Herne*, « Louis Massignon », 1962, p. 123-125.
9. Article publié dans *Mémorial Louis Massignon*, Le Caire, IFAO, 1963, p. 7-16.
10. Article publié dans *Présence de Louis Massignon : hommages et témoignages*, Paris, G.-P. Maisonneuve et Larose, 1987, p. 129-139.

pensée de Louis Massignon »[1] en 1989, « Le Coran dans la pensée de Louis Massignon »[2] en 1996 et « La pensée et l'œuvre de Louis Massignon comme clés pour l'étude la pensée musulmane »[3] en 1999. Ses questions furent toujours les siennes. Comment comprendre les grandes cultures religieuses de l'humanité et leur trouver des points de convergence doctrinale et des valeurs de communion éthique ? Leurs philosophies, leurs théologies et leurs mystiques sont par lui interrogées en vue de garantir un « œcuménisme élargi » en toute rigueur scientifique et générosité spirituelle. On peut alors comprendre que son livre de 1983, *Trois messagers pour un seul Dieu*[4], ait été une première tentative en vue de mieux servir leur possible rapprochement. L'essentiel en a été dit par Mme Chantal Delsol : « Chacune de ces révélations diffère. Le message coranique est dicté par Dieu lui-même. Il s'agit de le transmettre sans en écorner un angle, avec précaution, et de le délivrer à la lettre. Le message biblique, et évangélique, est à la fois incarné dans une situation, et indirect, c'est-à-dire qu'il appelle une interprétation, reste voué à être indéfiniment interprété. Il n'y a pas comme on dit "trois religions du Livre" ; l'islam est la véritable religion du Livre, tandis que judaïsme et christianisme sont des religions du *logos* comme parole et raison. Mais il y a analogie des textes et des expériences, quand il s'agit toujours de défendre l'unicité de Dieu et sa transcendance, dans un monde polythéiste. Et la dialectique de l'absence-présence de Dieu, qui s'exprime au degré le plus pur dans le langage des mystiques, est partagée par les trois religions. Ce livre clé se termine ainsi : "Il est grand temps d'étudier l'humanisme judéo-islamo-chrétien, de le connaître, de le propager et de le défendre" »[5].

Pour Roger Arnaldez, cet humanisme s'était jadis réalisé à Bagdad comme à Cordoue au Moyen Age et il a voulu en brosser le tableau, en décrire les manifestations et en analyser les chances dans une étude des plus documentées où il convie le lecteur, avec son livre *À la croisée des trois monothéismes*[6], à recon-

1. Article publié dans *Actes du Colloque de Toulouse 1988, Horizons Maghrébins*, 1989, n° 14/15, p. 171-179.

2. Article publié dans *Louis Massignon et le dialogue des cultures*, Paris, Cerf, 1996, p. 71-91.

3. Article publié dans *Louis Massignon au cœur de notre temps*, Paris, Karthala, 1999, p. 305-320.

4. Paris, Albin Michel, 1983. Ce livre eut sa part de succès puisqu'il fut traduit en anglais, *Three Messengers for One God*, University Notre Dame Press, 1995 ; en portugais, *Três mensageiros para um so Deus*, Lisboa, Instituto Plaget ; en arabe, Beyrouth, Éd. Oueidat ; en italien, S.E.I. Turin.

5. Cf. *Notice*, p. 19. Et l'auteur d'y insister sur les convergences de vocabulaires entre les mystiques de l'Islam, tels qu'Ibn 'Arabî, Ġazâlî et Ḥallâǧ, les mystiques juifs de Philon à Juda Samuel Halévi et Bahya ibn Paqûda, et les mystiques chrétiens, comme Thérèse d'Avila et Jean de la Croix.

6. Paris, Albin Michel, 1993, aussitôt traduit en italien, *Il credente nelle religioni ebraica, musulmana e cristiana*, Milano, Jaca Book, 1993. Et Michel Lagarde de signaler, en sa recension, que « cette superbe fresque sur la communauté de pensée médiévale entre les trois monothéismes pourrait nous faire comprendre que certaines impasses actuelles, causées par plusieurs sortes

sidérer ce que fut *Une communauté de pensée* (c'est le sous-titre) au cœur de l'Empire 'abbâside, d'une part, et dans la capitale de l'Espagne andalouse, d'autre part. En cette étude, « il montre comment l'héritage de la pensée grecque a fécondé la philosophie et la théologie des trois religions juive, chrétienne et musulmane jusqu'au XIVe siècle et a uni ces trois foyers intellectuels et spirituels dans une démarche et une mouvance comparables à beaucoup de points de vue » [1]. À Bagdad, juifs et chrétiens ont été de véritables éducateurs des musulmans, et tout particulièrement sous le califat d'al-Ma'mûn (813-833) qui mena à bien une vaste entreprise de traductions. À Cordoue, la première place revient aux juifs, la seconde aux musulmans, grâce à leur excellence dans la grammaire et la poésie, et les chrétiens tiennent le dernier rang. Et tout cela avant de rappeler la dette de la pensée occidentale latine du Moyen Age à l'égard de l'héritage grec transmis par Averroès.

Poursuivant ses recherches en matière théologique, Roger Arnaldez a osé proposer, en l'an 2000, une « Préface » au livre d'Antoine Moussali, *Judaïsme, christianisme et islam : étude comparée* [2], avant d'élargir le débat en publiant *Les religions face à l'œcuménisme* [3], en 2003. Mais comment préciser sa pensée dans le cadre de cet « œcuménisme élargi » auquel il a consacré le meilleur de ses études et de ses réflexions ? Comme le résume Mme Chantal Delsol, « l'approche de l'œcuménisme se fera par deux voies : la voie anthropologique, la voie historique. Roger Arnaldez est convaincu que ce n'est pas sur le sol des théologies que peut se nouer le dialogue. Mais davantage, dans l'expérience des mystiques. Autrement dit, si les dogmes et les arguments plutôt séparent, le cheminement vers Dieu rapproche, comme aventure d'une révélation qui se donne au cœur. Sans vouloir opposer l'intelligence qui sépare et le cœur qui unit, il faudrait plutôt dire que la contemplation mystique, dans sa nudité, peut éclairer différemment ce qu'expriment les dogmes (…). Quant à la voie historique, elle laisse apercevoir des rencontres presque miraculeuses où, lors d'un moment ténu, les liens se sont noués. Ces religions sont nées dans les mêmes creusets. Elles se sont influencées réciproquement, se sont imitées, ont vécu des cohabitations harmonieuses, ont vibré aux mêmes symboles. La rencontre est possible puisqu'elle a existé, en des temps privilégiés peut-être, mais que l'on pourrait donc réinstaurer » [4].

d'intégrismes, ne sont certainement pas irrémédiables : le passé peut parfois éclairer le présent et le futur et être ainsi source d'espérance » (dans *Islamochristiana*, PISAI, Rome, 20 (1994), p. 296).

1. *Cf.* cette même recension.
2. Paris, Éd. de Paris. La « Préface » s'y trouve aux p. 21-28.
3. « Pluriel », Paris, Hachette, 2003.
4. Cf. *Notice*, p. 15-20.

Pour un dialogue en toute « vérité et charité »

Faudrait-il trouver dans son livre de 2001, *Chesterton : un penseur pour notre temps* [1], publié l'année du décès de son épouse et qui lui est dédié, comme un « sien » testament sous forme allégorique où il s'identifierait à son personnage ? « Il aime chez Chesterton la puissance de l'humour jointe à la profondeur de la pensée, l'humilité du cœur et une tolérance vraie, le respect pour la culture populaire que les élites occidentales ont appris à tellement mépriser, et enfin, peut-être surtout, ce panache, qui disposait Chesterton à toujours voir la vie comme une aventure, et la foi comme un défi d'honneur ». Il est certain qu'il a toujours pratiqué un dialogue islamo-chrétien des plus authentiques avec ses étudiants, surtout les turcs parmi eux, et ses partenaires musulmans rencontrés en de nombreux colloques. Très informé des valeurs et des richesses de leur islam en ses réalisations historiques et mystiques et donc très respectueux de leur sensibilité intellectuelle et spirituelle, il se sentait d'autant plus libre pour apprécier scientifiquement l'apport réel, mais très relatif, de l'Islam, « religion et société », à la civilisation universelle.

L'article par lui publié en 1975 dans la revue romaine *Islamochristiana* [2], « Dialogue islamo-chrétien et sensibilités religieuses », a voulu expliquer ce qu'il en pensait fondamentalement, car « ce n'est pas des oppositions dogmatiques qu'il faut parler, y disait-il, mais bien plutôt des sensibilités (...), des oppositions de mentalités, certainement liées aux dogmes, mais qui passent au-delà de ceux-ci pour atteindre des couches plus ou moins vastes de croyants, parfois très peu instruits, qui n'en réagissent pas moins en excellents musulmans à certains jugements ou à certaines paroles qui proviennent de chrétiens ». Et Roger Arnaldez de passer en revue ce que les uns et les autres pensent ou disent de Dieu, de l'homme et de l'histoire pour bien vite préciser quelles sont les limites de leur dialogue à ces sujets. « En réalité, le Dieu réduit au "Dieu de notre accord" n'est pas le Dieu qu'adorent les musulmans ni le Dieu qu'adorent les chrétiens. Que Dieu soit un, qu'Il soit éternel, qu'Il soit tout-puissant, qu'Il soit omniscient, tout cela va de soi. Il s'agit là du dieu des philosophes et il n'y a pas besoin d'être chrétien ou musulman pour confesser cela (...). Ne serions-nous donc d'accord que sur un dieu qui n'est pas le nôtre ? Voilà le paradoxe auquel on parvient », car « lorsqu'il parle de Dieu, un chrétien, fût-il l'auteur d'un *De Deo uno*, n'oublie jamais que Dieu est amour, qu'Il est Père et qu'il est notre Père, qu'Il a une vie qui est tout autre chose que l'attribut coranique de "vivant", mais une vie fondée sur les relations de trois Personnes, qu'Il est "sauveur" ». Quant au musulman, la croyance trinitaire est, pour lui, de l'associationnisme et, « si les chrétiens croient au vrai Dieu, ils font

1. « Figure libre », Paris, Éd. de Paris, 2001.
2. PISAI, Rome, 1 (1975), p. 11-23.

une erreur sur Dieu », d'autant plus que, selon lui, Dieu ne saurait jamais être un « sauveur », puisqu'il est créateur et du bien et du mal. « Voilà pourquoi il ne faut pas cacher les désaccords, car c'est en montrant justement ces désaccords et à l'intérieur même de ces désaccords qu'il faut pousser le plus loin possible la recherche, non pas au niveau des dogmes, mais à celui des valeurs de vie, de vie spirituelle sans doute, mais aussi de vie sociale, économique et culturelle (...). Effectivement, ce sur quoi on sera le plus profondément d'accord, ce sont des réalités mystiques (...). Cela permet d'aller très loin dans l'intercompréhension des valeurs spirituelles, tout en acceptant qu'à un certain moment l'Islam se révèle très différent du Christianisme, car, dans des entreprises de ce genre, on peut parfois être tenté par le syncrétisme » [1].

Roger Arnaldez aura ainsi éprouvé, jusque dans ses relations et ses écrits, la difficulté croissante que ressent tout homme de dialogue : comment être fidèle aux exigences scientifiques de la méthode historico-critique vis-à-vis de l'Islam, d'une part, et vivre intensément une empathie humaniste et spirituelle avec les musulmans et la représentation qu'ils se font de leur Islam ? « Il semble bien qu'au cours de la vie de R. Arnaldez, constate objectivement Mme Chantal Delsol, l'admiration vis-à-vis de l'islam s'efface avec le temps ; et elle laisse place à des critiques déçues et parfois virulentes. Il refuse de tomber dans le piège de l'autocensure et de la mauvaise conscience ; il écrit dans *Les religions face à l'œcuménisme* : "Le désir de dialoguer avec les musulmans a conduit, au nom du respect et de la charité, à stigmatiser toute réaction critique à l'égard de l'islam". Le correctement-dit, ici comme ailleurs, lui paraît intolérable. Un chercheur doit payer tribut à ce qu'il reconnaît pour vérité, non à l'opinion dominante (...). Nombreux sont à cette époque les textes où il conclut que le dialogue islamo-chrétien ne peut aboutir "au mieux qu'à une cohabitation pacifique inspirée par un respect réciproque" (...). Certes, rien de plus imbécile que les rêves d'entente, dans l'ignorance et la réinvention de l'autre. Mais l'effort à la fois de compréhension et de charité demeure une nécessité dans un monde chrétien de plus en plus confronté au monde musulman. Et c'est pourquoi la déception dont je parle, confirmée par tous ses proches, ne s'affiche pas vraiment en public. Roger Arnaldez sait à quel point il serait facile d'attiser ainsi la haine de l'Islam. Il craint l'instrumentalisation de son point de vue, trop complexe pour être bien compris : d'une part, la conviction de la fausseté et de l'incohérence de la doctrine musulmane ; et, en même temps, la volonté sincère de comprendre les musulmans dans leur foi vivante ». C'est ainsi que, sans se départir de son souci évangélique de comprendre les musulmans comme « du dedans » et de tout tenter avec eux dans les

1. Et R. Arnaldez d'élargir son champ de réflexion : « Que dire encore, sinon qu'il y a sur l'homme, sur le monde, sur les rapports de l'homme au monde et sur les rapports des hommes entre eux, les mêmes points d'accord limités et les mêmes points de désaccord ».

perspectives spirituelles et mystiques, R. Arnaldez entend bien se prononcer scientifiquement et théologiquement sur l'islam comme religion et sur l'Islam comme civilisation, même si cela déplaît à l'opinion commune des musulmans : il n'y a là rien de contradictoire. Et cela lui permet de se confier à un ami dans une lettre qui peut avoir valeur de testament [1] : « Au terme d'une longue vie consacrée à l'étude de l'Islam, le "recyclage" actuel dont je vous parlais a eu pour résultat de me persuader qu'à part quelques exceptions (offertes en général par les mystiques), la pensée musulmane n'apporte pas grand-chose à la pensée universelle ». Et après avoir justifié rapidement cette affirmation et relativisé l'apport de « la civilisation arabe médiévale » à celle-ci, il n'en reconnaissait pas moins l'importance du dialogue, même si « les musulmans en tirent parti pour leur propagande », car il est « utile aussi aux chrétiens, d'une part parce qu'il leur permet de ne pas s'enfermer dans des idées toutes faites ou dans des ignorances de ce qu'est objectivement l'Islam (en bien ou en mal), ce qui n'est pas chrétien ; mais d'autre part et surtout, parce que la connaissance de cette religion qui se dit monothéiste (mais qui est le Dieu unique ?) et abrahamique (mais quel Abraham ? le seul que je connaisse est celui de la *Genèse* et non la caricature du Coran) permet de comprendre en profondeur ce qu'est l'incomparable originalité du christianisme [2] ». Comme on le voit, il s'agissait bien pour lui de distinguer entre l'objectivité du jugement scientifique ou théologique à porter sur l'Islam historique, d'une part, et, d'autre part, la subjectivité des attitudes personnelles et des rencontres spirituelles lors de la rencontre avec les musulmans : « Le propre des chrétiens, concluait-il, est d'avoir l'espérance quand ils pensent bien faire. Or c'est penser bien faire que de chercher le dialogue (...). Il faut donc persévérer ».

N.B. La translittération des termes arabes en caractères latins dans les articles ici reproduits a varié en leur temps selon les possibilités de leur édition. La présente édition s'est attachée à en unifier la méthode en se référant à la manière désormais reconnue commune par les orientalistes, tout en maintenant l'accent circonflexe pour les voyelles et les syllabes longues. C'est d'ailleurs la méthode qu'a suivie le Professeur Roger Arnaldez en ses trois

1. Il s'agit d'une lettre (inédite) du 7 septembre 1994 adressée au Père M. Borrmans, rédacteur en chef de la revue *Islamochristiana*, qui le sollicitait pour un article de synthèse. Plus de deux ans auparavant, le 12 janvier 1992, il lui disait ceci : « Je me suis remis à la philosophie "classique" que j'avais trop négligée. Je dois vous avouer qu'elle me paraît d'une richesse incomparable, mise à côté de la pensée arabe. Quoi qu'il en soit, je médite un article sur la raison et la méthode chez les théologiens, falâsifa et juristes en Islam ».

2. Et de préciser aussitôt : « Ce n'est pas la crise islamiste avec son fondamentalisme qui est cause de mon scepticisme et de mes réserves. Mais elle les conforte. Je m'élève contre ceux qui veulent distinguer un "bon" et un "mauvais" Islam [...]. Trop de ceux, chrétiens ou non, qui veulent "sauver" l'Islam en l'idéalisant, n'ont pas eu la patience de lire le Coran ».

articles, « Controverse d'Ibn Ḥazm contre Ibn Naġrila le juif », « Le moi divin dans la pensée d'Ibn 'Arabî » et « La pensée religieuse d'Averroès. II. La théorie de Dieu dans le *Tahâfut* ».

Père Maurice Borrmans, docteur ès lettres
Professeur émérite du
Pontificio Istituto di Studi Arabi e d'Islamistica, Rome
Décembre 2014

LE DIEU DE L'ISLAM

L'orthodoxie musulmane, en insistant sur la Loi et sur les aspects juridiques du Coran, a fait du Dieu de l'Islam le Seigneur Tout-Puissant, qui fait ce qu'il veut, qu'on ne doit pas interroger, qui commande et prescrit des actions que la raison humaine ne peut qu'enregistrer sans pouvoir les justifier. L'obéissance est la condition indispensable du salut, et l'initiative de l'homme est condamnée : c'est de l'infidélité que de vouloir faire plus ou mieux que ce qui est défini et imposé. Même dans son être, la créature raisonnable ne doit pas chercher à se dépasser : elle est telle que Dieu l'a créée et elle est obligée de reconnaître ce qu'elle est et de s'accepter telle qu'elle est. La Loi pourvoit à tout ce qui est requis. Ce Dieu, dans sa transcendance absolue, ne saurait entretenir de rapport avec ce qui n'est pas Lui, si ce n'est à l'intérieur de deux actes également transcendants : l'acte créateur qui met Dieu au-delà des causes, qui respecte et accentue son isolement ontologique ; et l'acte qui révèle la Loi, car celui qui commande reste en dehors de ceux qui obéissent. Averroès l'avait bien compris, qui expliquait par le *amr*, le commandement, comment Dieu, premier moteur immobile, peut mettre en mouvement toute la création.

C'est un dogme corrélatif de celui du *tawḥîd* (unicité absolue de Dieu) que la négation de toute révélation qui ferait connaître aux hommes qui est Dieu en Lui-même. Il suffit à la créature de savoir ce qu'Il veut. Les noms qui sont les siens et qu'il fait connaître dans le Coran sont d'une part ceux par lesquels Il veut être invoqué, et d'autre part ceux qui, bien qu'ils puissent s'appliquer à d'autres que Lui, sont capables de rappeler sans cesse ce qu'Il a d'unique. Il est savant, c'est-à-dire que rien n'échappe à sa connaissance, qu'il n'y a rien de caché pour lui, que nos actions extérieures et nos pensées ou nos penchants les plus secrets tombent sous son regard. Quand il est écrit qu'Il est plus près de l'homme que sa veine jugulaire, il ne faut pas entendre qu'Il est dans sa vie d'une présence de dilection, mais simplement qu'il le maintient dans l'être après l'avoir créé, que chaque repli de son âme, chaque partie de son corps n'existent que pour autant qu'Il les soutient dans l'existence, et que, dans ces conditions, rien ne saurait échapper à sa vigilance. Il est puissant, c'est-à-dire que rien ne Lui est impossible, sauf de faire qu'Il ne soit pas unique, ou de créer un être qui lui ressemble ou soit à son image : « Il n'y a rien qui soit comme Lui », est-il écrit dans le Coran. C'est pourquoi c'est une faute grave, non seulement d'adorer plusieurs divinités, mais encore de s'attacher dans sa vie à ce qui n'est pas Dieu. On ne doit aimer et servir les autres hommes qu'en vertu du commandement de Dieu ; encore n'est-ce pas Dieu qu'on doit voir dans le prochain quand on exerce envers lui bonté, pardon des offenses, assistance ; il ne faut rechercher là que la volonté de Dieu à laquelle on se soumet. La Toute-Puissance exige encore qu'on ne mette en soi ou dans les autres aucune confiance : Dieu seul met de la suite et de la cohérence dans nos actions si nous n'agissons que pour lui obéir ; Dieu seul garantit l'effet des conventions et des traités entre les hommes, si ce sont des croyants soumis. De toutes les erreurs, la plus grave est de compter sur les infidèles (à moins qu'ils ne soient sous la « protection », c'est-à-dire sous le contrôle de la communauté musulmane).

Dieu est vivant. Cet attribut de vie subit dans la théologie musulmane orthodoxe une réduction considérable. En effet, la vie semble être un principe tout à fait intérieur à l'être. Il fallait donc bien se garder d'entendre, lorsque Dieu se déclare vivant, qu'Il révèle quelque chose de son intimité mystérieuse et inviolable. Pour Faḫr al-Dîn al-Râzî (XIIe siècle), cela signifie que Dieu ne produit pas le monde comme le soleil émet ses rayons, c'est-à-dire comme une nature, mais comme un Créateur doué de sagesse, c'est-à-dire à la fois de science et de puissance ; car la sagesse consiste précisément à régler l'une sur l'autre. Plus simplement encore, Dieu est vivant parce qu'il ne meurt pas et parce qu'il est Celui qui fait vivre et mourir. Ainsi pourrait-on parler de tous les attributs de Dieu, qui ont sans doute donné lieu en Islam à de nombreuses controverses théologiques, mais qui, pour tous les orthodoxes, marquent avant tout et en toutes choses l'incomparable supériorité divine.

Si cette tendance a favorisé le développement du droit, du légalisme et du ritualisme, il ne faudrait pas méconnaître qu'elle repose sur des intuitions religieuses dont la valeur est certaine. La grandeur de Dieu, son insondable sagesse, sa transcendance parfaite, telles sont les idées maîtresses qui animent au départ une telle vision de la religion. En un sens, n'est-ce pas là ce que la tradition judéo-chrétienne exprime par les mots « sainteté de Dieu » ? Quant aux valeurs d'obéissance, de soumission, d'humilité devant Dieu, elles sont loin d'être négligeables. Enfin l'idée que seule la Loi, c'est-à-dire la volonté de Dieu, peut mettre de l'ordre en nous-mêmes et dans la communauté des hommes, elle est profondément juste en soi, et fort capable de rallier tous les esprits religieux que les tentatives purement humaines de faire régner la paix dans ce monde, laissent de plus en plus sceptiques.

Il n'en est pas moins vrai que cette interprétation orthodoxe stricte de la révélation coranique est loin d'avoir développé tout ce que le Coran contient et tout ce qu'il peut apprendre sur Dieu à une méditation attentive. Aussi a-t-on vu se développer en Islam des groupes d'hommes pieux, désireux de puiser dans la Parole de Dieu une alimentation spirituelle plus profonde, d'intérioriser davantage les prescriptions de la Loi. C'est d'eux qu'est sortie la mystique musulmane. Si, chez certains, et surtout chez les plus ésotériques, on peut découvrir des influences étrangères à l'Islam, il paraît indiscutable que non seulement tous partent du Coran, mais encore qu'ils l'emportent avec eux dans leur pèlerinage spirituel, car, ne l'oublions pas, le Coran se déclare lui-même comme le guide unique.

Dans la sourate introductive du Coran, Dieu s'appelle Maître du Jour du Jugement. Tout le problème est de savoir comment se situe le Dieu Juge par rapport au Dieu Législateur. Une première façon de voir consiste à dire que l'homme vit en ce monde sous la Loi, et que Dieu note toutes ses actions. Puis, au Jour Dernier, ces actions sont pesées et comptées, car « Dieu est le plus rapide des comptables », opération qui détermine la récompense ou le châtiment. Dans cette perspective, la Coran est guide en ce sens qu'il dit ce qu'il faut faire pour plaire à Dieu et pour entrer dans l'autre vie, *à la suite* de la vie terrestre, avec toutes les chances d'avoir le Paradis pour séjour. Il en résulte que la condition de l'homme est changée par rapport à lui-même (les élus du Paradis et les réprouvés de l'Enfer ne sont pas dans la même situation personnelle que les habitants de cette terre) ; mais elle n'est pas changée par rapport à Dieu qui reste toujours dans l'isolement de sa transcendance absolue. Mais est-ce bien là ce qu'enseigne le Coran ? Sans doute plusieurs versets parlent du compte des actions. Sans doute de nombreux *ḥadîṯ*-s renchérissent encore en fournissant le détail de cette comptabilité. Mais le Livre et la Tradition sont remplis de textes qui, même pris à la lettre, ont une tout autre résonance. Dieu est présenté essentiellement comme un Dieu qui pardonne : il est clément et miséricordieux. Or s'il pardonne, ce n'est pas parce que le poids des actions bonnes l'emporte, plus ou moins, sur le poids des actions mauvaises. C'est avant tout parce que l'homme qui est jugé a reconnu et confessé dans sa vie qu'il n'y a de divinité que Dieu, puis qu'il est mort sans avoir renié cette profession de foi. C'est aussi parce que, dans certains actes du culte, il aura particulièrement invoqué Dieu par ses noms les plus beaux, qu'il se sera humilié devant lui, qu'il aura lu le Coran avec ferveur, etc. Il est certain que la morale musulmane insiste beaucoup sur les actions. Mais si les actions sont souvent matérielles et extérieures, il ne faut pas s'imaginer que le Coran ne connaît que celles-là. Il y a des actions intérieures plus subtiles. On peut sans doute penser qu'elles seront pesées comme les autres. Mais plusieurs versets coraniques feraient plutôt croire l'inverse. En effet certaines actions intérieures mettent directement le fidèle qui les fait en rapport avec Dieu et d'une manière fort intéressante. Ce sont de tels versets qui ont frappé l'attention des mystiques.

Nous venons de parler du Dieu qui pardonne. C'est là un de ses noms. Mais il est mis très souvent en relation avec le verbe *istaġfara* qui signifie pour l'homme « demander pardon ». Il se forme donc un couple : l'homme demande pardon – Dieu pardonne. Or ce n'est pas le seul exemple. Le repentir se dit en arabe *tawba*, d'une racine qui exprime l'idée d'un retour, plus exactement de « se tourner vers ». Or dans plusieurs versets, le mot *tawwâb*, de la même racine, s'applique simultanément à Dieu et à l'homme : l'homme se tourne vers Dieu ; Dieu se tourne vers l'homme. Autre exemple : il est écrit : « O toi, âme apaisée, reviens vers ton Seigneur agréante et agréée ». Ainsi dès que l'âme est contente de tout ce que le Seigneur fait pour elle, dès qu'elle dit oui à tout ce que Dieu veut, aussitôt Dieu est satisfait d'elle. D'autres versets peuvent aller dans le même sens ; bien que les deux membres du couple ne soient pas de la même racine. Ainsi quand on lit : « Dieu aime ceux qui ont en Lui une confiance absolue » (*al-mutawakkilîn*), « Dieu aime ceux qui supportent avec patience » (*al-ṣâbirîn*), on peut penser que l'acte de confiance ou de patience que fait l'homme, trouve immédiatement en Dieu une attitude ou un attribut correspondant.

Aussi y a-t-il une autre façon de comprendre le rapport du Dieu Législateur et du Dieu Juge. Les actions inspirées par la Loi, mais intériorisées par la *tawba* (repentir), l'agrément (*riḍâ*), la confiance absolue (*tawakkul*), la patience (*ṣabr*) et d'une façon générale par tout ce qui, chez les Soufis, prend le nom d'états mystiques (*aḥwâl*), trouvent en Dieu, comme le dit très nettement Faḫr al-Dîn al-Râzî, leur subsistance : Dieu les fait durer par une sollicitude particulière, par delà la mort. Le Jugement, c'est cette fixation de l'homme en ses actes soutenus par le Créateur dans l'éternité. Au contraire, les actions mauvaises sont celles qui ne trouvent en Dieu, pour leur correspondre, que réprobation et rejet. Dieu ne les reçoit pas, alors qu'Il reçoit le repentir. Il ne les aime pas : « Dieu n'aime pas les transgresseurs » (*al-mu^c^tadîn*). Les orthodoxes qui n'admettent pas que Dieu aime véritablement ses créatures, expliquent les versets où apparaît le verbe aimer, en disant que « aimer » signifie récompenser et que « ne pas aimer » signifie punir. C'est vrai. Mais nous voyons maintenant, avec les mystiques, comment la récompense consiste à subsister dans l'amour divin, et la punition à subsister hors de l'amour divin.

Mais alors tout change. La science de Dieu n'est plus cette connaissance de surveillance à laquelle on ne peut se soustraire ; elle devient le fondement pour l'homme d'une certitude de plus en plus profondément vécue, à mesure qu'il se pénètre davantage de la grandeur de cet attribut. La puissance de Dieu cesse également d'être cette force redoutable qui peut à tout moment aussi bien créer que détruire ; elle est la force qui fait exister et subsister, qui répand sur la création des bienfaits de toutes sortes. La peur s'estompe pour faire place à la crainte spirituelle de Dieu, crainte d'être séparé de Lui, et qui n'est autre que la piété (*taqwâ*).

Mais le Dieu des mystiques, aux yeux mêmes des mystiques, n'est pas absolument séparé du Dieu de la Loi. Pour eux, la Loi est une forme de la bienfaisance divine. Dans sa matérialité même, elle est faite pour que l'homme de tous les jours puisse s'engager dans la Voie. En le balançant entre la peur et l'espoir, elle le décante de tout ce qui, en lui, ferait obstacle au progrès spirituel.

Ce progrès d'ailleurs ne se réalise que par un approfondissement de la Loi. Car le Coran est la Parole même de Dieu, cette Parole qui a créé l'univers et qui est capable d'agir sur le cœur de l'homme, de l'ouvrir, ainsi que cela est arrivé au Prophète Muḥammad. La lecture du Coran, quand elle est inspirée non par un désir de recherche spéculative, mais par un esprit de piété, est un contact religieux réel avec Dieu. Ġazâlî a écrit un long chapitre de son *Iḥyâ'* sur la formation spirituelle que le fidèle reçoit de cette lecture. D'abord sensible au sens apparent le plus extérieur, sa compréhension devient, sous l'influence du texte, de plus en plus pénétrante, et, sans avoir à se livrer à un commentaire allégorique plus ou moins artificiel, il arrive à saisir le sens le plus profond, guidé par la lumière que porte en lui le texte sacré. La Coran est ainsi, moins un recueil de préceptes et d'interdictions extérieurs, qu'un mode d'action de Dieu sur le cœur du croyant. Quand on parle, en Islam, de la présence de Dieu, il ne faut jamais oublier sa présence dans sa Parole et par conséquent dans l'homme qui lui prête son souffle et sa langue pour la proférer dans ce monde.

Il semble donc justifié de considérer, avec les mystique musulmans, que la Loi révélée ne saurait se réduire à des règlementations du culte et des actes humains. Ce n'est là que son aspect extérieur qui correspond à la réalité d'un Dieu transcendant qui ordonne de l'extérieur. Mais une fois qu'elle a appris à révérer ce Dieu dans son inaccessible majesté, elle convainc qu'il est un Dieu de bonté, penché sur l'homme pour l'aider, le consoler (comme il l'a fait pour son Prophète), l'appeler et le conduire. Faḫr al-Dîn al-Râzî a bien vu ces deux aspects quand, réfléchissant sur deux formules de la louange à Dieu, le *tasbîḥ* qui glorifie la grandeur de l'en-soi divin, et le *taḥmîd* qui est une louange désintéressée de la bienfaisance divine, il fait passer le second avant le premier. Car, à ses yeux, si Dieu dans sa transcendance en soi est la perfection de l'être, Il est dans sa création, dans l'entretien de tout ce qu'Il crée, « au-dessus de la perfection ».

Néanmoins, certains mystiques ont, toujours en s'appuyant sur le Coran, conçu la réalité de Dieu d'une manière plus métaphysique. Ce faisant, ils ont d'ailleurs recueilli en chemin de nombreuses idées tirées des différentes gnoses grecques, chrétiennes ou orientales. C'est le cas d'Ibn ᶜArabî de Murcie. Il médite d'abord un texte très court de la Sourate *al-Iḫlâṣ*. Ce texte, traduit selon le sens apparent, est le suivant : « Dis : Il est Dieu, Unique ». Mais déjà les grammairiens avaient, en le commentant, fait des remarques dont s'empare le grand mystique. Sans entrer dans l'exposé de ces réflexions grammaticales, donnons tout de suite le sens auquel on aboutit ainsi : « Dis : Lui, c'est : Dieu est unique ». Lui, explique Ibn ᶜArabî, c'est le nom propre de Dieu. Seul, il peut être appelé de ce nom sans qu'il reste le moindre doute sur celui dont il est question. Lui, en arabe *huwa*, désigne Dieu dans ce qu'il a d'absolument ineffable. Le *h* de *huwa*, c'est le souffle d'admiration devant l'être, que l'extatique, au terme de son *ḏikr* (mention de Dieu), retrouve dans l'*h* final de la formule : *lâ ilâha illâ Llâh* (il n'y a de divinité que Dieu). La récitation de cette formule, répétée inlassablement, se réduit progressivement à *Allâh*, puis à *h*, considéré comme l'abréviation de *huwa*. En terme abstrait, on parle de la *Huwiyya* de Dieu. Si on veut en dire quelque chose, on doit se contenter de : Il est unique (*aḥad*) ce qui s'exprime par le terme *aḥadiyya*. Cette *aḥadiyya* est également inaccessible ; elle est au-delà de ce que peut atteindre la voie négative (*tanzîh*), car, dans la négation, il y a toujours une référence à ce qui n'est pas Lui, précisément à ce qu'on nie de Lui. La réalité transcendante de cette unicité, qui est affirmation pure, nie tout ce qui est objet de négation dans la voie négative. C'est pourquoi, dans sa prière, le fidèle ne doit pas viser à s'adresser à Dieu dans sa *aḥadiyya*, parce qu'elle l'ignore dans son individualité singulière. La prière et tous les actes du culte ont pour objet Dieu comme Seigneur (*Rabb*) : c'est ce qu'on appelle la *rubûbiyya*. Ici apparaît Dieu, se manifestant dans ses attributs qui sont tournés vers l'homme, non seulement parce que c'est en eux que résident tous les principes de son être, mais aussi parce qu'ils lui offrent le moyen de L'invoquer, de Lui rendre un culte, de s'élever vers Lui.

En ce qui concerne le Coran, Ibn ᶜArabî a une doctrine intéressante. On sait que les exégètes distinguaient le sens apparent (*ẓâhir*) et le sens caché (*bâṭin*). Pour Ibn ᶜArabî, ces deux sens ne s'excluent pas, car ils ne sont que l'expression de deux réalités de Dieu. En effet, le Coran lui-même dit que Dieu est *ẓâhir* et *bâṭin*, ce qui signifie qu'Il est à la fois un mystère caché et une manifestation de ce mystère. Ainsi, dans son être même, Dieu se manifeste réellement, et tous les êtres qu'Il engendre, en particulier l'homme, sont des expressions de Lui-même. Par suite, Ibn ᶜArabî accepte un *ḥadîṯ* sans doute apocryphe, imitation de l'affirmation biblique selon laquelle l'homme est à l'image de Dieu. Il s'agit donc pour le croyant, en se laissant guider d'abord par le sens extérieur, puis par le sens interne du Coran, de retrouver en soi l'image par laquelle il est une manifestation particulière de Dieu, ce qui s'appelle rencontrer son Ange. Si la pensée d'Ibn ᶜArabî est incontestablement marquée par un certain néoplatonisme gnostique, il est indéniable qu'elle fait à la méditation du Coran, ainsi que nous l'avons vu, une place primordiale.

Telles sont les différentes directions dans lesquelles l'Islam a développé l'idée de Dieu que lui fournissait le Livre révélé. Si on prend les doctrines extrêmes, elles semblent inconciliables. Mais elles le sont plus dans les esprits qui les reçoivent que dans les intentions mêmes. Sans doute l'orthodoxie juridique s'est durcie et a purement et simplement rejeté tout ce qui avait une saveur mystique un peu prononcée. Mais les mystiques, eux, n'ont jamais répudié la Loi et le sens littéral des textes ; au contraire, selon des procédés divers, ils ont toujours cherché à les intégrer, à leur donner une place importante dans l'économie de leurs systèmes. Parfois leur langage peut tromper. C'est le danger de toute pensée mystique. Ils forgent des mots abstraits qui semblent recouvrir autant d'entités ; ils utilisent des vocabulaires étrangers à la tradition islamique. En réalité, si on va au-delà des mots, on voit que dans bien des cas, ils suivent le texte coranique. Bien des termes faisaient problème, par exemple le Calame, la Tablette, le Trône, le Siège ; d'autres invitaient à d'audacieuses amplifications : les sept cieux, les différents anges, sans parler des versets obscurs que l'orthodoxie s'est toujours refusé à expliquer, pour respecter les profondeurs insondables de la science divine, mais dont il était fort tentant de rechercher le sens.

Ce Dieu vers lequel se tournent les âmes religieuses en Islam est-il un Dieu personnel ? Les théologies parlent souvent de l'essence divine exprimée par le nom d'Allâh. De la personne, ils ne disent rien. Mais c'est que le mot faisait défaut en arabe. Il était donc difficile d'élaborer une théorie de la personne divine, d'autant plus que ce n'était pas alors un problème qui préoccupait beaucoup la pensée philosophique ou théologique (en dehors du christianisme, en raison de sa doctrine trinitaire). Mais cela ne saurait signifier que le Dieu de l'Islam n'est pas personnel. D'abord il parle en disant « Nous ». Il est *mutakallim*. Or ce terme, qui signifie « celui qui parle », est employé par les grammairiens pour désigner la première personne. En outre, Dieu veut ; rien ne le contraint, il est une souveraine liberté. Même l'école muᶜtazilite qui enseignait que Dieu ne fait que le bien, s'appliquait à démontrer que ce n'était pas en raison d'une nécessité de nature, qu'il n'était donc pas contraint à agir ainsi, que d'ailleurs il n'existait en Lui aucun archétype d'un Bien en soi qui se serait imposé à Lui. S'il fait le bien, c'est l'utile qu'il faut entendre, et il le fait, non pour Lui-même qui n'a besoin de rien, mais pour les autres, les êtres qui ne sont pas Lui. Cette action pour le bien de l'autre, tout à fait gratuite quand il s'agit de Dieu, et qui rejoint les nombreuses énumérations coraniques des bienfaits divins, n'est-elle pas, elle aussi, la marque indubitable que le Dieu de l'Islam est une personne ? Ce qui a empêché les musulmans de le dire, c'est que, l'imperfection du lexique aidant, ils voyaient dans la notion de personne des traces d'anthropomorphisme. Au lieu d'élaborer plus finement cette notion, ils ont par prudence préféré n'en pas parler, au moins directement. Mais ce n'est qu'un accident de l'histoire de leur pensée. D'ailleurs comment concevoir vraiment un Dieu qui révèle et qui n'est pas personnel ? Il est vrai qu'un philosophe comme Fârâbî, assimilant l'Ange Gabriel à l'Intellect Agent, expliquait la révélation en l'insérant dans un système pour lequel un Dieu personnel aurait été parfaitement étranger. Mais ce n'est là qu'une tentative philosophique de « démythologisation ». Or des efforts de ce genre n'ont jamais réussi à donner une expression adéquate de la foi, de quelque religion qu'il s'agisse. Ce sera, espérons-le, la tâche de la théologie musulmane moderne, de dégager une idée de la personnalité de Dieu qui convienne aux exigences fondamentales de l'Islam.

En somme, Dieu, tel que le Coran parle de Lui, est présenté sous des aspects divers qui sollicitent la méditation philosophique dans bien des directions.

Le passé de l'Islam nous en fournit la preuve. Un des problèmes a été d'harmoniser tout ce qu'on pouvait en dire, du moins tout ce qu'on en a dit. Ce sont les mystiques, à notre avis, qui ont fait les synthèses les plus riches et les plus complètes. Mais peut-être que tout n'a pas encore été dit.

DIEU, LA CRÉATION ET LA RÉVÉLATION EN ISLAM [1]

Dans la première sourate qui, selon une tradition, a été révélée au Prophète, on lit : « Prêche, au nom de ton Seigneur qui créa ! Qui créa l'homme d'une adhérence. Prêche ! ton Seigneur étant le Très Généreux, qui enseigna par le Calame et enseigna à l'Homme ce qu'il ignorait. » (Sourate 96 : 1-5 ; trad. Blachère.)

Ainsi, dès le début, Dieu se présente simultanément comme Celui qui crée et comme Celui qui enseigne, c'est-à-dire qui révèle.

En 6 : 102, Dieu se nomme *ḫâliq kulli šay*ʾ, Créateur de toute chose. Cette racine ḪLQ est celle qui est la plus fréquemment employée pour exprimer l'acte de créer. Bien que parfois elle soit suivie de la particule *min* (de, lat. *ex* = créer à partir de), ce qui risque de suggérer l'idée d'une création qui ne serait pas absolue et supposerait une matière préexistante, l'affirmation de 6 : 102 ne laisse aucun doute sur l'exacte conception qu'apporte le Coran : Dieu crée tout ce qui existe et qui n'est pas Lui. En 42 : 9-12, le mot *šay*ʾ (chose) est repris dans un contexte très clair : « Et lui, Il est puissant sur toute *chose* ; oui, il a science de toute *chose* ; aucune *chose* n'est semblable à Lui ». Les théologiens n'ont pas manqué de remarquer que, si la puissance et la science divines s'exerçaient sur une chose non créée, il y aurait, quant à l'existence, une ressemblance entre Dieu et cette chose. Autrement dit, l'idée, très forte en Islam, de l'unicité parfaitement transcendante de Dieu, implique nécessairement une *création ex nihilo.* La Toute Puissance ne s'exerce pas sur un objet donné, et ce n'est pas par rapport à lui qu'elle est toute puissante : elle l'est en soi et absolument. On doit en dire autant de la Science divine : elle ne se définit pas par ce qu'elle connaît. En d'autres termes, la Puissance et la Science sont en Dieu créatrices.

1. Ce texte, ainsi que celui de M. Jargy, ont été présentés en conférences publiques à l'Université de Genève, les 5 et 6 décembre 1968, sous les auspices de la Fondation Marie Gretler.

La puissance de Dieu est sans borne, non seulement parce qu'elle est en elle-même infinie, mais surtout parce que rien ne vient déterminer son exercice. Aucune norme ne s'applique à elle, et elle n'est subordonnée à rien. « Aussi Dieu fait-il ce qu'Il veut » (S. 3 : 40). Cette volonté (*mašî'a*) est la volonté du Décret (*qaḍâ'*) et ce qu'elle veut se réalise infailliblement. Il y a un autre mot pour signifier volonté. C'est *irâda*. Les verbes correspondants (*šâ'a* et *arâda*) se trouvent dans le Coran avec des contextes qui ne permettent pas toujours de les distinguer nettement. On lit par exemple : « Si Dieu l'avait voulu (*šâ'a* = *qaḍâ* : décrété), ils ne se seraient pas combattus ; mais Dieu fait ce qu'il veut (*yurîdu*, de *arâda*) » (S. 2 : 253). Les deux termes sont donc rapprochés dans le même verset, et il faut noter que les Commentateurs ne font pas ici de différence ; Ṭabarî assimile purement et simplement *šâ'a* et *arâda*. Beaucoup de théologiens font de même. Néanmoins les Mu^ctazila, qui croyaient à la liberté humaine, expliquaient l'expression « Dieu fait ce qu'il veut (*yurîdu*) » en disant qu'il s'agit là d'un vouloir de Dieu qui se rapporte à ses propres actions. L'idée est intéressante et permettrait de distinguer, relativement à la Création, une volonté (*irâda*) de créer, et une volonté d'imposer à la création telle forme, telle loi, tel destin, et ce serait la *mašî'a*. D'autres docteurs ont proposé une autre distinction : par la *mašî'a*, l'essence divine se tourne vers la réalité d'une chose en elle-même ; il y aurait donc là un pur vouloir ; au contraire, par l'*irâda*, Dieu fait pencher la décision en faveur de l'un de deux possibles ; ce serait alors une volonté de choix qui, semble-t-il, ne saurait être à l'origine de l'acte de créer, puisqu'il est inconcevable que Dieu, dans son éternité, puisse choisir de créer ou de ne pas créer. Cette façon de voir, que les penseurs musulmans connaissent bien, conduit à représenter l'éternité comme un temps infini, au cours duquel Dieu prendrait une décision en pesant le pour et le contre. Il y aurait quelque chose qui fait pencher la balance (*muraǧǧiḥ*) en faveur de la création (*ḫalq*) quand Dieu veut créer de cette manière (par *irâda*). Mais il fallait donc qu'avant ce choix, il y eût également quelque chose qui inclinait à ne pas créer (*tark al-ḫalq*). Mais ce *muraǧǧiḥ*, qui fait choisir le parti de créer, n'existait pas de toute éternité, sinon Dieu n'aurait pas balancé. Il a donc été créé. Les mêmes questions se reposent alors : Dieu ayant choisi de créer ce *muraǧǧiḥ*, a dû créer un autre *muraǧǧiḥ* qui entraîne son choix. Et ainsi de suite à l'infini. En définitive, la décision de créer ne peut résulter d'une volonté de choix, une *irâda*.

Signalons pour terminer la distinction que propose Ǧurǧânî, l'auteur du *Livre des Définitions*. Pour lui, la *mašî'a* a une signification plus vaste que l'*irâda* : elle est une manifestation de l'essence divine et de la Providence qui précède l'acte de donner existence à ce qui n'est pas, ou l'acte d'anéantir ce qui est. Quant à l'*irâda*, elle exprime cette manifestation en rapport seulement avec le don de l'existence à ce qui n'est pas. L'auteur ajoute que celui qui se référera aux passages coraniques dans lesquels ces deux racines sont employées, vérifiera cette différence.

Quoi qu'il en soit, si on néglige les docteurs qui ont considéré les deux racines comme synonymes, on conçoit par ce qui précède que le Coran offre, au sujet de la volonté créatrice, un thème important de méditation. Sans dire qu'il existe deux volontés distinctes en Dieu, l'un des deux mots insiste davantage sur ce qu'il y a dans l'acte créateur de pouvoir déterminant, faisant de la créature ce que Dieu veut qu'elle soit, réglant tous les événements (*ḥawâdiṯ*) qui la touchent, l'enfermant dans les limites fixées entre la naissance et la mort, car Dieu est Celui qui fait naître et mourir (S. 3 : 156). Philosophiquement parlant, cette volonté du décret (*mašî'a*) se distingue surtout comme volonté créatrice d'essences. L'autre mot, *irâda*, exprimerait davantage une volonté créatrice d'existence. Le Coran les emploie tous deux dans des contextes parfois presque identiques : « Quand Il a décrété (*qaḍâ*) quelque chose, Il lui dit simplement : Sois ! et elle est » (S. 3 : 47), et : « Quand Il veut (*arâda*) une chose, Il n'a qu'un commandement à dire : Sois ! et elle est » (S. 36 : 82). L'acte créateur est dans les deux cas le même : c'est la Parole créatrice : Sois !, qui, selon le premier verset, crée et détermine l'essence de la chose ; dans le second, lui donne l'existence. S'il y a une liberté humaine, on ne pourra la chercher que du côté de l'*irâda*, c'est-à-dire du côté de l'existence.

La dualité de ces verbes se retrouve à propos de la volonté révélatrice. D'abord c'est par un décret que Dieu désigne ses prophètes et ses envoyés : « De par Sa faveur, Dieu fait descendre (l'inspiration) sur celui qu'Il veut (*yašâ'u*) d'entre Ses serviteurs » (S. 2 : 90). Il met qui Il veut dans la voie droite : « Si Dieu avait voulu (*šâ'a*), Il vous aurait tous conduits » (S. 6 : 149) ; « Si Dieu avait voulu, ils n'auraient pas commis le *širk* en Lui donnant des associés » (S. 6 : 107) ; « Si ton Seigneur avait voulu, tous ceux qui sont sur la terre auraient cru en totalité » (S. 10 : 99). « S'il avait voulu, il aurait institué une communauté religieuse unique » (*cf.* S. 5 : 48 ; 11 : 118 ; 16 : 93 ; 42 : 8). « Il fait descendre les Anges, avec l'Esprit émanant de son Ordre, sur qui Il veut parmi ses serviteurs » (S. 16 : 2). « Dieu a fait descendre le plus beau des discours… C'est la Direction par laquelle Dieu dirige qui Il veut » (S. 39 : 23). À côté de cela, quand il s'agit de la nature du contenu de la Loi révélée, c'est-à-dire quand Dieu, en prescrivant, tient compte de l'homme à qui il fait connaître ses commandements, on trouve le verbe *arâda*. « Dieu veut (*yurîdu*) pour vous ce qui est facile ; Il ne veut pas ce qui est difficile, afin que vous puissiez respecter parfaitement le nombre (des jours de jeûne) » (S. 2 : 185). « Dieu veut vous rendre claire (Sa Loi) et vous conduire par la voie de ceux qui vous ont précédés… Dieu veut se tourner vers vous… Dieu veut pour vous un allègement, car l'homme a été créé faible » (S. 4 : 66-68). « Dieu ne veut pas d'injustice pour ses serviteurs » (S. 40 : 31). Dans tous ces versets, le verbe employé est *arâda*. Sans doute, ici encore, la distinction n'est pas toujours nette, ni, semble-t-il, toujours respectée. On lit en effet un verset qui donne *arâda*, alors qu'on attendrait plutôt *šâ'a* : « Et ainsi Nous avons fait descendre le Coran en versets clairs ; Dieu conduit qui Il veut (*yurîdu*) » Il ne faut donc pas durcir systématiquement la signification des mots. Mais d'une façon générale, la révélation, en tant qu'elle est la descente d'une Parole sur un prophète, ou qu'elle est destinée aux croyants élus, est l'objet d'une volonté de décret. Mais la Loi, qui d'ailleurs peut, selon une doctrine musulmane, être modifiée et abrogée (la Loi de Muḥammad abroge celle de Moïse et de Jésus ; l'orientation vers Jérusalem pour la prière a été abrogée, dans le Coran même, pour être remplacée par l'orientation vers La Mecque), la Loi tient compte de l'homme en général et des hommes en particulier, et de ce fait, elle est l'objet d'une volonté plus souple qui est l'*irâda*.

Quant à la science divine, elle ne se présente pas en Islam comme une science archétypique. Elle est la connaissance que Dieu a de sa puissance et de son libre décret. Sauf pour les Mu^{c}tazila qui, sans admettre des Idées en Dieu à la façon de Platon, ont pensé que la Science divine portait sur des purs possibles, non existants, et, dans leur néant, déjà déterminés à ce qu'ils devraient être s'ils recevaient l'existence, et qui ont enseigné que Dieu créait les existences et non les essences, pour la majorité des théologiens musulmans, Dieu crée tout et en particulier les vérités (comme chez Descartes). Cette doctrine sauve la parfaite altérité de Dieu par rapport aux créatures, qui ne participent en rien à leur Créateur. C'est pourquoi l'action créatrice n'est pas une action causale. En effet, la causalité, au sens propre, ne s'exerce que dans l'immanence et horizontalement. Sur ce plan, il y a toujours une ressemblance entre la cause et l'effet. Or rien de ce que Dieu crée ne Lui ressemble, de quelque ressemblance qu'il s'agisse. Et c'est par ce biais que l'orthodoxie aš^{c}arite peut soutenir que Dieu est le Créateur du mal sans être lui-même mauvais.

De même que la science divine ne constitue ni un exemplaire ni un modèle de la création auquel Dieu se conformerait quand Il crée, de même elle ne renferme pas les valeurs idéales qui inspireraient la Loi. Sans doute certains juristes, les Šâfi^{c}ites, ont-ils pensé que les prescriptions divines avaient une motivation, une *^{c}illa*, et que l'homme pouvait la retrouver de façon à en déduire des règles pour tous les cas qui ne sont pas explicitement considérés dans le texte du Coran ou du *ḥadîṯ*. Mais, outre que de nombreux docteurs se sont opposés à cette conception en insistant sur le fait que Dieu commande ce qu'Il veut et comme Il veut, sans *^{c}illa*, et que par conséquent on ne pouvait raisonner analogiquement pour étendre la Loi, par la recherche de la motivation (*ta^{c}lîl*), au-delà de ce qui en est explicitement énoncé dans les textes, il convient de remarquer que jamais les Šâfi^{c}ites n'ont conçu la *^{c}illa* comme une Idée platonicienne, comme une Valeur en soi. Il s'agit toujours de motivations très concrètes, liées aux situations où se trouvent les hommes, à leur intérêt bien compris.

Il est vrai que la Loi contient des vérités dogmatiques : l'existence de Dieu, son unicité, sa toute-puissance. Mais ces révélations fondamentales, d'où découlent les principes de la religion (*uṣûl al-dîn*) et les principes de droit religieux (*uṣûl al-fiqh*), ne découvrent les attributs de Dieu que pour faire comprendre qu'Il crée ce qu'Il veut et qu'il révèle ce qu'Il veut, par une volonté, *mašî'a* ou *irâda*, qui tire tout d'elle-même selon ce qu'on peut appeler un absolu arbitraire. En d'autres termes, de la révélation que Dieu existe, qu'Il est un, créateur, tout puissant, etc., l'homme ne peut rien déduire par ses propres moyens (ceux de sa raison). De même que Dieu crée tout ce qui existe, de même c'est Lui qui fait connaître à l'homme tout ce qu'il y a à connaître. La raison humaine, libérée des passions par la Loi, ne fait que consentir à la vérité que Dieu enseigne. On dira qu'il apparaît là un cercle vicieux : qu'il faut croire pour être purifié et qu'il faut être purifié pour croire. C'est analytiquement exact. En réalité, les deux mouvements sont simultanés et se conditionnent l'un l'autre réciproquement dans un temps qui n'est pas celui de la conscience explicite parfaitement maîtresse de ce qui se passe en elle. C'est peut-être ce qui explique toutes les expressions coraniques d'après lesquelles la foi, comme adhésion à la Parole de Dieu, est présentée comme une création de Dieu dans l'homme.

Ce primat de la puissance et de la volonté se confirme si on examine la Parole créatrice. Comme dans la Bible, Dieu crée par sa Parole. Dans le Coran, c'est un impératif verbal (*amr*, terme qui désigne également les commandements de la Loi). Dieu dit : « Sois ! » En effet, le commandement est la seule relation avec l'autre qui respecte parfaitement la transcendance divine. Dans la *Genèse*, il est écrit : « Et Dieu dit : "Que la lumière soit ! " et la lumière fut. Et Dieu vit que la lumière était bonne ». Sans chercher à donner à un texte révélé une portée théologique et philosophique que peut-être il n'a pas, on notera des différences frappantes avec les versets coraniques. Ici, Dieu nomme la lumière qu'il veut créer ; le nom de la créature intervient dans l'acte même qui la crée. Puis Dieu voit que cette créature est bonne. Ces deux aspects, où sans doute un docteur musulman décèlerait de l'anthropomorphisme, sont totalement absents de l'Islam. Le *kun* (sois !) est un ordre absolu et abrupt. La créature en sort telle que Dieu, en ce qu'elle est, l'a voulue. Il n'y a plus rien à dire, aucune question à poser. Le principe du Bien, comme cause finale de la création, ne trouve ici aucune place. En 41 : 11, on lit un texte tout différent : « Ensuite, Il se tourna vers le Ciel alors qu'il était fumée et Il lui dit ainsi qu'à la Terre : "Venez de gré ou de force", et le Ciel et la Terre répondirent : "Nous venons avec obéissance." » Mais il est moins question de création que d'une organisation à partir d'une sorte de chaos déjà existant, et les commentateurs (Râzî en particulier) soulignent qu'il ne faut pas prendre les termes de ce dialogue à la lettre. Par conséquent les paroles « Venez de gré ou de force » ne doivent pas être considérées comme identiques à la Parole créatrice *kun*. Ce verset marque simplement la toute puissance de Dieu sur ses créatures.

On chercherait donc en vain dans la pensée islamique issue du Coran quoi que ce soit de commun avec la pensée judéo-chrétienne telle qu'elle s'est développée depuis Philon jusqu'à Leibniz. L'Islam se meut dans le volontarisme pur : « On n'interroge pas Dieu sur ce qu'Il fait ; ce sont eux (les hommes) qui seront interrogés » (S. 21 : 23). Il n'y a pas à demander pourquoi Dieu a créé, pourquoi il a révélé la Loi, pourquoi il fait que certains hommes sont fidèles et certains autres impies ; pourquoi il punit les uns et récompense les autres. Tout cela est enraciné dans le mystère du *qaḍâ*ᵓ de Dieu, c'est-à-dire sur ce qu'il y a de plus inaccessible en Dieu. Il reste néanmoins qu'à côté de la *mašî'a*, l'*irâda* semble adoucir ce qu'il y a d'implacable dans le Décret. Elle est la volonté du don, don de l'existence (*wuǧûd*), don de la subsistance (*baqâ*ᵓ) dans ce monde et dans l'autre ; c'est elle qui fait miséricorde (S. 33 : 17) ; c'est elle qui pardonne. En un mot : « Dieu ne veut pas (*yurîdu*) vous imposer d'étroites interdictions. Mais il veut vous rendre purs et donner à sa faveur un accomplissement pour vous » (S. 5 : 6).

Il est écrit que Dieu est Sage. Mais ici encore, il n'existe pas de norme de sagesse. Les commentateurs expliquent la *ḥikma* en disant qu'elle est la réunion de la puissance et de la science. Or, puisque la science divine est science de la puissance, l'accord est implicite et dire que les œuvres de Dieu sont œuvres de sagesse, c'est affirmer sans plus qu'elles sont les œuvres de Dieu. En 5 : 1, il est écrit qu'il est permis de manger la chair des animaux élevés en troupeaux, mais qu'on ne doit pas tuer de gibier pendant qu'on est en état de sacralisation lors du pèlerinage. Et le verset ajoute : « Dieu décide sagement ce qu'il veut (*yurîdu*). » Voici le commentaire de Faḫr al-Dîn al-Râzî, contre le rationalisme des Muᶜtazila, qui montre bien comment réagit une conscience musulmane à un tel texte : « Dieu a permis les animaux des troupeaux dans tous les cas, mais il n'a permis le gibier que dans certains cas. Telle est la signification du verset. Si on demande quelle est la cause (*sabab*) de cette distinction et de cette particularisation, qu'on réponde que Dieu est le Maître qui a la propriété des choses et qu'il les a créées ; rien d'aucune manière ne s'oppose à sa décision. » C'est donc parce qu'il est Créateur et Maître absolu qu'il révèle dans sa Loi les ordres qu'il veut et comme il le veut. Il ne veut pas ce qui est sage ; est sage ce qu'il veut. Dans ce commentaire, on voit encore que la création et la révélation de la Loi sont étroitement liées.

Si, dans le Coran, la racine la plus fréquente, employée pour exprimer l'acte de créer, est ḪLQ (*ḫâliq* : Créateur ; *al-ḫalq* : création), celle qui est associée à RZQ avec les sens de pourvoir (*Ḫâliq* et *Râziq* : Celui qui crée et qui pourvoit aux besoins de ses créatures), on rencontre néanmoins beaucoup d'autres termes : *faṭara, ḏaraᵓa, anšaᵓa* qui marquent diverses modalités de la création. Les philosophes ont ajouté *awǧada* : faire exister ; *aḥdaṯa* : engendrer dans le temps, produire quelque chose de nouveau ; *iḫtaraᶜa*, exactement : inventer. Sans insister sur le détail de ce lexique, nous nous arrêterons au mot *baraᵓa*, qui est le même verbe que l'hébreu *barā* du premier verset de la *Genèse*. D'après le Commentaire de Suyûṭî, il signifie : faire naître du néant, et le *Bāri*ᵓ est celui qui fait naître du néant (*al-munši*ᵓ *min al-ᶜadam*). C'est un nom de Dieu, parfois associé à *Ḫâliq* (S. 59 : 24). Le grand dictionnaire *Lisân al-ᶜArab* spécifie que le *Bâri*ʾ est « Celui qui crée (*ḫalaqa*) les créatures non à partir d'un modèle » et, en outre, que le verbe *baraʾa* s'emploie particulièrement pour parler de la création des êtres vivants. Néanmoins un verset fait difficulté : c'est celui qui dit qu'il n'y a aucun malheur ayant frappé la terre ou les âmes « qui n'ait été dans un Livre avant que Nous ne l'ayons créé (verbe *baraʾa*) » (S. 57 : 22). Certains Muᶜtazila en ont tiré que Dieu connaît les choses avant qu'elles se produisent réellement dans la création. Il existerait donc en Dieu une science antécédente, indépendante de sa volonté de créer, et la création se réglerait sur cette science. Mais, en général, les commentateurs interprètent l'expression « dans un Livre » comme équivalente à *maktûb* qui signifie normalement, dans la langue des juristes musulmans, « ce qui est décrété » ou « imposé ». Ainsi *al-ṣalât al-maktûba*, c'est la prière qui est d'obligation (*farḍ*). Dans le même sens, la « Tablette bien gardée » (*lawḥ maḥfûẓ*) ne contient pas le plan archétype de la création, mais les décrets divins destinés à être enseignés aux anges, aux hommes et aux djinns sans subir la moindre altération.

On voit le rapport qui relie très profondément Création et Révélation. La première révélation est que Dieu est Créateur. Toutes deux sont « institutionnelles » : les lois de la Création sont des décrets comme la Loi de la Révélation. Elles s'enracinent l'une et l'autre dans le vouloir arbitraire de Dieu, quelle que soit la volonté à laquelle on les rattache, *mašîʾa* ou *irâda*. C'est parce que la Création est ce qu'elle est, sans modèle en Dieu, sans but poursuivi, œuvre d'une Toute-Puissance qui demeure en sa transcendance absolue dans l'acte créateur même, que la Révélation de la Loi est ce qu'elle est, ordre d'une volonté qu'on n'interroge pas et qui ne répond à aucune motivation. Cependant la présence de la volonté (*irâda*), sans diminuer en rien la transcendance, semble engager davantage le Créateur dans l'acte de création. Si elle est, comme on l'a dit, la volonté par laquelle Dieu décide ses propres actes, c'est-à-dire qui se trouve à l'origine des actes divins, il est certain qu'elle relie d'une façon mystérieuse peut-être, mais réelle, ce que ces actes produisent à ce qui les engendre. On comprendrait alors que Dieu, tout en restant le Seigneur inflexible, se penche vers ses créatures, s'intéresse à leurs besoins et les comble de faveurs. Cette inflexion se trouve à la fois dans la création et dans la révélation. Si le monde créé par le *qaḍâʾ* est soumis à une destinée implacable, le Coran ne laisse pas d'évoquer la somme de bienfaits que Dieu a répandus dans l'univers. De même, nous l'avons vu, pour la Révélation. À côté du Dieu inflexible qui désigne arbitrairement ses prophètes et ses fidèles, il y a Dieu qui tient compte de la faiblesse humaine, qui allège le fardeau de l'humanité, qui a pitié et qui pardonne. Tout se passe comme si l'Islam s'attachait à affirmer simultanément deux vérités, logiquement opposées, mais qu'il refuse de concilier de peur de sacrifier par là l'une des deux à l'autre. On pense aux deux extrémités de la chaîne dont parlait Bossuet.

Quoi qu'il en soit, Création et Révélation, en Islam, sont exactement situées dans le même plan, qui est un plan vertical. Tous les décrets de Dieu descendent du Ciel. Il n'y a pas de continuité historique dans laquelle s'inscrirait la Parole divine, car il n'existe pas de temps maturateur. De même que la subsistance des créatures n'est qu'une succession de créations qui se renouvellent sans cesse dans un temps discontinu (théorie aš^carite), de même les diverses révélations se suivent sans qu'il y ait un lien réel entre elles dans l'histoire : elles se répètent dans ce qu'elles ont d'essentiel, le contenu de chaque Loi changeant par variation brusque sans évolution de l'une à l'autre. C'est que la volonté divine ne saurait elle-même entrer dans l'horizontalité de l'histoire pour y œuvrer de façon immanente.

L'homme a évidemment la condition de pure créature, mais il a été doué de raison et de parole : il peut recevoir le message de Dieu, qui emploie à cet effet les anges et les prophètes, et par conséquent il peut répondre. Il a d'ailleurs accepté de porter le dépôt de la foi (S. 33 : 72). Lors du « covenant prééternel » (*mîṯâq*), quand Dieu a tiré des reins d'Adam toute sa postérité future et a demandé : « Ne suis-je pas votre Seigneur ? » les hommes ont répondu : « Si ! » La Révélation a été adressée à l'homme en raison de sa place dans la création, entre les êtres qui lui sont inférieurs et qui suivent aveuglément leur loi, et les anges qui, par leur perfection même, accomplissent sans défaillance leur « fonction » qui est de louer sans cesse Dieu. Le Coran parle souvent de l'ordre hiérarchique des créatures. C'est grâce à sa position intermédiaire que l'homme a été désigné par Dieu pour être son vicaire (*ḫalîfa*) sur terre. Ce qui prouve en outre la relation profonde entre création et révélation, c'est que, du point de vue ontologique même, l'homme n'est vraiment homme que lorsqu'il a reçu la Loi et qu'il y obéit.

La Révélation est une faveur (*faḍl*), mais elle s'inscrit dans l'ordre de la Création. Elle n'ouvre pas, comme dans le Christianisme, sur une vie surnaturelle que l'Islam ignore et qu'il ne saurait concevoir. L'homme n'est que ce que Dieu veut qu'il soit : un être créé dans ce bas monde (*dunyâ*), qui reçoit une Loi et la promesse d'une vie dernière (*âḫira*) dans un Paradis ou un Enfer créés. Vouloir sortir de cette condition pour la dépasser, voilà le comble de l'impiété et de la révolte. Ce qui fait l'être de l'homme, c'est donc la conjonction en lui de la Parole créatrice et de la Parole révélatrice.

Les perspectives de la mystique musulmane sont, de ce point de vue, très instructives. Sans entrer dans le détail des systèmes qui parfois ont franchi les limites que l'Islam impose ordinairement, on peut noter que l'ascension spirituelle qui est en même temps un approfondissement des trois niveaux ontologiques de l'homme : l'âme ou conscience de soi, le cœur, lieu des états mystiques qui sont de purs dons de Dieu, le secret intime où se découvre la sincérité (*iḫlâṣ*), c'est-à-dire la parfaite adéquation de soi à soi dans l'authenticité de l'être qu'on est, on peut noter, disons-nous, que cette ascension amène à découvrir que, tout au fond de l'homme, l'être qui agit et le seul agent, c'est

Dieu. En ce sens, par la méditation de la Loi révélée, l'homme est la créature capable de reconnaître et d'expérimenter profondément, au cœur de son être, sa condition de créature. Ainsi la Révélation renvoie à la Création. Le propre de la liberté de l'homme qui apparaît au niveau superficiel de l'âme, c'est de s'estomper progressivement et de disparaître de façon que la voie ainsi définie conduise à comprendre et à accueillir sans réserve l'universelle et unique activité du Dieu créateur.

DIEU COMME ESSENCE ET COMME PERSONNE DANS LA THÉOLOGIE ET LA MYSTIQUE CHRÉTIENNES ET MUSULMANES

Pascal distinguait entre le Dieu des philosophes et le Dieu d'Abraham, d'Isaac et de Jacob. On peut dire que l'idée de l'Essence divine concerne tout spécialement une théologie spéculative du Dieu des philosophes, tandis que la notion de Personne divine concerne avant tout la spiritualité qui se développe sur l'adoration d'un Dieu qui se révèle à l'humanité par Ses prophètes. Cette distinction vaut aussi bien pour le christianisme et le judaïsme que pour l'Islam.

Le terme d'essence ne se rencontre pas dans les textes sacrés, non plus d'ailleurs que celui de personne appliqué à Dieu. Néanmoins les théologiens juifs et chrétiens n'ont pas manqué de tirer parti du verset de *l'Exode* (3, 14), où Dieu dit à Moïse : *Ego sum qui sum* (*ᵓehyeh ăsher ᵓehyeh*). On discute sur la façon de traduire ces quelques mots. Dhorme a choisi de les rendre par : « Je suis qui Je suis ». Mais, comme on lit dans la suite du verset : « *'Ehyeh* (Je suis) m'a envoyé vers vous », il en résulte que *ᵓEhyeh* est un nom, ou le nom de Dieu, si bien qu'on pourrait traduire : « Je suis Celui dont le nom est Je suis ». Il était donc facile de spéculer philosophiquement sur les termes de ce verset. Saint Thomas d'Aquin, par exemple, écrit dans le *Contra Gentiles* : « En Dieu, l'essence ou quiddité n'est rien d'autre que Son être-même » (I, chap. 22 : In Deo non est aliud essentia vel quidditas quam suum esse). Suit toute une réflexion sur l'être pour prouver qu'il n'est pas un genre : « L'étant (*ens*) est donc l'acte d'être (*esse*), de même que le fait de vivre est l'acte du vivant… En effet, la vie est le principe par lequel le vivant vit, et l'essence est le principe par lequel l'étant est (et essentia est principium quo ens est), sauf que vie et vivre signifient l'acte dans l'abstrait, tandis que le fait de vivre le signifie dans le concret : par suite, il n'existe pas de vie sans acte de vivre. Néanmoins l'essence ne constitue pas toujours l'acte d'être (essentia tamen non semper constituit esse). Or, dans l'étant ainsi entendu, il y a un double rapport : en effet, "étant" (*ens*) se dit et de Dieu et de la créature, mais de Dieu par mode de priorité, et par mode de postériorité de la créature, encore qu'il soit plus vrai (*verius*) de dire que Dieu est au-dessus de tout étant (Deum esse super omne ens), que de dire qu'Il est un étant comme Denys ou Damascène. En fait, de par cette analogie, il ne résulte pas que l'étant est antérieur aux deux, à savoir à Dieu et à la créature, comme il l'est à la substance et à l'accident qui sont appelés êtres (étant) par analogie. » (*Opuscule XLI, De materia Generis*, chap. 1). On voit que ce texte traitant de l'essence, de l'acte d'être et de l'être-étant, réserve le cas de cet Être qu'est Dieu sur deux points essentiels : d'abord, l'essence ne constitue pas toujours l'acte d'être, sinon tout être existerait de par son essence, ce qui n'est vrai qu'en Dieu ; ensuite, Dieu n'est pas Dieu par une essence qui serait un être-étant (*ens*) antérieur à Lui comme il est antérieur aux créatures, c'est-à-dire qui serait commun aux deux. En effet, « quand la raison d'une notion analogique se trouve tout entière dans l'un des deux sujets dont elle est prédiquée, comme c'est le cas de l'être-étant (*ens*) dont la raison se trouve absolument et tout entière en Dieu, elle ne sera pas un prédicat antérieur à l'un comme à l'autre, puisque (dans le cas de Dieu) le prédicat n'outrepasse pas le sujet ». (*Ibid.*) C'est dire qu'en Dieu, l'être-étant est identique à Dieu Lui-même, à son essence, ou encore que l'acte d'être ne s'ajoute pas à l'essence pour en faire un étant. Sinon, explique Saint Thomas, il y aurait une puissance en Dieu ; son essence serait en puissance à l'être, ce qui est contradictoire avec la notion de Dieu comme être nécessaire.

Ces considérations n'ont ici pour nous d'autre but que de montrer qu'une ontologie peut parvenir à l'idée d'un être qui existe par lui-même, par son essence, par soi (ce qu'on appelle l'aséité divine). En suite de quoi, on assimile cet être à Dieu, c'est-à-dire au Dieu des philosophes d'abord, puis au Dieu qui s'est révélé. Nous n'avons pas à étudier ici l'usage particulier que Saint Thomas fait de la Métaphysique d'Aristote et quelle part d'influence il a reçue d'Avicenne, ni comment il réconcilie l'idée aristotélicienne d'un Premier Moteur immobile et l'idée avicennienne de l'Être nécessaire existant par soi. Notre intention est seulement de montrer que la raison humaine est capable de faire une ontologie au sommet de laquelle se situe un être qu'on peut rationnellement appeler Dieu. En ce sens, elle n'a pas besoin de Révélation. Mais ce Dieu des philosophes est-il vraiment le Dieu qui s'est révélé ? Précisons la question. Si on part du texte de *l'Exode*, Dieu révèle qu'Il est le *Je suis*, c'est-à-dire qu'il se fait connaître comme tel par son nom de *ᵓEhyeh*. La philosophie suit un ordre inverse : elle dégage d'abord l'idée d'un être par soi, puis elle doit montrer que cet être est exactement le Dieu de la Révélation. Avicenne a très nettement vu ce problème quand il dit, dans la Métaphysique du *Šifâᵓ*, que l'objet premier de cette science n'est pas Dieu, mais l'être en tant qu'être. Avicenne écrit : « Faisons donc maintenant une recherche sur l'objet (*mawḍûᶜ*) de cette science (la métaphysique) pour savoir ce qu'il est, et examinons si l'objet qui appartient à cette science est l'eccéité de Dieu (*inniyyat Allâh*), ou si ce n'est pas cela, l'eccéité divine relevant au contraire de la quête métaphysique (*maṭlûb haḏâ l-ᶜilm*). Nous disons qu'il n'est pas possible que cela en soit l'objet. » Pour comprendre ce texte, il faut bien distinguer, d'une part, l'objet (*mawḍû*ᶜ) qui est ce sur quoi une science fait une recherche (*al-mabḥûṯ ᶜan-hu*) pour en déterminer soit l'existence (*wuǧûd*), soit les attributs (*ṣifât*) soit les différents états qui l'affectent (*aḥwâl*) ; et, d'autre part, ce qui est visé par une quête ou une enquête (*al-maṭlûb*). L'objet doit être donné à la science qui fait sur lui une recherche : dans la doctrine d'Avicenne, tirée des *Seconds Analytiques* d'Aristote, l'objet d'une science est accepté ou consenti (*musallam*), c'est-à-dire reçu purement et simplement d'une autre science. Or les autres sciences que la métaphysique sont l'éthique, la politique, la physique, la mathématique et la logique. Il n'y en a aucune autre en dehors de celles-là. Or aucune d'elles ne traite de Dieu. Par conséquent Dieu ne saurait être pour la métaphysique un *mabḥûṯ ᶜan-hu*, c'es-à-dire un objet premier de recherche sur lequel porterait cette recherche ; en revanche, il est un *maṭlûb*, ce qui signifie que la métaphysique doit partir en quête de Dieu, ou en d'autres termes le démontrer. À la suite d'une longue argumentation que nous n'avons pas à exposer ici, Avicenne conclut : « L'objet premier de cette science (la métaphysique) est l'être en tant qu'être (*al-mawǧûd bi-mâ huwa mawǧûd*), ainsi que le disait Aristote : τὸ ὂν ᾗ ὄν. » « Toutes les sciences ont en commun la notion de l'être : elles l'étudient soit comme l'être de la substance, soit comme l'être de la qualité, soit comme l'être de la quantité, etc. On ne peut chercher une vérité sans que cela implique qu'on a la notion de l'être. Cependant chaque science n'étudie l'être, on le voit, que relativement à un ou plusieurs genres premiers. Or la métaphysique aura pour objet l'être pris en dehors des genres premiers. C'est ce que signifie l'expression : être en tant qu'être. » Mais de quelle science va-t-elle recevoir cet objet ? D'aucune, précisément parce que cet objet, l'être, est impliqué par toutes et par chacune, voire par toute démarche humaine, sans référence aucune à une quelconque catégorie. Avicenne écrit : « On ne peut connaître une vérité, on ne peut connaître un énoncé qu'après avoir utilisé, pour les expliciter, le fait que l'une et l'autre sont "une chose" (*šay*ᵓ), ou une "affaire" (*amr*), ou "quelque chose" (*mâ*), ou qu'elles sont "ce qui ..." (*allaḏî*). Tous ces termes sont comme les synonymes du nom de "chose". Or comment pourrait-on définir la chose d'une définition réelle au moyen de ce qui n'est connu que par elle ? ». Ce nom très vague de « chose » n'est autre que l'être en tant qu'être. C'est pourquoi la métaphysique trouve pour ainsi dire partout son objet, et l'être en tant qu'être peut donc légitimement être son objet bien qu'elle ne le reçoive d'aucune autre science, « parce qu'on peut se passer et de la connaissance de sa quiddité et de sa fixation positive » (*li-anna-hu ġuniya ᶜan taᶜallum mâhiyyati-hi wa-ᶜan iṯbâti-hi*).

Il est évident que l'être en tant qu'être est bien éloigné de Dieu, même de celui des philosophes. Mais c'est en partant de lui qu'Avicenne arrive à Dieu. En effet, contrairement à ce que pensait Aristote, à savoir qu'on ne peut rien en dire sans prendre avec lui une des catégories ou genres premiers, Avicenne estime qu'on peut le diviser en une série de couples de contraires, sans se référer à aucune catégorie. Il y a en effet plusieurs notions qui sont dans le même cas que l'être et que toutes les sciences utilisent, chacune à sont point de vue particulier, par exemple l'un en tant qu'un, le multiple en tant que multiple (couple *wâḥid-kaṯîr*), et encore la puissance et l'acte (*quwwa-fi*ᶜ*l*), l'universel et le particulier (*al-kullî-al-ǧuz*ʾ*î*), le concordant et le discordant (*al-muwâfiq-al-muḫâlif*) et surtout le possible et le nécessaire (*al-mumkin-al-wâǧib*). Tandis que les catégories, dit Avicenne, sont comme les espèces (*ka-l-anwâ*ᶜ) dans lesquelles l'être-étant (*al-mawǧûd = ens*) se divise immédiatement sans autres divisions préalables, ces dernières notions (l'un et le multiple, le possible et le nécessaire, etc.) sont comme des accidents propres (*ka-l-*ᶜ*awâriḍ al-ḫâṣṣa*), « et pour recevoir ces accidents et les dispositions à les recevoir, l'être n'a pas besoin d'être particularisé en être physique, ou mathématique, ou éthique ou autre » (*fa-inna-hu laysa yaḥtâǧu l-mawǧûdu fî qabûli hâḏihi l-a*ʿ*râḍi wa-l-isti*ʿ*dâdi la-hâ ilâ an yataḫaṣṣaṣa ṭabî*ʿ*iyyan aw ḫuluqiyyan aw ġayra ḏâlika*).

Ainsi, à la différence de l'être en tant qu'être d'Aristote, le *mawǧûd bi-mâ huwa mawǧûd* d'Avicenne se prête, en tant que tel, à des divisions en accidents, en dehors de toute référence aux catégories (substances, qualité, quantité, etc.). L'une de ces divisions va jouer un rôle fondamental : celle qui distingue l'être dont l'existence est possible (*mumkin al-wuǧûd*) et celui dont l'existence est nécessaire (*wâǧib al-wuǧûd*). Puis Avicenne démontrera que l'Être nécessaire est Dieu en expliquant qu'il doit posséder tous les attributs que lui confère la Révélation : unicité, omniscience, toute-puissance, etc. Donc la métaphysique démontre Dieu en son existence et ses attributs. Notons que, parmi les latins, Siger de Brabant, dans son commentaire de la métaphysique, suit Avicenne sur ce point et estime que Dieu n'est pas l'objet premier de cette science.

D'une façon générale, les *falâsifa* musulmans et la majorité des philosophes chrétiens du Moyen Age sont d'accord pour reconnaître que, si la notion de l'être est première dans la pensée humaine, l'Essence de Dieu n'est pas pour autant connue intuitivement. Certes, quand nous pensons Dieu, nous le pensons comme être, mais exactement de même que, lorsque nous pensons une chose en général, nous la pensons comme être. Nous avons sans doute l'intuition sensible de sa présence et de ses qualités sensibles, mais non l'intuition de son être. Nous avons donc encore moins l'intuition de l'Être de Dieu.

Les *falâsifa* ne se réfèrent évidemment pas au passage de *l'Exode* et à l'*Ego sum qui sum*. Mais le Qur'ân leur offre un texte dont la méditation les conduit au même résultat. C'est le verset (57, 3) : « Il est le Premier et le Dernier ». Notons d'ailleurs qu'on trouve exactement la même formulation dans Isaïe (46, 6) : « Je suis le Premier et Je suis le Dernier, et il n'y a pas de Dieu en dehors de Moi » (*ănî rîshôn wa-ănî akhârôn u-mibbal* ᶜ*âd*ʰ*ay ên Elohîm*). On a encore (*ibid.*, 41, 4) : « Moi, Yahveh, qui suis le Premier ».

Fârâbî, et à sa suite, Avicenne, partent donc de la notion du Premier (et non comme Plotin de l'Un). Ils en tirent l'idée d'un être qui est sans cause, donc qui est par soi, donc qui est nécessaire. Enfin ils montrent que ce Premier possède tous les attributs que le Qur'ân confère à Dieu. Mais ici, comme dans le verset de l'*Exode*, la Révélation va de Dieu au Premier (comme elle allait de Dieu à l'Être), tandis que la philosophie procède en sens inverse : l'Être est Dieu ; le Premier est Dieu.

Néanmoins, démontrer que l'Être, en son aséité, est Dieu, est-ce connaître l'Essence divine ? Connaître les attributs que l'on déduit de cette Essence, est-ce la connaître ? Il est certain que non. Alors se posent à nous deux problèmes conjoints : 1. y a-t-il, en dehors de la démarche philosophique et de la théologie spéculative, un accès à l'Essence de Dieu par une autre voie qui serait la voie mystique ? et 2. la Révélation nous éclaire-t-elle sur cette Essence ?

Commençons par l'examen de la seconde question. Il ne fait aucun doute que la Révélation chrétienne nous dit quelle est l'Essence divine. On lit en St. Jean (*Ire Ep.*, 4, 16) : « Dieu est amour » (ὁ Θεὸς ἀγάπη ἐστίν), c'est dire que l'Essence de Dieu est l'amour. C'est en cette Essence que se fonde l'amour de Dieu pour ses créatures. Cela étant, rappelons les paroles de St. Paul (*I Cor.* 2, 9-10) sur le contenu de la Révélation : « Ce sont, comme il est écrit, des choses que "l'œil n'a pas vues, que l'oreille n'a pas entendues" (cf. *Isaïe*, 64, 3), et qui ne sont pas montées au cœur de l'homme, que celles que Dieu a proférées pour ceux qui L'aiment. C'est à nous que Dieu les a révélées par Son Esprit, car l'Esprit explore tout, même les profondeurs de Dieu (*kai ta bathè tou Theou*) ».

Dieu, étant amour, peut être connu par l'amour. Or on voit bien que la connaissance d'amour est directe, sans aucune intervention de concepts abstraits. Elle n'est sans doute pas intuitive, si on entend par là une intuition intellectuelle ou une intuition sensible et affective. Mais elle est intuitive au sens d'une expérience vécue, un *Erlebnis*, comme on dit en allemand, selon l'image fréquente chez les mystiques tant musulmans que chrétiens d'une connaissance « savoureuse » (en arabe *ḏawq*).

Donc, en ce qui concerne le christianisme, la réponse à la seconde question répond également à la première : la Révélation découvre Dieu de telle sorte qu'Il peut être atteint en Son Essence d'amour par l'expérience mystique. L'idée est des plus simples : puisque Dieu, en Son Essence, est Amour, plus l'amour dont l'âme est capable est profond et pur, plus l'âme connaît Dieu en cet amour. St. Jean de la Croix a exprimé cette idée avec une force extrême, en particulier dans ce passage de la *Seconde Flamme d'Amour* : « Le centre de l'âme, c'est Dieu. Une fois qu'elle l'a atteint selon la capacité de son être, selon toute la force de son opération et de son inclination, le dernier et le plus profond centre de l'âme sera atteint ; alors de toutes ses forces elle aimera, connaîtra Dieu et jouira de Lui. » Et un peu plus loin : « En résumé, pour qu'une âme se trouve en son centre qui est Dieu, il suffit, nous l'avons dit, qu'elle ait un degré d'amour, parce qu'un degré d'amour suffit pour qu'une âme soit en Dieu par la grâce. Si elle a deux degrés d'amour, elle sera concentrée en Dieu selon un autre centre plus intérieur. Si elle atteint trois degrés, elle pénétrera en Dieu trois fois davantage. Si elle atteint le dernier degré, l'amour de Dieu blessera cette âme en son centre le plus profond. En d'autres termes, Il la transformera et l'illuminera en tout son être, selon toute sa capacité et toute sa puissance, jusqu'à ce qu'elle en vienne à paraître Dieu même. » Et Ste Thérèse d'Avila, parlant des cas où Dieu « veut suspendre toutes les puissances de l'âme », écrit dans le *Livre de sa Vie* : « L'âme alors s'emploie à aimer tout entière Celui que l'entendement s'est appliqué à connaître ; elle aime ce qu'il n'a pas compris ... ».

Quant à la Révélation coranique, elle ne dit pas que Dieu est amour ; elle ne dit même rien de ce qu'Il est en Lui-même. Elle se contente d'affirmer Son existence et son unicité (c'est le dogme fondamental du *tawḥîd*), d'énumérer Ses Noms et Ses Attributs, et d'enseigner qu'Il est le Créateur de tout ce qui n'est pas Lui. Sans doute le Qur'ân parle-t-il de l'amour de Dieu pour les hommes qui s'abandonnent à Lui (*inna Llâha yuḥibbu l-mutawakkilîn* 3, 159), qui se tournent vers Lui par le repentir (*al-tawwâbîn*) et qui se purifient (*al-mutaṭahhirîn* ou *al-muṭṭahirîn*, 2, 222 ; 9, 108), qui sont pieux (*al-muttaqîn*, 3, 76 ; 9, 4 et 7), qui font le bien (*al-muḥsinîn*, 3, 134 et 147 ; 5, 13 et 93), ceux qui supportent les épreuves avec patience (*al-ṣâbirîn*, 3, 146), ceux qui observent la justice (*al-muqsiṭîn*, 5, 42 ; 49, 9 ; 60, 8). Citons surtout les paroles adressées par Dieu à Noé (20, 39) : « Et j'ai projeté sur toi un amour venant de Moi ». On trouve aussi une autre racine *wadda* qui a le sens de chérir. La *mawadda* est l'amitié ou l'amour de bienveillance que Dieu a institué entre les hommes (*cf.* 30, 21). Or, de cette racine, l'adjectif *wadûd*, associé à l'idée du pardon, est deux fois appliqué à Dieu. Notons que ce terme est parent du mot hébreu *yâd*^{h}*îd* qui signifie l'ami et le bien-aimé et se rencontre plusieurs fois dans les Psaumes.

Il est aussi question dans le Qur'ân de l'amour des hommes pour Dieu : « Il y a des hommes qui prennent, en dehors de Dieu, des parèdres qu'ils aiment d'un amour semblable à l'amour de Dieu. Mais ceux qui croient sont à l'égard de Dieu d'une plus forte intensité d'amour (*wa-llaḏîna âmanû ašaddu ḥubb*^{an} *li-Llâh*). » On constate donc que l'idée de l'amour dans les deux sens est fréquemment révélée dans le Qur'ân. Néanmoins cet amour n'a pas un fondement ontologique dans l'Essence de Dieu, à la différence de ce qu'enseigne la foi chrétienne. Aussi beaucoup de théologiens musulmans, estimant que l'amour est un sentiment trop humain pour trouver place dans les relations de Dieu à l'homme et de l'homme à Dieu, ont jugé bon de donner un commentaire figuré de tous les versets où se rencontrent le verbe aimer (*aḥabba*) et le substantif amour (*ḥubb*). Dieu aime les hommes pieux, patients, etc. Cela signifie qu'Il les récompense. Les croyants aiment Dieu. Cela veut dire qu'ils se soumettent à Lui (c'est le sens du mot *islâm*) avec une entière confiance et un abandon total. Seuls les mystiques ont tenu à conserver le sens propre de ces termes. Ce faisant, ils ont développé une spiritualité dont l'expression présente souvent des analogies frappantes avec la spiritualité chrétienne. Mais les fondements en sont, on le voit, différents.

La mystique musulmane présente une trop grande diversité pour qu'il soit possible de la caractériser par un principe unique, à la différence de ce que nous avons pu faire pour la mystique chrétienne (encore que là aussi il y ait des écoles de spiritualité qu'il faudrait distinguer). Néanmoins, après avoir reconnu que l'amour y joue un grand rôle, il semble qu'il faille admettre que la Connaissance (*ma^crifa*, qui a parfois le sens de « gnose ») ou simplement la science (*^cilm*), y sont fondamentales. Encore ne s'agit-il pas d'une connaissance de l'Essence divine, car elle est d'une transcendance telle qu'elle est parfaitement inaccessible. Selon les mystiques ésotériques, Dieu se révèle par des théophanies, et ce sont ces manifestations de l'Essence de Dieu qui sont objet d'amour. Pour Ibn ^cArabî, par exemple, l'Unité absolue de l'Essence divine, la *aḥadiyya*, est au-delà de toute relation à l'ordre créaturel. Quand tu pries, dit Ibn ^cArabî, la *aḥadiyya* n'entend pas ta prière ; c'est la Seigneurie divine (*al-Rubûbiyya*), c'est-à-dire Dieu manifesté comme Seigneur (*Rabb*) qui la reçoit. Selon un *ḥadîṯ qudsî*, Dieu a dit : « J'étais un trésor caché ; mais J'ai aimé à être connu et J'ai créé les créatures. » Telle est l'origine des théophanies. Lorsque l'homme connaît Dieu en Ses manifestations et, en particulier, en cette épiphanie qu'il est lui-même, il répond à cet amour de Dieu qui Se plait à être connu. D'où l'importance de ce *ḥadîṯ* souvent cité : « Celui qui se connaît lui-même (mot à mot : qui connaît son âme), connaît son Seigneur. » Il trouve sa joie dans la découverte qu'il fait de lui-même comme image de Dieu. Il s'aime alors dans son être d'image et, de ce fait, il aime Dieu comme Dieu s'aime Lui-même, puisque Dieu a aimé être connu dans Ses épiphanies et par elles.

Ġazâlî, qui a combattu l'ésotérisme bâṭinite, explique nettement l'amour par la science. L'amour est une joie (*laḏḏa*) qui accompagne la science. Plus l'objet connu est noble et sublime plus la joie et l'amour sont grands. « Y a-t-il dans l'existence », écrit-il dans l'*Iḥyâ^ɔ ^culûm al-Dîn*, « un être plus grandiose, plus élevé, plus noble, plus parfait, plus considérable que le Créateur de toutes choses, qui leur donne perfection, qui les orne, qui les instaure, qui les détermine, qui les gouverne, qui les hiérarchise ? » Ġazâlî exalte la Présence (ou la Majesté) seigneuriale (*al-Ḥaḍra l-rabbâniyya*) et les « secrets de la Seigneurie » (*asrâr al-Rubûbiyya*). On voit donc clairement que ce n'est pas Dieu en Son Essence mais Dieu en Son acte créateur qui est ainsi atteint. D'une façon générale, on peut avancer que, pour les mystiques non ésotériques, le terme de l'expérience est la découverte de la présence active de Dieu en eux, présence qui soutient et sustente chacune de leurs actions et qui est « prévenante », quoique saisie à la fin de l'itinéraire (*ṭarîqa*) qui aboutit au dévoilement de la Réalité dernière (*Ḥaqîqa*). Le fondement de cette conviction est coranique. En effet on trouve dans plusieurs versets des qualificatifs qui s'appliquent à la fois à Dieu et à l'homme. C'est, par exemple, le cas de *tawwâb* (celui qui fait retour, ou qui se tourne vers ...) et de *šakûr* (celui qui est reconnaissant). Ce fait est intéressant. La *tawba* est le repentir, le retour à Dieu. En un sens, le *tawwâb* est l'homme qui retourne à Dieu en se repentant. Ainsi est-il dit (2, 222) : « Oui, Dieu aime ceux qui font retour » (*al-tawwâbîn*). Mais en de nombreux versets, on peut lire que Dieu est *tawwâb* : « Il est Celui qui se tourne (vers l'homme) et qui est miséricordieux » (2, 37, 54, 128, 160 ; 4, 16, 64 ; 9, 104, 118 ; 49, 12) ; « Il est Celui qui se tourne vers l'homme et qui est sage » (24, 10). Il en va de même de *šakûr* : « Oui, Il est Celui qui pardonne et qui est reconnaissant » (35, 30 et 34 ; 42, 23) ; « Dieu est reconnaissant et longanime » (64, 17). On peut faire la même remarque à propos du *ḏikr*, l'acte par lequel on fait mention de Dieu, le souvenir constant de Dieu présent à la pensée. Il est écrit (2, 152) : « Souvenez-vous donc de Moi, que Je me souvienne de vous » (*fa-ḏkurû-nî aḏkur-kum*). Dans son Commentaire du Qur'ân, Faḫr al-Dîn al-Râzî explique nettement que l'action de Dieu ne saurait être subordonnée à l'action de l'homme. C'est donc Lui qui d'abord se tourne vers l'homme, qui d'abord est reconnaissant, qui d'abord se souvient. L'action correspondante de l'homme ne vient qu'ensuite, ou plus exactement, selon l'expérience des mystiques, l'action de l'homme n'est autre, au niveau de la Réalité dernière, que l'action de Dieu au plus profond de son être de créature, là où précisément l'homme se découvre adéquatement dans sa condition de créature sous l'acte créateur de Dieu. Oui, Dieu crée les actes humains, comme Il crée les âmes et les corps ; mais Il les crée non de l'extérieur pour les imposer du dehors, mais dans l'intime même, le « secret » (*al-sirr*) de Sa créature, de sorte que ces actes expriment ce que la créature a de plus authentiquement personnel, de plus foncièrement propre à elle. C'est donc toujours des actes créateurs qui l'animent au plus profond de lui-même, que le mystique musulman fait l'expérience. Mais l'Essence divine reste inaccessible.

Si maintenant nous nous penchons sur la notion de personne, nous constatons également qu'elle ne se trouve pas nommément dans les Livres sacrés. On n'y trouve même aucun terme qui conduirait à considérer Dieu comme une personne. D'ailleurs, du point de vue de la pure réflexion philosophique, il y aurait là un grave danger d'anthropomorphisme. Il est vrai que la Révélation emploie souvent des termes qui semblent n'avoir de sens que si on les applique à l'homme : c'est, entre autres, le cas de tous les attributs de science, de puissance de vie, etc. Nous verrons le problème qu'ils posent. Mais d'autre part, la philosophie elle-même, à l'époque où les théologiens lui empruntaient des termes et des concepts, n'avait rien à leur offrir touchant la notion de personne. Ce n'est pas avec les notions d'essence, de substance, d'accident, de matière et de forme qu'on peut élaborer ce qu'est la personne, historiquement parlant, c'est une notion des temps modernes.

Mais le Dieu qui se révèle ne peut être, pour le croyant, rien d'autre que ce que nous appelons une personne. En effet, Il parle, Il dit Je. Sans doute, le sujet grammatical n'est-il là qu'un indice et, d'autre part, il est très discutable qu'on puisse d'une façon générale traiter Dieu comme un sujet. Un sujet, du point de vue ontologique comme du point de vue logique, est ce qui reçoit des attributs. Or Dieu ne reçoit rien, car Il a tout. Nous avons vu ce que dit St. Thomas ; *tota ratio entis in Deo reperitur*. Les attributs dont parle la Révélation n'ajoutent rien à Dieu. C'est pourquoi certains théologiens, par exemple les Muᶜtazilites en Islam, les ont réduits à l'Essence divine (*ḏât*). Ou bien on en a fait des noms sous lesquels Dieu veut être invoqué ; ou encore on a vu en eux la simple négation d'une imperfection : Dieu est omniscient, parce qu'on ne peut dire qu'il est ignorant ; puissant, parce qu'on ne peut dire qu'il est impuissant, etc. N'insistons pas, d'autre part, sur la formule bien peu satisfaisante des Ašᶜarites : les attributs ne sont pas Dieu, et ils ne sont pas autre chose que Dieu. Ce n'est là que la formule d'un agnosticisme qui rejoint celui des théologiens partisans du *bi-lâ kayf* : il faut affirmer que Dieu est omniscient, tout-puissant, etc., sans qu'on ait à se demander le comment (*kayf*). Quoi qu'il en soit, Dieu ne saurait être un sujet au sens philosophique ordinaire de ce mot. Il est immuable éternellement ; il n'y a rien en lui d'accidentel ; il n'y a pour lui aucun « avènement » (en arabe : *ḥudûṯ*). On lit au Psaume (93, 2) : « Tu es dès l'éternité » (*mê ᶜôlâm âttâh*). Et le Qur'ân affirme que Dieu est riche, c'est-à-dire qu'Il n'a besoin de rien, alors que l'homme est pauvre, c'est-à-dire qu'il a besoin de Dieu. *Cf.* 35, 15 : *Yâ ayyuhâ l-nâs, antum al-fuqarâ' ilâ Llâh huwa l-ġanî.* Aussi a-t-on dit que Dieu est transsubjectif.

Il n'en reste pas moins que Dieu parle à la première personne, quand il parle aux prophètes, et qu'Il s'adresse à eux à la deuxième personne. C'est ainsi qu'Il dit à Jérémie (1, 4) : « Je t'ai connu » (*yᵉdaᶜtîkhâ*). On a plus loin : « Et toi (*vᵉ ᵓattâh*), ceins tes reins » (*ibid.* 1, 17) ; « et Moi (*va ănî*) voici que J'établis comme une ville forte » (*ibid.* 1, 18). De son côté, Jérémie répond à Dieu en lui disant Tu : « Et Toi, Seigneur, Tu me connais et Tu me vois » (*vᵉ-ᵓattâh, Yhvh, yᵉdaᶜtânî tirᵓênî*, 12, 3). Dans le Qur'ân, Dieu révèle à Muḥammad : « Il n'y a de divinité que Moi » (*Lâ ilâha illâ Anâ*, 16, 2), et Jonas, du fond de son poisson, invoque le Seigneur par ces mots : « Il n'y a de divinité que Toi » (*Lâ ilâha illâ anta*, 21, 87). Dieu dit encore à Son prophète Muḥammad (93, 6) : « Est-ce qu'Il ne t'a pas trouvé orphelin ? » (*A lam yaǧid-ka yatîmᵃⁿ* ?) La Révélation est donc un dialogue entre Dieu et Ses Envoyés. C'est pourquoi le Dieu de la Révélation n'est pas le Dieu des philosophes. Aussi est-il, en tant que tel, difficile à toucher par des concepts philosophiques. Il est le Dieu d'Abraham, d'Isaac et de Jacob, et, comme le remarquait Philon d'Alexandrie, c'est parce qu'Il est le Dieu de l'homme, que l'homme peut devenir homme de Dieu. Toute la vie mystique, tant pour les chrétiens que pour les musulmans, est fondée sur cette relation personnelle. Ce n'est que tard que, sur ces bases, se développera, avec l'existentialisme religieux surtout, une philosophie de la personne. Il convient ici particulièrement de signaler le très beau livre de Martin Buber : *Je et Tu*, fruit à la fois de la réflexion philosophique et de la méditation des mystiques juifs, de ceux surtout qui furent marqués par le hassidisme. Nous nous bornerons à en tirer cette citation remarquable, quoique sévère pour la théologie spéculative : « Que pèsent les divagations au sujet de l'essence de Dieu et des œuvres de Dieu (car, sur ce point, il n'y a jamais eu et il ne peut y avoir que des divagations) en présence de cette vérité unique que tous les hommes qui ont invoqué Dieu ont réellement pensé Dieu ? Car celui qui prononce le nom de Dieu, alors qu'il est tout rempli du Tu, quelle que soit l'illusion qui le possède, invoque le vrai Tu de sa vie, le Tu qu'aucun autre ne limite et avec lequel il est dans une relation qui enveloppe toutes les autres. »

On pense souvent que le christianisme, par son dogme des trois Personnes de la Trinité, a été à l'origine d'une profonde réflexion sur la notion de personne. Cela ne semble pas tout à fait exact, même si la pensée chrétienne a joué un rôle important dans son élaboration. On voit que M. Buber ne doit rien au christianisme, au moins directement. Quant aux penseurs musulmans, ils ont pris une part active à cette recherche de la personne divine. Nous rappellerons simplement le nom de Faḫr al-Dîn al-Râzî auquel nous avons consacré un article sur cette question du Moi divin dans *Studia Islamica.* La Gnose islamique est, elle aussi, intéressante et nous renvoyons à l'article que nous avons donné pour les Mélanges offerts à H. Corbin : *Le Moi divin dans la pensée d'Ibn ᶜArabî.*

Il serait trop long, et peut-être trop particulier, de parler ici des controverses sur la Trinité, quelque intérêt que présente par exemple le mouvement d'idées qui a abouti à la formulation de la « consubstantialité » du Père et du Fils au Concile de Nicée. En effet le dogme de l'*homoousios* considère la relation de la Personne du Fils à la personne du Père dans l'Essence de Dieu. Rappelons seulement combien il fut difficile de trouver un terme qui exprime ce qu'on voulait dire en parlant de la Trinité. Le mot latin *persona* qui désigne d'abord le masque d'un acteur, puis le rôle, puis le caractère, est de toute évidence parfaitement inadéquat, bien qu'il se soit imposé dans l'Église latine, puis dans toutes les langues de l'Europe occidentale. Le grec ὑπόστασις n'est guère plus convenable. Chez Plotin, employé pour désigner les « hypostases », l'Intelligence, l'Âme, il a souvent le sens de subsistance (V, I, 3) ou d'existence (V, I, 6). Les essences intelligibles ont chacune une limite et comme une forme. Pour elles, il y a un état d'équilibre (στάσις) qui est la limite (ὁρισμός) et la forme (μορφή), grâce à quoi elles reçoivent l'existence (ὑπόστασις) (V, I, 7). On a bien ici l'idée d'une individualité de l'essence enfermée dans ses limites. Peut-être l'idée d'une individualisation des intelligibles par la forme. Mais on est encore loin de l'expression de la personne. Les Septante ont traduit par le terme d'*hypostasis* divers mots hébraïques des *Psaumes.* Ainsi (*Ps.* 39, 6) : « Ma substance est comme rien devant Toi. » Substance (ὑπόστασις) répond au mot *ḥeled*, qui signifie la terre, le monde terrestre, peut-être, dans ce contexte, la substance terrestre de l'homme. Ailleurs ὑπόστασις rend le mot *maᶜod*, le fond où l'on peut prendre pied (*Ps.* 69, 3). Il s'agit-là de réalités bien concrètes et matérielles qui n'ont rien de commun avec la personne. Quant aux Pères de l'Église et aux Pères des Conciles, ils ont été également très flottants sur le terme à choisir. Une grosse difficulté venait du fait que les deux mots *ousia* et *hypostasis*, étaient parfois pris comme synonymes. Ainsi, dans le *Traité sur le Saint Esprit*, St. Basile utilise ces deux mots dans un contexte très rapproché pour désigner la substance des anges (*PG*, XXXII, col. 137 et 139). Nous n'avons rappelé brièvement ces quelques faits que pour montrer combien il fut difficile aux théologiens de trouver un mot pour désigner la personne, et d'en donner une définition philosophique. Les musulmans rencontrèrent la même difficulté. Le mot arabe *šaḫṣ* désigne un individu, qui peut être aussi bien une chose inanimée qu'une plante, un animal ou un homme. Ce n'est que peu à peu qu'il a pris, par convention, le sens de personne.

Nous terminerons en signalant un intéressant passage du commentaire de Râzî au verset du Trône (2, 255) : « Dieu ! Il n'y a de divinité que Lui, le Vivant (*al-Ḥayy*), le Subsistant (*al-Qayyûm*) ». Râzî explique la valeur de cette qualification de « vivant ». Elle montre que Dieu ne produit pas le monde par un processus nécessaire, à la façon dont les rayons lumineux émanent du soleil. Dieu est sage, Il est puissant et omniscient ; Il est libre. Par cette liberté, le Dieu vivant de la Révélation est un Dieu personnel. C'est donc par le biais de l'attribut de vivant que s'introduit la réalité de son être personnel. De ce point de vue, *ḥayy* indiquerait la personne et *qayyûm* l'essence en son aséité. De ce point de vue encore les attributs (surtout quand on les rapporte à l'attribut de vivant : l'omniscient est vivant, le tout-puissant est vivant, etc.) seraient ce par quoi la Révélation enseigne que Dieu n'est pas un Absolu indifférencié, un Tout dans lequel tout se fond et se confond, la fin de la création, et de l'homme en particulier, étant de se résorber en lui où n'existe et ne peut plus subsister aucune réalité personnelle, la personne n'étant d'ailleurs qu'une pure illusion. Ainsi entendus en leur juxtaposition, les deux termes de *ḥayy* et de *qayyûm* réconcilient les deux aspects de Dieu, le Dieu d'Abraham, d'Isaac et de Jacob, et le Dieu des philosophes.

On voit que les théologiens et les mystiques des trois religions monothéistes ont été, dans leurs fois respectives, affrontés aux mêmes problèmes fondamentaux posés par le dogme et par la vie spirituelle. Il serait absurde de penser que, de nos jours, la réflexion et la méditation sur des points de cette importance sont closes. Il y aurait-là, semble-t-il, pour l'avenir, matière à des dialogues instructifs et à des efforts en commun fructueux.

PROPHÉTIE ET SAINTETÉ EN ISLAM

L'Islam est une religion qui est fondée sur un Livre révélé, le Coran. Toute Révélation exige un Dieu qui parle. Mais on peut, en un sens, admettre que Dieu parle au cœur de tout homme. De ce point de vue, on serait conduit à la doctrine d'un prophétisme universel, et on voit sans peine qu'une telle conception entraînerait une totale anarchie dans les croyances et les actions. En tant qu'elle se distingue de la simple inspiration individuelle, qui sans être niée doit toujours être contrôlée, la Révélation a forcément un aspect social : elle n'est pas destinée à un seul, mais à tous, et c'est pourquoi elle se donne comme une Vérité qui doit s'imposer à tous les hommes, par suite comme une règle à laquelle doivent se soumettre les tendances et les passions particulières. Cela exige que Dieu parle par l'intermédiaire d'hommes choisis par lui, qu'il accrédite parmi les autres hommes, moins par des qualités personnelles dont la signification risquerait de rester immanente, que par des signes objectifs à travers lesquels on peut reconnaître et confesser son intervention transcendante. Les prophètes sont ces hommes élus de Dieu : leur fonction est double quoique ses deux aspects soient absolument inséparables : d'une part, agir sur les cœurs et y verser la foi, d'autre part, institutionnaliser la croyance, lui donner une réalité objective dans une communauté de fidèles, unis dans une même foi et une même conception de l'action et de la vie en ce monde. Telle est, dans leur unité fondamentale, le distinction de la Foi et de la Loi.

L'Islam a eu, de ces deux aspects, une conception des plus nettes On distingue en effet, l'*islâm* proprement dit et l'*îmân*, la foi. Un *ḥadîṯ* rapporte que le Prophète, répondant aux questions d'un inconnu vêtu de blanc qui n'était autre que l'ange Gabriel, a donné lui-même les définitions de l'*islâm* et de l'*îmân*. « L'*islâm* consiste à attester qu'il n'existe de divinité que Dieu et que Muḥammad est son Prophète ; à observer comme il faut la prière ; à s'acquitter de l'aumône légale ; à jeûner le mois de Ramaḍân ; à faire le Pèlerinage à la Kaᶜba si on a les moyens de le faire. » L'*islâm* se ramène donc aux cinq « piliers », le premier étant désigné sous le nom de *šahâda*, la Profession de foi. Quant à la foi (*îmân*), « elle consiste à croire en Dieu, aux Anges, au Jour

Dernier, aux Livres révélés, aux Envoyés, à ce qui est déterminé en bien et en mal ».

On voit, par ces définitions, d'une part, que la foi est plus large que l'*islâm* en ce sens qu'elle n'implique que la croyance à la mission des prophètes, de tous les prophètes que Dieu a envoyés dans le monde. La foi musulmane comporte une spécification : outre la croyance à la mission de tous les prophètes, elle exige la croyance en la mission de Muḥammad, le dernier des prophètes et le sceau de la prophétie ; d'autre part, que l'*islâm* ajoute à l'adhésion du cœur à la Vérité révélée, une certaine pratique cultuelle qui est contenue, en son principe, dans la Loi coranique révélée. Par suite, la théorie de la prophétie en Islam revêt à la fois un caractère général, concernant l'ensemble des prophètes, et un caractère particulier, concernant le Prophète Muḥammad. Dans les cinq piliers de l'Islam, la *šahâda* représente la foi musulmane en ce qu'elle a de proprement musulman, puisqu'elle professe que Muḥammad est l'Envoyé de Dieu. Mais cette foi musulmane suppose la foi en tous les prophètes que le Coran ratifie, voire en tous ceux qui ont existé et dont le Coran ne parle pas.

Par conséquent la doctrine de la prophétie (*nubuwwa*) relève à la fois de l'*islâm* et de l'*îmân*. En tant qu'elle relève de l'*îmân*, elle a un caractère plus théorique, plus théologique : la question est de savoir comment il se fait que Dieu parle par des prophètes, et on montre alors que le fondement de la prophétie est l'attribut divin de la Parole : Dieu est Celui qui parle, et par conséquent toute une conception déterminée de l'Être divin est impliquée par l'affirmation de la *nubuwwa* : personnalité divine, liberté divine, providence divine, etc. En outre, pourquoi Dieu se sert-il d'hommes comme intermédiaires ? Pourquoi, par exemple, n'envoie-t-il pas des anges ? La question est posée par le Coran lui-même, qui la met dans la bouche des incrédules. Dieu répond qu'il faudrait alors que ces anges prennent figure humaine pour être vus et entendus, et dès lors l'incrédulité ne serait pas davantage vaincue. D'ailleurs le Coran insiste sur le fait que les prophètes sont toujours pris dans le peuple même auquel ils sont envoyés. Mais en outre, certains docteurs ne manqueront pas de faire ressortir que, si Dieu choisit des hommes pour porter son Message, c'est parce que l'Homme a, dans la création, une place particulière ; ils s'appuient essentiellement sur les versets de la Sourate *al-Baqara* (2, 30 *sq.*) où il est écrit que Dieu choisit l'Homme comme vicaire sur la terre et où Il ordonne aux Anges de se prosterner devant lui. On devine par là que, sur le plan théologique, la théorie de la prophétie pouvait s'élargir considérablement en une spéculation de type gnostique sur les rapports cachés entre l'Homme et Dieu.

Mais en tant que la doctrine de la prophétie relève de l'*islâm*, elle prend un caractère plus historique, voire politique : il s'agit de situer la mission de Muḥammad parmi celle des autres prophètes, de montrer sa précellence et d'expliquer en quoi elle met le sceau à la prophétie. Ici se pose alors le délicat problème de la survie de l'humanité après la mort du dernier des prophètes, donc le problème du Califat ou de l'Imâmat.

Les penseurs de l'Islam ont bien vu que la reconnaissance de la prophétie était la caractéristique la plus nette de toute conception religieuse. Que serait Dieu sans les prophètes ? Un produit de l'imagination humaine, une idée philosophique, l'expression d'aspirations obscures à un absolu, d'un besoin inassouvi de secours et de sécurité, de consolation et d'amour ? Tout cela est humain et trop humain. Les musulmans pensent qu'on ne peut connaître Dieu que s'Il parle et révèle Sa volonté. Certes, il y a des signes de l'existence de Dieu dans la Création. Mais si l'intelligence humaine est seule devant ces signes, comment saura-t-elle que ce sont d'authentiques moyens d'arriver à Dieu et qu'elle ne tombe pas dans l'illusion en les interprétant ? Il faut que ce soit Dieu même qui apprenne que ce sont-là des réalités signifiantes, sur lesquelles on peut et doit s'appuyer, et c'est justement ce qu'Il fait dans le Coran. Sans doute, aux yeux de la raison, la preuve par la prophétie est-elle peu convaincante ; c'est normal que la raison se défende ainsi, puisque l'argument prophétique relègue au second plan l'argument rationnel. Mais il suffit, pour se persuader de sa valeur, de considérer que, tant que la pensée humaine reste enfermée dans les limites de la raison, elle ne sera jamais sûre d'avoir prise sur la réalité des choses, de tout ce dont l'existence est en dehors de la représentation humaine. La raison est-elle capable, par elle-même, de garantir qu'elle atteint le réel ? Les théologiens musulmans ne le croient pas. Comment savoir avec certitude que cette soif d'atteindre la réalité des choses (*al-taᶜaṭṭuš ilâ dark ḥaqâᵓiq al-umûr*), dont parle Ġazâlî dans le *Munqiḏ min al-ḍalâl*, est vraiment le fait d'une disposition intérieure qui vient de Dieu (*fiṭra min Allâh*), et non d'une illusion subjective ? Qu'est-ce qui nous fait croire que les intelligibles ont plus de valeur objective que les sensibles ? Ġazâlî pose nettement la question : « Les sensibles dirent : par quoi es-tu sûr que ta confiance dans les intelligibles n'est pas comme la confiance que tu avais dans les sensibles, car tu avais grande assurance à leur sujet. Peut-être existe-t-il derrière la saisie de la raison un autre juge qui, s'il se manifeste, dénoncera la fausseté du jugement de la raison, de la même manière qu'en se manifestant, le juge que la raison porte en elle a dénoncé la fausseté du jugement de la sensation. » Sans doute cette faculté supérieure de connaissance, qui surpasse la raison, est-elle pour Ġazâlî du domaine de la vie mystique. Mais on sait bien que, sans la révélation prophétique, il n'y aurait pas de mystique véritable.

D'ailleurs, Ġazâlî, dans son *Iḥyâᵓ ᶜulûm al-Dîn*, ne considère la science que dans un cadre religieux. Même les sciences qui ne concernent que la vie en ce monde (*ᶜulûm al-dunyâ*) sont présentées comme une obligation d'origine divine et ne sont jamais regardées comme des activités indépendantes, livrées à l'initiative humaine. La médecine a pour but de soigner les corps et elle est louable (*maḥmûd*), ainsi que toutes les sciences qui contribuent aux avantages de la vie ici-bas (*maṣâliḥ umûr al-dunyâ*) ce qui est conforme à la volonté de

Dieu. Le calcul sert à établir les partages dans les successions. Ce sont d'ailleurs des sciences dont l'exercice n'incombe pas à chaque croyant, il suffit qu'un seul ou quelques uns s'en chargent, et ce genre d'obligation porte le nom de *farḍ kifâya*. Quant à la science obligatoire personnelle (*farḍ ᶜayn*), chaque savant prétend que c'est la sienne : pour les théologiens (*mutakallimûn*), c'est la théologie (*kalâm*) ; pour les juristes (*fuqahâᵓ*), c'est le *fiqh* ; pour les mystiques, c'est le *taṣawwuf* que chacun d'eux définit à sa manière ; pour les commentateurs et les traditionnistes (*al-mufassirûn wa-l-muḥaddiṯûn*), c'est la science du Coran et de la *sunna*, car par elle on a accès à toutes les autres sciences. Ġazâlî voit bien que toutes ces disciplines, tout en étant indispensables à la communauté musulmane, ne peuvent être pratiquées par chaque croyant à titre personnel. Il se rallie à l'opinion d'un mystique, l'auteur du *Qût al-qulûb*, Abû Ṭâlib al-Makkî, selon qui la science qui est d'obligation personnelle est « celle de ce que renferme le *ḥadîṯ* où sont énumérés les piliers sur lesquels est construit l'Islâm (*mabânî l-islâm*) », car ce sont ces cinq piliers qui constituent l'obligation pour tout musulman ; « il faut donc avoir la science de la manière d'agir relativement à chacun d'eux et de la nature de l'obligation ». Par suite, Ġazâlî conclut que la science d'obligation personnelle est « la science de l'action qui est notoirement obligatoire pour tous les musulmans ». Elle porte sur trois choses : ce qu'il faut croire (*iᶜtiqâd*), ce qu'il faut faire (*fiᶜl*), ce qu'il faut ne pas faire (*tark*). Dès son plus jeune âge, l'enfant doit apprendre les deux *šahâda*, les comprendre, puis donner son assentiment à ce qu'elles signifient et affirmer leur vérité. On ne lui demande de connaître ni preuve (*dalîl*), ni démonstration (*burhân*), et il n'a qu'à répéter par imitation (*taqlîd*) sans avoir à faire de recherche (*baḥṯ*). Les autres sciences ne sont nécessaires qu'accidentellement et ne sauraient s'imposer dans la situation de tout un chacun (*fî ḥaqq kulli šaḫṣ*). On voit donc que la question de la science est posée dans le cadre de la loi. Et Ġazâlî écrit : « J'entends par Loi ce qui est tiré des prophètes (*mâ stufîda min al-anbiyâᵓ*). » Et il ajoute : « C'est ce à quoi la raison ne conduit pas » (*wa-lâ yuršidu l-ᶜaqlu ilay-hi*). C'est la Révélation qui fournit les premières connaissances ; c'est elle qui définit l'usage qu'on doit faire de la raison ; c'est elle encore qui oriente dans l'apprentissage et l'exercice de toutes les autres sciences. On comprend donc à quel point la question de la prophétie est primordiale dans la perspective de la pensée musulmane. De même que sur le plan de la morale, la plupart des docteurs soutiennent qu'avant l'arrivée de la Loi, l'homme était incapable de distinguer le bien du mal, ce qu'il faut faire et ne pas faire, de même sur le plan de la connaissance, il ne peut rien saisir avec certitude en dehors de l'enseignement des prophètes.

L'importance primordiale de la prophétie en Islam fait comprendre qu'il n'y a aucun point du dogme qui puisse relever entièrement de la recherche rationnelle. Beaucoup de docteurs ont insisté sur le caractère rationnel de l'Islam. Cela veut dire que la révélation coranique n'apprend rien sur l'inviolable mystère (*ġayb*) de Dieu et qu'elle s'adresse à la raison humaine que Dieu a créée justement pour recevoir et exploiter le contenu de la mission des prophètes. C'est le Coran qui ordonne de réfléchir : *fa-ᶜtabirû yâ ûlî l-abṣâr*. Cette question de l'*iᶜtibâr* a soulevé de nombreuses discussions. Certains juristes šâfiᶜites ont cherché à en faire le fondement du raisonnement analogique. R. Blachère traduit ce verset (59, 2) : « Tirez-en une leçon, ô vous doués de clairvoyance. » Cette signification, pour peu qu'on l'étende, deviendrait aisément : tirez-en des principes d'action pour les cas nouveaux qui se présentent à vous et dont le Coran ne dit rien ; ce serait là exactement le procédé du *qiyâs*. Si on admet cet appel à l'intervention de la raison humaine dans l'élaboration des règles de droit, on voit qu'elle devra toujours partir d'un texte révélé. Et si on donne à l'*iᶜtibâr* un sens général en le prenant *ᶜalâ l-ᶜumûm*, on arrive à l'idée que Dieu fournit à l'homme les thèmes mêmes sur lesquels il doit réfléchir et qu'Il indique à quel résultat cette réflexion doit aboutir. C'est ainsi qu'il demande aux hommes de considérer leur propre origine, la puissance intelligente qu'il a fallu pour les faire passer de l'état de vil sperme à la forme achevée qu'ils possèdent, afin de comprendre et d'admettre que Dieu a le pouvoir de ressusciter les morts. Nombreux seraient les exemples de cette sorte. Notons en outre que le verset parle des *ûlî l-abṣâr*, ceux qui ont de quoi voir, expression qui rappelle un terme très fréquemment employé dans le Livre : la *baṣîra*. C'est la faculté de voir en profondeur, qui est tout spécialement donnée aux prophètes et à Muḥammad en particulier. Nul doute que la *baṣîra* soit en relation étroite avec la raison à laquelle Dieu fait allusion quand, à plusieurs reprises, il demande : *a fa-lâ taᶜqilûna*, « Ne comprendrez-vous pas ? » et quand, au contraire, il loue ceux qui ont compris. La raison semble bien être, dans ces contextes, la faculté de voir tous les signes que Dieu donne dans sa Création et dont il fait mention dans sa Révélation. Cette interprétation ressort nettement de l'enseignement de Ġazâlî.

En somme, il ne s'agit pas du tout de démontrer philosophiquement l'existence de Dieu et de ses Attributs : le Dieu de l'Islam n'est absolument pas le Dieu des Philosophes dont parlait Pascal. Il s'agit d'utiliser sa raison pour confesser (*iqrâr*) et reconnaître la vérité (*taṣdîq*) de ce qu'apporte le livre révélé. Par conséquent, même ce qui, dans la Révélation, pourrait paraître du ressort de la démonstration rationnelle, ne peut, dans la perspective islamique, qu'être transmis par un prophète. Or la langue arabe possède justement deux termes pour désigner le prophète. Le premier est *nabî* (le *navi* de la Bible) qui désigne le prophète dont le rôle se borne à rappeler que Dieu existe, qu'Il est Un et Unique (dogme du *tawḥīd*), qu'Il est Tout-Puissant, Omniscient, qu'il est Créateur (*Ḫâliq*) et qu'il pourvoit à tous les besoins de ses créatures (il est *Râziq*), qu'Il les ressuscitera après la mort et les récompensera ou les punira dans la Vie Dernière (*âḫira*). Toutes ces vérités sont impliquées dans les termes du *mîṯâq*, quand Dieu a fait sortir des reins d'Adam toute sa postérité et lui a demandé : « Ne suis-Je pas votre Seigneur ? » Toute cette postérité s'est engagée en reconnaissant la Seigneurie divine. Aussi le *nabî* n'a-t-il qu'à rappeler cet engagement prééternel qui a marqué l'humanité d'un caractère (*fiṭra*), c'est-à-dire d'une disposition (*isti*ᶜ*dâd*) foncière à répondre à la prédication des prophètes et à se soumettre à la Parole de Dieu. Le rappel (*ḏikr*) du *mîṯâq* s'accompagne d'ailleurs d'une mise en garde contre le danger de laisser la *fiṭra* s'émousser et l'*isti*ᶜ*dâd* se perdre. Le deuxième vocable est *rasûl*, l'Envoyé, qui a en outre la mission d'apporter une Loi déterminée. Par suite, alors que le message des *anbiyâ*ᵓ (ou *nabiyyûn*) est toujours le même, le contenu du message des Envoyés varie de l'un à l'autre. Les Lois se succèdent et ne se ressemblent pas dans le détail : la suivante abroge la précédente ; ainsi celle de Jésus abroge celle de Moïse, et celle de Muḥammad abroge les deux autres. Muḥammad est le sceau des prophètes et sa Loi ne sera jamais abrogée. Notons que tout *rasûl* est *nabî*, alors que tout *nabî* n'est pas *rasûl* [1].

Par ce qui précède on peut penser que la distinction entre *nabî* et *rasûl* recouvre la différence entre *îmân* et *islâm* : le *nabî* enseigne le contenu de la foi ; le *rasûl* enseigne la Loi, tout particulièrement la Loi de l'Islam. Et de même que le *rasûl* comprend le *nabî*, de même l'Islam renferme l'*îmân*, la foi véritable, fondement de la vraie religion. Par suite le mot *islâm* signifie la religion de Dieu, vraie et éternelle. *Inna l-dīna* ᶜ*inda Llâhi l-islâm* (3, 19).

Bien que l'idée de prophétie soit commune au Judaïsme, au Christianisme et à l'Islam, la différence de compréhension est très importante. Pour les Juifs, il y a des Patriarches et un seul prophète auquel tous les autres se ramènent : Moïse qui a reçu la Loi. Tous les autres prophètes, Isaïe, Jérémie, Ézéchiel, etc. sont chargés par Dieu de rappeler la Loi aux hommes, sans rien y ajouter, en fonction des événements politiques et de la situation sociale et religieuse de leur temps. Philon d'Alexandrie exprimait clairement la pensée juive en disant que ces autres prophètes n'étaient que les « disciples » (γνώριμοι) de Moïse. Leur œuvre est tournée vers le passé qu'ils cherchent à actualiser dans le présent. Pour les Chrétiens, les prophètes ont pour mission de rappeler l'alliance abrahamique dont ils révèlent progressivement le sens spirituel, et ils préparent ainsi l'avènement du Christ, en reliant le passé à l'avenir. Pour les Musulmans, les prophètes, en tant que *nabiyyûn*, se succèdent en apportant toujours le même enseignement, mais à des nations différentes ; les Envoyés (*rusul*) sont chargés, les uns après les autres, de révéler des Lois différentes ; mais il n'y a pas de l'un à l'autre de relation positive dans le temps de l'histoire et chacun existe pour ainsi dire en soi, sans relation avec ceux qui l'ont précédé. Dans un *ḥadîṯ* rapportant le récit de l'ascension nocturne de Muḥammad, le prophète de l'Islam rencontre successivement tous les prophètes qui l'ont précédé. Son dialogue avec Moïse montre bien la totale ignorance dans laquelle se trouve le Législateur des Juifs, relativement aux commandements qui vont

1. Notons que les théologiens muᶜtazilites ne s'intéressent pas en général à cette distinction du *nabî* et du *rasûl*.

être donnés aux musulmans. Les deux prophètes ne peuvent se communiquer rien d'autre que ce qui leur a été ordonné par Dieu. Toute relation entre prophètes-envoyés passe par Dieu et n'existe que par la volonté de Dieu. Elle n'est jamais directe, et ce n'est d'ailleurs que dans des récits de type eschatologique qu'elle apparaît. Dans l'histoire, il y a coupure. Par conséquent, il n'y a aucun développement historique d'une révélation à la suivante ; il n'y a pas de pédagogie de Dieu qui formerait l'humanité peu à peu à recevoir la Révélation totale. Cette idée est parfaitement étrangère à l'Islam. Sans doute est-il écrit (5, 3) : « Aujourd'hui j'ai parfait pour vous votre religion (*akmaltu la-kum dîna-kum*) et j'ai donné sa complétude au bienfait que je vous accorde (*wa-atmamtu ^{c}alay-kum ni^{c}matî*). » Mais les commentaires montrent bien qu'il ne s'agit nullement ici de ce que le Christianisme appelle la plénitude de la Révélation. Le *Tafsîr al-Ǧalâlayn* explique qu'il s'agit de la perfection « des statuts juridiques et des prescriptions de la religion (*aḥkâma-hu wa-farâʾiḍa-hu*) de telle sorte qu'après cela il ne sera plus révélé ni licite (*ḥalâl*) ni interdit (*ḥarâm*) ». Quant au bienfait accordé dans son intégralité, il s'agit pour certains du retour de la communauté des Croyants à la Mecque. L'Islam est parfait parce que sa Loi ne sera pas abrogée. On pourrait, il est vrai, soutenir qu'il y a un progrès dans la succession des Lois, en s'appuyant sur le verset (5, 106) : « Si Nous abrogeons un verset ou si Nous jetons sur lui l'oubli, Nous en apportons un qui est meilleur que lui ou lui est semblable. » Ici encore, le *Tafsîr* nous donne le sens musulman de ces paroles : un verset meilleur est celui qui est plus utile pour les hommes (*anfa^{c} li-l-^{c}ibâd*) relativement à la facilité (*suhûla*) et à l'abondance de la rétribution (*kaṯrat al-aǧr*). Ainsi la succession des Lois n'a pas pour fin de parfaire la connaissance que les hommes peuvent acquérir de Dieu ; il n'y a là que le passage d'une Loi à une autre, d'un commandement à un autre, ce qui abroge étant meilleur que ce qui est abrogé, parce que Dieu le veut, car il n'y a pas un bien en soi, mais le bien est ce que la Volonté divine décrète comme bien ; le mal, ce que la Volonté divine décrète comme mal. Ou, en d'autres termes, Dieu voulant que l'homme lui rende un culte (*^{c}ibâda*), le bien est l'observance de ce culte, et ce culte est ce que Dieu veut, il n'y a pas de culte qui soit en lui-même meilleur qu'un autre. La seule valeur d'un culte est d'être prescrit par la Loi. Notons néanmoins que cette vision purement volontariste, tout en étant de beaucoup la plus répandue en Islam, n'est pas absolument la seule. Les Mu^{c}tazilites ont, sur ce point, en général, et sur la conception du bien et du mal, en particulier, une attitude différente, quand ils disent que Dieu ne fait que le bien, que le mal ne provient que de la liberté de la créature, ce qui implique, sinon qu'il existe une sorte d'Idée platonicienne du Bien à laquelle Dieu se conformerait (le Mu^{c}tazilisme rejette en effet la doctrine qui met dans la pensée divine des Idées exemplaires des choses créées), du moins que le bien n'est pas le résultat d'un Décret arbitraire, mais qu'il est en relation avec l'essence même de Dieu, puisqu'il est impossible à Dieu de faire le contraire du bien.

Il résulte de ce qui précède que la seule relation qui soit concevable entre les diverses Lois est celle de l'abrogation. On peut rapprocher cette façon de voir la suite des révélations, d'une doctrine qui sera développée par le docteur ashᶜarite Bâqillânî sur la discontinuité du temps. Selon une intuition qui fait songer aux idées de Descartes et de Malebranche, Bâqillânî enseigne qu'un accident ne demeure pas par lui même en un corps (un atome) deux instants successifs. Il faut que Dieu le crée une première fois dans ce corps en un premier instant, et une seconde fois dans l'instant suivant. Ainsi Dieu est toujours libre de faire ce qu'il veut à tout moment : la création, les êtres, leurs mouvements ne sauraient continuer sur leur lancée ; l'acte de création n'est pas la chiquenaude initiale après laquelle le créé continuerait à exister en vertu d'une force qui serait déposée en lui. Dans cette perspective, Bâqillânî soutient la doctrine de l'atomicité de la matière (les atomes pouvant être redistribués à chaque instant dans les combinaisons que Dieu veut à cet instant) et de l'atomicité du temps (ce qui conduit à la négation de la réalité des causes secondes et à l'occasionnalisme). On tire aisément de là que, si le temps est discontinu, l'histoire est elle-même discontinue : une période ne prépare pas la suivante et ne l'explique pas ; le temps est incapable de rien mûrir et, par suite, il ne saurait y avoir de développement de la Révélation sur le plan horizontal de l'histoire : toute révélation descend du Ciel, verticalement, c'est le *tanzîl*, et les points d'impacts dans le temps historique sont forcément en discontinuité. Cette rencontre entre la théorie élaborée, qui est celle de Bâqillânî, et la présentation des diverses Lois dans le Coran, est un indice certain que cette façon de voir est profondément musulmane.

Néanmoins, la lecture du Coran et des commentaires suggère que l'idée d'une continuité temporelle n'est pas étrangère à la pensée islamique. Il s'agit de la continuité généalogique. Très vraisemblablement, la valeur attachée à l'ascendance et à la filiation provient d'un vieil idéal des Arabes de la *Ǧâhiliyya*. Le culte de l'honneur ancestral est le thème de la *mufâḫara*, cette rivalité dans l'honneur et dans l'illustration de la tribu, cette jactance qui a inspiré tant de poèmes. En un sens, l'idéal musulman était exactement contraire à une telle éthique, dans laquelle les vertus sont essentiellement compétitives : par exemple, on n'est généreux que si on est plus généreux que les autres et le *karam* se traduit par la *mukârama*. Il y avait là une disposition peu favorable à l'acceptation de la morale musulmane qui abaisse devant la Majesté de Dieu toutes les grandeurs humaines, personnelles ou collectives. En outre, l'éthique bédouine était une éthique de guerriers pour qui ce qui compte, c'est de l'emporter sur son adversaire et de le vaincre. Or l'Islam veut que la paix règne entre les Croyants, et quand il parle de la guerre sainte contre les infidèles (*ǧihâd*), il prend soin de la présenter comme bien différente des anciennes razzias (*ġazw*) dont le but essentiel était de faire du butin : le *ǧihâd* doit être fait « dans la voie de Dieu » ; aussi le partage du butin est-il strictement réglementé pour signifier que cela ne vient qu'en second lieu, et surtout les combattants doivent savoir qu'ils ne tiendront la victoire que de Dieu, à condition qu'ils respectent l'esprit religieux du *ǧihâd*. Enfin, l'Islam a l'idéal d'une communauté des fidèles qui n'a rien à voir avec les tribus fondées sur les liens du sang. On sait qu'arrivé à Médine, après l'hégire, Muḥammad tenta de créer une telle communauté cimentée par les liens de la foi. On en a un témoignage dans le Coran (8, 72) : « Ceux qui croient, qui ont fait l'*hégire* et le *ǧihâd* de leurs biens et de leurs personnes, dans la Voie de Dieu, ceux qui leur ont donné refuge et les ont secourus, ceux-là sont affiliés les uns aux autres (*baᶜḍu-hum awliyâʾ baᶜḍ*). » Mais cet idéal profondément religieux ne put se maintenir dans toute sa pureté. On sait que les rivalités de tribus jouèrent un rôle considérable dans l'histoire des dynasties de califes et de sultans. D'ailleurs, le verset témoin que nous venons de citer, fut, de l'avis de tous, abrogé par Dieu Lui-même qui a dit (33, 6) : « Les parents par le sang sont plus dignes d'une part (de l'héritage), dans la Loi de Dieu, que les Croyants et les *Muhâǧirûn*. » Par suite, les liens du sang reprennent toute leur importance dans la loi de l'héritage et, par là, dans l'ensemble de la structure sociale de la communauté musulmane. Le Coran, de façon très nette, se borne à juxtaposer les deux ordres de réalités : groupes ethniques et valeurs religieuses (49, 13) : « Nous vous avons constitués en peuples et en tribus, afin que vous vous connaissiez les uns les autres. Assurément le plus noble parmi vous aux yeux de Dieu, c'est celui d'entre vous qui est le plus pieux. »

Nous renvoyons à un commentaire intéressant de ce verset par Ibn Ḥazm dans son ouvrage intitulé *Ǧamharat ansâb al-ᶜArab* (*cf.* EI², tome III, p. 821, col. 1 bas et 2). Les généalogies ont joué un si grand rôle dans la civilisation musulmane que s'est sous cette forme que Balâḏurî qui vivait au IIIᵉ/IXᵉ siècle, a présenté ses *Ansâb al-Ašrâf*, qui sont un ouvrage d'histoire relevant du genre *ṭabaqāt*. Il est vrai que les auteurs ne remontaient pas toujours à Adam, Seth ou Noé, et que, dans la société musulmane, les généalogies, souvent fabriquées, servaient à prouver l'origine arabe d'un personnage.

Quoi qu'il en soit, bien que l'Islam ait toujours considéré les polythéistes comme voués à l'enfer, fussent-ils les ancêtres d'authentiques musulmans, l'intérêt que les Arabes éprouvaient pour leur ascendance n'a pas faibli. Ce qui est remarquable en ce qui concerne la présente question, c'est que ce goût des généalogies a trouvé à se satisfaire dans l'Islam même, considéré par rapport à son passé. Parmi tous les prophètes dont parle le Coran, Abraham joue un rôle éminent. Pourquoi ? Sur cette question, on peut faire voir clairement la spécificité d'une réponse purement islamologique. L'historien critique aura beau jeu de montrer que, parmi tous les prophètes cités par Dieu, le premier sur lequel on ait des documents suffisamment étendus et importants, c'est Abraham. Y. Moubarac (*Abraham dans le Coran*, p. 25) fait remarquer qu'Abraham « ne commence à figurer vraiment que dans les sourates où les récits tendent précisément à l'édification plutôt qu'à la menace : 19, 18 et 21. Mais déjà il apporte cette note dans les séries de châtiment : ainsi dans la sourate 51, où il est le seul à faire l'objet d'un récit, les autres prophètes ne jouissant que de mentions très brèves. » En effet, il est question, dans la sourate 51, outre Moïse, de Noé dont l'histoire tourne autour de ce terrible châtiment que fut le déluge, de la tribu de ᶜÂd et de celle des Ṯamûd auxquelles furent envoyés respectivement les prophètes Hûd et Ṣâliḥ. Or que savons-nous de ces deux derniers personnages ? Les commentateurs sont fort peu renseignés. Faḫr al-Dīn al-Rāzī nous rapporte qu'*on dit* que Hûd était fils de Šâliḫ (hébr. Shālah), fils d'Arphakshad, fils de Noé. Quand aux ᶜÂd, ils sont une population qui habitait, dans le Yémen, une région de sables appelés al-Aḥqâf, entre le ᶜUmân et le Ḥaḍramawt.

Nous ne trouvons pas davantage de précisions sur les Ṯamûd. Certains disent que leur nom vient de *Ṯamad* ou *Ṯamd* qui désigne une flaque ou une petite masse d'eau que la chaleur assèche rapidement ; en effet le pays habité par cette tribu n'avait que très peu d'eau. C'était la région de Ḥiğr, entre le Ḥiğâz et la Syrie, sur la route de Wâdî l-Qurâ (*cf.* Ibn Ḥawqal, trad. G. Wiet, I, p. 31). Mais d'autres prétendent que cette dénomination vient du nom de leur ancêtre Ṯamûd, fils de ᶜÂd (hébr. ᶜUd ?), fils d'Aram, fils de Noé. Ṣâliḥ, ajoute Râzî, appartenait à cette tribu et descendait par conséquent de Noé. La *Genèse* (10, 21-31), dans l'énumération de la descendance de Noé, ne cite ni Hûd, ni Ṣâliḥ. Il était normal qu'on leur donnât une généalogie remontant aux survivants du Déluge. Mais cet effort des commentateurs pour situer, autant que faire se pouvait, ces deux prophètes dont seul le Coran parle, n'a pas eu de conséquences importantes. En fait Hûd, Ṣâliḥ, comme Šuᶜayb, le prophète de Madyân, sont surtout destinés à illustrer l'idée du châtiment dont Dieu frappe tout peuple qui rejette la prédication du prophète qu'Il lui a envoyé. Il n'en va pas de même pour Abraham, puisque par son fils Ismâʿîl il est l'ancêtre des Arabes. La Bible et les traditions juives donnent sur lui de nombreux renseignements. On comprend alors la place prééminente qu'il reçoit en Islam.

En réalité, si on s'en tient au Coran, comme toute étude islamologique l'exige, on voit que le rôle d'Abraham n'est pas fondamentalement déterminé, ni par le fait qu'il est le père d'Ismâʿîl, ni par le fait qu'il est, dans la Thora, le premier « prophète » dont la vie fasse l'objet d'un exposé suivi et étendu. Abraham est avant tout le Croyant qui, avant Moïse et Jésus, n'est ni Juif ni Chrétien. Il reçoit le nom de musulman. Il est donc le type même du vrai Croyant, et sa relation religieuse au prophète de l'Islam Muḥammad passe avant les liens de parenté entre Ismâʿîl et les Arabes. « O Détenteurs de l'Écriture ! Pourquoi argumentez-vous au sujet d'Abraham, alors qu'on n'a fait descendre la Thora et l'Évangile qu'après lui ? … Abraham ne fut ni juif ni chrétien, mais il fut *ḥanîf* et soumis à Dieu (*muslim*). Il ne fut pas au nombre des Associateurs. En vérité, les plus liés (*awlâ*) des hommes à Abraham sont assurément ceux qui le suivent, ce Prophète (Muḥammad) et ceux qui croient » (3, 65, 67 et 68). Dans ces versets, la note purement religieuse est seule accentuée. Râzî, commentant ces versets, fait les observations suivantes : « On peut dire : cela vous charge également (vous les musulmans), car vous déclarez qu'Abraham suivait la religion de l'islam (*kâna ᶜalâ dîn al-islâm*) ; or l'Islam ne fut révélé qu'après lui et longtemps après. Si vous dites que le sens du verset est qu'Abraham, dans les principes de la religion (*fî uṣûl al-dîn*) suivait la doctrine (*maḏhab*) que suivent les musulmans actuellement, nous répondrons : pourquoi n'est-il pas également possible que les Juifs soutiennent qu'Abraham était juif en ce sens qu'il suivait la religion que suivent les Juifs, et que les Chrétiens soutiennent qu'il était chrétien en ce sens qu'il suivait la religion que suivent les Chrétiens ? En ce sens, que la Thora et l'Évangile aient été révélés après la mort d'Abraham, cela n'empêche pas qu'Abraham soit juif ou chrétien, de même que le fait que le Coran a été révélé après lui n'empêche pas qu'il soit musulman. La réponse est la suivante : Il est écrit dans le Coran qu'Abraham était *ḥanîf* et *muslim*, alors qu'il n'est pas dit dans la Thora et dans l'Évangile qu'il était juif ou chrétien. La différence est évidente. Quant à nous, nous déclarons en ce qui concerne les Chrétiens qu'ils ne suivent pas la religion (*milla*) d'Abraham ; c'est là chose évidente, car le Christ n'existait pas au temps d'Abraham et par conséquent le culte du Christ n'était pas objet de loi en ce temps-là, c'est certain. Donc s'occuper de rendre un culte au Christ est contraire à la religion d'Abraham, c'est également certain. En ce qui concerne le fait que les Juifs ne suivaient pas la religion d'Abraham, la raison en est que sans aucun doute Dieu avait imposé aux créatures (humaines) des obligations (*takâlîf*) avant la venue de Moïse. Sans aucun doute, non plus, celui qui fit parvenir des *takâlîf* aux créatures humaines fut pris parmi les hommes. Aucun doute qu'il fut assisté par des miracles, sinon les créatures humaines n'auraient pas eu à recevoir de lui ces charges obligatoires. Par conséquent, il y eut des prophètes avant la venue de Moïse et ils avaient des lois déterminées. À la venue de Moïse, de deux choses l'une : ou bien on dira qu'il est venu pour confirmer ces lois, ou bien qu'il n'est pas venu pour cela, mais pour en apporter d'autres. S'il est venu pour les confirmer, il n'est pas le Maître de cette Loi (*ṣâḥib tilka l-šarîᶜa* = la Loi mosaïque). Il aurait été comme un *faqîh*, reconnaissant une Loi antérieure à lui. Or les Juifs n'acceptent pas cela. Et, s'il est venu avec une Loi de celui qui l'a précédé, il a dû la déclarer abrogée. Or il appert incontestablement que la religion (*dîn*) de chacun des prophètes a le pouvoir de prononcer l'abrogation. Mais les Juifs n'admettent pas l'abrogation. Il est donc sûr qu'ils ne suivent pas la religion (*milla*) d'Abraham. » Sous une apparence compliquée, l'argument est simple : pour pouvoir se dire tenants de la religion d'Abraham, il faudrait que les Juifs ou bien nient la spécificité de la Loi de Moïse (ce qu'ils ne font pas, non plus d'ailleurs que les Musulmans), ou bien qu'ils admettent l'abrogation, dogme qui est censé faire corps avec l'authentique conception de la mission prophétique (*risâla*) et de la Révélation, et qui, par suite, relève aussi de la religion d'Abraham qui est vraie. Or ils refusent l'abrogation. La conclusion s'impose. Au contraire, l'Islam satisfait aux deux conditions, et il en résulte que les musulmans suivent la religion d'Abraham.

En tout cela, on voit poindre une polémique contre les Juifs et les Chrétiens. Le Coran ne rejette pas la lignée chronologique des prophètes ; il insiste au contraire sur elle : « Dites : Nous croyons en Dieu, à ce qui nous a été révélé, et à ce qui a été révélé à Abraham, Ismaël, Isaac, Jacob et les (douze) Tribus, à ce qui a été donné à Moïse et à Jésus… » (2, 136). Cette succession, quoique discontinue comme nous l'avons vu, est conservée en droit. Mais il se trouve que les Juifs ont altéré le message de leur prophète, comme les Chrétiens ont altéré le message du Christ. C'est ce qui fait que Muḥammad, en face d'adversaires qui prétendent monopoliser, à leur profit exclusif, ce que leur ont apporté leurs prophètes respectifs, est présenté par le Coran comme l'Envoyé qui, par dessus Moïse et Jésus dont les Juifs et les Chrétiens ont modifié ou dissimulé les messages, se rattache directement à Abraham. Il n'y a, dans tout cela, aucune trace d'une idée de descendance charnelle. D'ailleurs, Ismâ'îl est toujours cité avec Isaac, sauf dans le verset 2, 125 : « Nous avons fait un pacte avec Abraham et Ismâ'îl : Purifiez mon Temple pour ceux qui font la circumambulation. » Ce n'est donc qu'à propos de la fondation de la Ka^{c}ba et de l'institution des rites du Pèlerinage qu'Abraham et Ismâ'îl sont réunis à l'exclusion d'Isaac et cela se comprend puisqu'Isaac n'a rien à voir avec cet événement. Le problème qui se pose est ici de savoir si l'idée première a été celle de l'importance religieuse de la Mecque, entraînant l'association Abraham-Ismâ'îl et par suite l'insistance sur la filiation abrahamique des Arabes par Ismaël, ou si, au contraire, c'est en raison de l'idée de cette filiation que la Mecque et son Temple ont été mis en valeur comme centre d'un Islam conçu comme directement rattaché à la religion d'Abraham. Bien que cette question soit difficile à trancher, il semble, quand on étudie les textes de près que l'idée de la filiation soit seconde. (Sur cette question controversée, on se reportera aux ouvrages de Y. Moubarac, surtout *Abraham dans le Coran*, et à ceux de M. Hayek, en particulier *Le Mystère d'Ismaël* et *Les Arabes ou le baptême des larmes*).

Râzî revient d'ailleurs, à propos de la fin du verset 68 de la sourate 3, sur la relation particulière de Muḥammad à Abraham, sous forme de réponse à une critique possible : « Si on objecte : Quand vous dites qu'Abraham suivait la religion de l'Islam, entendez-vous par là la concordance (*muwâfaqa*) dans les principes (*fî l-uṣûl*) ou dans les dérivations (*furû^{c}*) ? Que ce soit une concordance dans les principes, ce n'est pas particulier à la religion de l'Islam. Au contraire nous jugeons catégoriquement qu'Abraham suivait la religion des Juifs, je veux dire cette religion apportée par Moïse ; et de même qu'il suivait la religion des Chrétiens, je veux dire ce Christianisme apporté par Jésus, car il n'est pas possible que les religions des prophètes diffèrent dans les principes (*fa-inna adyân al-anbiyâ^{ɔ} lâ yaǧûzu an takûna muḫtalifatan fî l-uṣûl*). Mais si vous entendez par là la concordance dans les questions dérivées, il faut en conclure nécessairement que Muḥammad n'est pas le Maître de la Loi (qu'il a apportée), mais qu'il ne fait que confirmer la religion d'un autre que lui. En outre, on sait de science évidente que le culte de Dieu fondé dans le Coran n'existait pas à l'époque d'Abraham. En effet, la lecture du Coran est légalement obligatoire dans la prière des musulmans et ne l'est pas dans la prière des autres. Notre réponse est la suivante : il est possible qu'il s'agisse de la concordance dans les *uṣûl*. Le but serait alors d'expliquer qu'Abraham n'était pas en accord sur les principes qui suivent la doctrine de ces Juifs et de ces Chrétiens qui vivent à notre époque. Mais il est également possible de soutenir qu'il s'agit d'une concordance dans les questions dérivées. C'est que Dieu a abrogé ces *furû*ᶜ (de la Loi d'Abraham) par la Loi de Moïse ; puis au temps de Muḥammad, Il a abrogé la Loi de Moïse par cette Loi (nouvelle de l'Islam) qui était déjà établie du temps d'Abraham. Cette supposition permet de dire que Muḥammad est Maître de la Loi (musulmane), mais comme elle est dans sa majeure partie en accord avec la Loi d'Abraham, en dépit de quelques différences peu nombreuses, rien n'empêche que la concordance soit réalisée. » Une fois de plus, nous constatons qu'il n'est fait aucune allusion à une filiation charnelle.

Nous pouvons donc conclure que la continuité généalogique entre Abraham, Ismaël et les Arabes n'a rien d'essentiel dans la conception musulmane de la prophétie et de la série des prophètes. De même que la tentative de Muḥammad à Médine pour créer une communauté uniquement fondée sur les liens religieux de la foi a dû s'accommoder de l'invincible attachement des Arabes aux liens du sang, de telle sorte que l'idéal d'une *umma* des Croyants se superpose à la réalité des groupes familiaux et tribaux sans jamais se substituer à elle, de même le rattachement religieux de Muḥammad à Abraham a été peu à peu estompé par la force d'une exégèse qui met de plus en plus en avant le rattachement généalogique. La différence, c'est que le Coran lui-même a abrogé les dispositions que le Prophète avait prises immédiatement après l'hégire, au moins en ce qui concerne la loi de l'héritage, tandis que nulle part Dieu ne révèle explicitement qu'Abraham et Ismaël doivent être considérés par les fidèles comme leurs ancêtres selon la chair. C'est la spéculation postérieure qui, s'appuyant sur quelques rares versets et en les interprétant, a mis l'accent sur un point de vue qui est à peine esquissé dans le texte coranique. Généralement parlant, cette insistance sur la descendance abrahamique semble bien en rapport avec un changement de perspective : la lutte contre les Juifs et accessoirement contre les Chrétiens se marque d'abord par l'abrogation de la règle de la *qibla* : les fidèles auront désormais à se tourner vers La Mecque, et non plus vers Jérusalem, pour faire leur prière, d'où l'importance du Temple de La Mecque, d'où enfin l'importance d'Abraham et de son fils Ismaël comme fondateurs de la Kaᶜba. Mais il ne suffisait pas de se séparer des Juifs par l'abrogation d'une pratique cultuelle, voire de toute la Loi de Moïse. Il fallait une réelle discrimination sur le plan de la vie politicosociale, sur le plan de l'histoire, sur le plan des ethnies. Dans la suite discontinue de l'histoire des prophètes, les besoins de la polémique conduisent à mettre entre parenthèses ces Juifs qui prétendent à tort être les adeptes de Moïse et ces Chrétiens qui prétendent tout aussi injustement être les sectateurs du Christ. Sans nier les prophéties de Moïse et de Jésus, dans ce qu'elles ont d'authentique du point de vue musulman, l'Islam va sauter par dessus tous ceux qui se réclament d'eux, et par là même, dans une certaine mesure, par dessus eux. Qu'ils se disent héritiers d'Abraham par Moïse ou par le Christ : Muḥammad déclare les Croyants musulmans héritiers directs d'Abraham par leur père Ismaël. Attitude polémique, par conséquent, et qui est loin d'être aussi centrale que l'attitude purement religieuse. Dieu a fourni aux Musulmans un argument, comme il l'a fait si souvent, pour réfuter les prétentions de leurs adversaires. Ce n'est qu'une péripétie entre plusieurs autres, sauf qu'elle a été orchestrée plus que d'autres. Mais l'essentiel de l'enseignement divin n'est pas là. Il en résulte que cette continuité historique par la généalogie abrahamique est loin d'être centrale dans l'Islam, et la doctrine discontinuiste de la prophétie reste la seule essentielle.

Signalons toutefois que cette façon de voir est celle des sunnites. Pour les šî'ites au contraire, du fait peut-être que, pour eux, l'hérédité par le sang prend, dans la théorie de l'Imāmat, une importance que le sunnisme lui a toujours refusée, il y a une réelle continuité entre les différents prophètes : leur hiérarchie s'organise, leurs fonctions se définissent, se complètent et s'orientent vers un terme qui est une ère messianique (théorie du *mahdî*). Selon cette vieille idée, avancée par les Grecs, que le temps est l'image de l'éternité, les šî'ites ont mis sur pied toute une cosmologie de type gnostique, selon laquelle les rapports historiques entre les prophètes et ensuite entre les Imāms, sont l'image temporelle des rapports intelligibles qui relient les principes éternels ou prééternels de l'Être et des êtres. Sur ces doctrines, on se reportera aux ouvrages de H. Corbin. Quant à la Loi elle-même, elle cesse d'être le pur décret du Dieu Tout-Puissant qui fait ce qu'Il veut. Elle exprime, à sa manière, la Loi même de l'Être et de l'Univers. L'idée est ancienne : on en trouve une expression dans la *République* de Platon (le Sage redescendu dans la Caverne tente d'y créer une société constituée dans sa structure par des Lois inspirées des Idées intelligibles et du Bien) ; plus tard, Philon d'Alexandrie, voulant expliquer la Loi de Moïse, commence son exposé par une étude métaphysique et cosmologique portant sur la création du monde (Cf. *De Opificio Mundi*). En Islam, des considérations analogues se retrouvent dans la Politique de Fârâbî, et dans celle d'Avicenne. Pour ces *falâsifa*, Dieu étant Premier et Dernier, ainsi que l'enseigne le Coran et que les philosophes le démontrent, il faut apprendre aux hommes deux vérités fondamentales qui seront à la base de toute saine législation politique et sociale : le *tawḥîd*, dogme de l'unicité divine, et le *ma'âd*, dogme du retour à Dieu. Chez ces deux auteurs, on constate, en effet, que la recherche sur la politique est toujours associée à une étude sur l'ordre intelligible de l'Univers. On voit que ces penseurs, dont les tendances šī'ites sont nettes, là même où ils subissent des influences extérieures à l'Islam, ne se fondent pas moins sur des versets coraniques. Il est vrai qu'ils s'appuient aussi sur des nombreux *ḥadîṯ*-s dont le sunnisme nie l'authenticité.

Revenons au sunnisme. La notion d'alliance est fréquente dans le Coran. Dieu, y est-il écrit, a fait alliance avec Adam, avec Abraham et Ismaël, avec Moïse, et d'une façon générale on peut penser que toute mission de prophète s'accompagne d'une alliance (*ᶜahd*) avec lui et le peuple auquel il est envoyé. Cette idée d'alliance est expliquée par les commentateurs comme liée à un commandement que l'homme doit accomplir. Un autre terme est aussi employé c'est celui de *mîṯâq*, que L. Massignon traduisait par « covenant prééternel », mais qui parfois est simplement synonyme de *ᶜahd*. Toutefois ces deux termes sont nettement séparés dans le verset (2, 27) : « Ceux qui violent le pacte (*ᶜahd*) de Dieu après son alliance (*mîṯâq*). » Sur la compréhension de ce verset, les commentateurs diffèrent. Certains pensent qu'il s'agit de ceux qui violent leurs serments solennels après s'être engagés. Mais Râzî rejette cette interprétation comme trop particulière. D'autres pensent qu'il s'agit de ceux qui ne respectent pas les preuves que Dieu a données de son unicité et de la mission des prophètes. Râzî est sensible à la portée générale de cette explication. Elle peut d'ailleurs renvoyer à l'engagement prééternel par lequel l'humanité a reconnu la Seigneurie divine et qui est ensuite renié quand les hommes repoussent la prédication des prophètes qui leur sont envoyés. C'est ce que comprend Ibn ᶜAbbâs qui distingue bien entre *ᶜahd* lié à la mission des prophètes (en particulier aux lois qu'ils apportent) et *mîṯâq* prééternel, engagement universel de l'humanité. Al-Qaffâl estime qu'il s'agit des Gens du Livre qui, après avoir reçu les Livres de leurs prophètes, se refusent à y voir l'annonce de la prophétie de Muḥammad. Mais cette interprétation limitée entre sous les significations de la précédente. Donc, si, comme nous l'avons vu, les prophètes, selon les Chrétiens, sont chargés de rappeler l'alliance abrahamique, on voit que dans l'Islam ils rappellent une alliance plus ancienne encore, le *mîṯâq* prééternel, dont les différents pactes d'alliance (*ᶜuhûd*) ne sont que des spécifications relativement à certains peuples, en différents moments de l'histoire. Toute Loi rappelle l'engagement primordial, mais elle annonce aussi la venue de la Révélation définitive, celle du Prophète qui est le sceau de la prophétie. Néanmoins, il n'est pas dit que, dans le *mîṯâq*, la descendance d'Adam s'est engagée à reconnaître Muḥammad. Que l'idée de Muḥammad soit déjà présente dans cet acte prééternel, c'est ce qu'affirment les Šîᶜites et tous les penseurs musulmans qu'ils ont influencés. Pour les Sunnites, il n'y a pas de Muḥammad prééternel, de *ḥaqîqa muḥammadiyya* qui règlerait tout le développement religieux du monde et de l'humanité. Mais en reconnaissant que Dieu est leur Seigneur, la descendance d'Adam s'engageait à accepter tous les signes que Dieu enverrait au cours des temps, et particulièrement les signes annonciateurs, contenus dans tous les livres révélés, de la venue de Muḥammad.

Il résulte de ce qui précède que les alliances de Dieu sont temporaires, sauf la dernière. Chacune n'est qu'une expression particulière du *mîṯâq* fondamental, le seul qui demeure dans son universalité jusqu'au Jugement Dernier. On lit dans le Coran (2, 47) : « O Fils d'Israël ! Rappelez-vous le bienfait dont je vous ai comblés ! Rappelez-vous que je vous ai placés au-dessus du monde. » Mais les commentateurs soulignent bien que cette prééminence n'est ni universelle ni éternelle : c'est seulement en leur temps et pour leur temps que les Juifs ont été élevés au-dessus des nations.

Sans doute la lignée des prophètes, qui vont depuis Adam jusqu'à Muḥammad, peut-elle paraître unique. C'est en tout cas celle sur laquelle le Coran s'explique presque exclusivement. Nous avons vu que Hûd, Ṣâliḥ et Šu^cayb étaient rattachés plus ou moins artificiellement par les commentateurs à la souche des fils de Noé, au Noé de la Bible, et que, par conséquent, ils ne nous font pas sortir du monde proche-oriental. Mais, en principe, toute nation a reçu son prophète avertisseur et annonciateur. Il est admis, par l'exégèse ultérieure, que le Livre sacré ne fait mention que d'un petit nombre de ces envoyés. Certains musulmans chinois estiment que les sages de l'ancienne Chine furent des prophètes. Mais, s'il en est ainsi, la prophétie est éparpillée à travers la terre et la conception discontinuiste et atomistique que nous venons d'exposer, relativement au temps, se double d'une dispersion et d'un émiettement dans l'espace. On est très loin, dès lors, du point de vue juif et surtout chrétien qui concentre la fonction prophétique dans un peuple choisi entre tous. Le christianisme fait tout converger vers Jésus. On pourrait dire que l'Islam fait tout converger vers Muḥammad ; mais ce serait inexact de parler ici de convergence : le Prophète de l'Islam n'est pas un terme vers lequel tout s'oriente ; il est simplement un terme, un point final. Envoyé aux Arabes, il faut donc qu'il soit le prophète de tous les peuples du monde, et toutes les Lois disséminées, plus ou moins altérées, sont abrogées : la prophétie se concentre en lui. Concentration mais non convergence.

Voyons maintenant ce qu'est le prophète dans sa réalité personnelle. Selon la doctrine sunnite qui suit au plus près la lettre du Coran, le prophète est un homme comme les autres. Sa seule qualification est négative. En effet, il doit être comme une table rase, parfaitement disponible pour recevoir sans l'altérer la Révélation divine, Parole éternelle de Dieu qui descend sur lui, « sur sa langue », par l'intermédiaire de l'Ange Gabriel. C'est le sens profond que les commentateurs donnent au mot *ummî* qu'on traduit alors par « illettré ». Le Coran emploie plusieurs fois cette expression de « prophète illettré » (*al-nabî al-ummî* : 7, 157 ; 7, 158). Toute la science d'un prophète vient de Dieu, car l'homme ne doit rien dire de lui-même ; ses tendances psychologiques n'interviennent pas, bien qu'elles existent et subsistent. Le prophète, en effet, reste soumis aux faiblesses de l'humanité. Il doute, il oublie, il se trompe. Mais, sur le plan de sa mission, Dieu prévient toute faute. Il ne reçoit pas le don de l'infaillibilité personnelle ; mais par le secours sans cesse renouvelé de Dieu (qui fait penser à la création à chaque instant continuée), il est en fait infaillible. Telle est la portée limitée de l'idée de *ᶜiṣma* qui signifie exactement « immunité ». Néanmoins, par cette disponibilité qui engendre la soumission (c'est le sens du mot *islâm*), l'obéissance (*ṭâᶜa*), l'abandon à Dieu (*tawakkul*), la patience devant les épreuves voulues par Dieu (*ṣabr*), le prophète représente et incarne l'idéal du parfait musulman. Il devient ainsi un modèle pour les Croyants, et cette conviction qu'il doit être imité jouera un grand rôle dans la recherche et la fixation par écrit de toutes les traditions qui rapportent les paroles, les actions, voire les silences du l'Envoyé de Dieu. Notons que le Coran a fortement souligné la valeur de ces qualités (*ṣifât*) qui caractérisent le Croyant, quand il dit : « *Inna Llâha yuḥibbu l-mutawakkilîn* » (3, 159), Dieu aime ceux qui font abandon d'eux-mêmes à Lui ; et : « *wa-Llâh yuḥibbu l-ṣâbirîn* » (3, 146), Dieu aime ceux qui supportent avec patience (cf. *Inna Llâha maᶜa l-ṣâbirîn*, 8, 46 et 66). Ces valeurs religieuses sont senties en islam comme si hautes que les soufis en feront des états mystiques (*aḥwâl*).

Le prophète est donc le parfait serviteur de Dieu. Jésus dit de lui-même dans le Coran (19, 30) : « Je suis le serviteur de Dieu (*ʿabd Allâh*). » C'est pourquoi, non seulement il apporte la révélation de la Loi qui régit le culte divin (*ʿibâda*), mais encore il montre comment il faut le pratiquer dans le détail. En effet, le Coran légifère souvent, et en matières cultuelle en particulier, de façon globale (*ʿalâ l-iǧmâl*), et c'est par l'exemple de la pratique de l'Envoyé, que les fidèles savent exactement comment ils doivent satisfaire à l'obligation dans tous ses détails (*ʿalâ l-tafṣîl*). Car rendre un culte à Dieu, le « servir », c'est se conformer en tout à ce qu'Il veut. Si les prophètes gardaient une volonté particulière, ils ne seraient plus les garants scrupuleux des actions qui constituent une parfaite obéissance. Il est vrai que le prophète peut se tromper et juger par lui-même. Dans ce cas, une révélation intervient pour rectifier l'erreur, et il se soumet aussitôt. Cela est arrivé à Muḥammad dans quelques cas rapportés par la tradition.

La prédication prophétique engage les hommes à l'obéissance en leur annonçant la bonne nouvelle (*tabšîr*) des joies du Paradis et en les mettant en garde (*inḏâr*) contre les châtiments de l'Enfer. Elle consiste à faire connaître la promesse (*waᶜd*) et la menace (*waᶜîd*). Mais cette prédication est essentiellement fondée sur le dogme de l'Unicité divine (*tawḥîd*). Il n'y a aucun recours contre Dieu ; on ne peut chercher nul secours, nul appui en dehors de Lui. Les Idoles sont vaines et impuissantes. On n'interroge pas Dieu ; c'est lui qui interroge (*cf.* 21, 23). Toute la Loi repose sur l'absolue puissance de la volonté divine. C'est cette Toute-Puissance que l'homme a d'abord à comprendre et c'est elle que le prophète doit avant tout prêcher. La théologie dogmatique contenue dans le Coran commande le Droit religieux qu'est le *fiqh*. On voit ainsi, entre autres exemples, qu'Ibn Ḥazm commence sont traité d'*Uṣûl al-fiqh*, le *Muḥallâ* par un exposé du *tawḥîd*. Ce procédé est symptomatique.

Le prophète est donc un homme entièrement disponible, dirions-nous aujourd'hui. Quelles que soient les incertitudes, quels que soient les doutes du prophète, et nous savons que Muḥammad n'en a pas été épargné, tout se tait en lui devant l'ordre de Dieu qui seul parle. Il y a là une différence à noter avec les prophètes bibliques. Ils sont eux aussi des envoyés, et le verbe hébreu *sāloah*, qui signifie « envoyer », se trouve dans la Bible, comme son équivalent arabe *arsala* dans le Coran. On lit dans l'*Exode* que Moïse dit aux Fils d'Israël (3, 13-14) : « Le Dieu de vos pères m'a envoyé vers vous… Dieu dit à Moïse : C'est ainsi que tu répondras aux Fils d'Israël : Celui qui s'appelle Je suis m'a envoyé vers vous. » Dans le Coran, c'est Dieu qui dit au Prophète : « C'est Nous qui t'avons envoyé avec la Vérité comme annonciateur de la Bonne Nouvelle et comme avertisseur » (2, 119). Bien que Dieu ordonne souvent à Muḥammad de dire ceci ou cela (*qul* : dis !), Il ne lui donne pas d'ordre comparable à ce que nous lisons dans la Bible, mais c'est lui-même qui déclare : « Dieu est Celui qui a envoyé son Envoyé » (48, 28), ou : « Muḥammad n'est qu'un Envoyé » (3, 144). Il s'agit d'ailleurs de montrer que le prophète tient sa mission de Dieu, mais qu'il n'est rien de plus qu'un envoyé : il n'est pas un ange. Néanmoins dans plusieurs versets concernant Noé, Hûd, Šuᶜayb, Ṣâlīḥ, Moïse, Loth, le prophète dit lui-même : « Je suis l'Envoyé du Seigneur des Mondes. » Dieu commande à Moïse et à son frère Aaron : « Allez trouver Pharaon et que chacun de vous dise : Je suis l'Envoyé du Seigneur des Mondes » (26, 16). Mais, dans tous ces versets, les prophètes qui parlent en leur nom personnel ont à faire face à des contestations et doivent affirmer leur qualité. Mais la prédication, en elle-même, consiste seulement à transmettre ce que Dieu révèle et non à se présenter d'abord comme prophète. Dieu prouve lui-même qu'un homme qu'il a envoyé est prophète quand Il le veut et comme Il le veut. Pourtant il y a un verset (7, 58), où il est écrit : « Dis : Je suis l'Envoyé de Dieu pour vous tous. » Les commentateurs pensent que cette parole est adressée à Muḥammad. Le contexte n'est pas clair. Quoi qu'il en soit, ce serait sur ce point le seul verset du Coran qui soit exactement comparable à ce qu'on lit dans la Bible.

Notons une autre différence : les prophètes hébreux, en entendant l'appel de Dieu, commencent par protester de leur faiblesse, de leur indignité, de leur incapacité. Ainsi Jérémie s'écrie (1, 6-7) : « Ah Seigneur ! C'est que je ne sais pas parler, car je suis un enfant. » Moïse répond de même (*Exode* 3, 11). Mais le Prophète, du point de vue musulman, et quels que soient ses sentiments intérieurs, ne soulève devant Dieu aucune objection ; du moins le Coran n'en parle pas. Muḥammad s'est ouvert de ses inquiétudes à sa femme Ḫadīǧa. Mais il a dit tout de suite « oui » en réponse à l'ordre divin. Plus exactement, il ne dit rien ; il obéit. Il arrive que Dieu, connaissant ses peines et ses soucis, le console et le réconforte. Mais c'est Lui, Dieu, qui prend l'initiative en toutes circonstances. Ce que l'homme peut penser de lui-même, de ce qu'il peut ou ne peut pas faire, n'a aucune importante : c'est là attitude humaine et il convient que le prophète y renonce.

Ainsi le sunnisme a insisté sur le fait que le prophète est homme comme tous les hommes. Sans doute Dieu le choisit (*iṣṭafâ*) : « Dieu a choisi Adam, Noé, la famille d'Abraham, la famille de [c]Imrān » (3, 3). « Moïse ! Je t'ai choisi d'entre tous les hommes pour te charger de mon Message et de mon Verbe » (7, 144). « Fais mention de Nos serviteurs, Abraham, Isaac, Jacob... En vérité ils sont auprès de Nous parmi les Élus les meilleurs » (*min al-muṣṭafayn al-aḫyâr*) (38, 45-47). Mais, de même que l'infaillibilité du prophète est l'effet de la puissance divine qui ne confère aucune qualité intérieure à l'homme, de même l'élection ne s'accompagne d'aucune onction qui élèverait la nature humaine à un degré supérieur. Le choix divin ne dépend que de l'absolue liberté de la volonté divine : rien dans la créature ne le motive, et la qualification qu'il donne reste purement extrinsèque. Si l'être humain se détériore chez le libertin, le rebelle, l'infidèle, il reste ce qu'il est, ou plus exactement ce que Dieu veut qu'il soit, chez l'homme pieux, obéissant et fidèle, et tout particulièrement chez les prophètes. Mais ils ne sont que des hommes pieux, obéissants et fidèles, par conséquent, leur élection n'en fait pas des surhommes. L'Islam est d'ailleurs très hostile à l'idée même du surhomme. L'homme est défini comme créature de Dieu et doit le rester.

Mais cette attitude était difficile à conserver intacte. La piété des fidèles a rapidement introduit dans la doctrine des valeurs plus mystiques, souvent aussi plus merveilleuses. Ainsi, le strict sunnisme ne reconnaît que peu de miracles dans la vie de Muḥammad. S'il admet, d'une manière générale, que les miracles qu'il est donné de faire à tous les prophètes, existent et sont destinés à confirmer aux yeux des hommes les missions prophétiques, il considère que le seul grand miracle est d'avoir apporté le Coran inimitable (*cf.* la théorie de l'inimitabilité (*i*[c]*ğâz*) du Coran). On peut encore citer le miracle de l'ascension nocturne au Ciel et celui de la lune fendue en deux auxquels le Coran fait lui-même allusion. Cette particularité en ce qui concerne Muḥammad vient, selon les commentateurs, du fait que les miracles, étant destinés à convaincre les hommes auxquels est envoyé le prophète, doivent être adaptés à la mentalité des générations auxquelles ils s'adressent. L'âge de Moïse, étant celui de la magie, les miracles de Moïse sont de nature à rivaliser et à surpasser ceux des magiciens. L'âge du Christ est celui du développement de la médecine : le Christ guérit les malades et ressuscite les morts. L'âge de Muḥammad est celui de la raison : le miracle d'apporter le Coran est le seul capable de persuader l'homme raisonnable, le [c]*âqil*. Nous avons vu en quel sens l'Islam conçoit la révélation coranique comme rationnelle. Mais la vénération des fidèles les a poussés à attribuer à leur Prophète des miracles du même type que ceux qu'avaient accomplis ses prédécesseurs, et dont toute une littérature hagiographique populaire était remplie. Le sunnisme ne put fermer la porte au merveilleux. On vit se multiplier les « saints » et les thaumaturges.

Ibn Taymiyya lui-même, admet, à côté des miracles (*muᶜǧizât*) des prophètes, les interventions miraculeuses de saints personnages, ce qu'on appelle des *karâmât* (prodiges). Il s'efforce de montrer que ces prodiges n'ont pas de valeur par eux-mêmes, et que Dieu ne les permet que dans leur relation aux miracles des prophètes, pour confirmer, après leur mort, la valeur de leur Loi et de leur message. Quoi qu'il en soit, un élément nouveau va s'introduire.

Ici se pose la question de la sainteté (*walâya*). Le mot arabe *walî* (pl. *awliyâ᾿*) a le sens de protecteur et, par suite, d'ami. Dans presque tous les versets du Coran où il se trouve, il est appliqué à Dieu. « La *walâya* appartient à Dieu » (18, 44). Mais on trouve le texte suivant : « Non ! En vérité nulle peur ne pèsera sur les *awliyâ᾿* de Dieu et ils ne seront pas attristés » (10, 62). On lit également une apostrophe aux Juifs : « Si vous prétendez être les *awliyâ᾿* de Dieu, à l'exclusion des autres hommes, souhaitez la mort » (62, 6). Mais voici un texte encore plus intéressant : « Mon *walî* est Dieu qui a révélé le Livre et qui se charge de la protection des hommes intègres » (*wa-huwa yatawallâ l-ṣâliḥîn*) (7, 196). Notons le rapprochement du nom *walî* et du verbe *tawallâ*. La *walâya* de Dieu est mise en rapport étroit avec l'intégrité de l'homme. On comprend que le mot *walî* devenu synonyme de *ṣâliḥ* ait pu s'appliquer aux hommes et signifier le saint, tandis que la *walâya* en venait à désigner la sainteté.

En tant que *walî*, Dieu conduit les hommes des ténèbres à la lumière. Appliqué au croyant, le mot *walî* qualifie l'homme baigné dans la lumière divine. Or qui mériterait plus que les prophètes en général et Muḥammad en particulier, de porter ce nom ? Mais entre la lumière et les ténèbres, il y a plusieurs degrés ; les prophètes se situent aux degrés les plus hauts, et Muḥammad est plus élevé encore. C'est d'ailleurs le Coran qui parle de cette hiérarchie des prophètes, quand Dieu dit qu'il a placé certains d'entre eux au-dessus des autres. C'est le *tafḍîl*, par exemple : *faḍḍalnâ baᶜḍ al-nabiyyîn ᶜalā baᶜḍ* (17, 55). Dès lors, il n'y avait plus qu'un pas à faire pour attribuer à Muḥammad la *walâya* à côté de la *nubuwwa* et de la *risâla*. Il est *walî* comme il est *nabî* et *rasûl*. Ismâ'îl Ḥaqqī définit l'expression *awliyâ᾿ Allâh*, en disant que ce sont les purs Croyants (*ḫullâṣ al-mu᾿minîn*) en raison de leur proximité spirituelle de Dieu, car ils l'ont pour ami (*yatawallawna*) du fait qu'ils Lui obéissent et qu'ils se plongent dans l'effort pour Le connaître. Une telle définition convient parfaitement aux prophètes si bien qu'on peut se demander si on peut séparer la *nubuwwa* de la *walâya*. En revanche, on peut distinguer la *walâya* de la *nubuwwa*, car on peut être *walî* sans être *nabî*.

En effet, si Muḥammad est le sceau des prophètes, s'il ne doit plus y avoir après lui de Loi nouvelle qui abroge la sienne, s'il n'y a rien à changer ni à ajouter à la Révélation coranique, si la *nubuwwa* et la *risâla* ont atteint leur terme avec lui, que dire de la *walâya* ? N'y aurait-il plus d'hommes intègres (*ṣâliḥûn*), plus de saints (*awliyâ᾿*) après sa mort ? Cela était insoutenable.

D'ailleurs le sunnisme lui-même ne le soutient pas. Nous avons déjà indiqué qu'Ibn Taymiyya, le grand docteur ḥanbalite, mort en 728 de l'hégire / 1328 C., dans son *Kitâb al-nubuwwât*, admet la réalité des *karâmât* ou prodiges accomplis par les *ṣâliḥûn* et les *awliyâ'*. La seule condition posée est que ces saints hommes soient dans l'obédience d'un prophète, qu'il transmette son enseignement. En eux-mêmes, ils ne font que confirmer la vérité d'un message prophétique. Ils ne peuvent rien ajouter, et les dons merveilleux qu'ils ont reçus ne leur confèrent aucune qualification pour enseigner du nouveau. Le prophète et sa mission, sa foi, sa loi sont les seuls bénéficiaires des actes extraordinaires de ces parfaits croyants. De même qu'il y a souvent des prodiges annonciateurs (*arhâs*) de la venue d'un prophète en ce monde, dès avant sa naissance, et de même qu'ils n'ont de sens que parce qu'ils soulignent la valeur de son futur message, de même, après sa mort, il peut y avoir des *karâmât*, qui n'ont de valeur qu'en fonction de la confirmation de ce message antérieur.

On voit que cette doctrine sunnite limite la *walâya* et la laisse dans le sillage de la prophétie. Les valeurs qu'elle porte en elle ne sont que l'épanouissement de la Loi révélée chez les purs croyants, tels les fruits que porte un arbre et qui prouvent par leur saveur que cet arbre est bon. L'Islam a, en effet, un côté législatif que le sunnisme a toujours voulu garder au centre de son enseignement. Mais le šî^cisme a modifié le rapport des valeurs. S'il reconnaît la Loi, elle ne représente à ses yeux que l'extérieur (*ẓâhir*) de la Révélation. S'il admet que Muḥammad est le dernier prophète et que sa Loi est la dernière de toutes, il ne voit pas dans la *risâla* l'essentiel de la fonction prophétique. La Révélation coranique a une dimension intérieure (*bâṭin*) et quand on la découvre, on pénètre dans les mystères de Dieu, de l'Homme et de l'Univers. Il ne s'agit pas seulement de découvrir un sens spirituel sous les préceptes matériels, ainsi que l'ont fait certains moralistes à tendance mystique, tel Ġazâlî. Il s'agit de recevoir, à travers le texte du Coran, une illumination qui confère la Connaissance absolue, la *ma^crifa* (qu'on a parfois traduite par *gnose*). Mais ce texte, en lui-même figé et mort, écrit sur des feuilles de papier, peut bien garantir l'application de la Loi dans sa matérialité ; il n'en garantit pas l'esprit ; à plus forte raison, ne garantit-il pas une compréhension qui enferme en elle la réalité intégrale. Le Coran a besoin d'être animé par un souffle qui vient de Dieu, éclairé par une lumière qui vient de Dieu. Ce souffle (*rûḥ*), cette lumière (*nûr*) sont donnés personnellement à des hommes qui jouent, à chaque époque par rapport aux textes révélés, le rôle même que jouait le Prophète de son temps. Car le Prophète n'avait pas seulement à annoncer, par la *nubuwwa* et la *risâla*, l'existence du Dieu Tout-Puissant et la Loi qu'Il impose ; il avait aussi à toucher les cœurs, à les éclairer, à les rendre sensibles aux vérités de la Révélation. Il n'était pas seulement un exemple à imiter, mais une illustration vivante et une source de lumière. C'est grâce à la *walâya*, conçue ici comme une puissance mystique, profondément spirituelle, qu'il a pu accomplir cette œuvre qui est un moment de l'histoire du monde et qui donne la clé des mystères secrets (*asrâr*). S'il ne pouvait transmettre à d'autres hommes la fonction prophétique, il pouvait transmettre la *walâya* et c'était même indispensable. La Loi (*šarîᶜa*) se double de la Réalité (*ḥaqîqa*) et pour passer de l'une à l'autre, il faut un guide vivant qui conduit sur la Voie (*ṭarîqa*). Pour les Šîᶜites, ce guide est l'*Imâm*, descendant de Muḥammad par sa fille Fāṭima et son gendre ᶜAlī. Il est assisté de ses délégués, qui transmettent à des initiés la Connaissance. Néanmoins la notion de *walî* a gardé dans le šîᶜisme la généralité que nous lui avons vue dans le sunnisme : tout homme est appelé à devenir *walî*, en pratiquant une certaine ascèse, en recevant une formation déterminée d'un Maître qui a reçu l'autorisation et le pouvoir de donner l'initiation. Par l'intermédiaire de ce maître, le novice se rattache à l'*Imâm*, à ᶜAlî, à Muḥammad. Ainsi se constituent des chaînes qui relient aux sources et qui sont un *isnâd* initiatique. Il y a un influx divin qui passe par hérédité de Muḥammad à ᶜAlī et à leurs descendants les Imāms, et par initiation aux saints et amis de Dieu (*ṣāliḥūn* et *awliyāʾ*).

Il est certain que les traditions šîᶜites ont joué un très grand rôle. Nombreux sont les *ḥadîṯ*-s de ce genre, qui présentent les Gens du Manteau (*Ahl al-Kisâʾ*), c'est-à-dire Fâṭima, ᶜAlî et leurs deux fils Ḥasan et Ḥusayn, comme les manifestations visibles d'un plérôme comprenant, avec Muḥammad, cinq archétypes prééternels. Le Prophète les aurait pris sous son manteau en récitant le verset 33 de la sourate 33 : « Ce que veut Dieu, c'est ôter de vous la souillure, ô membres de la Maison, et vous rendre parfaitement purs. » Les Šîᶜites considèrent ces paroles comme la reconnaissance d'un privilège unique, qui exprime l'être idéal, pur et immaculé, qu'est l'essence archétypale de ces cinq personnes.

La personne de Muḥammad devait être plus encore sublimée. Certains mystiques gnostiques, sans être šîᶜites, mais influencés à coup sûr par la « théosophie » šîᶜite, tel Ibn ᶜArabî, parlent d'une Réalité muḥammadienne (*ḥaqîqa muḥammadiyya*), d'une lumière muḥammadienne (*nûr muḥammadî*), qui préexiste au devenir de ce monde, mais le régit et le conduit. Imiter le Prophète, ce n'est plus suivre l'exemple de l'homme qui a vécu au VIIᵉ siècle en Arabie. C'est participer à la Réalité dont il est l'incarnation, qui est non seulement la source de toute prophétie, mais la cause exemplaire et finale de la Création universelle. Muḥammad représente l'Homme Parfait (*al-Insân al-Kämil*), la parfaite image de Dieu, dans laquelle l'Être inconnaissable et ineffable, Lui (*huwa*), se contemple, se complaît, se connaît et s'exprime. Il est l'épiphanie de Dieu, car il n'est plus rien que lumière émanée de la Lumière divine ou, comme le dit le Coran, « lumière sur lumière » *nûr ᶜalâ nûr* (24, 35). L'homme qui l'imite est alors comparable à un miroir taché qui est poli progressivement, au point que sa matière disparaît et qu'il devient pure lumière reflétant la Lumière divine. C'est le sens qui est donné au célèbre verset de la Lumière : « Dieu est la Lumière des cieux et de la terre. La ressemblance de cette lumière, c'est comme une niche où il y a une lampe ; la lampe est dans un verre ; le verre est comme s'il était une étoile étincelante. Elle est allumée à un arbre béni, un olivier qui n'est ni à l'Orient ni à l'Occident. Son huile éclairerait, même si aucun feu ne la touchait. Lumière sur Lumière. Dieu conduit vers Sa Lumière qui Il veut. »

Voici le Commentaire de Râzî : « La niche est la poitrine de Muḥammad et le verre est son cœur. La lampe est la religion qui est dans son cœur. Elle est allumée à un arbre béni : cet arbre est Abraham qui ne priait pas en se tournant vers l'Orient ou vers l'Occident, comme font les Juifs ou les Chrétiens, mais en se tournant vers la Ka^{c}ba. » Râzî est sunnite, et son commentaire reste modéré. Mais il montre clairement la voie dans laquelle s'engagent les exégètes šî^{c}ites. Ce qui fait que le Prophète est une lumière à la ressemblance de la lumière divine, c'est la *walâya*, qui résulte, nous l'avons vu, dans la proximité où il est par rapport à Dieu. Cette *walâya*, Muḥammad la possède au suprême degré et ici-bas et dans la prééternité, et c'est à elle que participent tous les autres prophètes, les *imâm*-s et les saints. La lumière muḥammadienne s'est manifestée sur la terre à travers la foi d'Abraham, l'olivier auquel a été allumée la lampe du Muḥammad historique. Mais l'huile de cette lampe, la quintessence de la religion s'allume d'elle-même et éclaire par elle-même de toute éternité, dans la *ḥaqîqa muḥammadiyya* transhistorique. Abraham est le fondateur du Temple sacré, devenu le foyer de l'Islam, qui sera sublimé en une Ka^{c}ba mystique, lieu d'accumulation et de concentration de toutes les lumières (*tarâdufu hâḏihi l-anwâr wa-ǧtimâ^{c}u-hâ*).

Telles sont les différentes idées touchant la *nubuwwa* et la *walâya* en Islam, ainsi que les deux grandes conceptions qui s'y rapportent. Mais il est certain que l'opposition du sunnisme et du šî^{c}isme, si elle apparaît nettement à propos de ces prises de position religieuses, ne saurait s'expliquer par ces divergences théoriques. Elle est fondée dans l'histoire et elle s'exprime essentiellement à travers la doctrine du califat (ou de l'imâmat).

ONTOLOGIE ET MYSTIQUE MUSULMANE

Quoi que l'on pense des ontologies modernes, en tant que systèmes, – en particulier de l'ontologie heideggérienne –, il faut reconnaître qu'elles ont renouvelé la problématique de l'Être, et qu'elles offrent à la réflexion de riches thèmes d'enquête souvent fort éclairants pour l'historien qui se propose, non de faire l'histoire de l'ontologie, mais d'étudier, dans le passé, des formes de l'expérience humaine vécue telle que l'expérience mystique. En effet, il est aisé de retrouver, dans les descriptions des mystiques, une bonne part des problèmes que se pose aujourd'hui l'ontologie, comme si ces génies religieux avaient fait pratiquement de l'ontologie sans le savoir.

Le soufisme musulman, pris dans son ensemble, se prête particulièrement bien à une étude de ce genre. En effet, on peut, nonobstant la diversité des écoles et des personnalités, le considérer à travers un certain nombre de caractéristiques et de notions communes partout présentes. Il y a comme un thème général de la mystique musulmane, et qui dispose d'un lexique à peu près fixé, tiré de l'indispensable source qu'est le Coran expliqué par la Tradition prophétique. Sur ce thème ont pu se greffer ici et là des variations, des emprunts, des développements et des amplifications. Mais il reste partout repérable. Et c'est ce thème pris en lui-même que notre ontologie peut mettre en valeur, tandis qu'en retour, il lui offre un important témoignage.

La mystique chrétienne, sans doute, se prêterait à une étude analogue, mais qui serait compliquée par le fait de la présence centrale des mystères : mystère trinitaire de Dieu, mystère du Christ et de l'Incarnation. Il semble qu'il faille dire que la vie mystique à laquelle accède le chrétien a son modèle éminent et sa source dans la vie du Christ, c'est-à-dire, en dernière analyse, dans la vie intime des Trois Personnes en l'unité de Dieu. Car, dans le Christianisme, l'unité divine est une unité interne, « réelle », l'unité d'un Acte. Tout appel, et par suite tout progrès qui conduit à l'union de l'homme avec Dieu, est le fruit d'un don qui tend à faire participer le fidèle à cet acte interne d'unité. La théologie musulmane, à ses sommets du moins, n'ignore pas la réalité d'un *tawḥîd* intérieur, fondement de ce *tawḥîd* extérieur, révélé aux hommes, qui les fait témoigner de la Vérité : rien n'est semblable à Dieu. Le fidèle pourra – et c'est là une des étapes du progrès mystique – intérioriser dans son « cœur » ce témoignage qui était d'abord une affirmation de la « langue ». Cette intériorisation ira même parfois si loin que ce sera, à la limite, Dieu lui-même, et non plus l'homme, qui rendra, dans « l'intime secret » de sa créature, le témoignage de sa Propre Unité. Mais l'intimité même de Dieu ne sera jamais violée : Dieu reste là, comme en tout, l'Unique, seul capable de témoigner authentiquement de Son Unité. Le soufi, au terme de son ascension, ne pourra mieux faire que de reconnaître, dans son impuissance même à parler, l'exclusive et absolue réalité de la Parole de Dieu.

L'Islam ne rattache l'homme à Dieu que par deux liens : celui de l'existence et celui de la Révélation. Ces deux liens sont parallèles, superposés, presque confondus. La notion musulmane de la Création repose sur l'idée de la transcendance de Dieu, car l'acte créateur ne ressemble à aucun des actes créés, de ceux que nous connaissons ici-bas. L'être humain est donc à la fois infiniment éloigné de l'Être de Dieu, situé dans un monde (*dunyâ*) dont Dieu est « absent » en vertu de son propre mystère transcendant, incommunicable (*ġayb*), et rattaché à Dieu par l'acte de Création, l'acte qui est absolument propre à Dieu. Nous découvrons ainsi une véritable dialectique, intérieure à la Création comme acte divin : car la création qui est un acte essentiellement et absolument divin est en même temps celui qui protège la transcendance divine et qui se termine au mode d'être le plus étranger à Dieu, l'immanence de ce monde, sa contingence temporelle entre un commencement et une fin. L'être du monde et de l'homme qui est dans le monde est un être instauré dans le temps (*muḥdaṯ*) ; l'Être de Dieu est celui qui inaugure et instaure (*al-muḥdiṯ*). Tous les êtres créés portent le nom de *mawǧûdât* et peut-être n'est-il pas sans intérêt de remarquer à ce sujet que ce nom est un *maf*ᶜ*ûl*, c'est-à-dire qu'il a un sens passif. Sans doute peut-on l'appliquer à Dieu lui-même, en le prenant comme terme technique de la philosophie. Dieu sera alors *mawǧûd*. Mais à proprement parler, il faut le désigner comme *mûǧid*, Celui qui donne l'existence (*wuǧûd*). L'être du monde et de tout ce qu'il renferme est donc nettement distingué dans l'arabe de la réflexion musulmane, de l'Être de Dieu : il est celui des « étants », les *Seiende* de Heidegger, dans la sphère de l'ontique. Il reste que l'Être (*Sein*) soit celui de la transcendance divine, mais à une condition que les penseurs musulmans rappellent inlassablement et qui fait d'eux les hérauts de l'ontologie véritable, c'est que Dieu ne soit ni nommé, ni pensé sur le mode des autres êtres, comme simplement supérieur à eux.

Le rapport de l'ontique et de l'ontologie, de l'existence humaine en particulier (*Dasein*) et de l'existence de Dieu, est bien marqué par la dialectique à laquelle nous avons fait allusion à propos de la notion de Création : considéré par rapport à l'acte créateur qui le situe dans ce monde, l'homme est à la fois, et dans l'indivisibilité même de cet acte, très loin et très proche de Dieu. Il est aisé de voir qu'il est d'autant plus loin de Dieu qu'il se considère davantage comme situé au terme de l'action créatrice, c'est-à-dire qu'il se pose en lui-même, en oubliant ce qui le pose. Il est donc loin de Dieu dans la mesure où il est proche de lui-même. Heidegger a reconnu ce caractère du *Dasein* : « Ontiquement le *Dasein* est sans doute non seulement proche, mais ce qu'il y a de plus proche – c'est de plus cela même que nous *sommes*. Néanmoins, ou justement à cause de cela, il est ontologiquement le plus éloigné. » (*Sein und Zeit*, p. 15). Et il poursuit : « Sans doute appartient-il à son être le plus propre, d'avoir une compréhension de cela et de se tenir toujours, avant toute chose, à une certaine interprétation de son être. Mais il n'est pas du tout dit par là que cette interprétation préontologique de soi relativement à l'être puisse être prise comme fil conducteur convenable, comme si cette compréhension de l'être devait forcément résulter d'une réflexion thématiquement ontologique sur la constitution la plus propre de l'être. Conformément à un mode d'être qui est le sien, le *Dasein* a bien plutôt tendance à comprendre son être propre à partir de l'étant auquel il se rapporte essentiellement et de la manière la plus proche, le monde. » (*Ibid.*).

Il est bien exact, pour les mystiques musulmans, qu'il y a un être de notre existence empirique, et ce ne peut être que l'acte créateur qui donne cette existence ; il n'est que trop vrai que, plus l'homme s'attache à cette existence empirique, plus il la définit par ses rapports au monde où il vit (*dunyâ*) et moins il est capable d'en saisir l'être. Il étale, pour ainsi dire, son existence empirique à travers tous les « étants » du monde, il la dilue parmi eux, il l'épuise dans le temps du monde, selon une dimension horizontale qui n'a pour terme que la mort, c'est-à-dire la cessation de ces rapports au monde, dans lesquels et par lesquels il cherchait vainement son être. La destinée empirique de notre être dans le monde ne peut donc être que la mort, la perte, l'égarement de l'être véritable. Par son existence empirique dont il a conscience, l'homme sait qu'il est. Mais il ne peut trouver son être en suivant « le fil conducteur » de cette existence. Il est évident, pour un musulman – et toute réflexion philosophique lui donne raison – que notre être ne peut résulter d'une sommation de tous les moments de notre existence empirique, car le temps du monde créé est incapable de sommer, de retenir, d'édifier. À chaque instant de la discontinuité du temps, Dieu donne l'existence par une création continuée. La mémoire humaine ne saurait être que la mémoire de ce qui n'est plus, et elle ne peut rendre l'être au passé. La seule fonction religieuse de la mémoire humaine, c'est de rappeler sans cesse la contingence, la précarité des choses humaines ; car elle ne les retient que pour témoigner qu'elles sont retournées au néant. Chercher à fonder son être sur cette mémoire, c'est vraiment la fonder sur le néant. La seule mémoire qui ait une valeur ontologique, c'est le souvenir, la mention de Dieu, le *ḏikr*, car c'est en Dieu, par son acte créateur continué, que doit être trouvé l'être de notre existence empirique.

Cet être n'est donc pas de l'ordre de l'existence empirique et n'est jamais sur le même plan qu'elle. Cependant, celui qui cherche à fonder son être sur la mémoire humaine fera un grand progrès en reconnaissant que, par cette voie, il se condamne à le fonder sur le néant. C'est d'ailleurs le seul moyen pour l'homme de parvenir à une telle reconnaissance. Il voit alors qu'il a le néant derrière lui, puisque sa mémoire n'est que témoignage de non-être, et devant lui, puisqu'à chaque moment il peut mourir. Il s'aperçoit qu'il est suspendu dans l'instantanéité de son existence empirique donnée, dans l'instant même où Dieu lui donne existence. Mais cette découverte ne le met pas encore sur la voie du salut. Car, d'une part, le double néant du passé et de l'avenir, il le voit encore dans le monde, et l'acte créateur qui lui donne existence, il ne le saisit toujours que dans sa propre existence empirique, dont il ne peut tirer la moindre certitude ontologique. On peut dire, pour marquer le caractère inextricable de cette situation de l'homme relativement à son existence et à l'être de son existence, qu'il ne saisit l'être qu'à titre d'exigence de son existence empirique ; mais, quelque impérieuse que soit cette exigence, quel crédit lui accorder, quand elle émane de l'existence qui est justement mise en question ? Comment se détacher de l'existence empirique, qui ne nous donne jamais l'être, alors que ce n'est que par elle que nous en avons une « précognition » ?

C'est ce qui explique pourquoi les mystiques musulmans ne se livrent pas directement à une quête purement existentielle, c'est-à-dire à la recherche du point où ils saisiraient leur être dans son pur acte d'exister, encore que ce soit le terme auquel aboutira leur ascension. C'est qu'ils ont compris que toute recherche de ce genre serait une entreprise à l'initiative de leur existence empirique. Ils ont nettement senti les pièges de ce que nous appelons la conscience de soi, qui ne veut jamais sincèrement son propre anéantissement, de l'amour-propre qui, comme le dira La Rochefoucauld, veut bien être son propre *ennemi*, pourvu qu'il soit.

Il y a un saut à faire, pour échapper à la dialectique de notre être et de notre existence qui s'impliquent dès qu'on veut les séparer et qui s'excluent dès qu'on veut les réunir. Mais il est clair que l'homme n'a aucune chance d'effectuer ce saut par lui-même. Il lui faut l'aide de Dieu, et c'est alors qu'intervient la seconde voie, parallèle à la première, celle de la Révélation.

L'Islam a développé à ce sujet une idée importante. Tout discours, disent les grammairiens arabes, suppose quelqu'un qui parle et quelqu'un à qui l'on parle, le *mutakallim* et le *muḫâṭab*. Ainsi la parole de Dieu s'adresse-t-elle à une créature constituée de telle sorte qu'elle est capable de comprendre et de répondre. Or la création est elle-même conçue comme une création par la parole. Dieu dit : « Sois » et la créature est. Mais le Coran va plus loin encore, puisqu'il laisse entendre que la créature accepte d'être créée. Ainsi, au verset 11 de la Sourate *Fuṣṣilat*, Dieu parle au ciel et à la terre, alors qu'ils n'étaient encore que fumée, c'est-à-dire, selon les commentaires, qu'ils étaient néant (*maᶜdûm*), et leur dit de venir de bon gré ou de force ; et ils répondent qu'ils viennent de bon gré. Cette réponse de la créature avant sa création devient, quand il s'agit de l'homme, le « covenant » (*mîṯâq*), par lequel l'humanité dit oui à Dieu dans la prééternité. Qu'est-ce que cela signifie, sinon que tout être créé accepte l'être, adhère à l'être, répond oui à la Parole Créatrice ? Ainsi en est-il de l'espèce humaine. Mais encore faut-il que chaque homme en particulier dise oui à son tour. Que lui reste-t-il à accueillir ? L'existence, il l'a déjà. Ce qu'il lui manque, c'est précisément le secours divin, grâce auquel il va pouvoir non pas s'engager dans le cours de l'existence empirique dont le terme est la mort, mais être conduit dans la voie qui lui dévoilera l'être de son existence, l'acte créateur de Dieu qui lui donne existence. Là est pour lui le salut. Donc chaque homme doit dire oui à la « conduite » (*hudâ*) que Dieu lui envoie, c'est-à-dire au Coran révélé, à la foi.

Ici se pose l'insoluble problème de la prédestination (*ǧabr*) et du libre arbitre (*qadar*). Nous verrons que, pour les mystiques musulmans, ce problème n'impose une inconciliable et toujours renaissante alternative qu'au niveau de la pensée spéculative qui, malgré tout son prestige, reste marquée par l'extériorité, Dieu et l'homme étant posés l'un en face de l'autre : Dieu, comme le Maître tout-puissant qui décide ou ordonne, l'homme, comme le subordonné qui subit ou qui tantôt obéit, tantôt se révolte. Mais le progrès de l'expérience mystique a pour effet de dissiper ce problème, d'abord en découvrant Dieu comme intérieur à l'homme par ses actions, puis en anéantissant l'homme pour le faire subsister, par son infinie faiblesse, dans la force infinie de Dieu. Quoi qu'il en soit, il est certain qu'au départ, on peut se demander quelle est la part de l'homme dans la foi qu'il reçoit. L'Islam, au nom de la transcendance et de l'unicité absolues de Dieu, ne peut guère laisser l'initiative à l'homme. Pourtant, les partisans de la prédestination ne peuvent aller jusqu'à une doctrine qui, en supprimant toute part de l'homme, rendrait inexplicable la descente du Coran avec ses appels, ses admonestations, ses conseils, ses mises en garde. Il semble donc que la théorie moyenne, celle du *kasb*, représente en même temps le minimum de ce qu'il faut accorder à l'homme. C'est bien Dieu qui crée la foi et l'incroyance, qui crée les actes humains grâce auxquels l'homme pourra adhérer à la foi ou choisir l'infidélité. Mais il y a quelque chose, presque un rien, par quoi l'homme s'approprie, fait sien ce que Dieu lui envoie. C'est le *kasb*. En soi, il est un mystère. Il échappe à toute réflexion rationnelle, car, au fond, cet acte d'*appropriation* n'est pas un choix rationnel, ce qui supposerait une motivation, un *muraǧǧiḥ* qui ferait pencher pour la foi ou l'incrédulité, de telle sorte que le problème ne ferait que reculer à l'infini. Le *kasb* semble bien se situer au niveau où se constitue la personnalité humaine. Par lui, l'homme devient un moi qui accepte la loi divine ou qui la refuse. C'est en effet par lui qu'il répond à Dieu ; et si Dieu lui a donné ce qu'il faut pour cela, c'est tout de même lui, l'homme, qui répond, car la qualification que Dieu lui donne de répondant, plus exactement de « responsable », exige cet engagement personnel, entendons par là un engagement qui constitue l'homme comme personne, capable désormais d'être le témoin de Dieu.

De même que toute créature répond à Dieu, de même elle est témoin de Dieu. Mais cette dénomination est réservée aux êtres raisonnables, à l'homme surtout qui est aussi appelé *imâm*, tel Abraham, quand Dieu le constitue tout particulièrement comme *témoin exemplaire*. Les créatures inanimées, elles, sont des signes (*âyât*). Il s'établit une relation nouvelle entre l'homme et le reste de la création. L'homme n'est plus un être dans le monde parmi les autres êtres du monde ; en même temps qu'il devient témoin de Dieu, il voit le monde comme un ensemble de signes de Dieu. À l'inverse, l'homme qui, en refusant la foi, a accepté l'ignorance, l'infidélité et la révolte, ne peut comprendre les signes, et il vit dans un monde qui va devenir le milieu de son existence empirique et qui ne lui réserve que la mort.

Ce qui permet de faire le saut dont nous parlions, c'est donc qu'en acceptant la foi, en étant docile à l'enseignement du Coran, l'homme voit se modifier son rapport au monde. Il n'est plus dans le monde, prisonnier de lui ; il en devient interprète. Le monde des signes ne l'enferme plus, mais le libère pour la quête de l'être de son existence dans le monde, cet être qui est maintenant le signifié dont l'existence est le signe.

Néanmoins, si l'homme qui a dit non à Dieu est immédiatement promis à la mort, aveuglé et égaré, celui qui dit oui n'est pas tout de suite à l'abri de tout danger. La conscience de soi personnelle résulte du oui aussi bien que du non. Cette conscience de soi, l'âme (*nafs*), est par elle-même un voile. Quand elle répond oui, elle ne devrait surgir que pour confesser l'unicité absolue de Dieu et son propre néant. Mais, en fait, dans cet assentiment primordial où elle est elle-même, l'âme trouve la tentation de s'attacher à ce qui est le plus près d'elle, à son existence empirique ; en confessant Dieu, elle s'attache à sa confession plus qu'à Dieu. Là réside, pour le fidèle, le principe de bien des erreurs et l'obstacle à tout progrès spirituel.

Ce retard et ce ralentissement dus à la pesanteur de l'âme, même quand elle a reçu la foi, s'expliquent par le fait que la foi est d'abord science – du moins est-ce la conception la plus répandue en Islam et chez les Soufis eux-mêmes. Or, savoir que tout ce qui existe est signe ou témoin de Dieu, c'est indispensable pour dégager son être du tissu du monde et pour assister au dévoilement de l'Être véritable (*al-Ḥaqq*) qui fonde et soutient toute existence. Mais c'est insuffisant, du moins si l'on s'en tient à la science qui est dans l'âme, où le sujet connaissant se distingue de l'objet connu selon une dualité que l'Islam ne peut tolérer. Les mystiques musulmans ont donc cherché à intérioriser cette science, à réduire ce dualisme. Il existe pour eux une science qui procède du cœur, qui est intuitive, et pour laquelle le connu est intérieur au connaissant. Mais il faut aller plus loin et atteindre à une science cachée dans le tréfonds de l'être, au-delà du cœur, en un point où la créature reçoit tout son être du créateur. Dans cette science, c'est le connaissant qui se reconnaît comme connu, c'est-à-dire qui se saisit comme connu, alors que le connu se révèle le connaissant. Il y a donc trois degrés de la science qui font passer du *ʿilm*, science de la révélation offerte à la raison, à une science d'expérience ineffable, la *ma'rifa*. À ces trois sciences correspondent trois degrés d'approfondissement de l'être humain : l'âme (*nafs*), le cœur (*qalb*), le secret intime (*sirr*).

L'âme du croyant connaît donc, par la science de la foi, qu'il n'y a qu'un Dieu et que l'existence de toute créature consiste à être signe de Dieu. Il adhère à ce dogme. Cependant il ne peut, par lui-même, aller au-delà, car toute initiative, tout effort qui viendrait de lui ne pourrait que l'écarter du but. Sans doute, il y a, en Islam, une doctrine de l'effort personnel (*iǧtihâd*), mais elle est subtile et délicate. Il faut faire effort, mais « dans la voie de Dieu ». Ainsi, l'effort pour résoudre les problèmes théoriques posés par le Coran, sans être absolument condamné, sauf par les orthodoxes les plus rigides, ne doit jamais aboutir à poser la théologie spéculative (*kalâm*) comme une fin en soi. Bien des mystiques admettent le *kalâm*, mais uniquement comme un point de départ, une sorte d'inventaire des connaissances qui peuvent éclairer les premières démarches ; et les problèmes théologiques doivent être connus, ne serait-ce que parce qu'on découvre qu'ils ne se résolvent pas sur le plan de la spéculation, mais sur celui d'une « pratique » et d'une existence mystiques. Le seul *iǧtihâd* véritable est celui par lequel le fidèle s'efforce de comprendre le Coran, d'en saisir le sens de plus en plus profondément, de se modeler sur lui en lui prêtant son souffle et sa voix pour le réciter, sa pensée pour le méditer, son cœur pour s'en inspirer, ses membres pour agir comme il l'ordonne. En pénétrant le sens du Coran, le fidèle se laisse pénétrer par le Coran lui-même. Le Livre révélé est bien en définitive le guide, devenu guide intérieur. Il fait régner la Parole de Dieu dans le cœur du fidèle, et c'est bien Dieu qui, en réalité, fait *iǧtihâd* en lui.

Ainsi la science s'intériorise par l'effort pour la lecture et la compréhension du Coran, et cet effort, d'abord humain, se révèle par la vertu de la Parole divine qu'apporte le Livre, l'effort même de Dieu, son action dans l'homme qu'il fait passer ainsi de la vie de l'âme à la vie du cœur.

Ici les mystiques musulmans introduisent deux notions extrêmement importantes, celles de station (*maqâm*), et celle d'état (*ḥâl*). Les états sont des dons de Dieu (*mawâhib*) que l'homme reçoit sans pouvoir les attirer à lui et sans se les approprier, c'est-à-dire sans en faire un bien dont il dispose ; les stations sont des acquisitions de l'âme (*makâsib*). Les états arrivent dans le cœur ; ils viennent sans qu'on les cherche ; les stations, au contraire, on les obtient « en faisant tous ses efforts » (*bi-baḏli l-maǧhûd*). Ces simples définitions montrent bien que le progrès mystique, s'il a pour moteurs les états, s'il consiste essentiellement à s'opposer à l'âme (*muḫâlafat al-nafs*), ne peut se réaliser sans une certaine participation de l'âme, car, en fait, tant que l'homme vit dans le monde d'ici-bas, il y vit avec son âme. Tout ce qui arrive au cœur a une répercussion sur l'âme, qui s'efforce d'acquérir, sous forme de stations, ce qui arrive au cœur sous forme d'états. Pour bien comprendre ces relations, il nous faut maintenant introduire la notion de temps.

La réflexion sur le temps est peut-être la caractéristique de la pensée contemporaine. Bergson, Bachelard, Heidegger, Minkowski, et tant d'autres, ont donné des analyses très précieuses, bien que rarement convergentes. Mais l'idée que la temporalité d'un être ne s'épuise pas dans la signification d'être *dans* le temps, et qu'il y a des modes de la temporalité qui consistent à vivre le temps d'une certaine manière, dans des sentiments dont la nuance affective n'est rien d'autre que l'expression d'une sensibilité au temps, d'une intégration de soi dans le temps, ou du temps en soi, est une idée qui se dégage au-delà de toutes les divergences. Or ces sentiments temporels sont précisément ce que les mystiques musulmans appellent stations et états. D'après eux, le propre d'une station est de durer. Elle dure de la durée même de l'âme. L'état au contraire, est sans durée, du fait même qu'il n'appartient pas à l'âme. Cela signifie, non qu'il s'enferme dans une instantanéité abstraite ou limite, mais qu'il ne s'étale pas dans le temps de l'existence empirique. Par rapport à ce temps, il peut être dit instantané, mais au sens d'une puissance concentrée sur elle-même qui exerce loin d'elle son action. En reprenant l'image bergsonienne de la mélodie, on peut dire que les états sont les notes sans durée qui, dans le contrepoint, infléchissent la mélodie de l'existence, lui donnent un « sens », c'est-à-dire la développent dans une certaine direction. Si ces points dynamiques, qui donnent sa forme à la mélodie, s'étendaient dans la durée, ils détruiraient le chant au lieu de le soutenir et de le nourrir. Mais aussi dans la mesure où un état « nourrit » l'âme (l'expression est chez al-Qušayrî) comme une note ou un accord contrapuntique nourrit le chant, on peut dire qu'il dure dans la mélodie même qui se développe sur lui, jusqu'à ce qu'un autre accord, d'un autre état, instantané, intervienne. Ainsi les accords appellent d'autres accords, les états appellent d'autres états, qui « s'élèvent » constamment les uns sur les autres, car « il n'y a pas de terme aux grâces (*alṭâf*) que Dieu peut faire ». L'état est donc le moteur de l'ascension mystique. La mélodie de l'âme suit, à sa manière, aussi loin qu'elle le peut. Mais toute mélodie s'épuise, quelque riche et renouvelé que soit son support harmonique. Il arrive un moment où elle cesse ; l'âme ne suit plus, elle est dépassée et les états révèlent alors leur valeur propre qui n'est plus d'accompagner l'existence empirique, mais de découvrir l'être.

Bergson a étudié l'espérance comme sentiment temporel, et sans doute à titre d'exemple. Heidegger, plus systématique et par là plus unilatéral, donne la place prééminente à l'angoisse (*Sorge*). Mais tous les sentiments peuvent être décrits comme modes de vivre le temps, et Minkowski s'est particulièrement appliqué à le montrer. C'est bien ce que font les mystiques musulmans. Ils notent d'abord que le Coran commence par s'adresser aux sentiments qui se développent normalement dans l'âme, au niveau de l'existence empirique : la peur et l'espérance, qui sont bien des sentiments correspondants à deux attitudes de la conscience en face du temps. Dieu promet, pour la fin des temps, des récompenses et il menace de châtiments. Ces sentiments engendrent dans l'âme des efforts ; ils constituent, dans leur durée, des stations.

Mais la peur et l'espérance sont des états qui surviennent au cœur lorsque Dieu apparaît, non plus comme le législateur extérieur qui promet et menace, mais comme l'être qui fonde, dans son unité indivisible, et le bien et le mal : le bien étant de lui obéir, le mal de lui désobéir. C'est la même Loi qui, en jugeant, sauve ou condamne. Peur de la Loi, espérance dans la Loi, c'est-à-dire peur d'être un jour confondu par elle, espérance d'être un jour sauvé par elle.

Ces états orientent la vie du novice (*musta*ʾ*nif*). Puis l'ascension reprend grâce à deux autres états supérieurs aux premiers, l'angoisse (*qabḍ*) et la dilatation du cœur (*basṭ*). Ils concernent, disent les mystiques, non l'autre vie (*âǧila*), mais la vie d'ici-bas (*ᶜâǧila*). Ce sont des états qui se trouvent chez le *ᶜârif*, celui qui a la Connaissance de la gravité des actions. Car ce n'est plus dans la Loi seulement que réside le salut et la perdition ; c'est, plus précisément encore, dans toute entreprise, dans tout engagement de l'homme. C'est comme si la Loi s'incarnait dans l'action ; dès lors, l'action porte en elle-même le jugement. On voit que l'angoisse et la dilatation du cœur sont des intériorisations plus profondes de la peur et de l'espérance.

L'ascension se poursuit avec la crainte révérentielle (*hayba*) et l'intimité avec Dieu (*uns*), l'union et la séparation, l'absence et la présence, l'ivresse et la sobriété. Sans doute tous les mystiques n'insistent-ils pas également sur tous ces états. Mais l'important est qu'ils soient reconnus, dans leur rythme binaire. Le rythme signifie que la voie droite qui mène à Dieu se situe entre des pôles opposés, comme, pourrait-on dire, la direction qui résulte de leurs attractions contraires. Certains états ont pour fin de lutter contre l'égocentrisme de l'âme et de l'orienter vers le culte de plus en plus spirituel de Dieu en lui faisant sentir sa faiblesse, son isolement, son inconstance. Les états qui leur font face font reprendre cœur et corrigent aussitôt les effets unilatéraux des premiers. Et, réciproquement, les premiers tempèrent les seconds. C'est ainsi qu'al-Qušayrî écrit : « L'homme serviteur de Dieu ne peut se passer ni de l'union ni de la séparation. S'il n'y a pas pour lui de séparation, il n'y aura pas non plus de culte d'adoration, et s'il n'y a pas pour lui l'union, il n'y a pas non plus de Connaissance profonde. Le verset de la *Fâtiḥa* qui dit : « Nous T'adorons » indique la séparation ; celui qui dit : « Nous Te demandons aide » indique l'union. »

Ce rythme binaire se conserve tant que l'âme reste participante au progrès spirituel. Mais un moment vient où, en tant que conscience personnelle de soi, elle est anéantie. C'est le *fanâ*ʾ. Alors le cœur, libéré, se repose tout entier en Dieu, et l'homme ne vit plus de son existence empirique. De nombreuses anecdotes, que l'on doit considérer comme des illustrations didactiques et non comme des expressions de réalités psychiques, morales ou spirituelles, montrent alors le soufi complètement indifférent aux choses de ce monde et à sa vie dans ce monde.

Le *fanâ*ʾ est toujours corrélatif du *baqâ*ʾ, la subsistance en Dieu. Mais, à partir d'ici, intervient une présentation nouvelle du progrès mystique, selon un rythme ternaire, avec commencement, milieu et fin. Il apparaît nettement avec les trois termes de *muḥâḍara* (réalisation de la présence), *mukâšafa* (dévoilement), *mušâhada* (contemplation). Le premier degré, c'est la présence du cœur, mais encore caché derrière le voile de l'âme, en contestation avec elle pour se manifester, mais n'y parvenant que par intermittences grâce à la puissance du *ḏikr*. Ce degré correspond à la phase de progrès selon le rythme binaire dont nous venons de parler. Le dévoilement, c'est la présence du cœur dans toute sa limpidité, sans qu'il y ait besoin de le montrer ; c'est le moment où l'âme disparaît par le *fanâʾ*. La contemplation, c'est la présence de la réalité suprême de Dieu (*al-Ḥaqq*). Ainsi, entre le début du *fanâʾ* et la consommation du *baqâʾ*, il y a une étape intermédiaire où le cœur se saisit dans une pureté qui reflète exactement l'action divine en lui. Mais il faut aller encore de ce reflet dans le cœur à la réalité même de l'action de Dieu, de telle sorte que Dieu seul subsiste et qu'il absorbe son reflet.

Les mystiques musulmans connaissent plusieurs ensembles ternaires de ce genre ; par exemple le *tawâǧud* ou recherche de l'extase, le *waǧd* ou extase dans laquelle le cœur humain est dans un état extatique, enfin le *wuǧûd*, extase existentielle qu'on atteint quand on a été « élevé » au-dessus de la simple extase du cœur, et pour laquelle il n'y a plus que Dieu. Elle exige l'extinction de tout l'humain (*ḫumûd al-bašariyya*) « parce que l'humain ne peut subsister quand se manifeste la puissance de la Réalité ». C'est ainsi également que, dans les séances de *ḏikr*, certains mystiques prononcent d'abord la *šahâda* de l'unicité divine : *lâ ilâha illâ Llâh* ; puis ils ne disent plus que *Allâh* ; enfin ils ne gardent que le souffle final *h*, qui exprime le *huwa* : Lui ! C'est ainsi encore que la confiance en Dieu comporte trois degrés : le *tawakkul*, le *taslîm*, le *tafwîḍ*, de même que l'adoration : *ᶜibâda, ᶜubûdiyya, ᶜubûda.*

Ce n'est qu'avec le troisième degré que le mystique atteint le terme ; c'est là qu'il contemple, dans une proximité sans distance, voire une union parfaite chez certains soufis, l'être réel de l'existence. Pour arriver à ces hauteurs, il faut s'être complètement dépouillé de la conscience et avoir échappé à son labyrinthe. Les replis infinis de la conscience sont connus, et tant qu'on y reste enfermé, il est impossible d'être parfaitement sincère. Abû Yaᶜqûb al-Sûsî le remarquait bien : « Quand ils voient la sincérité dans leur sincérité, leur sincérité a besoin de sincérité. » Al-Daqqâq disait : « Ce qui rabaisse tout homme sincère dans sa sincérité, c'est la vue de sa sincérité. Quand Dieu veut rendre sincère sa sincérité, il écarte de sa sincérité la vue de la sincérité, si bien que cet homme est non pas *sincère* mais *rendu sincère.* » Le grand défaut de l'âme, conscience de soi, c'est de se donner en spectacle à elle-même. Ce défaut s'appelle *riʾâʾ*. On ne peut y échapper sans l'aide de Dieu. On dira la même chose de l'anéantissement de l'âme personnelle : celui qui contemple son *fanâʾ* ne peut arriver à subsister en Dieu par le *baqâʾ*.

Mais quand l'oubli de regarder les créatures (*nisyân ruʾyat al-ḫalq*) a fait place au pur et constant regard vers le Créateur, alors la sincérité est authentique et tous les états se transfigurent. Alors l'homme se complaît absolument en tout ce qui plaît à Dieu. C'est le *riḍâ*. Et lorsqu'il se complaît ainsi en Dieu, il sait, à la limite de cet état, que c'est Dieu qui se complaît en Lui. De même l'homme veut atteindre Dieu : il est celui qui veut, et Dieu est celui qui est voulu. Mais, à la limite, Dieu se révèle comme le voulant (*murîd*) et l'homme comme le voulu (*murâd*). De même encore l'homme aime Dieu, mais à la limite de son amour, il trouve que c'est Dieu qui l'aime. Il recherche Dieu, mais au fond de son remerciement c'est Dieu qui le remercie, et le remerciement divin, c'est la récompense, c'est le salut octroyé. Ainsi les états du cœur humain deviennent, au sommet de l'expérience mystique, des modes de l'action de Dieu sur l'homme, de cette action qui est fondamentalement créatrice, qui donne l'existence, mais qui, par la révélation, « convertit » sa créature du fond de son existence empirique au terme extrême de l'acte créateur, vers la proximité immédiate du don qui est l'être même de cette existence donnée. Car le don appartient à Dieu, l'Être unique, le seul Tout-puissant, le seul subsistant, qui n'a besoin pour être de rien d'autre que Lui.

Mais le mystère de cet être en lui-même reste intact au-delà de toute connaissance possible, au-delà de toute participation. L'être de l'existence humaine n'est pas un être participant, c'est un être donné et reçu, qui n'est reçu que pour pouvoir être saisi comme donné. Ce qui reçoit cet être, c'est l'existence empirique, mais elle ne saurait être avant d'avoir reçu l'être. C'est donc son être même qui est un être-reçu et qui la constitue dans sa réceptivité. Mais il est par là un être-donné, inséparable de celui qui donne, car Dieu ne peut se dessaisir de ce qu'Il donne, sinon ce dont Il se dessaisit tomberait dans le néant, et alors Il ne donnerait plus rien. Dieu « garde » ce qu'Il donne et l'être-reçu ne peut être que le témoignage de ce don. L'être s'accepte comme reçu et il témoigne par là de Celui qui le donne ; mais, en réalité, Dieu qui le donne, ne l'abandonne pas ; aussi la seule garantie de son être-donné, c'est le témoignage de Dieu. Et cette réciprocité est le dernier mot de l'ontologie qui se dégage de la mystique musulmane. Dieu a dit aux hommes : « Faites mention de moi, je ferai mention de vous. » Et, en effet, la mention par laquelle l'homme rappelle sans cesse la gloire de Dieu, le *ḏikr*, correspond à la mention que Dieu fait de l'homme, lui conservant ainsi l'être qu'Il lui a donné. Le *ḏikr* s'applique donc et à l'homme et à Dieu et selon une tradition le Prophète a dit : « Faites mention de Dieu. Celui qui veut savoir quel rang il a auprès de Dieu, qu'il regarde quel est le rang que Dieu occupe auprès de lui. Car Dieu réserve à l'homme l'accueil que l'homme lui réserve. »

ASPECTS DE L'EXÉGÈSE CORANIQUE

Le Coran a des caractères bien particuliers qui expliquent les différents types d'exégèse auxquels il a été soumis. 1) Il est un livre descendu d'auprès de Dieu, sur le prophète Muḥammad. Il est, à la lettre, la Parole éternelle de Dieu, selon l'orthodoxie sunnite. 2) Il est adressé aux Arabes en un arabe clair. C'est le sceau de toutes les révélations antérieures qu'il abroge tout en confirmant ce qu'elles ont d'essentiel. Par suite il est universel, car il reste désormais la seule Loi pour tous les hommes Avant lui, chaque peuple a eu des Envoyés ou des Prophètes. Muḥammad est bien le Prophète envoyé aux Arabes, mais ce peuple aura pour mission d'apporter, de gré ou de force, le message définitif à tous les hommes. 3) Le Coran est un tout achevé ; il apporte, en un texte relativement court, ce que les hommes doivent savoir pour obéir à Dieu. Bien qu'il ne nie pas les révélations antérieures (Torah, Psaumes, Évangile), il s'en passe ; il les remplace. Il ne s'insère pas dans l'histoire, il ne prépare rien dans l'histoire. Pour lui, le passé ne contient que la suite discontinue des avertissements de Dieu aux divers peuples. Il résume cette « histoire », dont il ne retient que des récits exemplaires concernant la vie et l'action des anciens prophètes, mais en leur enlevant leur dimension historique. À la multiplicité des peuples et des générations, Dieu révèle une Loi unique (*Sour.* 42, v. 13) : « Dieu a établi pour vous la Loi, cela même qu'en matière de religion il a légué à Noé. C'est ce que Nous t'avons révélé à toi, ce que Nous avons légué à Abraham, à Moïse et à Jésus, cet ordre : observez la religion (= l'Islām) ». Car la religion, c'est l'Islam (*Sour.* 3, v. 19). Abraham était musulman. Les divergences ne viennent qu'après que les hommes ont reçu le Livre (*ibid.*). Le Coran rectifie les erreurs que les passions ont introduites dans les révélations. 4) Le Coran est un Livre révélé, cependant il ne cesse d'argumenter, de polémiquer, de donner des preuves de bon sens. Il ne s'agit pas seulement de prouver l'existence du Dieu créateur et rémunérateur, mais de justifier la mission de Muḥammad, ses paroles, ses actes et les événements de sa vie. C'est une révélation qui se veut persuasive et qui discute avec l'homme rebelle à la prédication. Le Coran est didactique : ce qu'il enseigne, c'est une Loi. Dieu ne révèle et ne peut révéler à des créatures son propre mystère. Néanmoins, le Coran donne des indications sur Dieu à l'occasion de son œuvre créatrice et de sa providence : il révèle ses noms et se attributs ; surtout Il révèle son unité, sa transcendance et sa liberté absolue. 5) Le Coran s'adresse à la nation arabe. Mais quel rôle joue-t-elle ? Elle n'est pas un peuple élu au sens où la Bible désigne Israël comme le peuple élu de Dieu. S'il est question d'Ismaël comme ancêtre des Arabes, qui bâtit avec Abraham le temple de La Mecque (*Sour.* 2, v. 127-8), il n'est rien dit de la période qui le sépare de Muḥammad et, au contraire, Dieu rappelle que les Arabes avant leur Prophète n'avaient reçu aucune révélation (*Sour.* 32, v. 3, 36, v. 6). Il n'y a pas d'alliance avec les Arabes, et l'alliance avec Israël est comprise en un sens qui lui enlève toute portée historique. La révélation coranique n'a pas été vécue par un peuple : elle vient tout d'un coup de l'extérieur, introduisant une discontinuité radicale dans l'histoire du monde arabe.

Le Coran se présente comme une explication complète et détaillée de toutes choses (*Sour.* 12, v. 111). Mais les révélations antérieures ayant été altérées, le Coran, en même temps qu'il s'explique lui-même, apporte leur explication : « Ils ne t'apportent (les infidèles) aucune parabole sans que nous te produisions la vérité et ce qu'il y a de meilleur comme commentaire (*tafsîr*) » (*Sour.* 25, v. 33). Le mot *tafsîr* sera le terme générique pour désigner les commentaires du Coran. Quant au mot *ta*ʾ*wîl* qui se spécialisera dans le sens de commentaire figuré ou allégorique, il signifie, dans le Coran, tantôt l'interprétation des songes (*Sour.* 12, v. 11, 36, 37, 45), tantôt l'interprétation des révélations, comme dans l'expression *ta*ʾ*wîl al-aḥâdîṯ*, selon l'explication qu'en donne al-Zamaḫšarî (Vᵉ-VIᵉ s. H.) : « Il est possible qu'il faille entendre par là l'explication des merveilles des Livres de Dieu, de la *Sunna* des Prophètes, de ce qui, dans leurs intentions et leurs buts, est obscur et ambigu pour les hommes. » Ce sens est corroboré par *Sour.* 3, v. 7 : « C'est Dieu qui a fait descendre sur toi le Livre ; il y a des versets qui sont clairs, ... et d'autres qui sont ambigus. Les hommes qui portent le doute dans leur cœur suivent ce qui est ambigu avec le désir de soulever la discorde et de donner de ces passages une interprétation (*ta*ʾ*wîl*). Mais personne n'en connaît l'interprétation, sauf Dieu et ceux qui sont fermes dans la science, qui disent : nous y croyons ; tout vient de notre Seigneur. » Ainsi, tout en déclarant le Coran clair, Dieu signale pourtant qu'il y a des versets obscurs qu'il ne faut pas chercher à pénétrer. Aussi plusieurs théologiens anciens ont-ils pratiqué le *tafwîḍ* qui consiste à croire les lieux difficiles du Coran sans faire de conjectures douteuses.

Un troisième mot important est celui de *bayân* : éclaircissement. On trouve souvent le verbe *bayyana*, éclaircir, dans le Coran. Dieu éclaircit certains points de la Loi (*Sour.* 2, v. 187, 219), ou une parabole (*Sour.* 2, v. 265, 6) en disant : « C'est ainsi que Dieu éclaircit pour vous les versets. »

Donc, en principe, le Coran n'a pas besoin de commentaire, car il est son propre commentaire. Étant la Parole même de Dieu, il doit être immédiatement compris sans aucun intermédiaire humain. En fait, il a eu un commentaire, mais qui, tout en étant pris hors de lui, est cependant canonique : c'est la tradition du Prophète, ses paroles, ses actions et ses silences, ce qu'on appelle *sunna* et *ḥadîṯ*. Mais le Prophète avait l'inspiration de Dieu. Toutes ces traditions ayant été réunies en recueils authentifiés, le travail des commentateurs consistait essentiellement à grouper les *ḥadîṯ*-s qui expliquaient le texte coranique ou à rapprocher les versets qui s'éclairaient l'un l'autre. C'est ainsi que procède le grand commentateur al-Ṭabarî (IIIe s. H). Mais comme tous ces textes ne concordent pas toujours exactement, il faut souvent les discuter, les apprécier, les ajuster. Parfois, l'exégète donne son avis personnel, parfois il présente plusieurs solutions entre lesquelles il ne choisit pas.

Mais l'exégèse coranique devait, à partir de cet état initial, se développer dans des directions différentes. Elle reflète tous les mouvements de pensée qui n'ont pas tardé à se manifester en Islam. D'abord Dieu lui-même avait engagé le Prophète et les fidèles à interroger les Fils d'Israël (*Sour.* 2, v. 211 ; *Sour.* 10, v. 94 : « Si tu es dans le doute sur ce que Nous t'avons révélé, interroge ceux qui ont lu le Livre (= la Torah) avant toi »). D'ailleurs, les Juifs convertis apportaient ce qu'ils savaient des commentaires rabbiniques, les *isrâʾîliyyât*. Wahb b. Munabbih est célèbre pour sa connaissance étendue des traditions juives et chrétiennes ; il fut une source à laquelle les musulmans ont souvent puisé, en particulier Ibn Qutayba et al-Ṭabarî. Sans doute ces récits, ne faisant pas autorité en Islam, n'ont-ils pas eu une influence considérable sur l'orientation des idées elles-mêmes. Du moins ont-ils étoffé, coloré et animé les évocations très schématiques des événements bibliques dans le Coran, et ainsi ont-ils pu exercer une influence sur la sensibilité religieuse.

Bien plus considérable par ses effets fut la création de la grammaire et de la lexicographie. Il fallait que les musulmans non arabes eussent une connaissance exacte de la langue dans laquelle Dieu avait parlé, et il fallait aussi empêcher cette langue de se corrompre. La *koinè* de la poésie bédouine et le texte même du Livre servirent de base à des travaux qui aboutirent à une grammaire normative et, plus encore, à des théories logiques de la phrase et de l'interprétation. Il en est sorti le commentaire philologique dont la fécondité est presque insoupçonnable pour des esprits occidentaux. Les versets les plus simples en apparence reçoivent par là les sens les plus nuancés, parfois opposés. En voici un exemple (*Sour.* 3, v. 4) : « En dehors de Lui (*min dûni-hi*) vous n'avez nul protecteur et nul intercesseur » Ce texte a deux significations selon le sens qu'on donne à *min dûni-hi* : ou bien ces mots expriment la situation de ce qui est en dehors de limites données, alors le verset suggère l'idée qui correspond au verbe *ǧâwaza* : outrepasser, aller au-delà de ce qui est permis ; il veut donc dire, comme l'explique Zamaḫšarî : « Si vous transgressez ce qui plaît à Dieu, vous ne trouvez pour vous-même aucun protecteur, c'est-à-dire personne qui vienne à votre aide, et aucun intercesseur qui intercède pour vous ». Ou bien on donne à *min dûni-hi* le sens de *siwâ* : excepté, sauf (*cf.* le Commentaire de Bayḍâwî, VIIe s. H., qui reprend celui de Zamaḫšarî), et on a le sens suivant : « Dieu est votre protecteur (Z) – ou : vous n'avez aucun protecteur, excepté Dieu (B) – ; il se charge de veiller à votre bien ; il est votre intercesseur, en un sens métaphorique, c'est-à-dire votre secours, car l'intercesseur vient au secours de celui pour qui il intercède ; si Dieu vous abandonne, il ne vous reste ni protecteur ni secours ». La différence des deux sens est grande ; le premier relève de la pure prédication du respect de la Loi, avec promesse et menace à l'appui ; le second est plus théologique et présente une certaine conception du Dieu sauveur.

Ce n'est qu'un exemple et on pourrait le multiplier. Il suffit à montrer que le commentaire grammatical peut être très fécond pour la théologie.

Les conceptions grammaticales eurent un autre effet et devaient contribuer à relâcher la conception rigide d'un texte clair qui a tout en lui pour être compris (position qui ne fut guère plus tenue que par des ẓâhirites, littéralistes, comme Ibn Ḥazm de Cordoue). En effet, pour expliquer certaines constructions, les grammairiens introduisirent les « sous-entendus ». Ce sont des mots qui ont été supprimés parce qu'ils allaient de soi, ou parce qu'il était facile de les retrouver. Rien qui semble dangereux d'abord dans cette idée plutôt banale. Mais, d'une part, elle impliquait cette conséquence qu'en lisant le Coran, on n'en tire le sens complet que si on ajoute à ce qui est dans le texte ce qui n'y est pas explicitement et se forme dans la pensée du lecteur à l'occasion de sa lecture. Le lecteur n'est plus passif ; il n'est plus une table rase sur laquelle vient s'imprimer le Coran éternel comme il s'imprime sur les feuillets. Les grammairiens semblent ne pas avoir vu la gravité de cette conséquence (qui fut pourtant dénoncée par Ibn Ḥazm et Ibn Maḍâʾ de Cordoue). Peut-être fallait-il pour lui ôter sa nocivité que Dieu exerce sur l'âme deux actions conjointes et parallèles : l'une par la lecture du Coran révélé, l'autre, directement sur l'âme du lecteur. Nous lisons aux versets 45 et 46 de la *Sour.* 17 : « Quand tu récites la Prédication (m. à m. quand tu lis le Coran), entre toi et ceux qui ne croient point en la Vie Dernière, Nous plaçons un voile tendu – et plaçons sur leurs cœurs des enveloppes, et une fissure dans leurs oreilles afin qu'ils ne comprennent pas » (trad. Blachère). Voici ce qu'on trouve dans le commentaire de Faḫr al-Dīn al-Rāzī (VIᵉ-VIIᵉ s. H.) : « On sait bien qu'ils (les infidèles) sont doués de raison, qu'ils entendent, qu'ils comprennent. Or, nous le savons, le sens du verset est que Dieu les a empêchés d'avoir la foi ou d'entendre le Coran dans la mesure où ils ne comprenaient pas ses secrets (*asrâr*), et ne saisissaient pas les finesses (*daqâʾiq*) et les vérités (*ḥaqâʾiq*) qu'il contient ». Donc, à côté de l'audition qui fait entendre à tout homme raisonnable le sens matériel, il y a des valeurs plus délicates que Dieu cache aux infidèles et, par suite, qu'il fait apparaître dans le cœur des vrais croyants. Ainsi la théorie des significations sous-entendues ou implicites que les grammairiens édifiaient, conduisait directement à corroborer l'idée d'un sens caché (*bâṭin*) au-dessous du sens extérieur (*ẓâhir*), qu'on pouvait atteindre non par l'oreille mais par le cœur, grâce à un secours direct de Dieu. C'est pourquoi il est écrit : « Quand tu prêches la Prédication (= quand tu lis le Coran) cherche refuge en Dieu contre

Satan le lapidé » (*Sour.* 16, v. 98). À travers le Prophète, disent les Commentateurs, ce conseil s'applique *a fortiori* à tous les hommes qui sont encore plus exposés aux tentations du Démon.

D'autre part, cette théorie grammaticale allait ouvrir la voie à bien des abus : on prendra toutes les libertés avec le texte et on s'habituera progressivement à ne plus en tenir compte, pour se lancer dans le commentaire purement allégorique ; ainsi le commentaire grammatical (*tafsîr*) se détruisait lui-même, en partie à cause des audaces des grammairiens.

Mais d'autres sciences que la grammaire allaient avoir une influence. D'abord celle du droit canonique (*fiqh*). Tous les juristes musulmans s'appuient sur des textes du Coran et du *ḥadîṯ*. Ces textes ne traitent pas toujours explicitement des questions de droit. Nous ne donnerons ici encore qu'un exemple de l'habileté avec laquelle on utilise un verset à des fins juridiques : il est tiré du commentaire d'Abû Bakr b. al-ᶜArabî (Vᵉ-VIᵉ s. H.). On lit au verset 35 de la *Sour.* 2 : « Et nous dîmes : ô Adam, habite le Paradis, toi et ta femme, prenez-y de quoi vous nourrir en abondance quand vous voulez, mais *ne vous approchez pas* (*tous deux*) de cet arbre, car vous seriez au nombre de ceux qui commettent injustement des abus ». Le verbe *lâ taqrabâ* est au duel. On remarque alors que le châtiment arrive *après* qu'Adam et Ève ont *tous les deux* mangé du fruit de l'arbre. De là certains savants tirent une règle pour les promesses ou les serments conditionnels. « Quand un homme dit à ses deux femmes ou à ses deux serves : si vous entrez toutes deux dans la maison, vous serez toutes deux répudiées, ou toutes deux affranchies, – la répudiation ou l'affranchissement ne prennent pas effet, si l'une des deux seulement entre dans la maison ». Cette opinion est discutée. Certains exigent qu'elles entrent toutes les deux, d'autres (parfois les mêmes) pensent qu'il suffit que l'une des deux entre. Ainsi celui qui aurait fait serment de ne pas manger « ces deux pains », se parjurerait s'il en mangeait un, et même une bouchée. D'autres disent encore : sera répudiée ou libérée, celle des deux qui sera entrée, « parce que l'entrée de chacune des deux est pour elle une condition de sa répudiation ou de son affranchissement ». Mâlik b. Anas parle d'un homme qui dit à sa femme : si tu accouches, tu es répudiée. Or elle est enceinte et accouche d'un enfant. Mais elle en porte un second dans son sein. Mâlik dit une première fois qu'elle n'est pas répudiée tant qu'elle n'a pas accouché du second, et une autre fois qu'elle est répudiée avec l'accouchement du premier.

Là encore les exemples abondent. Celui-là est caractéristique. La question des serments conditionnels, surtout en matière de répudiation, était très agitée parmi les juristes. On voit que ce commentaire part d'une simple remarque grammaticale. On voit aussi apparaître un procédé qui sera objet de grandes controverses dans la méthodologie du droit : l'analogie (*qiyâs* : ici, c'est l'analogie des deux pains). En effet, les commentaires juridiques sont tributaires de la méthode employée : les uns admettent l'opinion personnelle (*raᵓy*) ; les autres limitent la part de la raison au raisonnement analogique de façon à ne jamais perdre de vue le texte qui est l'analogué ; d'autres enfin se bornent à l'explication par le *ḥadîṯ* seul.

À côté du *fiqh*, il faut faire entrer la théologie (*kalâm*). Si le commentaire juridique sollicite les textes, le commentaire théologique le travaille plus encore. Que dire du commentaire des *falâsifa* destiné à illustrer ou à confirmer des doctrines philosophiques ? Il s'agit désormais beaucoup moins d'éclairer ce qui est écrit que de lui faire dire ce qu'on veut qu'il dise. L'idée *a priori* peut provenir d'une pensée étrangère à l'Islam, ou du contact de l'esprit musulman avec telle ou telle civilisation non musulmane. Les grands problèmes des attributs de Dieu, de la prédestination (*ǧabr*) et de la liberté humaine (*qadar*) inspirent ces commentaires.

En voici un exemple, pris à Zamaḫšarî, qui était mu^ctazilite et qui laisse parfois transparaître ses idées dans son *Kaššâf*, œuvre qui d'ailleurs est surtout grammaticale. Il s'agit du verset 180 de la Sourate 7 : « À Dieu appartiennent les Noms les plus beaux ». Après avoir rapporté les interprétations courantes, l'auteur ajoute : « Il est possible que le sens soit : Dieu a les qualifications les plus belles ; qualifications par la justice (*ᶜadl*), le bien (*ḫayr*), la bienfaisance (*iḥsân*), la négation de toute ressemblance avec la créature. Qualifiez-le donc de ces noms, et laissez ceux qui le diffament en le qualifiant par la volonté du mal, la création des impies et de ce qui est objet de blâme… ». Zamaḫšarî retrouve ainsi les idées essentielles des *Muᶜtazila* qui, contre les Sunnites, niaient que Dieu crée le mal et les actes mauvais de l'homme.

C'est dans l'immense commentaire théologique et philosophique de Faḫr al-Dîn al-Râzî que les exemples sont les plus nombreux et les plus nets. Mais nous ne pouvons ici que faire mention de cette œuvre considérable, dont l'idée fondamentale est que le commentaire du moindre verset coranique met en jeu une infinité d'infinités de connaissances, car tout se tient dans l'inépuisable univers.

Au cours de cet exposé sur l'évolution de l'exégèse coranique, désignée spécialement par le mot *tafsîr*, nous avons vu apparaître l'opposition du sens manifeste (*ẓâhir*) et du sens caché (*bâṭin*). La rigidité du littéralisme s'est relâchée, même chez les grammairiens. Certains, tel Ibn Qutayba (IIIᵉ s. H.) dans son *Kitâb muškil al-Qurʾân*, considère le Livre révélé d'un point de vue rhétorique, en étudiant les figures : la métaphore, la comparaison, l'ellipse. Mais c'est chez les mystiques, particulièrement chez les gnostiques, qu'on voit se développer l'interprétation allégorique, désignée par le terme technique de *taʾwîl*. Cependant il y eut aussi tout un travail d'intériorisation et de spiritualisation de la Loi qui donna un sens profond, relatif à une expérience intime presque ineffable, à certains mots coraniques comme *taqwâ* (crainte de Dieu), *tawba* (repentir), *ṣabr* (patience), *šukr* (remerciement), *tawakkul* (abandon confiant à Dieu), *maḥabba* (amour ; *Sour.* 20, v. 39), etc. Les mots *qalb* (cœur), *rûḥ* (esprit) sont mis particulièrement en valeur : l'opposition en l'homme, du cœur et des lèvres (la langue) est parallèle à celle du *bâṭin* et du *ẓâhir*. On cherche une signification plus intérieure en même temps qu'on approfondit son expérience religieuse.

Voyons par exemple, comment al-Ġazâlî (ve s. H.) parle du *tawakkul*. Il cite d'abord des versets où le terme se trouve : 1) *Sour.* 12 v. 67 : « En Dieu je me confie (*tawakkaltu*), qu'en Lui se confient ceux qui se confient. » 2) *Sour.* 5, v. 23 : Deux hommes, craignant Dieu, disent aux Israélites qui ont peur d'entrer dans la Terre Sainte, la croyant peuplée de géants : « Confiez-vous en Dieu si vous êtes croyants. » 3) *Sour.* 3, v. 159 : « Mets ta confiance en Dieu ; Dieu aime ceux qui se confient en Lui. » 4) *Sour.* 65, v. 2-3 : « Ceux qui le craignent, Il les tirera d'embarras. Il leur fournira le nécessaire au moment où ils n'y comptent pas ; ceux qui mettent leur confiance en Dieu, Dieu leur suffit. » Puis al-Ġazâlî écrit : « La réalité du *tawakkul,* c'est d'être l'expression d'un état qui prend naissance dans l'affirmation de l'unicité de Dieu (*tawḥîd*)… Ce *tawḥîd* a deux pulpes et deux écorces, ce qui fait quatre couches ; ainsi l'amande a une pulpe, puis l'huile qui est la pulpe de sa pulpe, et l'écorce extérieure est l'écorce de son écorce. L'écorce extérieure est la parole sur la langue sans rien d'autre : c'est la foi des hypocrites ; en second lieu, il y a la croyance dans le cœur avec décision ; c'est le degré du vulgaire et des théologiens – car ils ne se distinguent du vulgaire que par la connaissance des moyens de repousser le trouble que les innovations apportent dans les croyances ; en troisième lieu, vient la pulpe : par la lumière de Dieu se découvre la réalité de ce *tawḥīd* et son secret dans toute sa vérité, par le fait qu'on voit la multiplicité des choses et qu'on sait qu'elles sortent toutes d'un agent unique selon leur hiérarchie… ; en quatrième lieu, vient la pulpe de la pulpe : on ne voit dans l'existence que l'Unique, on sait que l'Être en réalité est unique et que la multiplicité qui s'y rencontre est le fait de celui qui divise son regard, comme c'est le cas de celui qui, dans un homme par exemple, verrait son pied, puis sa main, puis son visage… l'impression de multiplicité le domine. Mais quand il voit l'homme dans sa totalité unique, il ne pense plus à ses unités constitutives ; c'est comme s'il saisissait une chose une. De même celui qui croit profondément au Dieu unique ne divise pas son regard entre le ciel, la terre et les autres êtres ; il voit le tout dans sa valeur de réalité unique » (*Kitâb al-Arbaᶜîn*). Al-Ġazâlî termine par quelques remarques destinées à repousser le monisme mystique, l'anéantissement de soi dans l'affirmation de l'unité d'essence : *al fanâᵓ fî tawḥîd al-ḏāt.*

Cet exemple montre comment s'approfondit l'idée du *tawakkul* que les versets cités présentaient dans un contexte en rapport avec la vie courante. Mais la mystique ésotérique, répudiée ici par Ġazâlî, va plus loin encore et tombe dans le pur commentaire allégorique ou pour être plus exact, si on suit les remarques d'Henri Corbin, dans le pur symbolisme.

Cette question de dénomination et les discussions qu'elle soulève, montrent assez combien il est difficile de juger et de caractériser ce dernier type de commentaire. Sans doute est-on là en présence d'une pensée qui, tout en profitant de la spiritualisation des textes coraniques dont nous venons de parler, est en elle-même parfaitement étrangère à l'Islam proprement dit. C'est une gnose qui reprend des thèmes et des symboles très anciens et qui est en elle-même un tout. Le Coran n'est plus, semble-t-il, qu'un prétexte ou un revêtement. Par exemple les spéculations sur les deux noms d'*Allâh* (l'essence divine ineffable) et de *Rabb* (Seigneur : les attributs – *ṣifât* – dont dérivent les actions – *af^c^âl* – dans l'univers) ne sont pas sans rappeler la distinction que Philon d'Alexandrie faisait déjà entre θεός et κύριος ; elles permettent aussi d'intégrer au commentaire tout le système philosophique de l'émanation modifié par un système de théophanies. Quoi qu'il en soit du rôle exact qu'ont pu jouer le Coran et son interprétation dans la constitution et le développement de cette mystique, on doit reconnaître que le symbolisme qui est ici en jeu, est tout à fait extérieur à la tradition musulmane. Les mots coraniques subsistent seuls : la lumière (*nûr*) de la mystique illuminative (*išrâqî*) n'a plus rien à voir avec la lumière que le Dieu de l'Islam envoie aux hommes ; les noms divins, interprétés comme des Présences divines (*ḥaḍarât*), ne sont plus les noms dont parle le Coran ; on dirait la même chose des Anges. Allons plus loin, ni Dieu ni l'homme ne correspondent ici à ce que l'Islam entend par ces termes.

Les limites tracées à l'exégèse, par la nature du Coran, font que les commentaires ne doivent rien ajouter aux textes, parce que chaque texte a en soi sa valeur définitive et ne s'ordonne à rien d'autre qui le dépasse et l'accomplisse. Le Coran (avec la Tradition) constitue l'idéal de son propre commentaire. On a pu s'en tenir longtemps à cette conception étroite et, de fait, insuffisante pour les besoins de la pensée et de la vie juridique ou religieuse. Mais l'exégèse, pour être orthodoxe, a toujours dû rester une explication de texte, qui peut comporter des comparaisons avec d'autres textes antérieurs (Torah, Évangile), mais qui n'est jamais proprement historique : les textes n'annoncent qu'eux-mêmes, ils se referment sur eux-mêmes. C'est avec la mystique qu'apparaît le commentaire mené à la lumière d'une expérience vécue : un commentaire par l'épreuve qu'on fait, en soi, du Coran en observant fidèlement la Loi qu'il apporte, en voyant concrètement où cela mène (c'est un des sens coraniques du mot *ta*ʾ*wîl* : conséquence, accomplissement ; cf. *Sour.* 4, v. 59 ; 17, v. 35 ; et *Comment.* Ṭabarî : *ta*ʾ*wîl* = *taṣdîq* et ^c^*âqiba*, c'est-à-dire vérification par le résultat). Ainsi s'est développé un sens spirituel qui s'évade de la lettre, sans la détruire, de même que l'intériorisation de la Loi ne dispense pas de son observation matérielle (même idée chez Philon). Quant au commentaire gnostique, il est pur *ta*ʾ*wîl*, au sens où le Coran semble l'interdire : tentation pour pénétrer des mystères que Dieu dit s'être réservé. Il subtilise tellement la Loi qu'il la détruit complètement. Ce qu'il garde de commun avec le *tafsîr*, c'est d'être une explication de texte, mais au niveau de l'initiation, et c'est de faire surgir non plus une *Loi* éternelle toute faite, mais une *gnose* toute faite qui, au cours des âges, s'est transmise, dans ce qu'elle a d'essentiel, sans modifications appréciables, de maître à disciple, avec une apparence d'éternité.

On voit que l'exégèse coranique, exégèse d'un Livre et non d'une Révélation agissante au milieu des hommes, si elle est comparable sur des points particuliers avec telle forme qu'a prise l'exégèse chrétienne, en est totalement distincte, autant que le Coran, dans sa forme comme dans son contenu, est distinct des Évangiles ; autant qu'un Dieu Vivant qui fait participer surnaturellement les hommes à la vie des Trois Personnes, est distinct d'une pure transcendance dont l'unité ponctuelle inconnaissable ne révèle qu'une Loi inexplicable, œuvre d'une volonté arbitraire parce qu'elle est elle aussi ponctuelle ; autant qu'un Sauveur qui inspire et fait parler les Prophètes est distinct d'un législateur qui parle seul ; autant qu'un Créateur qui s'engage dans l'histoire de ses créatures et les conduit au mystère de l'Incarnation, clé et réalité dernière de toutes les Écritures, est distinct de l'Être isolé dans son unicité et son éternité, qui fait et gouverne le monde par des initiatives supérieures et indifférentes à toute causalité, interventions parfaitement extrinsèques.

Ces différences font aussi comprendre pourquoi la vie mystique, fondée sur le Christ et sur la Trinité, est intégrée au Christianisme tout autrement que ne sont intégrées à l'Islam les diverses formes de la mystique musulmane.

AḪBAR ET *AWÂMIR* CHEZ IBN ḤAZM DE CORDOUE

Bien que les préoccupations linguistiques tiennent une place importante dans sa pensée, Ibn Ḥazm n'a pas traité pour eux-mêmes les problèmes du langage et de la langue. Ils sont pour lui indissolublement liés aux problèmes d'exégèse juridique, morale ou théologique du Coran et du *ḥadîṯ*. Les termes mêmes sur lesquels repose sa spéculation sont ambivalents, en particulier ceux que nous nous proposons d'examiner : le mot *ḫabar* appartient au lexique de l'analyse grammaticale (*iʿrâb*) et il désigne également la tradition orale ; l'*amr* est à la fois l'impératif verbal et le commandement divin. Il est parfois malaisé de décider sur quel plan de signification ils doivent être pris, mais partout où l'on peut hésiter, on s'aperçoit vite qu'ils portent sur un point où la langue et la pensée sont intimement associées. En effet, toutes les questions qui intéressent Ibn Ḥazm, se ramenant à la compréhension des paroles de Dieu ou du Prophète, s'enracinent dans des problèmes linguistiques.

Il est difficile de définir la réalité linguistique. Du fait que les mots *signifient*, du fait que, par leur signification, ils tendent l'esprit vers un terme, on les voit se projeter et se plaquer sur des objets, au point de faire croire qu'ils font corps avec eux. Et si, par un mouvement réflexif, on cherche à revenir sur eux, pour saisir leur nature, on ne trouve que la forme abstraite d'une connaissance qui les fait assimiler à des concepts. Ainsi se persuade-t-on que l'univers du discours n'est que la doublure de l'univers logique ou de l'univers naturel, et que les mots expriment simplement ce que l'on sait des choses, ou la manière dont on les ordonne dans la connaissance. La fonction de la langue serait seconde, par rapport à la science, aux préjugés et aux habitudes de pensée.

De nos jours, les études sur le langage et les conceptions des poètes conspirent à rendre à la réalité linguistique l'indépendance, voire la prépondérance qui lui appartient de droit. Il ne sera pas sans intérêt de constater que déjà Ibn Ḥazm, avec les moyens dont il disposait, et par le curieux biais de la recherche exégétique, a posé le fondement d'une théorie du langage et de la langue qui nous apparaît aujourd'hui comme parfaitement actuelle.

Les postulats de la pensée religieuse d'Ibn Ḥazm l'amènent à poser en principe que la langue ne saurait être une création humaine, parce qu'elle enveloppe un monde que la connaissance, dont l'homme dispose, est loin d'embrasser. Tout vient de Dieu ; c'est lui qui a enseigné à Adam tous les noms (*Coran*, II, 31). Il semble bien d'ailleurs, qu'Ibn Ḥazm ait eu l'idée qu'aucune connaissance ne peut exister en dehors d'un langage. En outre, il a été sensible à la précarité et à la variabilité de la science humaine. Esprit religieux, avide d'absolu, il a voulu la certitude. On lit dans le *Muḥallâ* (I, quest. 80) : « La certitude n'entre pas en compétition, mais s'il s'introduit en elle le moindre soupçon de doute ou de réticence, elle se détruit toute. La preuve en est que la certitude est la connaissance ferme d'une chose, et il n'est pas possible que la fermeté soit plus grande que la fermeté. Donc, si la fermeté ne se vérifie pas, elle devient doute ». Mais qu'y a-t-il de ferme, sinon Dieu, ce qu'il enseigne et les limites et définitions qu'il pose (*ḥudûd Allâh*) ? La seule question est de savoir comment l'homme connaît ces définitions inébranlables. Ce ne peut être par une contemplation de Dieu ; sa transcendance s'y oppose, et cette idée n'effleure même pas la pensée d'Ibn Ḥazm. Serait-ce par des idées innées ? Nous verrons que la notion d'idée intelligible est absente de l'œuvre d'Ibn Ḥazm. Mais on trouve dans un passage de l'*Iḥkâm* une remarque du plus haut intérêt. À propos d'une comparaison des *aḫbâr* et des *awâmir*, il est dit : « Nous sommes contraints (*muḍṭarrûn*) à la nécessité de croire et de reconnaître l'authenticité des *aḫbâr*, comme nous sommes contraints à l'action par les *awâmir* ; il n'y a aucune différence. La croyance authentique est l'œuvre de Dieu dans l'âme et la reconnaissance de cette croyance est l'œuvre de l'âme qui meut les organes de la parole, la langue, le palais et les points d'articulation des lettres ... La peur de se tromper dans les *awâmir* est comme la peur de se tromper dans la croyance aux *aḫbâr* » (*Iḥkâm*, III, 119).

L'interprétation de ce texte offre des difficultés. À dessein, nous n'avons pas traduit les termes *aḫbâr* et *awâmir*, qui paraissent revêtus ici de cette ambivalence dont nous parlions. Sans doute le but est-il, en définitive, d'établir la vérité du contenu d'un récit traditionnel et d'un commandement divin. Mais est-ce là ce qui est directement visé dans ce passage ? Que peut être la nécessité de croire à l'authenticité des *aḫbâr* ? La vérité de ce qu'ils rapportent, l'exactitude de leur transmission ne sont pas objets d'une croyance, encore moins d'une croyance créée par Dieu dans l'âme. Elles sont établies par des preuves et des démonstrations, dont Ibn Ḥazm donne ailleurs les règles. De plus, que dire des infidèles qui ne croient pas ? Les mêmes questions se posent pour les *awâmir*. Par eux, l'homme n'est pas contraint à l'action, puisqu'il existe des transgresseurs. À quoi sommes-nous donc contraints ? On le comprend aisément, dans le cas de l'impératif : nous sommes contraints, par l'impératif, à comprendre l'ordre comme un ordre, comme exécutoire ; et c'est ce qui fait que celui qui ne s'exécute pas est qualifiable de rebelle. Cette interprétation s'étend facilement au *ḫabar* : nous sommes contraints de le comprendre comme l'assertion d'une vérité. Sans doute sommes-nous exposés aux erreurs, à propos des contenus des *aḫbâr* et des *awâmir*, et il nous faut tenir compte des mensonges, des falsifications, des négligences, des légèretés. Mais la crainte que ces accidents doivent inspirer ne vient qu'ensuite, quand nous avons compris qu'un *ḫabar* est, dans la langue, ce qui dit ce qui est, et l'*amr*, ce qui commande d'agir. Et cette compréhension fondamentale n'est rien d'autre que la croyance vraie, créée par Dieu dans l'âme. C'est sur ces « bases » (*ᶜanâṣir*) du langage que l'homme s'exprime en modulant les sons.

En somme, ce que Dieu crée dans l'âme, ce ne sont pas des idées, mais la faculté de comprendre la vérité dans sa présentation linguistique. L'idée de vérité, l'idée du commandement, ce ne sont pas des intelligibles abstraits, mais des réalités perçues dans la langue par tous ceux qui la parlent et l'entendent. Et si les « bases » sont bien telles que le prétend Ibn Ḥazm, on conçoit aisément que les vérités ne consistent pas dans des choses en soi exprimées par le langage, mais qu'elles existent dans la langue, conservées et transmises par elle. La langue sera par conséquent le sûr garant de la certitude cherchée. Elle a une objectivité qui met à l'abri des fantaisies individuelles ; mais aussi, elle pénètre profondément la pensée humaine et se trouve capable de l'informer.

Les bases de la langue ne sont donc pas les différentes espèces de mots. Ibn Ḥazm ne fait qu'un usage secondaire de la division traditionnelle des grammairiens, qui construisent tout l'édifice linguistique sur le nom, le verbe et la particule. Ce sont des éléments durcis et raidis dans des définitions d'inspiration logique et philosophique d'origine grecque. Ce qui est remarquable, chez Ibn Ḥazm, c'est qu'il s'attache à la langue vivante. Quand il distingue le langage (*kalâm*) de la langue (*luġa*), il ne met pas d'un côté des structures catégoriales abstraites et générales, de l'autre des contenus expressifs concrets. La langue est le domaine lexicographique des significations des mots, et les *ahl al-luġa* sont les collectionneurs de ces significations. Le langage est le domaine des intentions significatives, ces « bases » de toutes paroles, qui commandent l'usage des mots. Mais ces deux aspects de la réalité linguistique sont également vivants, et d'ailleurs intimement liés. Pour eux, vivre, c'est être compris. Or le mot est compris avec tous ses sens, comme sont comprises les intentions d'énoncer un fait et une vérité, ou de donner un ordre. Peut-être le mot apparaît-il avec une matérialité et une inertie plus prononcées ; c'est qu'on le voit écrit, en face de la liste de ses significations, tel qu'il se présente dans un dictionnaire. Mais là n'est pas la langue. Elle ne se trouve que là où s'établit un échange, une « intercompréhension » (*tafâhum*). Ce qui détruit l'intercompréhension, détruit la langue et le langage (*cf.* un exemple entre mille, dans *Iḥkâm*, III, p. 8.). Inversement les intentions pourraient être considérées comme purement psychologiques ; mais Ibn Ḥazm s'efforce, au contraire, de montrer qu'elles appartiennent à des formes linguistiques, ainsi que nous allons le revoir.

L'essence de la réalité linguistique se manifestera donc dans la communication et la transmission orales. La création du langage par Dieu a été un enseignement. La Révélation ne fait que le continuer ; elle dicte la Loi aux prophètes dans leur langue. Toute langue peut véhiculer les commandements divins. Le Coran a été révélé en arabe, et sa supériorité ne vient pas de là, mais de ce qu'il met le sceau aux prophéties et qu'il renferme toute la Révélation en termes *clairs*. C'est la valeur supérieure du Coran qui fait la valeur de la langue arabe, puisqu'on sait désormais que cette langue donne accès à la vérité intégrale. La clarté sans ambiguïté du Coran arabe exige une égale clarté dans la langue arabe. Toute l'œuvre d'Ibn Ḥazm consiste à démontrer qu'il en est ainsi, en effet, et qu'il suffit de bien posséder l'arabe pour tout comprendre et tout savoir.

L'arabe n'est donc la langue de Dieu que dans la mesure où Dieu crée toutes les langues et en est le maître. Mais ce n'est pas au sens d'un idiome archétypal, incorporé à un Logos divin. Dieu a parlé dans la langue de tous les jours, afin que tous les Arabes auxquels il s'adressait puissent comprendre. Chaque fois qu'il a détourné des mots de leur sens usuel, tels les termes du rituel canonique, la prière (*ṣalât*), l'aumône légale (*zakât*), il en a défini la signification nouvelle à l'aide des autres mots de la langue.

On s'étonnera vraisemblablement qu'Ibn Ḥazm ait osé associer, sans intermédiaire, la science éternelle de Dieu à un moyen de transmission tel qu'une langue vivante, où nous voyons aujourd'hui le règne même de la mobilité. Or c'est précisément dans la vie de la langue qu'il discerne la meilleure garantie de conservation. Une langue morte, une langue fixée et écrite, une langue sacrée et immobile dans son hiératisme, ne pourrait être comprise sans un commentaire qui l'anime. Mais commenter, c'est interpréter, c'est ouvrir la voie à toutes les déformations de l'opinion individuelle et des évaluations personnelles. Par contre, la langue vivante transmet son message immédiatement, elle impose le sens qu'elle veut livrer, elle est *impérative*. Au fond, Ibn Ḥazm ne croit pas, comme nous, que la vie est forcément liée à une évolution ; il participait à une civilisation pour laquelle la tradition *conservatrice* n'était pas un germe de mort. Si la vie de la langue est dans l'intercommunication, elle ne peut être une évolution qui détruirait justement la compréhension réciproque. Les facteurs d'évolution ne viennent pas de la langue, mais du *style* individuel, de la rhétorique conçue à la façon grecque, du désir de se distinguer et de plier la langue à ses fins, sans tenir compte des définitions de Dieu ; ils viennent aussi de l'imitation des novateurs, qui fait qu'on affecte le beau langage et qu'on parle pour ne rien dire. Ce sont autant de profanations de la langue, autant de transgressions. Mais la vie de la langue ne saurait consister en ces pratiques, qui la réduisent bien plutôt en servitude et la tuent en sapant la base profonde et réelle du *tafâhum*. Combien d'hommes, en effet, se parlent sans se comprendre !

La vie de la langue se déploie dans l'écho qui s'éveille au fond de nous, quand nous la laissons chanter à nos oreilles, quand ses mots et ses formes parviennent, sans obstacle, à s'emparer de notre pensée en lui révélant ce qu'ils portent. La soumission à la langue, parce qu'elle est vivante, parce qu'elle commande et éclaire, soumission qui d'ailleurs n'est pas aveugle, car la langue nous apporte les preuves intuitives évidentes de sa vérité, voilà la seule attitude capable de garantir la transmission fidèle de la Loi divine.

C'est pourquoi, de tous les auteurs arabes qui ont parlé de la langue, Ibn Ḥazm est celui qui en a eu le sens le plus concret. La véritable éloquence est celle qui se fait le mieux comprendre ; l'homme vraiment éloquent est celui qui connaît toutes les ressources de sa langue et qui les laisse agir sans jamais les forcer. Tel était le Prophète. Par ailleurs, Ibn Ḥazm connaît les différences dialectales et ne s'en effraie pas. Il sait qu'à quelques heures de Cordoue, on parle un arabe particulier. D'une façon générale, il reconnaît les variations et les parentés des langues. « Nous sommes d'accord sur ce point qui est pour nous l'objet d'une connaissance certaine, c'est que le syriaque, l'hébreu et l'arabe, – la langue de Muḍar et de Rabî^ca, non celle de Ḥimyar – sont une langue unique qui s'est modifiée avec les changements d'habitats des gens qui la parlaient. Il se produisit alors, dans ces langues, des frottements, comme ce qui arrive à l'Espagnol quand il veut imiter l'accent du Kairouanais, ou au Kairouanais, quand il veut imiter l'accent de l'Espagnol, ou à l'homme du Ḫurâsân, quand il veut imiter l'accent de Kairouan ou d'Espagne. Pour nous, nous constatons qu'en entendant parler les gens du Faḥṣ al-ballûṭ, à une nuit de marche de Cordoue, on dirait presque une autre langue, différente de celle de Cordoue. Il en est ainsi dans beaucoup d'autres pays ; et certes, par le fait qu'une population voisine avec un peuple étranger, il se produit dans sa langue des changements perceptibles à quiconque observe » (*Iḥkâm*, I, p. 31). Ibn Ḥazm donne quelques exemples : on entend *asṭûṭ* au lieu de *al-ṣawṭ* (le fouet), *al-sağara* au lieu de *al-šağara* (l'arbre). Mais ces différences viennent d'accidents physiques ou géographiques, extérieurs à l'essence de la langue, qui demeure une dans son principe, *fî l-aṣl* (*ibid.*, p. 32).

Ainsi donc, les changements qui interviennent dans une langue peuvent toujours s'expliquer et se comprendre dans cette langue même. Le fil de la tradition orale n'est pas rompu, tant qu'il s'agit de langues vivantes. Cette idée d'Ibn Ḥazm est sans doute celle qui inspire plus ou moins clairement les peuples musulmans modernes, qui parlent un arabe dialectal, mais se refusent à considérer l'arabe classique comme une langue morte et s'appliquent à le conserver en vie. La pensée d'Ibn Ḥazm se vérifie donc incontestablement dans le domaine de la civilisation arabe et dans son histoire, mais pour des raisons qui sont religieuses et non linguistiques.

De ce premier examen, nous pouvons donc tirer que, pour Ibn Ḥazm, il existe une réalité linguistique, qui est créée comme telle par Dieu dans l'âme humaine. Cette réalité est vivante essentiellement. Elle consiste dans un mode d'existence linguistique des vérités de toutes sortes (*ḥaqâ'iq*), reconnu immédiatement par ceux qui parlent grâce à une saisie intuitive des intentions significatives et du sens des mots, à l'intérieur d'une relation vivante d'intercompréhension (*tafâhum*).

Nous allons maintenant étudier de plus près les *aḫbâr* et les *awâmir*, ces intentions significatives fondamentales, bases du langage que Dieu a créées en nous. Quand Ibn Ḥazm rappelle le verset du Coran, selon lequel « Dieu a enseigné à Adam tous les noms », il ne pense pas un seul instant qu'il s'agisse là de l'établissement d'un lexique. D'ailleurs, l'ensemble du verset ne favorise pas cette interprétation. En effet, Dieu propose ces mots aux anges, qui, malgré toute leur intelligence, sont incapables d'en rien dire. C'est qu'ils n'avaient pas reçu la compréhension proprement linguistique. Ce qui compte, par conséquent, c'est l'enseignement, ce n'est pas la simple proposition des noms. Ibn Ḥazm l'a très bien vu, et il interprète ce passage en disant « que le principe (*aṣl*) du langage est une institution divine » (*Iḥkâm*, I, p. 29). Dieu n'a donc pas créé des mots avec leur matière phonétique déterminée, comme s'il avait arrêté un système de signes conventionnels. Assurément, l'établissement des mots par convention donne à la nature matérielle des mots une importance prépondérante ; tel son doit correspondre à tel objet. Mais Ibn Ḥazm a bien soin de montrer que l'œuvre linguistique de Dieu est une institution (*tawqîf*) et non une convention (*iṣṭilâḥ*). Néanmoins, s'il ne s'agit pas de la matière du mot, il ne s'agit pas davantage d'un état purement psychique, une compréhension purement intellectuelle que Dieu aurait créée dans l'âme comme pour lui faire contempler des idées platoniciennes dans la lumière de l'intelligible. Nous avons là deux excès qui marquent la réalité linguistique, l'un par trop de matérialité, l'autre par trop de spiritualité. Ibn Ḥazm garde le juste milieu en disant que Dieu a institué le principe du langage.

Cependant il ne suffit pas, pour définir exactement ce qu'est le principe du langage, de le situer, comme nous venons de le faire, dans un entre-deux. Un autre passage, extrêmement important, va nous permettre de préciser la question. « Le commandement impératif (*amr*) est une des bases (*ᶜanâṣir*) du langage. Ces bases sont : l'assertorique (*ḫabar*), le vocatif (*duᶜâ'* : appel, invocation), l'interrogatif (*istifhâm* : interrogation), l'impératif (*amr*) » (*Iḥkâm*, III, p. 9). Malgré l'ambivalence de tous ces termes, nous avons choisi de les rendre par leurs correspondants grammaticaux. Ils concernent en effet la langue avant tout. Ce texte nous donne par conséquent une confirmation détaillée de ce que nous avons déjà remarqué. Le langage ne repose pas sur un matériel de phonèmes ou de sémantèmes. Il est quelque chose de plus profond. Mais quoi ?

La première question qui se pose est de savoir si la liste précédente est complète. Il ne semble pas. D'un autre texte, à propos de l'intuition qui nous fait comprendre immédiatement l'intention du discours qui nous est adressé, nous pouvons tirer l'indication d'une autre base du langage, le laudatif. « Nous savons, écrit Ibn Ḥazm, … que la parole de celui qui dit : *un tel est un sot*, constitue un blâme ; et que la parole de celui qui dit : *un tel est raisonnable*, constitue une louange » (*Iḥkâm*, III, p. 9). Sur cet exemple, on va aisément saisir la nuance importante qui peut distinguer deux bases. Dire d'un homme qu'il est raisonnable, c'est d'abord un *ḫabar*, qui se borne à présenter un fait ou une vérité qu'il faut recevoir comme tels. Mais si cette proposition est une louange, elle recommande la qualité ou le fait qu'elle loue, et du point de vue religieux, nous aurons là une forme de la transmission du « recommandable » (*mandûb*), c'est-à-dire de ce qu'il est conseillé de pratiquer, sans que cela soit une prescription obligatoire. Peut-être Ibn Ḥazm a-t-il été mis sur la voie de cette idée par l'existence, dans la grammaire arabe, d'une catégorie de verbes appelés verbes de louange et verbes de blâme. Néanmoins ces verbes sont en très petit nombre et sont loin de pouvoir répondre à tous les besoins d'expression des louanges et des blâmes. Nous reviendrons sur ce décalage, qui est très instructif.

D'ailleurs, bien que la langue soit le véhicule des vérités religieuses et canoniques, on ne peut pas généraliser le parallélisme, qui se rencontre sur certains points, entre les faits linguistiques et les faits de révélation. L'obligation correspond bien à l'impératif ; l'interdiction, à la défense ; le recommandé (*mandûb*), à la louange ; le déconseillé (*makrûh*), au blâme. Mais il peut exister des bases du langage qui ne correspondent directement à aucune catégorie de la Loi divine, par exemple le vocatif et l'interrogatif. Quant au *ḫabar*, nous verrons qu'il peut, à côté de l'impératif, transmettre un ordre. Enfin, Ibn Ḥazm, au cours de sa polémique, reconnaît certaines intentions dans les paroles de Dieu et du Prophète, qui ne s'expriment pas directement par des intentions linguistiques, telles les promesses (*wa*ᶜ*d*), les menaces (*wa*ᶜ*îd*), l'intimidation (*tahdîd*).

Par suite, nous pouvons considérer qu'Ibn Ḥazm, en dressant la liste des bases du langage, s'est borné aux principales, à celles qui avaient une portée particulière dans l'expression et la détermination du message divin. En dehors d'elles, nous pourrions encore, semble-t-il, inscrire l'intention affirmative, négative, dubitative, optative, conditionnelle, exclamative, à moins qu'il ne les ait pas mentionnées, parce qu'il pensait qu'elles pouvaient se réduire à celles qu'il propose.

La seconde question qui se pose est celle de comparer les deux termes de base (ᶜ*unṣur*) et de principe (*aṣl*). Ils se recouvrent partiellement, mais ne sont pas équivalents. Ibn Ḥazm parle de principe dans des cas où le terme de base ne conviendrait pas, en particulier pour désigner le sens d'un mot dans la langue, moins le sens purement lexicographique que le sens intérieur que le mot irradie dans l'âme et qui constitue la compréhension. L'image verbale, active en nous, est donc principe en ce sens. Pourquoi n'est-elle pas appelée base ? Évidemment parce que l'image verbale, quoique vivante en nous, ne possède pas la vie intégrale du langage. Lorsqu'on entend dire *ša*ᶜ*îr* ou *qamḥ*, on comprend ce que *cela* veut dire, et on sait qu'il s'agit d'orge ou de blé. Mais on ne comprend pas encore ce que veut dire *celui* qui parle. Son intention peut être de demander si ce grain est du blé ou de l'orge ; de déclarer que c'est du blé ou de l'orge ; ou encore de commander qu'on lui apporte du blé ou de l'orge. La terminologie d'Ibn Ḥazm, bien qu'elle ne soit pas tout à fait invariable, jette néanmoins de la lumière sur la différence. Parlant d'un principe, il dit en général : *aṣl fî l-luġa*, principe dans la langue. On trouve aussi, à ce sujet, l'expression : *mawḍûᶜ fî l-luġa*, établi, situé dans la langue, et *mafhûm fî l-luġa*, compris dans la langue, plus précisément, *mawḍûᶜ fî aṣl al-luġa* (cf. *Iḥkâm*, III, p. 7 et p. 41). Il écrit ailleurs : « Nous savons par une évidence nécessaire que les vocables ne sont institués qu'afin qu'on exprime par leur moyen ce qu'ils exigent dans la langue » (*Iḥkâm*, I, p. 58). Par contre, tandis que le principe est « dans la langue », la base est base *du* langage. Elle n'est pas l'intention psychologique de s'exprimer, qui serait en elle-même une simple virtualité, mais la compréhension fondamentale d'intentions qui appartiennent au langage lui-même, et que celui qui parle n'a qu'à s'approprier.

La distinction entre *aṣl* et *ᶜunṣur* étant déterminée, quel est leur rapport ? Il est complexe. Le principe a toujours, dans la langue, une forme (*ṣîġa*) définie, celle d'un verbe à l'impératif, par exemple, ou d'un *mâḍî*, d'un *muḍâriᶜ*, d'une certaine espèce de nom, d'une particule, etc. Or cette forme peut avoir une signification unique (univoque), ou multiple (équivoque). Quelle soit la portée significative d'un mot, la totalité de ses sens, même quand aucun lien logique ou conceptuel ne les relie en une unité intelligible, appartient à l'*aṣl*. Posséder bien sa langue, c'est sentir toute cette richesse significative, qui est absolument linguistique et ne repose sur aucune compréhension logique fondée dans les concepts. Ainsi le mot *ᶜayn* signifie-t-il œil et source, *fî aṣl al-luġa*. Dans ce cas, il est évident que l'homme qui prononce un tel mot ne sera pas compris ; seul sera compris, comme nous le remarquions plus haut, le mot avec la pluralité (la généralité, selon le vocabulaire d'Ibn Ḥazm) de ses significations. Alors la base et le principe sont entièrement séparés. Mais il peut arriver que, par sa forme, un principe n'ait qu'un sens. Dans ce cas, il est possible qu'il coïncide avec une base ; c'est ce que l'on doit admettre, selon Ibn Ḥazm, à propos de l'impératif, ainsi que nous allons le voir avec plus de détail. Quant à la base, il peut se faire qu'elle trouve dans la langue un principe univoque pour lui donner corps dans le discours ; mais alors même, il n'est pas exclu qu'elle néglige ce principe approprié et qu'elle transmette son intention par le moyen d'une forme normalement liée à une autre base ; ainsi, un ordre est parfois donné dans la forme du *ḫabar* ; une louange ou un blâme, sans se couler dans un verbe de louange ou de blâme, se présentent la plupart du temps comme une assertion ou une énonciation. Inversement, la forme propre à une base sera utilisée pour rendre une intention étrangère à cette base ; Ibn Ḥazm donne ici l'exemple de l'interrogation : quelqu'un me dit que Zayd est allé le voir, et j'interroge : est-ce Zayd en personne ? Il est clair que mon intention n'est pas interrogative, et que j'exprime, par l'interrogation, soit l'importance que j'accorde au fait (*ᶜalâ sabîl al-ikbâr*), soit la joie que j'en éprouve (*ᶜalâ sabîl al-surûr*) (*Iḥkâm*, III, p. 107).

En règle générale, nous pouvons dire que partout où une base ne correspond pas à un principe approprié, elle doit se rendre par un développement du discours formant contexte, et que, dans ces conditions, le sens des mots, avec leur contenu de signification, interviendra dans la compréhension. C'est par ce biais que les bases du langage entrent en rapport direct avec ses contenus, et par eux, pénètrent la langue tout entière. On voit donc que la réalité linguistique n'est pas logique à deux points de vue ; d'abord, parce qu'elle ne se plie pas à des règles conceptuelles ; ensuite, parce que ses différents éléments ne s'ajustent pas selon une architecture rigide. La langue est toute en souplesse, et c'est ce qui la rend vivante.

Ibn Ḥazm a consacré de longs développements à l'*amr*, comme il fallait s'y attendre, étant donné le caractère impératif de la Loi divine. Il confère à cette base une valeur absolue d'impératif catégorique, et il en tire des enseignements fort intéressants pour une théorie de la langue. En effet, considéré sous cet angle, l'*amr* prend une importance particulière ; il exclut toute ambiguïté dans l'esprit et dans l'expression de celui qui commande, car, à moins de vouloir embarrasser par des ordres énigmatiques, ce qui n'est pas proprement commander, on ne donne un ordre que pour être exactement obéi. Un récit (*ḫabar*) peut être clair pour qui raconte, obscur pour qui écoute. Le narrateur peut se comprendre, parce qu'il a des sous-entendus qu'il ne transmet pas. C'est que, dans le *ḫabar*, on se parle toujours plus ou moins à soi-même, et bien qu'alors on se dédouble, on ne saurait se cacher ce qu'on sait. Or Ibn Ḥazm est l'ennemi déclaré de tout sous-entendu dans l'usage de la langue. Ce serait là pour lui mêler la réalité psychologique à la réalité linguistique et, en définitive, falsifier la langue. Faire prévaloir l'impératif absolu, c'est se garantir sûrement contre un tel danger. D'autre part, cette conception de l'*amr* exclut toute intervention surajoutée de l'intelligence de celui qui reçoit l'ordre, non qu'il faille obéir sans comprendre, mais parce que la compréhension est transmise avec et dans l'ordre lui-même. L'intelligence ne doit ni préexister ni suivre comme faculté d'interprétation indépendante. Elle naît avec l'ordre, suscitée par lui, comme pure compréhension linguistique de ce qui est ordonné.

On objectera que, dans la vie courante, l'exécutant conserve toujours en face de l'ordre une certaine initiative et une certaine latitude. Sans doute. Mais c'est qu'alors le commandement n'est pas absolu. Il prend souvent la forme d'un rappel, forme atténuée de l'impératif qui rend l'obéissance moins passive en l'associant, pour ainsi dire, au commandement. Le Coran ne dédaigne pas cette forme du *ḏikr*, et Ibn Ḥazm le sait. « *Ḏikr* est un nom qui s'applique à tout ce que Dieu a révélé à son Prophète, Coran ou tradition inspirée par laquelle est expliqué le Coran » (*Iḥkâm*, I, p. 132). Or l'explication (*bayân*) s'adresse bien à l'intelligence et précise en même temps les desseins de Dieu, qui se ramènent toujours à des commandements.

Mais l'ordre, au sens absolu, c'est l'*amr*, introduit par Ibn Ḥazm comme base du langage, immédiatement exprimable par un principe radical dans la langue, sous la forme de l'impératif. Il faut donc prouver que cette forme exerce dans la langue une fonction « principale » qui est d'exprimer fondamentalement un commandement absolu. S'il n'en était pas ainsi, « ce qu'on veut dire ne laisserait pas d'être connu soit par un autre impératif, soit par quelque chose qui serait tiré de l'impératif. Mais, à propos de chacun de ces deux impératifs, il est indispensable de recommencer, car ce qui a été dit pour le premier vaut pour le second, et cela à l'infini. À ce compte, l'obligation attachée à l'ordre ne sera jamais établie » (*Iḥkâm*, III, p. 27). Certains pensaient que l'impératif avait en lui-même un sens indéterminé. Et, en effet, dans la vie courante, bien peu d'impératifs transmettent des ordres obligatoires. Quand on dit à quelqu'un : « entrez ! », c'est une invitation ; « couvrez-vous ! », c'est une politesse ; « écoutez-moi ! », c'est une demande, voire une supplication. Pour donner à l'impératif le sens d'une prescription obligatoire, il faut, prétendent les partisans de cette thèse, qu'il s'accompagne d'une menace (*Iḥkâm*, III, p. 14). Mais la menace, réplique Ibn Ḥazm, suit tous les commandements véritables, car commander, c'est en même temps mettre en garde contre la rébellion et menacer quiconque négligerait le commandement (*ibid.*). Par suite, la menace ne constitue pas l'impératif ; elle en est une conséquence. Si l'ordre n'est pas senti comme ordre en lui-même, la menace sera vaine. Obéir par crainte du châtiment, ce n'est pas obéir à l'ordre. Il est vrai que Dieu, qui ne veut pas imposer aux hommes une religion trop difficile, consent parfois à faire appel à leurs intérêts bien entendus (*cf.* p. ex. sourate II, 102 et 103). Néanmoins l'obéissance authentique est celle qui répond à l'ordre en tant qu'ordre. Par conséquent, la valeur de l'impératif est saisie dans la forme même de l'impératif, dans la langue considérée, c'est-à-dire qu'elle correspond à un *aṣl fî l-luġa*.

Mais puisque l'impératif s'exprime directement et normalement par une forme verbale, la question du temps se pose. Dans le domaine des langues indo-européennes, les grammairiens s'accordent pour reconnaître que l'impératif ne conserve pas la notion du temps, tout au plus marque-t-il dans certains cas (en grec, en russe), un aspect. En sanscrit, il est un mode du présent. Dans le système sémitique plus rigide de l'arabe, Ibn Ḥazm est fondé à affirmer que l'impératif commande dans l'instant (*ᶜalâ l-fawr*). Si l'exécution peut ou doit être différée, il faudra adjoindre une indication précise à ce sujet ; de même, si l'ordre porte sur une action définie pour un temps déterminé, telles les cinq prières quotidiennes, tel le jeûne de Ramaḍān, toutes les circonstances seront données dans le détail. Mais en tant qu'*aṣl*, l'impératif exclut toute espèce de délai.

Telle est la règle, quand la base coïncide avec le principe, le *ᶜunṣur* avec l'*aṣl*, dans une forme grammaticale déterminée. Mais la forme de l'impératif peut se trouver associée à un contexte, ou, plus simplement encore, à des contenus de signification qui contraignent à le prendre hors de son intention normale. Comme exemple du premier cas, où un mot du contexte modifie la valeur de l'impératif, nous citerons l'impératif qui laisse le choix (*amr al-taḫyîr*) ; il est indiqué par la particule *aw* (« ou ») (*Iḥkâm*, I, p. 51), ou par une proposition conditionnelle, telle que « si tu veux » (*Iḥkâm*, III, p. 21 et 32). On aura donc : « fais ceci, si tu le veux » ; « fais ceci ou cela ». Dans l'autre cas, c'est le contenu de l'impératif qui est incompatible avec l'exécution ; on peut l'appeler « impératif d'invalidation » (*amr al-taᶜǧîz*), qui s'oppose à l'« impératif de constitution » (*amr al-takwîn*). Le second répond au commandement absolu. Le premier est une sorte de défi ; par exemple : « Soyez pierre ou fer ». « Nous savons par une évidence rationnelle que c'est un *amr al-taᶜǧīz*, parce que personne ne peut devenir pierre ou fer » (*Iḥkâm*, III, p. 137).

Enfin, ainsi que nous l'avons pressenti au sujet des présentations atténuées du commandement, il arrive que l'intention impérative soit communiquée à travers une forme qui est fondamentalement celle d'un *ḫabar*. Ce mode d'expression est toujours composé, car l'*amr muǧarrad* a nécessairement le sens d'un *amr*, comme le *ḫabar muǧarrad* a le sens d'un *ḫabar*, puisqu'ils sont alors « isolés ». C'est donc le contexte qui va renseigner sur la valeur du discours. « On peut discerner les impératifs transmis dans l'expression verbale des *aḫbâr*, de ce qui est transmis en terme de *ḫabar* et dont la signification est celle d'un *ḫabar* isolé, grâce à une évidence rationnelle contraignante. La parole de Dieu : « Celui qui tue un croyant volontairement aura pour rétribution l'enfer où il sera éternellement » (*Coran*, IV, 93), est de la même sorte que cette autre parole : « Celui qui tue un croyant involontairement – dans ce cas, affranchissement d'un esclave croyant » (*Coran*, IV, 92), qui comporte manifestement un ordre, à la différence que l'une des deux expressions verbales est un *ḫabar* isolé, sa terminologie est celle du *ḫabar*, sa signification, celle du *ḫabar* ; tandis que l'autre a la terminologie du *ḫabar*, mais la signification de l'*amr*. Ce qui fait que nous le savons, c'est que la rétribution par les peines de l'enfer ne peut être pour nous l'objet d'un commandement, parce que cela n'est pas en notre pouvoir, et Dieu nous a assurés qu'il ne nous ordonne rien qui ne soit en notre pouvoir ... Par contre, l'affranchissement d'un esclave et le paiement du prix du sang (sourate IV, 92), nous savons par une évidence rationnelle contraignante que ce sont des actes qui sont en notre pouvoir et que Dieu ne produit pas sans l'intermédiaire d'un agent humain. Ainsi se discernent le *ḫabar* qui a la signification d'un *amr* et celui qui est isolé dans sa signification et son expression propres de *ḫabar* » (*Iḥkām*, III, p. 34).

Ce qui précède nous fournit un passage à l'étude du *ḫabar*. On s'étonnera de l'expression *ḫabar muǧarrad*, appliquée à toute une proposition. C'est qu'en effet la forme des *aḫbâr* est plus syntaxique que morphologique. Par ailleurs, cette forme est beaucoup plus étroitement liée à des contenus de signification que ne l'est la forme de l'*amr*. On dissocie plus aisément ce qui est commandé du mode verbal qui le commande, qu'on ne dissocie ce que l'on dit du discours qui le dit. Néanmoins il ne faudrait pas confondre le *ḫabar* isolé avec le nom isolé. Selon les grammairiens arabes, le nom isolé indique ce dont on parle, au commencement du discours (*mubtadaʾ*). Le discours s'achève par l'expression de ce qu'on veut dire du *mubtadaʾ*. Par suite, ce nom isolé n'est pas le sujet d'une proposition, mais le sujet d'une déclaration. *Zayd est venu* signifie exactement ceci : « Zayd – voici ce que je veux en dire –, il est venu ». Le *ḫabar* peut être un terme simple ou composé. Mais il ne rend jamais qu'une intention simple, celle d'énoncer quelque chose de quelque chose ou de quelqu'un. La théorie grammaticale du *ḫabar* substitue donc à l'image statique et logique du discours une image vivante dans l'intercommunication. Le *ḫabar* crée une relation de compréhension linguistique entre les deux hommes qui conversent, au même titre que l'impératif ; il n'est jamais une énonciation ou un récit abstrait, subsistant en lui-même dans une architecture de concepts et d'images ; il suppose toujours les trois personnes de la conjugaison, la première, celle qui parle (*mutakallim*) ; la deuxième, celle à qui on parle (*muḫâṭab*) ; la troisième, celle dont on parle, l'absente (*ġâʾib*), et dont on énonce précisément un *ḫabar*.

Sans aucun doute, Ibn Ḥazm avait ces idées présentes à l'esprit quand il a fait sa théorie du *ḫabar*. C'est grâce à elles qu'il a pu établir un parallèle avec l'*amr* et faire de ces deux réalités linguistiques les bases essentielles du langage. En pratique, évidemment, ce qu'il dit des *aḫbār*, en tant que *ᶜanâṣir*, est moins développé que ses considérations sur l'impératif. C'est qu'alors ce qui est le plus important à déterminer est le sens des mots qui interviennent dans le *ḫabar*, et cette détermination se déploie en une grande doctrine sur le sens général des mots, qui s'appuie davantage sur la lexicographie et sur une logique nominaliste que sur la linguistique proprement dite.

De toutes les remarques accumulées par Ibn Ḥazm au cours de sa pensée juridique et théologique sur des questions en rapport avec le fait linguistique, un grand nombre pourraient aisément s'interpréter dans les termes modernes de la phonologie et de la phénoménologie. Mais ce serait dépasser le but que nous nous sommes proposé et risquer, contrairement aux règles d'une étude objective, de forcer les intentions réelles de l'auteur. Ce qui est certain, c'est qu'Ibn Ḥazm a conçu l'ensemble langue-langage comme une réalité indépendante, autonome et d'essence purement expressive. L'idée qu'il existerait un monde objectif et un monde subjectif que l'homme traduirait en paroles, de telle sorte que cette traduction constituerait l'être, la manière d'être et la raison d'être du langage, est absolument étrangère au point de vue de l'écrivain andalou. Si la langue peut être utilisée à des fins de ce genre, c'est parce qu'elle est d'abord une langue. On peut toujours dire : je veux vous donner un ordre ; j'éprouve, dans l'âme, une tristesse, une joie, un étonnement, un doute, une ignorance qui me porte à interroger, une admiration ou une réprobation, etc. Mais on ne peut dire ce qu'on a dans l'âme, comme on ne peut décrire le milieu extérieur, que si l'on dispose déjà d'une langue expressive. Ibn Ḥazm a très nettement compris quelle différence il y a entre énoncer les tendances, les désirs ou les craintes, et tous les états psychologiques que l'on porte en soi, – ce qui implique une réflexion sur soi –, et parler directement, c'est-à-dire faire corps avec les intentions linguistiques propres à la langue. Quand je donne un ordre, mon intention impérative n'existe pas en dehors de la forme verbale que je prononce ou, s'il y a en moi une volonté de commander, tout ce qu'elle a pu faire, c'est de déclencher le mécanisme de la parole, le phénomène physique du souffle et de l'articulation. Mais elle n'entre en rien dans la constitution linguistique de l'expression et de la compréhension de l'ordre. En un mot, commander, c'est commander, ce n'est pas exprimer l'état d'âme de celui qui commande.

Indépendante du côté du sujet psychologique, la langue l'est également du côté de l'objet. Pour s'en persuader, il suffit de se rappeler que la réalité du langage n'est pas faite d'une liste de mots placés en face des choses qu'ils doivent signifier. La pluralité des sens des mots, pluralité qu'aucun lien logique ou conceptuel ne vient unifier, et qui reste une diversité pure, irréductible à quoi que ce soit d'existant ou de concevable, cette équivocité homonymique, sur laquelle Ibn Ḥazm insiste tant, telle est la marque de l'autonomie du fait linguistique.

Toutes ces idées concordent dans l'intuition fondamentale que la langue est essentiellement vivante, c'est-à-dire parlée. Et parler, au sens fort du mot, implique, pour Ibn Ḥazm, qu'on s'adresse à un autre dans une relation d'intercompréhension. Un muᶜtazilite ami des belles lettres, Abû Ḥayyân al-Tawḥîdî, dans son *Kitâb al-Imtâᶜ wa-l-muʾânasa* (éd. du Caire, I, p. 65), a fait cette remarque : « Un livre s'examine plus que ne s'examine un discours, car celui qui écrit est libre, celui qui discourt est contraint ». On peut étendre cette opposition à celui qui lit un écrit à voix basse ou des yeux, et à celui qui écoute un discours. L'écrit permet la fantaisie individuelle ; il laisse le temps de la réflexion ; il se prête à toutes les interprétations. Le discours prononcé oralement est urgent ; ce n'est pas plus tard qu'il pourra être compris, c'est sur-le-champ qu'il doit l'être. Ce qui, aux yeux du « lettré », constitue un avantage en faveur du livre, la liberté d'une intelligence qui commente, devient un véritable vice dans la perspective religieuse d'Ibn Ḥazm. Lui aussi note la contrainte exercée par la parole vivante, et il bannit le choix libre. « Il est constant, écrit-il, que tout impératif appartient à Dieu … de sorte qu'il ne comporte aucune liberté pour personne » (*Iḥkâm*, III, p. 21). Et ailleurs, un exemple parmi bien d'autres : « Cela (il s'agit du caractère du *mandûb*) est connu par la forme et la structure de la langue d'une science de nécessité contraignante, hors de laquelle il n'y a pas de compréhension » (*Iḥkâm*, II, p. 36). Par suite, en un sens, toute la langue parlée et vivante, parce qu'elle engage l'autorité de celui qui parle, est un commandement qui doit être reçu avec respect ; il faut se taire pour écouter. En constatant que de nos jours, le mot « auteur » n'évoque plus aucune autorité, aucune garantie, et qu'il ne désigne que celui qui noircit des pages, nous mesurerons à quel point nous avons perdu le sens du caractère sacré de la langue.

Sans doute le Coran est-il un livre écrit ; sans doute, y a-t-il la planchette sur laquelle il est conservé auprès de Dieu. Mais il a été dicté par l'ange au Prophète ; mais son nom signifie lecture, et c'est une science, en Islam, que de savoir le lire. Ce qui compte, c'est la tradition orale. L. Massignon disait, dans une conférence faite récemment au Caire, que le commentaire ne s'écrit pas. Cette idée s'applique exactement à la pensée d'Ibn Ḥazm, si on entend par là que la bonne lecture, la bonne transmission orale, comprend son propre commentaire. La distinction entre ce qui est écrit et ce qui est lu (*cf.* le *Qéri* et le *Kétib*, dans le texte biblique) est plus accentuée en sémitique qu'en aucun autre type de langues. Le mot écrit y est réduit à un squelette de consonnes, et il faut, pour le lire, lui donner la vie grâce au souffle des voyelles, en particulier des voyelles de l'*i*ᶜ*râb*. Il faut avoir compris pour lire et, par conséquent, lire, ce n'est jamais reproduire tout haut un texte écrit que la voix ne saurait réussir à animer, puisque la voix, en elle-même, n'est qu'un phénomène physique et phonétique. Mais si la voix entre au service de l'intercompréhension, elle devient parole et commentaire.

On devine ainsi comment ses idées linguistiques ont permis à Ibn Ḥazm d'entreprendre l'organisation, dans une vaste perspective harmonieuse, de toutes les données révélées de la pensée musulmane. Et en poursuivant ce but par cette méthode, la méthode ẓâhirite soumise à la langue, il pouvait de bonne foi prétendre qu'il ne disait rien de lui-même et qu'il ne faisait qu'obéir aux ordres que Dieu a fait descendre en arabe sur le Prophète.

LA PROFESSION DE FOI D'IBN ḤAZM

Sous le titre de « *al-tawḥîd* », Ibn Ḥazm expose au début du *Kitâb al-Muḥallâ* sa profession de foi ẓâhirite. Son but est pédagogique : il veut offrir à l'étudiant un exposé condensé du *credo* qu'il considère comme constituant l'exacte mise au point de ce qu'il faut croire, en formules brèves et tranchantes. Les preuves qui accompagnent chaque question traitée – une par paragraphe – sont en général de simples citations de versets du Coran ou de traditions du Prophète ; presque toujours, Ibn Ḥazm se contente d'en produire le texte, supposant que cela suffit à apporter la preuve (*burhân*) de ce qu'il vient d'avancer ; d'ailleurs il prend soin de se servir, dans les formulations qu'il propose, des mots mêmes qui se retrouvent ensuite dans les « textes » révélés ou prophétiques, de telle sorte que l'énoncé de ses articles de foi n'est qu'une organisation concise et ramassée des termes importants disséminés dans les Sourates ou les *ḥadîṯ-s*. C'est là une marque de ce souci ẓâhirite de n'exprimer la vérité que dans le vocabulaire institué et révélé par Dieu, pour être sûr de ne rien fausser par l'emploi de mots humains conventionnels. Dans certains cas pourtant Ibn Ḥazm montre dans ses preuves comment le texte allégué s'applique à la proposition qu'il veut établir ; alors il met en œuvre sa méthode particulière d'exégèse, et se sert parfois du raisonnement, mais en maintenant l'usage de la raison dans les étroites limites où il s'estime autorisé à y recourir. Alors il lui arrive de se servir de mots techniques empruntés à la logique et à la terminologie philosophique. Enfin ses preuves sont parfois rationnelles : ainsi quand il démontre l'existence du Créateur par un examen de la nature du temps et des êtres temporels ; il raisonne là sur les termes *muḥdaṯ*, « ce qui est instauré dans le temps » et *muḥdiṯ* « celui qui instaure dans le temps ». Mais ces termes, avec leur sens philosophique et leur évocation de la contingence temporelle des créatures, ne sont pas coraniques ; plus grave encore, on trouve le mot *muḥdaṯ* au verset 2 de la Sourate 21, et au verset 5 de la Sourate 26, appliqué au *ḏikr*, à l'Édification qui vient de Dieu, au Coran. (On sait que ces versets ont fait difficulté pour les musulmans orthodoxes, parce que les Muᶜtazilites les évoquaient pour prouver que le Coran était créé ; on a dû par conséquent les interpréter en entendant que Dieu renouvelle le *ḏikr*, à chaque époque, parce que les hommes s'en détournent ; il s'agit alors de la suite des révélations dans le temps et non de la création temporelle du Coran). On voit donc clairement qu'Ibn Ḥazm a pris ces termes selon les conventions du langage philosophique, donc comme *iṣṭilâḥât*. Puis, à la fin de la démonstration, il passe sans hésitation de *muḥdaṯ* à *maḫlûq* (« créé », racine coranique). Donc il adopte les termes philosophiques techniques, là où ses preuves sont rationnelles, et on les retrouve quand il établit qu'il n'y a qu'un Créateur, qu'il crée sans cause déterminante, que les âmes sont créées parce qu'elles sont multiples, relèvent donc du nombre, et qu'elles font partie du monde créé. Sans doute ces preuves sont-elles toujours appuyées par un texte (*naṣṣ*). Elles n'en ont pas moins leur force propre. Mais là même où elle sont appliquées, qu'elles soient ou non confirmées par un verset ou un *ḥadîṯ*, elles ne représentent jamais une libre initiative d'un esprit philosophique indépendant ; si Ibn Ḥazm y recourt, il ne fait qu'obéir aux conseils du Coran qui, en maints passages, invite les hommes à observer le monde qui les entoure et à y découvrir les signes de l'existence de la Toute-Puissance et de la Sagesse du Créateur ; et les arguments rationnels du penseur ẓâhirite ne sont guère que des explicitations concises et nerveuses des intuitions qu'offre à l'homme le spectacle du monde. D'ailleurs, à partir de l'article 6 qui établit que l'âme n'est autre chose que l'esprit, on aborde un genre de questions dont les preuves sont essentiellement et presque exclusivement scripturaires (sauf là où il faut montrer en quoi le texte cité prouve). La seule exception se rencontre à l'article 80, où il s'agit de montrer que la certitude ne comporte pas de degrés, idée qui est chère à Ibn Ḥazm et qui est intercalée à cet endroit à propos de sa conception de la foi.

La suite des articles présente bien un certain ordre, mais il est loin d'être rigoureusement cohérent : d'abord Dieu, son existence comme créateur de toutes choses, avec une critique rapide, allusion aux doctrines qui croient à un monde d'esprits incréés (intellects émanés, *'uqûl* ; intermédiaires spirituels dans la procession successive des êtres, *rûḥâniyyât*) : l'âme est créée, le trône est créé ; puis vient la prophétie, avec une réfutation de la conception chrétienne du Christ ; puis le Paradis, l'Enfer et toutes les questions qui s'y rapportent : leur éternité (contre Ǧahm b. Ṣafwân), l'état des bienheureux et des damnés, la définition du *kâfir* ; ici on attendait l'étude du jugement et de la rétribution, mais le développement est interrompu par des déclarations sur le Coran, sur les anges, les hommes et leur valeur respective, enfin sur les djinns ; alors on en arrive à la question de la Résurrection, du *Ṣirâṭ*, des balances, du bassin, de l'intercession, du compte des actions, des feuillets sur lesquels les anges les inscrivent ; cela conduit à l'examen psychologique et moral des bonnes et des mauvaises actions, de leur rapport avec la foi et l'infidélité ; ce passage est d'ailleurs coupé par un article sur le châtiment de la tombe ; puis c'est l'affirmation, dirigée contre les Râfiḍites, que ni Muḥammad ni aucun compagnon ne reviendra, avant la Résurrection ; là-dessus suit un passage sur le voyage nocturne de Muḥammad et sur le rang des prophètes qu'il a rencontrés dans les cieux ; à partir de cet endroit, l'ordre n'est plus saisissable et les articles ne se rattachent plus les uns aux autres logiquement ; qu'on en juge : articles 45/46 : la religion (*dîn*) est complète, on ne peut rien y ajouter, on ne peut rien en retrancher ; l'Envoyé a fait parvenir aux hommes la religion tout entière et l'a expliquée dans sa totalité ; article 47 : la preuve que Dieu administre est manifeste pour tous ceux qu'atteint l'Avertissement : croyants, infidèles, hommes pieux ou débauchés ; article 48 : le *amr bi-l-ma*ᶜ*rûf* et le *nahy* ᶜ*an al-munkar* ; article 49 : celui que sa méconnaissance de l'arabe rend incapable d'avoir toutes ces connaissances, doit croire dans son cœur et prononcer la *šahâda*, dans la mesure où il le peut quand on lui en a donné l'explication ; art. 50 : hiérarchie des créatures humaines, les prophètes, puis leurs compagnons, puis les hommes pieux qui font le bien ; art. 51/53 : Dieu est créateur de toutes choses ; rien dans sa création ne lui ressemble ; il n'est ni dans le lieu ni dans le temps, mais il les a créés l'un et l'autre ; art. 54/56 : il n'est pas permis d'appeler Dieu par des noms autres que ceux dont il s'est nommé lui-même ; on ne peut employer aucun nom dérivé de ceux qui ont été révélés ; art. 57 : Dieu descend chaque nuit sur le ciel de ce monde ; art. 58/59 : le Coran est la Parole de Dieu et sa Science incréées ; il est ce qui est sur les feuillets, ce qui est entendu de la bouche du lecteur, ce qui est conservé dans le cœur ; art. 60 : la science de Dieu est véritable ; art. 61 : de même sa puissance : Dieu peut tout et il est capable de faire ce qui ne sera jamais ; art. 62 : Dieu a la puissance de l'honneur, de la gloire, de la grandeur ; il a une main, deux mains, des mains, un visage, un œil, des yeux ; art. 63 : les musulmans verront Dieu au Jour de la Résurrection avec une faculté qui n'est pas la vision d'ici-bas ; art. 64 : Dieu a parlé à Moïse et à ceux de ses Envoyés à qui il a voulu parler ; art. 65 : il a pris Abraham et Muḥammad comme Amis (*ḫalîlayn*) ; art. 66 : Dieu fit monter Muḥammad au ciel avec son corps et son esprit ; art. 67 : seul les prophètes font des miracles ; art. 68 : sur la magie ; art. 69 : le décret éternel de Dieu (*qadar*) est véritable ; art. 70 : personne ne meurt, de mort violente ou non, avant le terme fixé ; art. 71 : le bonheur et le malheur de l'homme sont compris dans la science de Dieu ; art. 72 : Dieu crée toutes les actions humaines, bonnes ou mauvaises ; art. 73 : on ne peut argumenter contre Dieu ; art. 74 : personne n'a d'excuse, du fait que Dieu a tout prédéterminé ; art. 75 : la foi (*îmân*) et l'*islâm* sont une seule et même chose ; art. 76 : la foi est un lien dans le cœur, une parole de la langue et une action des membres du corps ; art. 77 : la croyance du cœur sans la déclaration de la langue, ou la déclaration de la langue sans la croyance du cœur, sont le fait d'un infidèle ; art. 78 : il n'est pas nécessaire, pour obtenir le secours divin, d'être en état de démontrer ce que l'on croit ; art. 79 : il y a des croyants rebelles dont la foi est défaillante mais qui ne sont pas infidèles ; art. 80 : il n'y a pas de degrés dans la certitude ; art. 81 : les désobéissances à Dieu sont des fautes graves ; les actions mauvaises sont des fautes légères pardonnables ; art. 82/3 : comment les bonnes et les mauvaises actions peuvent s'équilibrer, ou l'emporter les unes sur les autres ; art. 84 :

les différents degrés des élus au Paradis ; art. 85 : les degrés supérieurs, avec les Prophètes, leurs épouses et leurs compagnons ; art. 86 : le calife doit être de Qurayš ; art. 87 : suite du califat : exclusion des mineurs, des aliénés, des femmes ; il ne peut y avoir qu'un seul calife ; art. 88 : nature et conditions du repentir (*tawba*) ; art. 89 : l'Antéchrist (*al-Dağğâl*) ; art. 90 : prophétie et mission divine ; art. 91 : Iblīs.

On voit qu'il y a des redites nombreuses ; certaines questions qui semblaient devoir être groupées sont séparées, par exemple l'existence du Dieu Créateur est exposée normalement en tête, mais les questions de ses noms et de ses attributs sont rejetées beaucoup plus loin et ne sont d'ailleurs pas traitées ensemble ; ce qui concerne Muḥammad et les Prophètes n'est pas rassemblé à la suite de ce qui est dit sur la prophétie ; de même les problèmes eschatologiques, ceux qui concernent les créatures et leur hiérarchie, sont disséminés, alors qu'ils auraient pu rentrer sous une étude des deux ordres de la première et de la seconde création ; notons enfin que les articles sur la foi, sur l'obéissance aux commandements, sur les bonnes et les mauvaises actions, paraissaient avoir leur place à la suite de l'article sur la religion, alors qu'ils en sont coupés par des considérations sur le Coran, sur les noms de Dieu et ses attributs, et sur le *amr bi-l-ma*ᶜ*rûf* qu'on s'attendait à trouver traité avec les actions.

Mais il ne faut pas se hâter de dénoncer le désordre de composition quand il s'agit d'Ibn Ḥazm, car c'est un penseur qui sait toujours parfaitement ce qu'il veut dire et ce qu'il fait. La rigueur logique à laquelle nous nous référons n'est pas sa rigueur à lui. Nous estimons qu'un *credo* doit, dans son exposé, obéir aux exigences d'une présentation théologique, c'est-à-dire à une construction, à une organisation rationnelle des données de foi. Mais ce n'est pas là ce que conçoit Ibn Ḥazm : pour lui, la théologie ne peut être que le fidèle reflet de l'Écriture, et si elle a un rôle propre, ce n'est que d'accentuer ou de souligner les textes, par le fait même qu'elle les invoque, pour faire ressortir exactement ce qu'il faut croire. La succession des articles est donc commandée, non par les nécessités d'une synthèse, œuvre de la raison, mais par les besoins d'une sorte de programme d'étude des textes, étude qui ne reste jamais une simple connaissance, mais qui débouche sur la pratique et sur l'obéissance exacte aux commandements. Il n'y a donc pas à chercher ici une théologie spéculative, ni même un équivalent. La théologie ḥazmienne est tout entière destinée à assurer la juste observance et, dès le début, Ibn Ḥazm la caractérise bien quand il demande à Dieu son assistance (*tawfîq*), pour lui et pour ses lecteurs, en vue de l'obéissance qu'on lui doit (*li-ṭâ'âti-hi*).

De ce point de vue on peut découvrir un ordre d'une espèce particulière et justifier les désordres apparents. Dès le début, remarquons-le, Dieu est uniquement invoqué comme le Seigneur des Mondes. On sait combien les auteurs musulmans aiment, dans leur glorification initiale de Dieu, s'étendre sur ses attributs et sur ses actions. Une telle brièveté, chez Ibn Ḥazm, est donc par elle-même fort remarquable : il ne veut voir en Dieu que le Tout-Puissant qui a tout en mains et qui commande sans appel. Quant à Muḥammad, il est présenté, sans plus, comme le Sceau des Envoyés et des Prophètes, c'est-à-dire celui qui apporte la Loi définitive qui abroge toutes les autres et ne sera jamais abrogée. Nous trouvons là une indication importante, le schéma dynamique dans lequel se meut la théologie ḥazmienne : d'un côté le Seigneur, de l'autre la Loi, Celui qui commande, ce qui est commandé. C'est dans ces deux limites que la réflexion théologique doit s'enfermer.

Ce fil conducteur va pouvoir nous faire comprendre la suite des idées, où il ne faut donc chercher ni articulations rationnelles, ni associations psychologiques. Le fondement de tout, c'est l'obligation qui s'attache à l'homme de savoir dans son cœur, d'une connaissance de certitude et de sincérité totales, sans la moindre trace de doute, qu'il n'y a qu'un Dieu et que Muḥammad est son Envoyé, et par suite l'obligation de proférer la formule de profession de foi, la *šahāda*. Les preuves de chacune de ces obligations s'appuient sur un *ḥadîṯ* du Prophète (« j'ai reçu l'ordre de combattre les hommes jusqu'à ce qu'ils attestent qu'il n'y a de divinité que Dieu, et qu'ils croient en moi et en mon message… ») et sur le Coran (Sourates 3 v. 85 ; 98 v. 5). Ibn Ḥazm explique le *ḥadîṯ* ainsi : on ne peut contraindre que la langue ; donc l'attestation de la *šahâda*, en vertu de laquelle les personnes et les biens qui étaient « licites », c'est-à-dire non garantis par des droits, deviennent « interdits », c'est-à-dire protégés par la Loi contre toute attaque, ne peut être que le fait de prononcer la formule. Notons que, si le cœur et la langue sont requis l'un et l'autre (ainsi que cela est précisé plus loin), ils sont cependant plutôt juxtaposés que réellement associés. La profession par la parole n'est pas présentée comme l'expression d'une foi profonde : elle est une exigence à part, qui s'ajoute et qui a sa vertu propre (celle de conférer des droits dans la communauté musulmane en tant qu'on s'engage à observer la Loi que Dieu a envoyée pour constituer cette communauté) ; d'ailleurs la sincérité du cœur, telle qu'elle est présentée à travers le verset 5 de la sourate 98, pris évidemment à la lettre et au sens fort, est une sincérité commandée : « Ils n'ont reçu qu'un ordre, celui d'adorer Dieu d'un cœur pur (*muḫliṣîn*) ». Ibn Ḥazm ne se demande pas comment cela est psychologiquement possible, bien qu'il précise que la sincérité est un acte de l'âme (*wa-l-iḫlâṣ fi*ᶜ*l al-nafs*). Ce qui lui importe est uniquement d'établir que la certitude de la foi n'est pas seulement dans les paroles. Pour le reste, c'est un ordre et il n'y a pas à discuter ou à examiner : puisque Dieu le donne, c'est qu'il est possible ; d'ailleurs, ainsi qu'on le trouve exprimé plus loin, les actes humains sont créés par Dieu. Comment s'accorde l'ordre donné, qui suppose la liberté, avec la création de l'acte humain, c'est une question théorique, et Ibn Ḥazm ne la soulève pas ici. Peut-être même que la séparation d'articles qui nous semblent liés, est voulue justement pour éviter que leur rencontre ne fasse jaillir des problèmes d'ordre spéculatifs. On sait qu'Ibn Ḥazm a ramené la liberté de l'homme au sentiment de pouvoir agir, lié au bon état des organes du corps. Ce sentiment suffit pour que ses actes lui soient imputés, bien qu'il n'en soit pas le créateur ; l'homme n'a donc pas d'excuse (*cf.* art. 74).

Après l'établissement brutal de ce principe, entièrement fondé sur des textes, Ibn Ḥazm raisonne sur l'existence de Dieu comme créateur ; c'est évidemment à l'usage des hommes qui n'ont pas la foi. Mais il ne faudrait pas voir là une esquisse de théologie naturelle qui servirait de base à une théologie positive. Nous avons déjà signalé l'article où il est dit que l'Avertissement peut être entendu de tout homme, croyant ou infidèle. Or, ainsi que nous le rappelions, l'Avertissement engage précisément à observer (*iᶜtibâr*) le monde qui contient les signes de l'action et de la puissance du Créateur. Ibn Ḥazm ne fait ici qu'appliquer cette recommandation : sa démonstration rationnelle n'est qu'un acte d'obéissance.

La première partie de la *šahâda* étant ainsi exposée et prouvée, il faut passer à la seconde et parler de la prophétie, d'abord en général (art. 9). Nulle part Ibn Ḥazm n'étudie la nature même de la prophétie : comment Dieu inspire un homme et fait descendre sur lui sa Loi ; en ce sens, on ne trouve rien d'analogue à la théorie d'al-Fârâbî qui montre l'intellect agent agissant sur l'imagination du prophète, tandis qu'il agit sur l'intellect du sage. Ce sont là des spéculations inutiles ; ce qu'il faut à une théologie ẓâhirite, c'est montrer que la prophétie doit être acceptée. Que Dieu envoie une révélation à un homme, c'est un effet de sa Toute-Puissance, et il n'y a là aucun problème. Il s'agit simplement de reconnaître cette action divine dans l'histoire, comme on reconnaît l'action créatrice dans l'univers, et c'est toujours en suivant les indications du Coran que la preuve se découvre. Cette fois encore Ibn Ḥazm va, sans le dire, appliquer la méthode que Dieu a enseignée, car nombreux sont les versets coraniques où il est question de la preuve de la prophétie. Par exemple, le verset 7 de la Sourate 21 (*al-Anbiyâʾ*) : « Interrogez les Possesseurs de l'Édification, si vous ne savez pas ». Ainsi, le Coran apporte une révélation, mais dans cette révélation même est indiqué un moyen de la vérifier. Dieu apprend à Muḥammad qu'*avant* lui il a déjà parlé aux hommes. Donc il est normal d'interroger l'histoire. Sur le fond, par conséquent, la valeur de la prophétie est la valeur même de l'histoire. Aussi Ibn Ḥazm fait-il observer qu'on ne peut connaître ce dont on n'est pas témoin, que ce soit un fait éloigné, ou un fait passé, autrement que par un récit (*ḫabar*) qui en est fait. Qu'on ne méprise pas ce genre de connaissance : elle a un caractère de nécessité, car elle est imposée à la raison qui doit la reconnaître sous peine de tomber dans un doute universel. Si le *ḫabar al-tawâtur* présentait, en soi, la moindre difficulté, il faudrait qu'on doutât s'il y eut ou non des hommes dans le passé, puisque leur existence n'est connue que par *ḫabar*. Donc rien n'est plus conséquent que d'admettre les récits concernant les prophètes. Quant à la réalité des prophéties, l'authenticité de leur contenu, c'est encore le Coran qui répond en rappelant tous les miracles qui ont accompagné les missions prophétiques. On dira, il est vrai, que les miracles ne sont connus que par les récits, et qu'ils ne peuvent pas prouver la vérité des récits qui les rapportent ; il y aurait un cercle vicieux manifeste. Mais si Ibn Ḥazm fait mention du bâton changé en serpent, du passage de la Mer Rouge ou de la guérison de l'aveugle né, ce ne sont pas ces miracles-là qui l'intéressent au premier chef. L'important pour lui est le miracle qui prouve la mission de Muḥammad, c'est-à-dire le Coran. Or l'inimitabilité (*i*ᶜ*ğâz*) du Coran est un défi lancé aux hommes de mauvaise foi, qui ne voulaient voir dans le Livre qu'une composition analogue à celle des poètes. Le défi subsiste à tout moment de l'histoire, et le Coran triomphe sous les yeux des générations successives. En faveur de la mission de Muḥammad, Ibn Ḥazm rapporte encore deux autres défis (le mot *da'â* a bien ici cette signification) : celui que le Prophète a lancé aux juifs d'oser désirer la mort s'ils sont véridiques, puisqu'ils disent avoir pour eux une demeure particulière dans le Paradis (Sour. 20 v. 94, 5) ; celui qui fut lancé aux chrétiens de Nağrân (*mubâhala*). Ainsi peut-on dire que, pour Ibn Ḥazm, la confirmation de la prophétie de Muḥammad, c'est le défi que le Coran lance aux infidèles, qui n'est jamais relevé, alors qu'on voit les conversions en masse à l'Islam dès l'époque du Prophète. Ibn Ḥazm prêche donc une religion qui, à ses yeux, a fait ses preuves dans le monde ; il a fait sienne cette mentalité de l'homme assuré de la victoire, qui défie tous ses ennemis : elle se traduit dans ses affirmations brutales, dans l'administration de ces arguments textuels pris à la lettre où il refuse de voir la moindre contingence historique ou psychologique capable d'en affaiblir la portée, mais qu'il assène sur l'adversaire comme autant de coups de la Parole divine.

Par suite, c'est la prophétie de Muḥammad qui en définitive confirme toutes les autres, là où elles doivent être confirmées. Ce n'est pas en interrogeant les juifs, les chrétiens ou, en général, l'histoire, qu'on se persuadera de la vérité du Coran. L'enseignement coranique établit la valeur de l'histoire en montrant aux hommes sa nécessité, mais quand cette nécessité a été reconnue, le fidèle n'est pas pour autant en droit de faire des recherches historiques indépendantes ; il doit poser ses questions telles que le Coran lui commande de les poser, il doit interroger le passé comme le Coran veut qu'on l'interroge, et c'est en fin de compte dans le Coran lui-même qu'on trouve les réponses. Le Coran ne fait appel à l'histoire que pour la concentrer tout entière en lui-même. Cela conduit normalement à l'article 11 qui déclare que Dieu, par la religion de sa communauté (*milla*), l'Islam, a abrogé toutes les autres lois précédemment révélées. Tout le monde doit suivre Muḥammad, le sceau des prophètes.

Le musulman doit croire en tous les prophètes (ceux que le Coran cite et ceux que Dieu n'a pas nommés, car un *ḥadîṯ* nous apprend qu'il y en a dont l'histoire n'a pas été contée à Muḥammad). Tous ces prophètes sont des hommes comme nous, et Jésus, fils de Marie, n'est qu'un homme, malgré sa naissance miraculeuse : il est bien né sans père, d'une vierge, mais Adam était né sans père ni mère et n'en était pas moins un homme. Toutes les preuves alléguées sont coraniques.

Le Coran se définit lui-même comme un « livre sans tortuosité, tout droit, pour mettre en garde en avertissant d'un malheur très dur, venant de Dieu, et pour annoncer aux croyants qui font le bien, qu'ils auront une belle récompense » (Sour. 18, v. 1, 2). Ibn Ḥazm parle donc maintenant du Paradis et de l'Enfer. Ils sont éternels, ne seront pas détruits, et les hommes qui y sont ne périront pas. Les versets 107 et 108, de la sourate 11, qui sont ici apportés comme preuve, sont loin d'être clairs et probants. Voici tout le passage dans la traduction Blachère : « Ceux qui seront misérables seront dans le feu où ils feront entendre gémissements et sanglots, et ils resteront là, immortels, tant que dureront les cieux et la terre, à moins qu'Allah ne (*le*) veuille (*autrement*). Ton Seigneur accomplit ce qu'il désire. Ceux, au contraire, qui seront heureux, seront dans le Jardin et, don infini, ils y seront immortels, tant que dureront les cieux et la terre, à moins qu'Allah ne (*le*) veuille (*autrement*) ». En réalité, ce texte est déconcertant puisqu'il affirme, d'un côté, l'éternité dans l'autre vie et, de l'autre, une durée limitée à celle des cieux et de la terre, le tout étant suspendu à la volonté de Dieu, ce qui laisse supposer, qu'il peut, s'il le veut, mettre un terme à ce qui est présenté comme éternel. Les Commentateurs n'ont pas laissé d'être embarrassés. On a dit que les cieux et la terre en question sont, non pas ceux d'ici-bas qui auront une fin, mais ceux de l'autre vie. Seulement, comme le remarque Faḫr al-Dīn al-Rāzī, la durée de ces nouveaux cieux et de cette nouvelle terre n'étant pas connue, ces versets n'ont pas alors une grande utilité (*Commentaire*, V, p. 92). La comparaison avec la durée de ces cieux et de cette terre n'apporte rien qu'on ne sache déjà par d'autres textes, sur la durée des joies et des peines dans la vie dernière. On a dit que c'est là aussi, chez les Arabes, une expression : « tant que dureront les cieux et la terre » signifiant une durée telle qu'il n'y en a pas de plus longue (*ibid.*). Râzî pense qu'une condition peut disparaître sans que disparaisse le conditionné : si tel être est un homme, il est un vivant ; mais il peut ne pas être un homme et être un vivant tout de même. Ainsi le Paradis et l'Enfer dureront autant que la terre et les cieux, mais ils peuvent exister après que l'univers aura été anéanti. Cette conception conduit à une interprétation de « à moins que Dieu veuille », que ne rend pas la traduction Blachère. Les habitants du Paradis et de l'Enfer y séjourneront autant que dureront les cieux et la terre, à moins que Dieu ne veuille y ajouter (*ziyâda*) une autre durée. Or, on sait que Dieu précisément le veut (*ibid.*, p. 93). Et cela s'articule très bien à la fin du verset : « à moins qu'il ne veuille (ajouter une durée éternelle) comme un don qui ne sera pas retranché ».

Ibn Ḥazm cite tranquillement ces textes, comme un argument de toute évidence pertinent et il ne soulève aucun problème. Il faut croire qu'il les comprenait immédiatement, dans le sens que nous venons de dégager et qui était à ses yeux le sens manifeste (*ẓâhir*). Quoi qu'il en soit, on peut assurer que l'« exception », l'*istiṯnâʾ*, exprimée par *illâ* (sauf si), était pour lui l'essentiel : l'éternité du Paradis et de l'Enfer n'a rien de comparable à la nécessaire éternité de Dieu, mais elle dépend, puisqu'elle appartient à des êtres créés, de la toute-puissante volonté divine.

Un *ḥadîṯ* rapporte qu'au Jour de la Résurrection, on apportera la Mort sous la forme d'un bélier gris qui sera sacrifié. Une tradition ajoute que ce bélier sera maintenu *entre* le Paradis et l'Enfer (donc qu'il n'entre en aucun de ces lieux). Cela fait, il sera dit aux gens du Paradis, puis à ceux de l'Enfer : « Éternité ! car il n'y a plus de mort ». L'idée que la disparition de la mort est liée à la fin du monde, donc que la mort est un phénomène exclusivement d'ici-bas, est une idée intéressante. Elle fait bien comprendre en quel sens il faut prendre le verset 39 de la sourate 19, que cite ici Ibn Ḥazm et où on lit : *iḏ quḍiya l-amr*, que M. Blachère traduit par « Quand l'ordre sera décrété » (il s'agit du Jour de la Lamentation), ce qui correspond à l'un des deux sens que proposent les Commentateurs. Mais il est certain qu'Ibn Ḥazm entend ces mots dans le second sens : ce jour-là « le monde sera détruit et l'obligation qui pèse sur l'homme (*taklîf*) cessera » (Râzî, *Commentaire*, V, p. 544). L'idée est donc qu'à ce moment-là, les jeux seront faits ; tout sera déterminé pour l'éternité, parce qu'il n'y aura plus rien à tenter, à entreprendre pour changer quoi que ce soit à ce que chaque âme aura acquis ici-bas, pour elle ou contre elle. La mort est la fin d'une épreuve : il n'y a plus, après elle, qu'à faire le calcul des fautes ou des réussites, des pertes et des gains.

Arrivé à ce point, Ibn Ḥazm décrit la condition des élus et des damnés, en prenant à la lettre les termes du Coran : au Paradis, les bienheureux mangent, boivent, ont des rapports sexuels, portent des habits de soie, des vêtements verts de satin et de brocart, ils se parent de bracelets d'argent ; en Enfer, les misérables seront dans des chaînes, des carcans ; ils mangeront le fruit du zaqqoum et boiront de l'eau bouillante ; ils revêtiront des tuniques de goudron. Cependant, au Paradis du moins, en dépit du caractère matériel des délices promises, les conditions ne seront pas celles d'ici-bas, puisque les nécessités physiologiques seront supprimées et que les grossières excrétions de l'organisme seront remplacées par une distillation comparable à celle du musc. Ainsi Ibn Ḥazm prend chaque terme à la lettre ; il s'interdit toute interprétation allégorique ou spirituelle ; néanmoins, il reconnaît que quelque chose change, tout en se refusant de déterminer ce « quelque chose ». Il n'admet pas même la simple analogie de proportionnalité, par exemple de dire que les boissons seront, pour les gens du Paradis, ce que sont pour nous nos boissons. Il faut dire : ce sont de vraies boissons, mais non tout à fait celles que nous connaissons ici-bas. Ce refus du moindre effort de compréhension logique peut nous choquer. Mais n'oublions pas qu'il ne s'agit pas pour notre théologien juriste de constituer une science humaine des choses de la religion ; et alors on verra qu'il suffit, á l'homme de ce monde, de penser à des vêtements de satin vert et autres images semblables, pour connaître ici-bas ce qu'il doit connaître du paradis et pour obéir à la Loi divine qui en promet les jouissances.

L'Enfer est pour les infidèles. Il faut donc définir le *kâfir*, et comme on n'est infidèle que par rapport à la foi révélée par le Coran, il faut définir le Coran. Le Coran qui est sur les feuillets entre les mains des musulmans depuis l'est jusqu'à l'ouest, ce qui est compris entre la « Mère du Coran » (la *Fâtiḥa*) et les deux dernières sourates appelées les deux Préservatrices, tout cela est la Parole de Dieu, la Révélation qu'Il a fait descendre sur le cœur du Prophète Muḥammad ; celui qui en renie une seule lettre est infidèle (*kâfir*). Tout ce qui est dit dans le Coran est vrai à la lettre, sans aucune métaphore. Après cette profession de foi ẓâhirite, vient une condamnation de tout ésotérisme (*bâṭiniyya* et autres sectes à initiations) : personne ne possède de secret en matière de religion. Les textes allégués (Sourate 2, v. 159 et 174 et Sourate 3, v. 187) ne visent évidemment pas ces sectes extrémistes ; ils blâment ceux qui, tels les juifs, cachent aux autres le contenu des Écritures qu'ils ont reçues. Mais il y a un raisonnement sous-jacent : ou bien ce que dissimulent les ésotériques vient de Dieu, et il leur est interdit de le cacher, ou bien cela ne vient pas de Dieu et ce n'est que mensonge. Mais Ibn Ḥazm n'explicite pas ici sa pensée ; il se contente de frapper à coups de citations.

Ayant ainsi parlé de Dieu, des Prophètes, de la Loi avec ses promesses et ses menaces, par suite, du Paradis et de l'Enfer, enfin du Coran qui contient tout le message en clair, auquel il faut croire à la lettre, Ibn Ḥazm aborde la question du Jugement qui fut le thème le plus souvent traité dans les premières révélations faites à Muḥammad. Mais il lui faut pour cela parler d'abord des êtres qui jouent un rôle au jour de la Résurrection, et en premier lieu des Anges. On sait en effet que la plupart des Commentateurs voient dans le premier verset de la sourate *Fâṭir* (n° 35), une évocation de la résurrection, quand Dieu fera de ses Anges des Envoyés pour aller au devant des hommes. Ibn Ḥazm ne nous dit rien de très particulier à leur sujet, car au fond, il ne les considère pas pour eux-mêmes et il ne songe pas le moins du monde à faire une angélologie. Il insiste seulement sur le rang supérieur (*afḍal*) des anges dans l'ordre de la création. Créés de lumière, ils habitent les cieux et ne désobéissent en rien à Dieu. À vrai dire, le verset sur lequel il s'appuie pour prouver ce dernier point (Sour. 66, v. 6), n'est pas général pour tous les anges. « Craignez… la pierre sur laquelle sont *des* anges terribles et forts qui ne désobéissent à Dieu en rien de ce qu'Il leur ordonne ». Mais Ibn Ḥazm peut l'étendre à tous les anges, car il admet, en vertu de *ḥadîṯ-s* qu'il ne cite pas ici, qu'Iblîs étant de feu, n'est pas un ange mais un djinn. Or, il rappelle justement à l'article suivant qu'il y a, parmi les djinns, des croyants et des infidèles.

Les anges sont supérieurs aux Prophètes, même à Jésus (Sour. 4, v. 172). Ils sont donc supérieurs aux hommes, encore que les hommes aient été exaltés en valeur « au-dessus de beaucoup de créatures » (Sour. 17, v. 70). Mais, remarque Ibn Ḥazm, il n'est pas écrit « au-dessus de toutes les créatures ». Ce sont donc les anges qui sont au-dessus de toutes les créatures. Quand Dieu leur a ordonné de se prosterner devant Adam, ce ne fut que pour le saluer. Si les anges n'avaient pas été supérieurs à lui, Adam n'aurait tiré aucun honneur de cette salutation. Il semble qu'Ibn Ḥazm insiste sur ce point par opposition au christianisme qui montre les anges servant le Christ, et peut être aussi contre des idées mystiques, d'origine étrangère, qui devaient se développer dans l'*Išrâq*, mais qui existaient depuis longtemps, et dont le propre était de ne pas faire une distinction ontologique suffisante entre l'homme et l'ange.

Cela établi, on peut passer à la résurrection. Ibn Ḥazm s'appuie sur ce qu'il a déjà dit à propos de la mort. C'est le moment où finit la subsistance (*baqâ'*) de la création dans ce monde. Alors mourra tout ce qui s'y trouve ; puis les morts ressusciteront : leurs os qui sont dans les tombes, même s'ils sont pourris, ressusciteront. Ils reprendront leur forme telle qu'ils l'avaient ; leurs esprits reviendront en eux tels qu'ils étaient. « Les premiers et les derniers » seront rassemblés en un jour dont la durée sera de 50.000 ans. En ce jour sera fait, pour les hommes et les djinns, le compte de leurs actions. Les termes de ces affirmations sont repris textuellement à des Sourates (Sour. 22, v. 6, 7 ; 36, v. 78, 79 ; 24, v. 24 ; 32, v. 5 ; 56, v. 49, 50 ; 40, v. 17). Ce sera un jour de justice universelle ; les bêtes féroces seront aussi réunies ; il sera fait droit à toute créature qui a un droit à faire valoir : le bétail sans corne obtiendra vengeance contre les bêtes à cornes.

Tous les textes cités comme preuve sont pris à la lettre, sans qu'Ibn Ḥazm cherche à expliquer comment est possible ce qu'ils déclarent. Par exemple aucun problème n'est soulevé sur la forme que retrouveront les corps ressuscités. À ce sujet, un philosophe comme Faḫr al-Dîn al-Râzî devait évoquer dans ses *Mabâḥiṯ* la difficulté que cette idée soulève : le corps qui ressuscitera aura-t-il sa forme d'enfant, de jeune homme, d'adulte, ou de vieillard décrépit ? Mais le *credo* ḥazmien exclut toute philosophie spéculative. L'idée qui intéresse Ibn Ḥazm, et qui semble centrale dans tout ce *credo*, est celle de la justice divine ; il y insiste beaucoup, et c'est normal, puisque cette profession de foi constitue un chapitre d'introduction à un traité de droit. Or l'exercice parfait de la justice suppose que les parties jugées se retrouvent telles qu'elles étaient au moment du délit. Il nous paraît donc que l'insistance sur l'identité de la forme corporelle et de l'esprit, lors de la résurrection, s'explique par l'exigence de la justice exacte et minutieuse que Dieu va déployer. Ce que sera métaphysiquement cette réunion de l'âme et du corps n'a donc ici aucune importance.

Dans ce décor du Jour dernier, il ne faut pas oublier le *ṣirâṭ*, ce sentier qui traverse l'Enfer et sur lequel les hommes doivent passer, les Balances pour peser les actions, le Bassin qui étanche à jamais la soif. Tout cela est véritable.

À propos du *ṣirâṭ*, Ibn Ḥazm invoque un *ḥadiṯ* du Prophète, dont le ton mérite d'être remarqué : « Dans l'Enfer, il y a des crampons comme les épines de la plante *sa'dan* (*cf.* Ibn al-Bayṭar, n° 1188). Avez-vous vu les épines du *sa'dan* ? Eh bien, ces crampons sont comme les épines du *sa'dan*, sauf que, Dieu mis à part, personne ne connaît leur dimension et leur grandeur ; ils arrachent les hommes avec leurs actions ». Comment peut-on tirer ce récit de son cadre, si fortement marqué, pour en faire l'expression d'une vérité en soi ? Ne voit-on pas le Prophète, avec son cercle de Bédouins, parlant à ces hommes frustes, selon le langage qu'ils comprennent, avec des images qu'ils connaissent et sur le ton d'une conversation familière ? Mais Ibn Ḥazm ne veut pas tenir compte de cette ambiance. Il n'admet pas la parabole adaptée à la mentalité d'un auditoire. Il ne veut retenir que ce qui est dit, ce qui constitue un texte qu'il faut interpréter à la lettre. Toute parole du Prophète, comme celle de Dieu, doit être considérée comme un univers porteur de vérité en lui-même, indépendamment des circonstances particulières où elle a été prononcée, ou, plus exactement, sans que les circonstances particulières puissent particulariser ce qui est dit.

La seule correction est celle que le texte apporte : Dieu seul connaît la grandeur de ces crampons. De même pour les balances : « Nous y croyons et ne savons pas comment elles sont ». En définitive, toutes les questions sont écartées au nom d'un agnosticisme théorique. Nous n'avons pas à savoir le *comment.* Il nous suffit d'être persuadés qu'il y a des crampons et des balances et de nous interdire toute interprétation figurée dont le résultat serait de faire disparaître ce qui est enseigné vraiment dans la parole de Dieu ou du Prophète. La compréhension que Dieu a voulue pour nous, est une compréhension au niveau des mots et de la langue dans laquelle il nous parle. Désirer un approfondissement par un commentaire figuré, moral, métaphysique ou mystique, c'est en somme déclarer que Dieu s'est mal exprimé, en termes insuffisants et impropres, ce qui est infidélité pure.

Les comptes des actions, qui constituent le jugement, sont étudiés en détail. Tout commence par une affirmation où éclate le sectarisme du croyant convaincu et plein de défi, qui est un trait de caractère d'Ibn Ḥazm. Il le jette en tête de cette partie du *credo* comme s'il le jetait à la face des ennemis de Dieu : l'intercession (*šafâᶜa*) du Prophète pour ceux de sa communauté qui ont commis de grandes fautes, est véritable. Ces membres de la *umma* sortiront donc de l'Enfer et entreront au Paradis. En effet, selon une tradition, seuls les infidèles, qui ne reconnaissent pas l'unicité divine et qui associent à Dieu d'autres divinités, resteront éternellement en Enfer, dans une état intermédiaire entre la vie et la mort : ils n'y mourront pas, ils n'y vivront pas. Mais les musulmans, qui ont commis des fautes graves, seront atteints par le feu ; Dieu les fera mourir ; ils seront transformés en charbon. Alors Dieu permettra l'intercession : on les transportera par paquets et ils seront disséminés le long des Fleuves du Paradis. Les habitants du Paradis seront invités à les asperger, ce qui les fera pousser comme pousse une graine de plante odoriférante (*ḥibba*) dans le lit d'un torrent.

Ibn Ḥazm cependant ne semble pas réserver l'intercession au seul Muḥammad, puisqu'il cite un *ḥadîṯ* d'après lequel tout prophète a une prière qu'il peut adresser en faveur de sa communauté. Mais ce qui distingue

Muḥammad, selon le même texte, c'est qu'il a caché sa prière pour en faire une intercession au Jour de la Résurrection. C'est d'ailleurs la seule *šafâᶜa* qui intéresse ici notre auteur, et il ne dit rien des cas d'intercession que certains ont admis au cours même de la vie terrestre de l'Envoyé de Dieu.

Après cette mise au point préliminaire, qui distingue absolument entre le Croyant musulman el l'infidèle, Ibn Ḥazm peut passer à la question des fautes grandes ou petites.

D'abord les feuillets sur lesquels les anges inscrivent les actions des hommes sont véritables et il faut y croire, encore qu'on ne sache pas *comment* ils sont (Sour. 50, v. 17, 18 ; 45, v. 28 ; 17, v. 13). Au Jour de la Résurrection, les croyants reçoivent leur rôle dans la main droite ; les infidèles dans la main gauche ; et les croyants qui ont commis de grandes fautes (*kabâʾir*), derrière leur dos (Sour. 17, v. 71 ; 69, v. 19, 25 ; 84, v. 7). Chaque homme a deux anges qui prennent note de ses actes.

Puis on entre dans le détail du calcul, véritable comptabilité : la pensée d'une bonne action, non suivie d'exécution, compte pour une action bonne ; suivie d'exécution, elle compte pour dix. La pensée d'une action mauvaise qu'on abandonne à cause de Dieu, compte pour une action bonne ; abandonnée pour quelque autre cause, elle ne compte pas. Si on la commet, elle compte pour une seule mauvaise action.

Si un homme a mal agi avant son *islâm* et continue à mal agir après, le mal qu'il a fait en état d'infidélité lui est compté. S'il se repent en devenant musulman, ce qu'il a fait de mal auparavant tombe entièrement et ne lui est pas imputé. Les bonnes œuvres d'un infidèle sont récompensées, s'il fait *islâm*, avec le bien qu'il a pratiqué étant devenu musulman. S'il reste infidèle, il est récompensé en ce monde, mais il ne reçoit rien dans l'autre. Tous ces décomptes sont tirés de textes du Coran et de la tradition. Mais ce qui est important, c'est que le pardon de Dieu n'est accordé qu'à celui qui a la foi accompagnée de repentir et de bonnes œuvres. Le repentir d'un infidèle pour les fautes qu'il a commises, n'est même pas envisagé, s'il reste infidèle.

L'article 39, auquel nous arrivons maintenant, se rattache bien à l'eschatologie, puisqu'il s'agit du châtiment de la tombe, mais il n'en rompt pas moins le développement. Le châtiment de la tombe est véritable, affirme Ibn Ḥazm. Mais, cela dit, il ne fait mention d'aucune espèce de châtiment. Il parle de l'interrogation dans le tombeau comme d'un fait réel. Mais il semble, dans cet article, être surtout préoccupé de montrer que de tels faits n'impliquent pas de résurrection avant le Jour du Jugement. Ibn Ḥazm entend le verset 28 de la Sourate 2 en ce sens que Dieu, en créant l'homme, a donné la vie à ce qui était mort (une substance inanimée), puis qu'il lui a donné la mort, enfin qu'il lui a rendu la vie : en tout, deux états de mort qui encadrent notre existence terrestre, et deux états de vie : la vie ici-bas et l'autre vie. Il n'y a donc pas d'autre résurrection que celle du Jour Dernier. La résurrection des morts par le Christ n'a qu'une valeur de signe.

Le *ḥadîṯ* qui est invoqué en faveur de l'interrogation de la tombe, dit que le verset 27 de la Sourate 14 a été révélé à ce sujet. Le voici : « Dieu affermit ceux qui croient, grâce à la parole ferme, dans cette vie et dans l'autre ». Nous traduisons *bi-l-qawl al-ṯâbit* non comme un complément de « croire » (: « qui ont cru en la Ferme Parole », trad. Blachère, *cf.* sa note 32, où il signale pour la rejeter l'autre manière de construire), mais comme un complément d'« affermir », en suivant le commentaire de Râzî (V, p. 238) : « C'est une doctrine répandue que ce verset se rapporte à l'interrogatoire mené par les deux anges dans le tombeau et à l'action de Dieu qui suggèrera au Croyant le mot qui est le vrai, en l'affermissant dans la vérité, au moment où il sera questionné dans sa tombe. Il nous a été transmis du Prophète qu'il a dit au sujet de ce verset : quand on demandera au Croyant, dans la tombe, qui est ton Seigneur, quelle est ta religion, quel est ton Prophète, il répondra : mon Seigneur est Dieu ; ma religion, l'Islam ; mon Prophète Muḥammad. » Et le sens de la particule « *bi* » (par, grâce à) dans ce passage (*bi-l-qawl al-ṯâbit*), c'est que Dieu n'affermit les hommes qu'en raison de leur assiduité en ce monde à prononcer cette parole ». Râzî ajoute ici une démonstration rationnelle sur les effets de l'habitude qu'on prend à réciter la *šahâda*. Mais cela n'a plus aucun rapport avec Ibn Ḥazm.

Donc ce verset concerne l'interrogation par les deux anges dont, notons-le en passant, Ibn Ḥazm n'indique pas les noms, alors que certaines traditions, peut-être moins sûres, les appellent Munkar et Nakîr. C'est bien aussi ce qu'apprend le *ḥadîṯ* d'Abû Hurayra : les deux anges vont au devant de l'esprit qui sort de son corps et le conduisent devant son Seigneur. Dieu leur commande de l'emmener « jusqu'à la fin du temps fixé ». Donc il faut attendre le Jour de la Résurrection, qu'il s'agisse d'un Croyant ou d'un infidèle. Mais on rapporte qu'après avoir parlé du cas de l'infidèle, le Prophète ramena son voile sur sa face. Sans doute pensait-il alors au châtiment de la tombe pour ces incroyants. Il semble que c'est ainsi qu'Ibn Ḥazm comprend ce geste. Mais il n'en dit pas plus.

La question du châtiment de la tombe est fort obscure. Aussi, suivant sa méthode, et ici plus qu'ailleurs encore, Ibn Ḥazm n'en parle pas pour la faire comprendre en elle-même, mais pour rappeler simplement qu'il faut être prêt à cet interrogatoire, et surtout qu'il faut croire à une seule résurrection. Quant au problème des âmes après la mort, il est résolu par le *ḥadîṯ* d'Abû Hurayra et par un *ḥadîṯ* d'Ibn ᶜUmar : les âmes sont auprès de Dieu. Mais il ne faudrait pas tirer de là des conclusions trop risquées : elles sont auprès de Dieu comme elles y sont pendant le sommeil. La mort, jusqu'à la résurrection, est une sorte de sommeil qui paraîtra avoir été très court. Cette question du sommeil et de la mort est traitée un peu plus loin (n° 41), à propos de Jésus. Elle est séparée du présent article (n° 39) par la question 40, qui se rattache au contraire au n° 38, car elle traite de la pesée des actions et du poids du repentir. L'ordre normal serait donc : n° 38 - 40 - 39 - 41.

Jésus n'a pas été crucifié ni tué. Dieu l'a fait mourir et l'a élevé à Lui (*cf.* entre autres, Sour. 3, v. 55). Sur le sommeil et la mort qui sont les deux *wafât*, et qui permettent d'expliquer en quel sens l'âme de Jésus a été élevé à Dieu, Ibn Ḥazm renvoie à la sourate 39, v. 42.

Une fois morts, les Prophètes ne reviennent pas avant la résurrection. Cet article de foi est dirigé contre la doctrine du retour professée par les Râfiḍites. Il est bien dans le développement de ce qui précède. Les âmes que Muḥammad a vues dans les cieux, au cours de son *mi*ᶜ*râğ*, ne sont donc pas anéanties ; elles ne passent pas en d'autres corps (contre la métempsycose), mais elles demeurent vivantes, sensibles, rationnelles, soit dans le bien-être (*na*ᶜ*îm*), soit dans une condition dure (allusion au châtiment de la tombe) jusqu'au Jour de la Résurrection. Alors elles retournent dans leur corps pour recevoir, au Paradis ou en Enfer, la sanction de leurs actes. Seules les âmes des Prophètes et des martyrs sont dès maintenant pourvues et bienheureuses dans le Paradis. En effet, la tradition veut que ces deux catégories de croyants, qui occupent les rangs les plus élevés, ne connaissent pas l'interrogatoire de la tombe. Quant à ce qui prouve que les esprits séparés du corps peuvent avoir des sensations, connaître et discerner, c'est le *ḥadîṯ* du Prophète, où il est dit que l'homme, à sa mort, apprend quel sera son siège (*maq*ᶜ*ad*) au Paradis ou en Enfer : « Voici ton siège, vers lequel tu seras envoyé le Jour de la Résurrection ». Donc il entend et comprend.

Nous arrivons ainsi à l'article 44, et désormais, nous ne découvrons plus aucun ordre véritable, ainsi que nous l'avons dit, même si, renonçant à l'enchaînement purement logique d'idées théologiques et spéculatives (enchaînement qu'on ne peut pas envisager sans fausser les intentions de l'auteur), nous essayons de découvrir ce qui a bien pu conduire Ibn Ḥazm à adopter la succession des articles que nous avons sous les yeux. Il semble qu'il ait ramassé là, ou bien des points de foi qui, malgré leur importance, ne sont pas au centre même de la croyance très pratique, telle qu'il la conçoit, ou bien des idées déjà rencontrées, mais sur lesquelles il veut insister davantage et présenter sous un autre angle, ou bien enfin des questions plus secondaires. Enfin, certains de ces articles ont un sens plus particulièrement politique.

Ainsi, à partir du n° 51, Ibn Ḥazm reparle de Dieu jusqu'au n° 62. C'est pour aborder un problème qu'il avait laissé de côté, vraisemblablement parce qu'il risquait de faire penser à une foi trop théorique : le problème des noms et des attributs de Dieu. Il était pratiquement déjà résolu par ce qui a été dit de l'interprétation ẓâhirite des textes. Il suffisait donc maintenant de le mentionner explicitement pour qu'il ne reste aucun doute. Pour les noms de Dieu, Ibn Ḥazm paraît appliquer la maxime : *Lex orandi, lex credendi.* On ne peut invoquer Dieu – et en fait, dans la prière, remarquons-le, on ne l'invoque pas – par d'autres noms que ceux dont il s'est lui-même nommé. De même, il ne faut pas le qualifier par des attributs qu'il ne nous a pas fait connaître comme étant ses attributs. Toute la théologie ḥazmienne est donc, dans son expression, liée aux termes du Coran et de la Tradition.

L'interdiction d'employer, en parlant de Dieu, des expressions dérivées des termes révélés, est particulièrement importante quand, d'un verbe, on veut tirer un substantif ou un qualificatif, ou un nom d'agent qu'on appliquerait à Dieu. Ainsi il est écrit (Sour. 86, v. 16) : « Mais moi aussi j'ourdirai une ruse » (m. à m. : je ruserai d'une ruse). On ne peut appeler Dieu le ruseur (ni reconnaître en lui l'attribut de ruse). On lit au v. 54 de la Sourate 3 : « Ils trompèrent (Jésus) ; Dieu les trompa ; il est le meilleur des trompeurs ». On ne peut l'appeler le Trompeur, ni faire de la tromperie un attribut. De même, quand on trouve (Sour. 79, v. 17, et 91, v. 5) : « Le ciel qu'Il a bâti », on ne peut le désigner comme bâtisseur. Cette critique s'applique en particulier au *ḥadīṯ* : « Dieu descend chaque nuit sur le ciel de ce monde où il reste le tiers (ou le dernier tiers, ou la moitié, ou les deux tiers) de la nuit. Il dit : celui qui m'invoque, je l'exauce ; celui qui me demande, je lui donne ; celui qui implore mon pardon, je lui pardonne ». Ibn Ḥazm explique qu'il s'agit là d'un acte (*fiᶜl*) de Dieu, mais qu'on ne peut Lui attribuer le mouvement ou le transport, qui sont des attributs du créé. C'est qu'on ne peut dire qu'il est « descendant » ou qu'il possède l'attribut de « descente ». Ibn Ḥazm a montré ailleurs que, dans un pareil cas, l'acte est présenté par rapport à son terme. Si les implorations humaines ne vont pas au-delà du ciel de ce monde, la limite du visible qui a été ornée pour nous de la splendeur des astres (*cf.* Sour. 37, v. 6 ; 41, v. 12), quand Dieu, par son acte, vient les recueillir là, on peut dire qu'il y descend. Est-ce qu'Ibn Ḥazm admettrait une interprétation figurée ? Certes non. Mais, dirait-il, nous savons, d'une connaissance d'intuition nécessaire, que le mouvement ne peut convenir à Dieu. Nous ne gardons par conséquent du verbe employé que l'idée d'un acte. Or un acte peut normalement s'exprimer par le terme auquel il aboutit. Mais cette sorte de description, qui convient pour rendre l'acte à travers ce qu'il produit, ne convient que là ; et il ne faut pas la déplacer pour qualifier à l'autre extrémité, l'agent lui-même. Il en va tout autrement pour le Coran. Sans doute, Dieu le fait-il descendre sur le cœur du Prophète, et on le trouve écrit sur des feuillets, articulé par la langue des lecteurs, entendu dans l'oreille des auditeurs. Cependant on sait que le Coran est la parole increée de Dieu (Sour. 10, v. 19 ; 8, v. 68 : le verbe *sabaqa*, qui signifie être antérieur, est ici interprété comme se référant à l'antériorité de Dieu, *al-Awwal*, c'est-à-dire à l'éternité). Donc il ne faut pas considérer que la descente du Coran est un acte qui ne permet pas de qualifier Dieu comme parlant, puisqu'il y a des textes qui nous y autorisent. Par conséquent, les corans écrits ou lus ici-bas ne sont pas seulement les termes extérieurs d'une action qu'on décrirait de façon extrinsèque, mais ils sont cela même qui, à l'origine, commande l'action révélatrice : la Parole éternelle et increée de Dieu.

Plusieurs versets parlent de la Parole de Dieu. Ibn Ḥazm cite la sourate 9, v. 7 : « Jusqu'à ce qu'ils entendent la Parole de Dieu » et 2, v. 75 : « Ils entendent la Parole de Dieu, puis ils l'altèrent après l'avoir comprise… ». Cette dernière citation comporte une difficulté qu'Ibn Ḥazm ne semble pas voir. En appliquant ses principes de méthode, si on prend *samiᶜa* (entendre) au sens propre, pour prouver que c'est bien la Parole éternelle de Dieu qui est directement entendue (*Kalâm Allâh* est complément direct de *samiᶜa*), il faudra dire que c'est également la Parole éternelle (complément direct de *ḥarrafa*) qui est altérée. Or cela est impossible. Mais comme les deux membres de phrase sont exactement parallèles, si la parole, complément de *ḥarrafa*, ne peut être la Parole increée, la parole, complément de *samiᶜa* ne le sera pas non plus. Cette difficulté existe-t-elle vraiment pour Ibn Ḥazm ? Il est vraisemblable qu'il nous répondrait que la parole n'est altérée, selon le texte, qu'après avoir été comprise. Ce n'est pas la parole entendue qui est altérée dans le temps où on l'entend. Celle-là est bien la Parole éternelle. Mais, dans un second temps, c'est la parole comprise par l'homme qui est altérée. Qu'on ne pense pas que cette distinction est un jeu subtil et vain. En un sens, quand Dieu parle, on ne saurait modifier ce qu'il dit au moment même où sa Parole est reçue. Pourquoi donc les hommes ont-ils, à toutes les époques, falsifié le Message ? Précisément parce qu'après l'avoir entendu, ils ont voulu en disposer ; ils n'y ont plus vu, au sens propre, la Parole de leur Seigneur ; ils l'ont traitée comme on traite une œuvre humaine, un poème ; ils l'ont considérée dans l'écho de leur entendement, non plus en elle-même ; ils ne l'ont plus saisie dans son unité transcendante, mais ils n'ont été sensibles qu'à leurs réactions personnelles et arbitraires. C'est pourquoi le ẓâhirisme est essentiel pour Ibn Ḥazm. L'homme doit écouter le Coran, tel qu'il est en lui-même, avec ses mots, ses phrases, sa structure linguistique objective et indépendante de toute intention ou émotion psychologique. Alors il entend la Parole éternelle de Dieu. C'est pourquoi Ibn Ḥazm a pu écrire plus haut : « L'argument (*ḥuğğa*) de Dieu est consistant et manifeste pour tous ceux qu'a atteints l'Avertissement (*niḏâra*) : croyants et infidèles, hommes pieux ou débauchés ». Ce n'est qu'après que le mal commence : plus profonde que la désobéissance aux commandements, se situe une rébellion radicale contre la Parole même, devant laquelle on veut garder son indépendance au lieu de s'y soumettre en l'acceptant dans toute la force divine de son sens littéral. Alors le *ḥadîṯ* de ʿAbd-Allâh b. ᶜUmar, que cite Ibn Ḥazm, prend tout son sens : « Le Prophète a reçu l'interdiction d'emporter le Coran en voyage dans la terre des ennemis et l'ordre de ne permettre à personne de détourner la Parole de Dieu et celle de son Prophète de la vérité pour l'orienter vers la métaphore par une prétention mensongère ». Il s'agit bien de l'interprétation après coup de cette Parole révélée.

Ce qui précède permet d'aborder la question de la Science de Dieu et de sa Puissance. Elles sont toutes deux véritables. Dieu n'a jamais cessé d'avoir science de tout ce qui est et sera ; rien ne lui est caché : « Il connaît le secret et ce qui est plus caché encore » (Sour. 20, v. 7). Or, dit Ibn Ḥazm, il n'y a plus rien après ce qui est plus caché que le secret. Il faut noter qu'il parle de la science, non comme d'une entité en Dieu, mais comme d'un acte de connaître qui a sa source en Dieu. Il en va de même de sa Puissance : il n'y a rien dont Dieu soit incapable ; il peut tout ; il est capable de faire tout ce que l'homme lui demanderait, fût-ce impossible (à ses yeux d'homme), et de réaliser toute autre chose parmi ce qui n'existera jamais. Si Dieu avait voulu créer la terre en jouant (Sour. 21, v. 16, 17), s'il avait voulu prendre un fils (Sour. 19, v. 35), il l'aurait fait. Il peut donner à son Envoyé des épouses meilleures que celles qu'il a (Sour. 66, v. 5) ; or les épouses que le Prophète a eues, sont d'un rang aussi haut que celui du Prophète lui-même. Si Dieu n'était pas tout-puissant, il serait limité, donc *muḥdaṯ*. C'est lui qui rend nécessaire le nécessaire et possible le possible, et il aurait pu créer le contraire de ce qu'il a créé. S'il avait, dans sa création, été obligé de respecter la nécessité, il serait contraint et non pas libre. Enfin, Ibn Ḥazm affirme, à la lettre, la réalité de tout ce que Dieu s'attribue dans le Coran : gloire, grandeur, mains, etc.

Il est certain que ces affirmations violentes et brutales ne sont pas destinées à constituer une théologie spéculative. Elles ont pour but, non pas de faire connaître Dieu en lui-même – il est trop haut pour nous – mais de montrer avec un accent de défi et de provocation, qu'on doit entendre sa Parole à la lettre.

Dans les autres articles, dont nous avons déjà indiqué le contenu général, signalons deux conséquences, l'une de la Science : le bonheur et le malheur de tout homme sont compris dans la science de Dieu ; l'autre de la Puissance : Dieu crée les actions des hommes, les bonnes et les mauvaises ; il crée le libre choix, la volonté, la connaissance dans l'âme de ses serviteurs. Aucun éclaircissement théorique à cette grave doctrine de la prédestination totale. Cependant, Ibn Ḥazm n'admet pas pour autant que l'homme soit déchargé de sa responsabilité : il n'a pas d'excuse dans le fait que tout est prédéterminé. Tous les actes de Dieu sont justes et sages. On n'argumente pas contre Dieu qui met chaque être à sa place. Dans le *Fiṣal* où il critique des idées théologiques erronées, Ibn Ḥazm, par suite de sa critique, entre plus profondément dans l'examen de ces difficiles problèmes. Ici il n'a pas à le faire. Ce qu'il veut enseigner, avec toute la vigueur dont il est capable, c'est que l'homme ne peut rien tirer de lui-même ; qu'il ne peut compter efficacement sur ses spéculations, sur ses réflexions, sur ses forces ; qu'il n'a qu'à écouter Dieu qui parle. Nous ne pouvons savoir comment Dieu damne le damné ou sauve celui qu'il éclaire. Poser le problème, faire une théodicée, c'est déjà prendre position de rebelle. L'homme n'a à connaître et à comprendre que ce que Dieu lui fait connaître et comprendre ; il n'a qu'à recevoir la révélation, l'Avertissement, et s'y soumettre totalement et sans y rien changer.

Pour terminer, nous noterons les articles sur le *amr bi-l-maᶜrûf* et le *nahy ᶜan al-munkar* (n° 48) et sur l'*imâmat* (n° 86, 87) qui ont une signification politique. Le *amr bi-l-ma*ᶜ*rûf* est interprété dans le sens d'un *ǧihâd*, par la main, la langue ou, au moins, par le cœur, contre tous ceux qui s'éloignent de la Loi. On sait que ce principe fut souvent invoqué pour justifier, non tant la « guerre sainte » contre les infidèles, que des guerres contre des princes musulmans qu'on jugeait engagés dans l'erreur. Le calife doit être de Qurayš ; il ne peut y en avoir qu'un dans le monde à une époque donnée. L'idée qu'a Ibn Ḥazm, c'est que la communauté, bien qu'elle soit assurée qu'une partie d'entre elle ne cessera de connaître la vérité, en vertu d'un *ḥadîṯ* bien connu, a besoin de quelqu'un qui « professe la vérité » (*qâ*ʾ*il bi-l-ḥaqq*). Tout le contexte montre qu'il ne s'agit pas d'une doctrine qui conférerait au calife une infaillibilité doctrinale : ce sont toujours les textes et l'*iǧmâ*ᶜ qui font et la Loi et le commentaire de la Loi. Le calife n'a rien à apporter de nouveau, pas même des éclaircissements, puisque tout a été révélé et inspiré clairement. Mais, après le Prophète, qui est le sceau de tous les Prophètes, il faut que son successeur soit un porte-parole, qu'il continue à faire entendre et respecter la Loi. « L'*imâm* n'a été institué que pour faire observer aux hommes la prière, pour collecter parmi eux l'aumône légale, pour exercer sur eux les châtiments définis par Dieu (*ḥudûd*), pour exécuter à leur endroit les sentences divines, pour conduire la guerre sainte contre l'ennemi. Toutes ces fonctions sont des contrats (ᶜ*uqûd*) ». Cette dernière remarque fait comprendre qu'un mineur et un aliéné ne peuvent être califes, puisqu'on ne peut passer contrat avec eux.

Le calife, bien qu'élu par des hommes, a une qualification (*ṣifa*) auprès de Dieu. L'élection ne fait que la révéler. Voici les réflexions que fait Ibn Ḥazm, à propos de l'élévation de ᶜUṯmân au califat par un conseil de six membres, désignés par ᶜUmar pour choisir parmi eux son successeur. « Si maintenant nous réfléchissons aux conséquences de ce récit, nous trouvons que ᶜUmar a confié le pouvoir à l'un des six qui devaient déterminer celui d'entre eux qu'ils choisiraient pour conduire les musulmans. Il est donc établi avec certitude que ᶜ*Utmân* fut *imâm* à l'heure même de la mort de ᶜOmar, selon la science de Dieu, par le fait que ᶜUmar lui avait attribué le pouvoir (*amr*) en fonction d'une qualification (*ṣifa*) qui devait apparaître en lui à la suite du choix que les six allaient porter sur lui. Il est donc constant que les musulmans ne sont pas restés une seule heure… sans *imâm* : l'*imâm* était déterminé, défini, qualifié et désigné en lui-même, même si on devait ne pas le connaître lui-même pendant trois jours ».

Cette conception reste pourtant très positive : elle signifie simplement que ce n'est ni l'élection ni l'hommage (*bay*ᶜ*a*), choses humaines, qui, encore que nécessaires, font le calife, mais Dieu. La qualification n'est pas un caractère mystique conféré à l'*imâm*, comme une marque divine ; elle n'est que le fait d'être connu et désigné par Dieu. D'ailleurs le califat suppose toujours la subordination de celui qui le détient, à la Parole révélée. Si bien que l'obéissance du musulman au calife n'est une obligation qu'à cette condition. Si le calife ordonne ce qui serait une rébellion contre Dieu, « il n'y a ni à écouter ni à entendre ». Cette restriction est grave et rappelle ce qui a été dit sur le *amr bi-l-ma^crûf*. N'ouvre-t-elle pas la porte aux plus grands désordres ? Sans doute, et le désordre existait d'ailleurs depuis longtemps dans le monde musulman, à propos justement de la conception de l'imāmat. Ici encore, Ibn Ḥazm se contente de la solution absolue qui est la sienne : le respect total, à la lettre, de textes clairs qui représentent l'infaillible vérité, au-dessus de toutes les passions humaines. N'a-t-il pas vu combien ce critère, ce magistère de l'Écriture, était faible ? Il est douteux qu'il ait pu se faire illusion, car il était trop clairvoyant et son expérience des choses humaines était trop aiguë. Il nous semble percevoir, une fois de plus, ce goût du défi que nous avons déjà signalé : devant la perversion des hommes qui, au nom de Dieu, ont altéré, jusque dans l'Islam, la Parole divine, il affirme dédaigneusement ce qui doit être, même s'il doute que cela soit jamais. Mais il y a l'enfer pour les impies, et deux des derniers articles du *credo* (n° 89 et 91) évoquent l'Antéchrist (*al-Dağğâl*) qui doit venir, infidèle, borgne, menteur, charlatanesque, plein de ruse, et Iblīs qui savait que Dieu était le Créateur et qui pourtant a refusé de lui obéir et qui est devenu infidèle. La profession de foi s'achève sur le rappel de ces deux figures menaçantes.

On le voit, le ẓâhirisme d'Ibn Ḥazm est beaucoup plus qu'une méthode d'interprétation ; beaucoup plus qu'une conception du langage, équivalent d'une philosophie de l'homme et de la connaissance humaine, ou anti-humanisme théocentrique ; beaucoup plus qu'une théologie destructrice de toute théologie spéculative : bien qu'il soit tout cela, il est essentiellement le fondement du *credo*, il est la foi même.

LA GUERRE SAINTE SELON IBN ḤAZM DE CORDOUE

Il y a, dans les doctrines juridiques d'Ibn Ḥazm, une contradiction latente qui se résout par une sorte de défi à l'histoire. Ce juriste ẓâhirite a pour idéal de reconstituer ce qu'était à la lettre le droit musulman à l'époque du Prophète et des Compagnons. Il nie toute possibilité d'évolution du *fiqh* : c'est aux débuts de l'Islam qu'a éclaté la vérité de la Loi. Il y a donc lieu d'interroger l'histoire, qu'elle soit rapportée dans des traditions transmises d'homme à homme, ou livrée dans les connaissances générales que se passent les unes aux autres les générations successives. Mais quand il a déterminé ce qu'a dit ou fait le Prophète dans des circonstances données, quand il a précisé, relativement à ces circonstances, la signification et la portée des paroles, des actes, des silences de l'Envoyé de Dieu, Ibn Ḥazm répudie tous les contextes historiques sur lesquels il s'est appuyé, de peur qu'ils ne limitent la valeur des textes traditionnels à des particularités de temps et de lieux. Seul un texte peut en particulariser un autre. En effet, l'homme ne parle et n'agit que dans des situations particulières, qui peuvent jeter une lumière sur ce qu'il a voulu dire et faire, mais qui ne doivent pas borner l'intention de signification, sinon personne n'exprimerait jamais d'idées et de règles générales, et on ne pourrait énoncer de lois.

En se tournant vers le passé, Ibn Ḥazm ne rêve donc pas de le faire revivre en tant que passé historique. Il sait, mieux peut-être que beaucoup de ses contemporains, qu'il se produit des changements, pour ne pas dire des évolutions. Il sait que l'Islam de son temps, qui allait de l'Espagne aux Indes orientales, n'était plus à la même échelle que l'Islam du Prophète et des premiers califes. Il l'a reconnu à propos des problèmes du consensus de la Communauté. Ce qui l'intéresse dans le passé, c'est un moment privilégié de l'histoire où la Loi voulue éternellement par Dieu a été révélée en des formules universelles et définitives. En dépit de l'évidence la plus manifeste, les commandements donnés au Prophète ne sont pas, à ses yeux, relatifs à l'époque du Prophète, de telle sorte qu'il faille les adapter, pour les appliquer, aux exigences des autres époques. Ce sont des commandements valables tels quels pour tous les temps. Or l'une des conséquences les plus graves du ẓâhirisme ḥazmien, c'est que le sens général des jugements de la Loi est tout entier contenu dans la valeur des mots et la construction des phrases arabes qui l'expriment. Si donc les langues évoluent, ce qu'Ibn Ḥazm a explicitement reconnu, il est nécessaire, pour comprendre la volonté de Dieu, de s'en tenir à l'arabe du Coran et du Prophète. Mais il est indéniable qu'à une étape donnée de l'histoire d'une langue, les possibilités d'expression sont toujours liées à un exprimable qui, à son tour, est en rapport étroit avec une civilisation particulière. C'est là qu'apparaît la contradiction. Les exégètes qui admettent un sens spirituel que chaque génération approfondit selon les exigences de son propre esprit, parviennent aisément à détacher les textes de leur arrière-fond historique. Mais les partisans du sens littéral sont irrémédiablement liés au milieu contingent hors duquel la lettre n'a plus de sens précis.

Par suite, quoi qu'il prétende, Ibn Ḥazm, en définissant tout par référence aux premiers temps de l'Islam, en cherchant ce que signifiaient les révélations pour le Prophète et ses Compagnons, ne pouvait saisir qu'une législation qui reflétait les caractères de cette société ancienne. Comment alors la considérer comme valable pour tous les temps et pour tous les lieux ?

À vrai dire, Ibn Ḥazm ne s'est pas posé directement la question. Cependant, il fournit tous les éléments de la réponse. La Loi n'est applicable que là où la réalité en permet l'application. Un pays qui ne produirait que du riz dont aucun texte authentique ne fait mention, échapperait à la *zakât* sur les denrées agricoles. Quand l'évolution a rendu impossible la mise en pratique d'une prescription, cette prescription tombe d'elle-même (sans être pour autant abrogée), car l'homme n'a pas le droit de la modifier pour l'accorder à une forme nouvelle de vie. Seul un texte peut apporter une obligation.

Attitude dangereuse sans aucun doute. Mais Ibn Ḥazm pouvait-il prévoir que la société humaine se transformerait au point que la presque totalité du droit musulman ainsi conçu se trouverait sans application ? C'est peu probable. Quoi qu'il en soit, l'inapplicabilité d'une loi la rend en fait caduque, bien qu'elle garde toute sa valeur de loi et qu'il faille la remettre en œuvre dès que les circonstances le permettent.

En ce qui concerne la guerre sainte, on ne trouve évidemment chez Ibn Ḥazm aucune tentative pour en spiritualiser la notion. Le *ǧihâd* reste bien pour lui essentiellement la guerre par les armes, encore qu'il connaisse un sens plus général du terme. Seulement, c'est une guerre qui conserve les caractères archaïques des razzias entre tribus bédouines. Dans les textes qu'il cite, le mot *ġazwa* revient à plusieurs reprises. L'opposition du *Dâr al-Ḥarb* et du *Dâr al-Islâm* garde un reflet de l'instabilité des limites entre les pâturages où des clans nomades rivaux faisaient paître leurs troupeaux. La question du partage du butin est l'objet d'un long développement. En un certain sens aussi, la défense de la terre d'Islam contre les infidèles ressemble par beaucoup de traits à la défense des populations citadines ou des colonies agricoles d'Arabie contre les pillards du désert. Là où on parle de villes frontières, il semble qu'on pense à ces citadelles qui, comme à Médine, protégeaient les sédentaires contre les nomades. C'est dans ce cadre étroit que sont étudiées les relations des musulmans avec les non musulmans. Il serait contraire à la pensée d'Ibn Ḥazm de généraliser ce qu'il dit à ce propos et d'y voir les principes d'un droit capable de régir, d'un point de vue musulman, la complexité des relations internationales actuelles. Les conditions du *ǧihâd*, telles que les voit Ibn Ḥazm, ne sont certainement pas réalisées de nos jours, tant sur le plan militaire que sur le plan économique et politique. Mais si elles se présentaient quelque part en un point particulier du monde, les prescriptions de la guerre sainte devraient aussitôt entrer en jeu.

Qu'en était-il du vivant d'Ibn Ḥazm ? Sans parler de l'Orient, on peut penser qu'en Espagne la situation se prêtait assez bien au *ǧihâd*, avec une frontière mobile entre les pays conquis par les musulmans et le reste du territoire chrétien, avec des expéditions annuelles et des guérillas, avec des alternatives de trêves et d'engagements. Mais déjà deux éléments, qui sans doute ont toujours existé, même du temps du Prophète, mais qui ont pris une singulière importance, altèrent le schéma idéal de la théorie de la guerre sainte. D'une part, le *Dâr al-Islâm* n'est plus uni ; il y a des guerres entre musulmans et, pis encore, des musulmans s'allient parfois avec des infidèles contre leurs frères en religion. D'autre part, la guerre revêt un caractère plus décidément politique, et si on la fait toujours au nom de motifs religieux, sa réalité d'entreprise humaine prend nettement le dessus. Mais n'est-ce pas parce que les musulmans ont altéré la pureté originelle de l'Islam ? C'est ce que pense à coup sûr Ibn Ḥazm. Pour ce réformateur devant qui aucune déviation, si minime soit-elle, ne trouve grâce, il faut retrouver l'authenticité de la religion prêchée par l'Envoyé de Dieu. S'il y a des transformations inéluctables dont Ibn Ḥazm prend aisément son parti, d'autres, et ce sont les plus graves, sont dues à l'infidélité des musulmans qui ont innové en empruntant aux civilisations étrangères, qui ont trop oublié les droits de Dieu et se sont comportés comme une nation parmi les autres, qui ont abdiqué les vertus arabes auxquelles l'Islam avait ouvert une si magnifique carrière, et qui, en perdant la tension intérieure de la *Umma*, qui les plaçait loin au-dessus des autres peuples, ont donné des armes à leurs ennemis. L'attachement d'Ibn Ḥazm à la dynastie Umayyade a des motivations profondes. Malgré ses fautes, elle représente l'esprit arabe et, par là, elle est plus proche du Prophète que toutes celles qui ont laissé l'Islam s'altérer sous des influences non arabes, tant en Orient qu'en Occident. Le ẓâhirisme conduit logiquement à l'arabisme. Aussi pensons-nous que, dans ce traité archaïsant sur le *ǧihâd*, le but d'Ibn Ḥazm n'a pas été essentiellement de définir les prescriptions relatives à la guerre sainte comme si elles étaient encore immédiatement applicables, mais qu'il a été plutôt de rappeler ce qu'aurait dû être la conduite de la Communauté musulmane, depuis le siècle d'or de Muḥammad, d'Abû Bakr et de ᶜUmar, pour rester digne de son fondateur et pour garder l'élan qui lui avait fait conquérir la moitié du monde connu. Espérait-il qu'un jour, grâce peut-être à son rappel, les conditions d'un *ǧihâd* véritable renaîtraient et que l'Islam achèverait la conquête de l'univers ? Il n'en dit rien. Mais on est fondé à penser que sa triste expérience des hommes et de la politique et l'issue lamentable de l'action qu'il avait menée, le laissaient trop désabusé. À l'époque où il écrit le *Kitâb al-Muḥallâ*, il est devenu un homme qui dit imperturbablement ce qui doit être, se refusant avec fierté à prendre en considération ce qui est ou ce qui peut être. Aussi son œuvre juridique tout entière et en particulier son traité du *ǧihâd* peuvent s'interpréter comme l'implacable condamnation des hommes et de l'histoire. Tant pis pour les hommes et pour l'histoire, puisque en définitive c'est la Loi telle qu'il la trouve dans les textes, telle qu'il l'explique par les textes, qui jugera le monde.

Nous ne croyons pas forcer la pensée d'Ibn Ḥazm en concluant que, pour lui, la Loi ne peut s'appliquer que si la Communauté musulmane est fondée sur une obéissance stricte aux ordres de Dieu, c'est-à-dire une obéissance ẓâhirite. Là où il n'y a plus de véritables musulmans, il ne peut y avoir de véritable *ǧihâd*. Par conséquent, le *ǧihâd* suppose que les musulmans sont, non seulement en droit mais en fait, *autres* que leurs adversaires, sur un autre plan qu'eux, et inaccessibles au moindre compromis. La guerre sainte est réglée comme un rituel religieux.

Le *ǧihâd* est une obligation qui pèse sur tous les musulmans. Mais quand certains d'entre eux s'en acquittent, repoussent l'ennemi et portent la guerre (*ġazwa*) dans ses foyers, quand ils défendent les villes frontières, les autres sont déchargés de cette obligation. C'est donc un *farḍ kifâya*. Néanmoins, en cas de danger pressant, tout fidèle qui n'a aucun empêchement majeur, peut être appelé à combattre. Celui qui, dans le *Dâr al-Ḥarb*, reçoit l'ordre de combattre, doit obéir, à moins qu'il n'ait une excuse valable. Ibn Ḥazm n'entend pas que les musulmans, même déchargés en fait de l'obligation, se désintéressent du *ǧihâd* sous prétexte qu'il n'est pas au premier chef une prescription personnelle (*farḍ ᶜayn*). Les textes qu'il cite sont caractéristiques de ce souci de maintenir les fidèles en haleine. Le Coran, dans de nombreux versets, insiste sur ce devoir : Apportez votre aide, que vous ayez peu ou beaucoup de poids, faites le *ǧihâd* en engageant vos biens et vos personnes. Or, dit Ibn Ḥazm, c'est là un ordre « général », car il n'y a personne qui ne soit « ou léger ou lourd ». Selon un *ḥadîṯ*, « celui qui meurt sans avoir fait la guerre (*wa-lam yaġzu*) ou sans avoir entretenu l'espoir de la faire (*wa-lam yuḥaddiṯ bi-hi nafsa-hu*), meurt dans une sorte d'hypocrisie ». Selon un autre, le Prophète a déclaré : « Pas d'abandon après la conquête, mais *ǧihâd* et ferme propos (*niyya*). Et si on vous appelle, venez à l'aide ». Il semble donc qu'à côté de la guerre proprement dite, il y ait comme une préparation psychologique permanente à la guerre. Sous cette forme latente, le *ǧihâd* ne doit pas cesser.

Cependant, il n'est pas permis de faire la guerre sans l'autorisation du père et de la mère, sauf si l'ennemi a envahi le territoire musulman. C'est alors une obligation, pour tous ceux qui le peuvent, de porter secours à ceux qui sont attaqués, que les parents le permettent ou non, à moins que le départ de leur fils ne les mette en danger de périr, soit tous les deux, soit l'un d'eux. Un *ḥadîṯ* confirme cette prescription. Abû Ṯâbit a entendu dire à Abû l-ᶜAbbâs qu'il avait entendu de ᶜAbd Allâh b. ᶜAmr ce récit : « Un homme alla trouver le Prophète et lui demanda la permission de faire la guerre sainte. Le Prophète lui dit : Ton père et ta mère sont-ils vivants ? Oui, répondit l'homme. C'est donc envers eux, dit le Prophète, qu'il te faut faire le *ǧihâd* ». Ce texte est intéressant parce qu'il montre l'ancienneté d'une conception très large du *ǧihâd*, qui consiste à s'engager à fond dans l'obéissance à Dieu en toutes choses. Dans le livre du Pèlerinage, Ibn Ḥazm cite une autre tradition où le *ḥaǧǧ* lui aussi est qualifié, relativement à la *ᶜumra*, de *ǧihâd*. C'est que tout culte de Dieu dans l'obéissance est un service (*ᶜibâda*) comparable au service privilégié des armes. La guerre contre les infidèles fait du croyant qui y laisse sa vie, un martyr à qui est promis le Paradis. Cependant, ce n'est pas en elle-même qu'elle comporte un tel avantage : il faut que le *ǧihâd* soit juste, c'est-à-dire qu'il soit un vrai *ǧihâd* entièrement dans la voie de Dieu, soumis à la totale observance des Commandements divins. Par suite ce vrai *ǧihâd*, au sens fort du mot, ne saurait être exclusif d'autres devoirs, d'autres *ǧihâd*-s au sens large, qui peuvent, sauf en cas d'urgence, prendre le pas, tels les devoirs envers les parents. Obéir au chef qui appelle à la guerre sainte sans tenir compte d'autres exigences de la Loi, ce n'est donc pas faire preuve d'une obéissance valable. Écouter un ordre et y obéir, dit un *ḥadîṯ*, est juste tant qu'il ne commande pas la rébellion contre Dieu ; s'il la commande, il n'y a ni à écouter ni à obéir. ᶜAlî b. Abî Ṭâlib a dit qu'il n'y a d'obéissance que dans la bienfaisance. Par ces traditions et d'autres encore, Ibn Ḥazm, après avoir exalté la guerre sainte, montre qu'elle ne saurait normalement dispenser des devoirs imposés par Dieu et qu'elle ne peut être une excuse pour celui qui les négligerait. Ce n'est pas le *ǧihâd* qui consacre le bon musulman, mais ce n'est que le bon musulman qui peut faire un vrai *ǧihâd*. Ibn Ḥazm connaissait la brutalité des hommes, leurs instincts belliqueux et cupides, et il a voulu marquer, dès le début de son étude, qu'il ne suffit pas d'être un soudard déchaîné pour entrer au Paradis.

Suivent des règles générales concernant la conduite au combat. Il est à remarquer qu'Ibn Ḥazm ne fait ici appel à aucune vertu guerrière. Il pourrait louer le courage ; il n'en dit mot. C'est que les vertus humaines ne comptent que si elles sont encadrées par l'obéissance. Aussi est-ce la prescription divine qu'il met en avant. Il n'est absolument pas permis à un musulman de fuir devant un infidèle associateur (*mušrik*) non plus que devant plusieurs, même si leur nombre est très grand. Cependant, il a le droit de reculer si c'est pour revenir à l'attaque ou pour rallier le gros des forces musulmanes. Celui qui ne se propose que de fuir en tournant le dos à l'ennemi, est un infâme qui s'écarte des préceptes de Dieu et qui doit faire repentance, sous peine d'aller en enfer. Ibn Ḥazm s'appuie sur la Sourate du Butin, VIII, v. 15 et 16.

Certains prétendent qu'il est permis à un homme seul de fuir devant trois ennemis ou plus. Ils tirent leur argument de la même sourate, v. 66 : « Maintenant Dieu allège votre fardeau ; Il sait qu'il y a en vous de la faiblesse. Si cent d'entre vous sont capables de tenir, ils vaincront deux cents ennemis ; s'ils sont mille, ils vaincront deux mille ennemis avec l'aide de Dieu ; Dieu est avec ceux qui soutiennent l'effort ». Ibn ᶜAbbâs a dit : « Quiconque fuit devant deux hommes est un fuyard ; qui fuit devant trois n'est pas un fuyard ».

Ibn Ḥazm fait bon marché du *ḥadîṯ* d'Ibn ᶜAbbâs auquel il n'accorde aucun crédit. Quant au verset, il ne contient rien, dit-il, qui soit en rapport avec ce que prétendent ses adversaires, car il n'offre ni texte ni indication (*dalîl*) sur le caractère licite de la fuite devant tel nombre d'ennemis. Il déclare simplement que Dieu connaît la faiblesse humaine et qu'Il allège les fardeaux qu'Il impose, car Il est miséricordieux. Avec son secours, cent croyants capables de soutenir l'effort (*ṣâbirûn*) viendront à bout de deux cents adversaires. Mais le verset ne dit pas qu'ils n'en vaincront pas davantage ou moins. La méthode qu'Ibn Ḥazm met ici en œuvre s'inspire de sa critique de l'argument rhétorique (*dalîl al-ḫiṭâb*) qui consiste à admettre que tout jugement lié à une détermination de temps, de lieu, de nombre ou autre, n'est plus vrai en dehors de cette détermination. On se croit alors autorisé à tirer de ce qui est dit textuellement ce qui n'est pas dit, et c'est une erreur. Ainsi, dire que cent l'emporteront sur deux cents n'implique en rien qu'ils ne l'emporteront pas sur cent cinquante ou sur trois cents. D'ailleurs, Ibn Ḥazm appuie comme toujours son argument de raison par un argument textuel. Dieu a dit, en effet : « Combien de fois une troupe peu nombreuse a vaincu une troupe nombreuse avec la permission de Dieu ! ». Ici il n'est pas question de nombre.

Puis Ibn Ḥazm ironise. Il interroge ses adversaires sur le cas d'un cavalier musulman, brave et fort, armé de pied en cap, qui rencontre trois ennemis juifs, vieillards décrépits, malades, sans armes, à pied ou montés sur des ânes. Lui est-il permis de fuir devant eux ? De même mille cavaliers d'élite, bien armés, nobles et expérimentés, vont-ils prendre la fuite devant un ramassis de trois mille chrétiens à pied et affaiblis ?

On rapporte qu'al-Ḥasan a dit que la fuite devant une armée ennemie n'est pas au nombre des grandes fautes (*min al-kabâʾir*), sauf dans le cas particulier de la bataille de Badr. C'est là, explique Ibn Ḥazm, une particularisation sans preuve. Au contraire, selon une tradition recevable, ᶜUṯmân a dit à Ibn ᶜAbbâs que la Sourate du Butin a été révélée une des premières à Médine, donc avant la bataille de Badr. Un *ḥadîṯ* du Prophète nous apprend d'ailleurs qu'il y a sept périls à éviter, parmi lesquels la fuite un jour d'engagement. Cette parole du Prophète a une portée générale et montre indiscutablement la gravité de la fuite. Un autre récit rapporte qu'il a dit : « O hommes, ne désirez pas la rencontre avec l'ennemi… Mais si vous le rencontrez, tenez bon, et sachez que le Paradis est à l'ombre des épées ».

Mais un musulman doit-il risquer sa vie contre des forces trop considérables ? Abû Ayyûb al-Anṣârî et Abû Mûsâ al-Aš^{c}arî ne désavouent pas l'homme qui attaque seul une armée nombreuse et bien équipée (*al-^{c}askar al-ǧarrâr*), et qui résiste ferme jusqu'à la mort. Là contre, on fait valoir un *ḥadîṯ*, transmis par al-Ḥasan, dans lequel le Prophète dit à un homme qui voulait se lancer contre une troupe ennemie : « Penses-tu les tuer tous ? Reste tranquille. Si tes compagnons se lèvent, lève-toi ; s'ils attaquent, attaque ». Mais ce *ḥadîṯ* n'est pas recevable parce qu'il est *mursal*. En revanche, un récit authentique nous apprend qu'un homme de l'entourage du Prophète lui demanda ce qui plaisait le plus à Dieu de la part de ses serviteurs. – Qu'il s'enfonce dans les rangs ennemis sans casque ni cuirasse, répondit l'Envoyé. Alors l'homme ôta sa cotte de mailles et pénétra dans les formations ennemies jusqu'à ce qu'il fût tué.

Ibn Ḥazm n'irait sans doute pas jusqu'à l'exhortation au martyre, puisqu'il admet, avec les textes, la retraite stratégique. Mais, en accord avec les textes également, il n'interdit pas ces actes de pure bravoure qui, remettant à Dieu l'issue du combat, n'hésitent pas devant le sacrifice inutile, réminiscence à n'en pas douter des obligations d'honneur des anciens Arabes. Transposées dans les cadres de l'Islam, comme tant d'autres vertus bédouines, elles devaient exalter, chez les Croyants, le sentiment d'une valeur qu'aucun infidèle ne saurait partager avec eux.

Après la réglementation de la conduite au combat, vient celle des actes de guerre. En pays ennemi, il est permis de brûler les produits de la terre, les arbres et les cultures. On peut aussi incendier les maisons ou les démolir. Le Prophète a mis le feu aux palmeraies des Banû Naḍîr, tribu juive de Médine. Et cependant le Prophète savait que ces palmiers reviendraient aux musulmans le jour même ou le lendemain. Pourtant on rapporte qu'Abû Bakr en a jugé autrement : Ne coupez aucun arbre fruitier et ne dévastez pas les contrées cultivées, recommandait-il. C'est, réplique Ibn Ḥazm, par une libre décision qu'il a fait cette interdiction, et il en avait le droit, car la destruction des récoltes n'est pas prescrite, elle est simplement permise. Le Prophète lui-même n'a pas coupé les palmiers de Ḫaybar. Toutes ces conduites sont également bonnes.

En revanche, il n'est permis ni de blesser ni de tuer les animaux qu'élèvent les infidèles, chameaux, bœufs, moutons, chevaux, poules, pigeons, oies, canards, à moins que ce ne soit pour les besoins de la nourriture. Il y a une exception pour le porc : qu'on le tue. Le cheval qui sert à la guerre peut aussi être tué. On ne doit pas noyer les abeilles ni brûler les ruches. Les Ḥanéfites et les Mâlékites autorisent la mise à mort de tous ces animaux. Les chameaux, les bœufs et les moutons seront tués et brûlés, car les infidèles, quand ils les trouvent morts, les mangent (alors que les musulmans ne se nourrissent que de viandes d'animaux égorgés rituellement). Les chevaux, les mulets et les ânes, que les infidèles ne mangent pas, seront simplement tués. On devine ce qui a inspiré ces mesures : la guerre doit porter la destruction chez l'ennemi et tout ce qui n'est pas consommé par l'envahisseur musulman doit être mis hors d'usage.

La réponse d'Ibn Ḥazm est double. Sur la division du bétail en deux catégories, il ironise pour montrer son manque de fondement. Quand donc, demande-t-il, les chrétiens, les zoroastriens et les adorateurs des idoles se sont-ils abstenus de l'âne et du mulet et se sont-ils bornés au bœuf et au mouton ? Leur loi leur permet de manger des viandes « mortes » et aucun animal ne leur est interdit. Quant aux juifs, ils ne touchent à rien de ce qui a été tué par un non juif. Toutes ces spécifications, qui ne reposent sur aucun texte, sont donc vaines. Mais c'est sur le fond même qu'éclate la divergence entre Ibn Ḥazm et ses adversaires. Pour lui, le *ǧihâd* n'est pas une guerre ordinaire dont le but unique est de détruire la puissance et les ressources de l'ennemi. Il a une fin plus haute et ne doit employer que les moyens que Dieu veut. Nous retrouvons l'idée que la guerre sainte ne justifie pas tout. Ibn Ḥazm le fait sentir en posant une question qui porte à ses extrémités logiques le point de vue des écoles qu'il critique. Si vous voulez nuire aux ennemis, que ne tuez-vous aussi leurs femmes et leurs enfants ? Ce sera bien pire pour eux que la perte de leur bétail. Force est de lui répondre que Dieu a interdit le massacre des enfants et des femmes. Mais, réplique-t-il alors, il a également interdit de tuer les animaux si ce n'est pour les manger. D'après un *ḥadîṯ*, le Prophète a dit : « Aucun homme ne tue un moineau ou une bête plus importante hors de leur droit, sans que Dieu lui en demande compte ». On l'interrogea sur ce qu'était leur droit : « C'est, dit-il, d'être égorgés rituellement et mangés ». Selon un autre récit, il a interdit de tuer des bêtes de somme de sang froid (*ṣabr^an^* ; l'expression *qutila ṣabr^an^* s'emploie en parlant de quelqu'un qui n'a pas été tué au combat, mais massacré après être tombé au pouvoir du vainqueur). Ajoutons, parmi d'autres traditions citées, cette mise en garde du Prophète : « N'imitez pas les bêtes fauves ». Comme au sujet des devoirs envers les parents, on voit ici que le *ǧihâd* ne supprime pas les autres commandements de Dieu. La seule chose qui puisse momentanément les suspendre, c'est l'urgence. Mais l'urgence concerne l'intérêt direct et immédiat des musulmans ; elle n'a rien à voir avec des calculs stratégiques.

Quant au porc, on le tuera. Ibn Ḥazm se réfère, à ce sujet, à une curieuse tradition sur le retour du Messie. ᶜÎsâ descendra du ciel, se rendra à Jérusalem, fera derrière l'*imâm* la prière musulmane, puis il tuera le porc, brisera la croix et détruira toutes les églises.

Il faut laisser la vie aux femmes et aux enfants, à moins qu'ils ne combattent dans les rangs des hommes. S'ils sont atteints au cours d'une attaque de nuit (*bayât*) ou dans la mêlée du combat sans intention, il n'y a pas de crime. Ces deux exceptions mises à part, il est permis de tuer tous les infidèles, qu'ils combattent ou non : commerçants, serviteurs à gages ou hommes de peine, vieillards, paysans, évêques, prêtres ou moines, aveugles ou infirmes, sans en excepter un seul. Certains citent différents *ḥadîṯ-s* en faveur d'autres exceptions : vieillards, moines, marchands. Ibn Ḥazm les rejette tous. Il n'admet pas non plus que la permission de tuer se limite aux combattants. Comme justification de sa thèse, il rappelle l'extermination par le Prophète de tous les hommes de la tribu juive des Banû Qurayẓa, qui furent mis à mort sans exception, tandis que les femmes et les enfants étaient vendus comme esclaves. Quant aux grands vieillards, ils ne jouissent d'aucun traitement de faveur, ainsi que le montre le récit de la mort du poète arabe Durayd b. al-Ṣimma. Très avancé en âge, au point que sa raison chancelait, il n'avait pas fait islam et il fut tué par Rabīᶜ après la bataille de Ḥunayn. Le Prophète ne désavoua pas le meurtrier : silence qui fait loi.

Quelles doivent être les qualités du chef qui mène la guerre sainte ? Il n'est pas nécessaire qu'il soit un bon musulman, pourvu qu'il n'ordonne rien de contraire à la Loi de Dieu, et le croyant doit combattre sous un tel chef comme il combattrait sous les ordres de l'*Imâm*. Dieu peut fort bien affermir l'Islam en se servant d'un libertin. L'essentiel est donc que le but du *ǧihâd* soit atteint, et ce but est de détruire l'infidélité (*kufr*). Ibn Ḥazm ne cache pas qu'il est inévitable pour cela de tuer les infidèles, de détruire leurs demeures et leurs cultures, d'emmener leurs femmes et leurs enfants en captivité. Personne ne peut s'exempter de ce devoir en prétextant la mauvaise vie d'un chef qui aura seul à en rendre compte à Dieu. Mais, on le voit, l'ennemi à abattre est moins l'infidèle que l'infidélité. Ce qu'il faut se proposer, par delà les ruines de la guerre, c'est « de faire sortir le *kâfir* des ténèbres du *kufr*, pour l'amener à la lumière de l'Islam ». Cette expression signifie-t-elle que pour Ibn Ḥazm la fin ultime du *ǧihâd* est missionnaire et se rapporte au bien des âmes ? Il ne semble pas que ce soit là sa pensée. Il songe plutôt au triomphe de l'Islam ; pour que les ténèbres de l'infidélité soient vaincues, il est nécessaire que la lumière de la Loi musulmane s'étende sur un nombre d'hommes toujours plus grand, ou du moins que ceux qui résistent disparaissent. Le *ǧihâd* est au service de Dieu plus qu'au service des hommes.

La réglementation des rapports entre les infidèles du *Dâr al-Ḥarb*, les *Ahl al-kufr*, et les musulmans est des plus simples. L'infidèle n'a pratiquement aucun droit ; le musulman a tous les droits (les droits, pour les uns et pour les autres, étant ceux que définit la Loi de l'Islam). Le non musulman qui accepte de payer tribut (*ǧizya*), reçoit le statut de protégé (*ḏimmî*) et la Communauté musulmane lui reconnaît des droits qu'elle lui garantit. Ainsi les musulmans peuvent-ils avoir des devoirs qui sont sacrés envers de non musulmans qu'ils protègent.

Les infidèles ne peuvent jamais posséder en propriété les biens d'un musulman ou d'un *ḏimmî*, sauf à la suite d'une vente valide, d'une donation valide, de l'héritage d'un *ḏimmî*, ou, en général, d'une transaction reconnue par la religion musulmane. Le butin qu'ils font des biens d'un *ḏimmî* ou d'un musulman, l'esclave d'un musulman qui s'enfuit chez eux, restent propriété de leur premier maître, et dès qu'il est possible de les reprendre par la guerre, ils retournent à leur propriétaire légitime, avant ou après le partage du butin dont ils font matériellement partie sans constituer en droit une partie de ce butin, qu'ils aient été ou non transportés dans le *Dâr al-Ḥarb*. Le propriétaire qui les récupère n'a pas à en donner de compensation ni à en payer le prix. Mais le chef dédommage celui dans le lot duquel ils étaient tombés lors du partage, en prélevant ce qui est nécessaire sur les avoirs de la Communauté. La qualification juridique de ces biens partagés avec le butin, alors qu'ils ont un propriétaire, est celle de biens usurpés qu'un musulman a enlevés par la violence à un autre musulman. Telle est la doctrine d'Ibn Ḥazm qu'il partage avec l'Imâm al-Šâfiᶜî et Abû Sulaymân.

On compte chez les anciens trois autres doctrines sur cette question. D'après la première, il n'y a pas de retour : le bien appartient à celui qui, lors du partage du butin, le reçoit dans son lot. Un *ḥadîṯ* rapporte que ʿAlî b. Abî Ṭâlib estimait qu'un bien musulman conservé en bon état par un infidèle du *Dârr al-Ḥarb*, compte parmi les biens de cet infidèle. Al-Ḥasan al-Baṣrî jugeait selon ce principe. Qatâda raconte qu'un *mukâtab* fut fait prisonnier par un ennemi de l'Islam. Un musulman l'acheta et consulta ʿAlî à ce sujet. ʿAlî lui dit : « Si son maître l'a racheté de captivité, cet esclave se retrouve dans les conditions de son contrat de rachat (*kitâba*) [1], mais s'il refuse de le racheter, il appartient à celui qui l'a acheté ». Par conséquent, en tombant aux mains de l'ennemi, le *mukâtab* redevient un simple esclave appartenant à un nouveau maître avec lequel il n'a passé aucun contrat pour se racheter. Si ce nouveau maître le vend, il appartient légitimement à l'acheteur. Mais si le premier maître le rachète, le contrat ancien rentre en vigueur. Ibn Ḥazm cite plusieurs traditions que les tenants de cette doctrine allèguent : « Ce que l'ennemi a conservé en bon état (*mâ aḥraza-hu*) est butin des musulmans et ne retourne pas à son premier propriétaire ». Et encore : « Ce que les infidèles ont conservé en bon état, quand les musulmans réussissent à le reprendre, c'est à eux, à moins qu'il ne s'agisse d'un homme libre ou d'un allié » (qui aurait été fait prisonnier et réduit en esclavage par les ennemis ; il ne fait pas partie du butin quand il est repris par les musulmans).

Selon la seconde doctrine, si le propriétaire légitime peut saisir son bien avant le partage du butin, ce bien lui fait retour. Mais, après le partage, il appartient à celui dans le lot de qui il est tombé. Il ne retourne pas à son premier propriétaire, même si celui-ci en donne le prix. Évidemment il peut toujours intervenir un arrangement à l'amiable. Cette doctrine est intéressante parce qu'elle montre l'importance que les musulmans accordaient au partage

1. La *kitâba* est un contrat par lequel un esclave achète sa liberté pour un certain prix prélevé sur son pécule, mais en s'engageant à servir son maître jusqu'à ce qu'il se soit entièrement acquitté. Cet esclave porte le nom de *mukâtab*.

du butin sur toute autre considération. Un *ḥadîṯ* qui remonte à 'Umar b. al-Ḫaṭṭâb va dans ce sens. Si quelqu'un retrouve son bien *propre* avant que les lots soient distribués, il est plus désigné que tout autre pour en prendre possession (*fa-huwa aḥaqqu bi-hi*), sinon, après le partage, il n'a plus aucun droit. Notons qu'il n'est question que de son bien propre (*bi-ᶜayni-hi*), retrouvé tel quel après la victoire sur un ennemi qui l'a conservé en bon état. Personne ne peut songer à se dédommager, sur le butin, d'un bien que les infidèles lui auraient pris, mais qui aurait péri ou disparu, ou encore qu'il retrouverait en mauvais état.

Une tradition rapporte qu'une serve, appartenant à un musulman, s'enfuit chez l'ennemi, puis qu'elle tomba dans le butin des Croyants. Abû 'Ubayda b. al-Ǧarrâḥ écrivit à 'Umar à son sujet. 'Umar lui répondit que si elle n'a pas encore été mise dans les cinquièmes (le butin étant réparti en cinq parts), ni attribuée en partage, elle retournera à son maître. « Sinon, laisse-la aller son chemin ».

Selon la troisième doctrine, avant le partage, le bien retourne à son premier propriétaire. Après le partage, celui-ci a plus de droit que quiconque à le posséder, à condition d'en payer la valeur. Plusieurs *ḥadîṯ-s* sont avancés pour justifier ce point de vue. Ibn Ḥazm n'en donne que les transmetteurs sans citer les textes.

Dans sa critique, Ibn Ḥazm commence par contester la valeur des traditions sur lesquelles ces trois doctrines s'appuient. Nous n'y insisterons pas. Relevons simplement un *ḥadîṯ* allégué par les partisans de la première : *Mâ aḥraza-hu l-'aduwwu fa-huwa ǧâ'iz*. Ici Ibn Ḥazm s'attaque au *matn* lui-même. Nous ne saisissons pas, dit-il, la signification de *fa-huwa ǧāʾiz*. Peut-être le sens est-il qu'il est permis à son propriétaire légitime de reprendre un bien « quand il met la main dessus » (*iḏā ẓafira bi-hi*). Cela réduirait la portée de la doctrine : si, au cours d'un combat, un musulman peut personnellement se saisir d'un bien qui lui avait été enlevé, il en a le droit. Ce bien n'entre pas dans le butin, ce qui rejoint, par un biais particulier, le point de vue d'Ibn Ḥazm, pour qui la loi du butin, aussi sacrée qu'elle soit, doit céder le pas à la loi de la propriété individuelle, fondamentale en Islam et tout particulièrement dans le ẓâhirisme ḥazmien.

Après la critique des traditions, vient la critique rationnelle. L'auteur la dirige d'abord contre la troisième doctrine qui est celle de Mâlik. De deux choses l'une : ou bien les guerriers ennemis possèdent en propriété légitime ce qu'ils ont pris aux musulmans, ou bien ils n'en ont pas propriété légitime. S'ils ne l'ont pas, et c'est la thèse d'Ibn Ḥazm, il est nécessaire que le bien revienne à son seul vrai propriétaire, cela en toutes circonstances, après comme avant le partage, et sans paiement d'aucun prix. Si, au contraire, ils ont ce bien en propriété légitime, celui à qui il a été enlevé n'a aucun recours : il ne peut le récupérer ni avant ni après le partage, ni en payant ni sans payer, puisqu'alors ce bien est au même rang que le reste du butin. Un raisonnement analogue s'applique au musulman qui reçoit ce bien dans sa part de butin. Ou bien il n'en est pas propriétaire, et il doit le rendre à celui qui en a été dépouillé. Ou il en est propriétaire, et alors il n'est pas permis de le contraindre à s'en séparer, comme le veut la doctrine, contre remboursement de son prix. Personne ne peut être exproprié, même moyennant dédommagement, sans son agrément.

Contre la deuxième doctrine, Ibn Ḥazm se contente de dire qu'elle n'a pour elle aucune preuve qui lui donne autorité. En revanche, il s'étend sur la critique de la première. C'est celle qui se contredit le moins des trois. Son principe est que les ennemis possèdent en toute propriété les biens qu'ils ont arrachés à des musulmans. Si on leur accorde ce principe, leur thèse sera la vérité même. Mais peut-on admettre que les infidèles s'emparent légitimement des biens des musulmans ? Dieu les autorise-t-il à se les approprier ? Sont-ils justes ou injustes quand ils s'en rendent maîtres ? Suivent-ils alors les ordres de Dieu et du Prophète, ou s'en écartent-ils ? Ou bien est-ce que la Loi musulmane ne les oblige pas ? Ne seront-ils pas éternellement en enfer pour s'en être détournés ? Ce serait de toute évidence un acte de *kufr* que de soutenir qu'ils agissent là de façon juste et qu'ils ne sont pas justiciables de l'Islam. Ce qui est très important dans ces réactions indignées, c'est qu'Ibn Ḥazm affirme qu'il n'y a que la Loi musulmane qui compte, même quand il s'agit de non musulmans.

Sa conclusion mérite aussi d'être notée. Il y a accord de tous en Islam pour reconnaître que l'homme libre, fait prisonnier par un infidèle, ne devient pas légitimement son esclave et donc qu'il ne saurait entrer dans le butin des musulmans. Or quelle différence y a-t-il, demande Ibn Ḥazm, entre s'approprier un homme libre croyant et s'approprier un bien musulman ? Cet étroit parallélisme entre le cas des personnes et le cas des biens, montre jusqu'où va, chez Ibn Ḥazm, la conception personnaliste de la propriété.

Dans les questions qui suivent, l'auteur tire les conséquences de sa propre doctrine et les applique à toutes sortes de situations. Nous ne nous y étendrons pas, quel qu'en soit l'intérêt.

Si des infidèles conviennent avec un prisonnier musulman de lui rendre la liberté à condition qu'il paie rançon, il n'est pas permis à ce musulman de retourner chez eux ni de leur donner quoi que ce soit. Le pacte et le serment n'ont aucune valeur, d'abord parce qu'il est injuste de retenir un croyant prisonnier, ensuite parce qu'on doit considérer qu'il y a eu contrainte. Mais s'il n'y a pas d'autre moyen d'arracher un fidèle à la captivité dans le *Dâr al-Ḥarb* que de payer sa rançon, c'est un devoir de le faire, en vertu de ce *ḥadîṯ* du Prophète : « Nourrissez l'affamé et procurez la liberté au captif ». En outre il est abominable qu'un musulman reste parmi les infidèles, exposé à leurs lois et coutumes pernicieuses. C'est comme s'il était retenu chez un peuple qui se comporte à la façon du peuple de Loth. Pourrait-on le laisser vivre dans ces souillures ?

Il n'est permis de racheter un captif musulman qu'avec un bien ou un captif infidèle. Mais il est interdit de renvoyer dans le *Dâr al-Ḥarb* un prisonnier jeune, non majeur, car la Loi de l'Islam stipule que les musulmans ont un droit sur lui, et il en est de lui comme des enfants des musulmans, sans aucune différence.

Les infidèles ont la propriété de leurs biens tant qu'il s'agit de biens qui n'ont jamais été musulmans. Ils peuvent donc les vendre ou en faire donation, et un musulman peut les acheter ou les recevoir. La question se pose pour les marchands qui se rendent dans le territoire infidèle, ou pour les ambassadeurs qui y sont envoyés et peuvent accepter des cadeaux. Mais Dieu n'a institué la propriété des infidèles sur leurs biens qu'en vue de l'institution du butin pour les musulmans.

Quand un infidèle du *Dâr al-Ḥarb* fait *islâm*, soit qu'il le fasse dans le *Dâr al-Ḥarb* (qu'il y demeure ou qu'il vienne ensuite dans le *Dâr al-Islâm*), soit qu'il vienne d'abord en terre d'Islam pour y devenir musulman, tous ces cas sont équivalents. Ses biens, en quelque lieu qu'ils soient, de quelque nature qu'ils soient (pourvu que leur possession soit licite selon la loi de Dieu), sont tous à lui sans exception, et personne n'a de droit sur eux. Ils ne peuvent être un butin pour les musulmans. Ses héritiers les héritent à sa mort. Ses enfants, s'ils sont encore jeunes, non majeurs, sont musulmans, de même que l'enfant que sa femme porte encore dans son sein. Mais sa femme et ses enfants majeurs, s'ils sont faits prisonniers, font partie du butin. Il reste marié avec sa femme et elle devient l'esclave de celui dans le lot de qui elle est tombée.

En effet, le mariage des infidèles est valide puisque le Prophète l'a reconnu. Il est né lui-même d'un mariage entre infidèles et il ne pouvait naître que d'un mariage valide. Par conséquent les deux époux restent mariés.

La thèse d'Ibn Ḥazm s'oppose particulièrement à celle d'Abû Ḥanîfa qui introduit des distinctions inadmissibles du point de vue des textes comme du point de vue du bon sens. Voici ce qu'enseigne Abû Ḥanîfa : si cet homme fait *islâm* dans le *Dâr al-Ḥarb* et qu'il y demeure, jusqu'au moment où les musulmans l'occupent, il reste libre et toutes ses richesses sont à lui. On ne peut en faire du butin. Ses enfants mineurs sont musulmans et libres. Mais il y a exception pour sa terre et pour l'enfant que sa femme porte dans son sein, bien que le fœtus soit musulman. Cela entre dans le butin. S'il fait *islâm* dans le *Dâr al-Ḥarb* et qu'il entre ensuite dans le *Dâr al-Islâm*, tout ce qu'il laisse derrière lui dans le *Dâr al-Ḥarb*, terres, immeubles, mobilier, bétail, tout cela est *fay'* et peut être pris comme butin par les musulmans. Il en est de même de l'enfant que sa femme porte dans son sein, bien qu'il soit musulman. S'il entre en terre d'Islam étant infidèle, et s'il s'y fait musulman, il est libre et musulman. Mais tout ce qu'il a laissé dans le *Dâr al-Ḥarb*, terres, immeubles, mobilier, bétail, enfants mineurs, est objet de butin. Ces enfants et ces biens ne deviennent pas musulmans par le fait de son islam.

Cette doctrine, objecte Ibn Ḥazm, est contraire à la raison, puisqu'elle équivaut à avantager celui qui reste au milieu des infidèles, ce qui est aussi absurde qu'abominable, étant bien établi qu'on doit toujours arracher les croyants à l'ambiance des pays de *kufr*. En outre, elle est contraire à l'*iǧmâ*ᶜ, car personne ne doute que les Compagnons du Prophète furent de diverses catégories : les uns firent *islâm* à La Mecque puis s'enfuirent de cette ville, tels Abû Bakr, [c]Umar et [c]Uṯmân ; d'autres quittèrent La Mecque comme infidèles, puis devinrent musulmans, tel [c]Amr b. al-[c]Âṣ qui fit *islâm* chez le Négus, et tel Abû Sufyân qui fit *islâm* dans l'armée du Prophète. Certains firent *islâm* et restèrent à La Mecque, comme la totalité des femmes qu'on avait jugées trop faibles pour partir. Et pourtant, quand le Prophète s'empara de La Mecque, tous ces gens-là retrouvèrent ou conservèrent leurs biens sans exception.

Toute femme qui se fait musulmane et qui a un mari *kâfir* ou *ḏimmî*, son mariage est dissous au moment même où elle fait *islâm*, même si le mari fait *islâm* après elle à un intervalle d'un clin d'œil. Une fois musulman, il peut revenir à elle par un nouveau mariage à la suite d'un libre consentement. S'ils font *islâm* ensemble, ils restent mariés. Si le mari d'une *kitâbiyya* se fait musulman, son mariage reste valide. Mais si sa femme n'est pas *kitâbiyya*, son mariage est dissous à l'instant même où il fait *islâm*. La thèse que soutient ici Ibn Ḥazm est celle de presque tous les juristes musulmans. Cependant, il lui donne une forme extrêmement tranchante, ce qui l'amène à rompre des lances contre des adversaires moins rigides. Mais nous n'insisterons pas sur ces querelles dont la complexité exigerait une étude spéciale.

Pour terminer, signalons le même rigorisme concernant le traitement de ceux qui refusent l'Islam. Sauf pour les gens du Livre, c'est la mort et, sur ce point il y a *iǧmâ*[c]. Les juifs, les chrétiens et les zoroastriens ont la vie sauve s'ils consentent à payer le tribut. Mais Ibn Ḥazm précise qu'on ne peut accepter la *ǧizya* que de gens qui reconnaissent que Muḥammad est l'Envoyé de Dieu aux Arabes et à ceux qui font *islâm*. C'est, dit-il, la doctrine de Mâlik : « Les protégés qui disent que Muḥammad a été envoyé à nous mais non à eux, ne subiront aucune peine. Ceux qui disent qu'il n'est pas prophète seront mis à mort ».

Telles sont quelques-unes des questions traitées dans le *Kitâb al-ǧihâd*. On y reconnaît la méthode inflexible du juriste cordouan, sa rigueur, sa passion, ses colères, ses indignations, son ironie, son intrépidité qu'aucune conclusion, si extrême soit-elle, n'arrête jamais. Nous avons là une spéculation juridique certes, et très vigoureuse. Mais elle ne semble pas tournée vers les institutions. Perdue dans la reconstitution et la méditation d'un droit éternel, la pensée d'Ibn Ḥazm reste pourtant sur terre où elle lance ses invectives à la manière de l'ancienne diatribe. Effectivement, le but qu'il poursuit n'est-il pas de secouer un monde musulman qu'il estime en pleine décadence religieuse et auquel il semble vouloir faire entendre par avance quelque écho de ce que sera la trompette du Jugement, plutôt que de faire œuvre de science sereine, ou de mettre sur pied un système de législation pour une société qui lui inspirait, dans son état actuel, le plus profond dégoût ?

LA RAISON ET L'IDENTIFICATION DE LA VÉRITÉ SELON IBN ḤAZM DE CORDOUE

Le système d'Ibn Ḥazm repose tout entier sur trois intuitions fondamentales, l'intuition sensible, l'intuition linguistique et l'intuition rationnelle. Toutes trois ont le caractère d'un donné. Il ne faudrait d'ailleurs pas y voir trois sources différentes de connaissances ; en réalité, elles se confondent, et il est impossible, même théoriquement, de les isoler assez pour en faire une description séparée. Ainsi, bien que la langue jouisse d'une autonomie propre, bien qu'elle ne consiste pas à transcrire en signes graphiques ou articulés les suites de perceptions, elle ne peut rien formuler qui ne soit désignable dans l'expérience sensible : le sens d'un mot ou d'une phrase doit toujours pouvoir s'y référer immédiatement. Quant aux axiomes de la raison, ils ne sont ni *a priori* ni *a posteriori* ; ils sont contemporains de l'exercice des sens, ils s'affirment avec eux et ils s'expriment dans une langue qui reçoit d'eux toute sa portée significative. Ces trois intuitions ne sont, pour ainsi dire, que trois pôles autour desquels se groupent les éléments de l'analyse du fait principal, sinon unique, la compréhension ou, plus exactement et plus complètement, l'intercompréhension (*tafâhum*).

Le seul problème est en effet de comprendre le donné et de communiquer ce qui est compris pour le faire comprendre sans la moindre ambiguïté. Pour résoudre ce problème, il faut s'assurer que rien ne vient troubler la limpidité du donné pur défini par les interconnexions sensibles, linguistiques et rationnelles. Il faut tout particulièrement renverser une prétendue raison souveraine et autonome, qui n'est qu'un déguisement des passions individuelles, qui, au nom d'une vérité universelle, éternelle et innée, prend la liberté de juger en tout, de légiférer, de commander, et usurpe la place qui n'appartient qu'à Dieu. Il n'y a là que fictions et rébellion. Ibn Ḥazm se situe en dehors de l'opposition du rationalisme et de l'empirisme. Il ne reconnaît aucun privilège inné à la raison, mais il se refuse également à lui accorder un pouvoir qui lui serait délégué par les sens, et dont elle userait à sa guise. Il n'y a rien dans l'homme qui ne lui ait été donné. La sensation, la langue et la raison sont des facultés de simple réception. Si elles ont une fonction plus propre, plus intime et plus normative, ce n'est qu'une sorte d'autocritique par laquelle, chacune pour soi ou toutes ensemble, elles se reconnaissent incapables de fonder aucune norme véritable. Par suite, la compréhension ne saurait exiger qu'on cherche une lumière en dehors du donné. Ni les Idées platoniciennes, ni les concepts abstraits de type aristotélicien, ni même les idées générales des empiristes ne trouvent grâce aux yeux d'Ibn Ḥazm, car il veut couper à sa racine toute libre spéculation.

La liberté dans l'arbitraire n'est qu'une dangereuse illusion. Or ce qui vient de l'homme n'est qu'arbitraire ; seul ce qui vient de Dieu est fondé en vérité, et la vérité que Dieu nous communique, soit par les perceptions, soit par la révélation, nous n'avons pas besoin de la contrôler ; la Parole divine doit suffire ; ne pas s'en contenter, c'est manquer à l'obéissance. Il n'y aura pas de théologie rationnelle positive, qui apporterait sa garantie au donné révélé. Une raison qui revendiquerait un droit de vérification de la Parole de Dieu, serait une raison rebelle. Un droit personnel d'assimilation de la vérité serait encore une impiété, car nous devons recevoir ce que Dieu nous envoie, tel qu'il nous l'envoie, dans les termes ou les formes qu'il a voulu choisir. Ce qu'on appelle raison discursive n'est que l'expression des intuitions rationnelles fondamentales avec toutes leurs connexions sensibles, dans les formes et les mots de la langue. La raison discursive ne peut donc pas démontrer une vérité de toutes pièces ; elle ne peut l'établir, encore moins la construire ; elle ne peut valoriser des expériences partielles en les universalisant, c'est-à-dire en dégageant un principe de portée universelle ; elle ne peut non plus, en sens inverse, étendre un principe à une diversité de cas particuliers. La vérité doit d'abord être donnée intégralement et explicitement. La seule fonction de la raison discursive est de l'identifier.

Sans doute la vérité doit-elle être évidente. Mais le sentiment subjectif de l'évidence ne suffit pas à Ibn Ḥazm. La vérité doit aussi être parfaitement communicable dans une relation d'intercompréhension. Mais souvent les hommes croient se comprendre, alors que l'un entend dans un sens ce qui lui est dit dans un autre sens. Il faut donc sans cesse montrer que toute pensée et toute expression restent dans les limites des intuitions fondamentales et qu'elles se conforment à leur caractère essentiel de pur donné. Tel est l'objet du *dalîl*.

Le *dalîl* est donc le moyen d'identification dont la raison dispose pour reconnaître une vérité comme telle. Mais il n'est pas ce qui la fait être vérité. Il n'est pas, comme la mineure d'un syllogisme, cause de la conclusion ; il n'est pas, comme le moyen terme, le véhicule qui transporte la vérité d'une proposition à une autre. Il n'est que ce qui montre la vérité dans un donné, c'est-à-dire ce qui montre qu'un donné est un pur donné, sans adjonction artificielle, un donné de fait dans l'expérience sensible, ou un donné de compréhension dans l'expérience linguistique. Il montre que l'imagination n'a pas sollicité les perceptions, que le sens des mots n'a pas été déplacé arbitrairement et que l'intercompréhension est sauvegardée. Il définit ce qu'il faut comprendre, en tenant compte de toute la richesse du donné perceptif et de toutes les possibilités que la langue peut offrir sans se détruire. Il peut être très audacieux, très large ; il peut aller chercher, très loin dans le monde, le détail qui l'intéresse ou, dans l'univers linguistique, la nuance de signification qui l'éclaire. Mais il interdira la moindre intervention personnelle d'une raison aventureuse, partie à la découverte, fût-elle la plus simple et la plus banale. De là résulte, chez Ibn Ḥazm, un étonnant mélange d'ampleur et d'étroitesse, de hardiesse et de précaution.

Le *dalîl* n'est donc pas un raisonnement, mais un fait. Sa présence est un indice de vérité, son absence est un indice d'erreur, et l'argument négatif intervient très souvent : tels docteurs n'ont pas de *dalîl* en leur faveur ; telle opinion n'a pas de *dalîl*, elle est fausse. Notons cependant qu'il existe une recherche du *dalîl*, ou *istidlâl*, reconnue par Ibn Ḥazm, et qui a la forme d'un raisonnement. L'auteur en énumère plusieurs types, mais ils ont tous le caractère d'une inférence immédiate, et ne sauraient constituer à eux seuls une science démonstrative autonome.

Telle est, dans ses grandes lignes, la théorie ḥazmienne de la raison. On conçoit qu'elle prenne une importance considérable dès qu'elle vient à s'appliquer aux questions religieuses. En effet, dans ce domaine, le donné est au tout premier rang ; c'est le donné révélé. Il est présenté dans des textes sacrés, écrits dans une langue déterminée, et, par conséquent, l'intuition linguistique, qui tendait déjà par elle-même à englober et à résumer les deux autres, va jouer désormais le rôle essentiel. L'identification de la vérité devient l'objet même de l'exégèse. Il est important de noter que le littéralisme *ẓâhirite* n'est pas dû simplement, pour Ibn Ḥazm, au respect des textes et à la notion musulmane d'une révélation dictée, mais qu'il se fonde sur la conception de la raison que nous venons d'exposer. Le donné sensible nous fournit nos connaissances ontologiques, qui portent sur ce qui est dans le monde ; le donné révélé nous fournit nos connaissances axiologiques, sur ce qui est bien et mal, et sur ce que nous devons faire et ne pas faire. Et de même que la raison humaine n'a aucune fonction constitutive dans l'appréhension de la vérité ontologique, de même elle n'a aucune fonction constitutive dans l'appréhension de la vérité axiologique. Dans ce domaine du devoir et de l'action, tout était indifférent avant l'arrivée de la Révélation. C'est Dieu qui, par son Prophète, a enseigné aux hommes ce qui est prescrit ou interdit, conseillé ou déconseillé, ou enfin simplement permis. Le rôle de l'exégèse doit se limiter à reconnaître la vérité apportée par le Coran et les récits de la Tradition, en mettant à profit les trois intuitions fondamentales pour comprendre exactement la portée de la Loi énoncée. Tout effort pour spécifier ou étendre cette Loi, par l'emploi de raisonnements qui conduiraient à dépasser les textes, est formellement condamné.

C'est dans cette perspective que se situe la critique du *qiyâs*, ou raisonnement analogique, si en honneur dans certaines écoles musulmanes. Ibn Ḥazm pourchasse le *qiyâs* sous toutes les formes où il se présente. L'analogie fondée sur la ressemblance est ruinée au nom de la fragilité et de l'arbitraire de cette notion de ressemblance. L'analogie fondée sur la communauté de principe causal s'écroule devant la doctrine d'une raison qui ne peut qu'identifier la vérité sans en établir les fondements rationnels. La seule opération légitime consiste à prendre les termes de la Loi dans toute l'étendue de leur signification. Certains appellent *qiyâs* cette opération légitime, et à la faveur de cette ruse verbale, ils tentent d'introduire toutes les autres formes du raisonnement analogique. Ibn Ḥazm les démasque.

La critique du *qiyâs* prend, dans le premier chapitre de la huitième partie du *Kitâb al-Iḥkâm fî Uṣûl al-Aḥkâm*, une forme particulièrement intéressante. L'auteur commence par rappeler que le dogme de l'unicité divine, le *tawḥîd*, professé dans la *Šahâda*, exclut toute adoration d'idole et d'autre objet de culte. Il est clair, par tout le contexte, qu'il faut mettre au nombre de ces « autres » objets de culte, la raison conçue comme législatrice indépendante et absolue. En effet, toute loi religieuse trouve son principe dans la *Šahâda* ; rien ne peut rendre une sentence obligatoire, rien ne peut prononcer une interdiction, si ce n'est Dieu et son Envoyé. « La religion et l'Islâm ne comprenaient ni interdiction, ni obligation. Puis le Dieu Tout-Puissant révéla les lois, de sorte que ce qu'Il ordonna devint obligatoire, ce qu'il défendit devint interdit, et ce qu'Il n'ordonna ni ne défendit, fut permis, libre, licite, tel que c'était (avant l'arrivée de la Loi). C'est là ce que tout un chacun peut reconnaître avec nécessité, par suite de la disposition naturelle de la raison, sans avoir à recourir au raisonnement analogique et à l'opinion personnelle. Celui qui affirme le principe que nous venons de rappeler et qui ensuite rend obligatoire ce qu'aucun texte ne donne comme obligatoire, ou interdit ce qu'aucun texte ne défend, celui-là érige en loi ce que Dieu n'a pas annoncé, et il professe ce qu'il n'est pas permis de professer ». (*Iḥkâm*, VIII, p. 2). « C'est là, conclut Ibn Ḥazm, une preuve éclatante et lumineuse, qui suffit à la réfutation » (*ibid.*). Et il est bien vrai que toute la doctrine tient en ces quelques mots.

La seule autorité est la Parole de Dieu et du Prophète. La *fiṭrat al-ᶜuqûl*, qui est invoquée pour reconnaître et identifier les préceptes divins et leurs différentes sortes, n'apporte avec elle aucun élément inné d'évaluation. Elle se borne à montrer que les actions qui ne sont ni obligatoires ni interdites (ajoutons ni conseillées ni déconseillées ; Ibn Ḥazm a simplifié ici l'énumération des cas possibles) sont licites. Cette inférence rationnelle immédiate semble se réduire à une évidence banale ; en réalité, elle va conduire l'intrépide penseur beaucoup plus loin qu'on ne pouvait le soupçonner, et peut-être plus loin qu'on ne l'a jamais imaginé en Islam.

Partout où il y a un texte, le *qiyâs* est inutile, puisqu'il n'y a pas à établir ce qui est donné. L'analogie ne joue donc, chez ceux qui en usent, que dans les cas où il s'agit de ramener des conséquences à un principe, ou, pour employer les termes techniques de la science juridique, des *furûᶜ* à un *aṣl*. Sans doute, bien des penseurs *šâfiᶜites*, estimaient que les textes ne fournissaient souvent que des exemples particuliers, dont il fallait dégager le principe pour l'appliquer ensuite, en l'étendant à d'autres cas particuliers. Mais Ibn Ḥazm juge au contraire que le prétendu principe, ainsi dégagé par la raison, ne peut prétendre à valoir par lui-même, puisqu'il n'y a pas de principes innés. Par suite, le véritable *aṣl* reste bien le texte donné, quelque particulier qu'il paraisse. Ce n'est que lui qui apporte l'élément de valorisation qu'on se propose illégitimement d'étendre ; c'est lui qui est la base unique de tout jugement. Ibn Ḥazm, parvenu à ce point, n'hésite pas à écrire : « Il est constant que les jugements de la religion sont tous des *uṣûl* et ne contiennent aucun *far*ᶜ ; ils sont tous signifiés par des textes ». (*Iḥkâm*, VIII, p. 3).

Ce passage fait comprendre admirablement comment les idées spéculatives et méthodologiques d'Ibn Ḥazm s'articulent avec l'action qu'il a menée contre les *fuqahâ*ᵓ *mâlékites*, qui, de son temps, asservissaient la vie intellectuelle et religieuse de l'Espagne sous le réseau tyrannique de leurs décisions juridiques. Le mâlékisme était en effet devenu la recherche exclusive des *furû*ᶜ, et il faisait pulluler les prescriptions en toutes matières, par la définition incessante d'obligations et d'interdictions nouvelles. Il est curieux de constater que le littéralisme *ẓâhirite* devient, avec Ibn Ḥazm, un instrument de libération. La proscription du *qiyâs* est, en somme, moins tournée contre les théoriciens de l'analogie qu'étaient les *Šâfi*ᶜ*ites*, que contre la politique des *furû*ᶜ que la puissance des juristes *mâlékites* et leur influence dans le gouvernement rendaient intolérable à un esprit indépendant comme Ibn Ḥazm.

D'ailleurs, cette condamnation conjointe du *qiyâs* et des *furû*ᶜ est naturellement appuyée sur un texte. La révélation coranique s'affirme comme complète ; elle contient tout ce que Dieu a voulu que l'homme sache. Elle ne comporte aucune lacune, aucun manque. Or c'était là le point le plus délicat pour la législation musulmane. La société, la civilisation, les idées et les besoins de tous ordres avaient évolué depuis l'époque du Prophète. Il était évident qu'on ne trouvait pas de réponses toutes faites aux questions nouvelles qui se posaient et qu'on voulait résoudre conformément à l'esprit le plus authentique de la Révélation. De cette situation étaient sorties les Écoles de juristes qui cherchaient à compléter la lettre de la Loi sans en fausser l'esprit. Ibn Ḥazm n'ignore pas ce problème vital pour l'Islam, et cependant il n'en admet pas le bien fondé. À coup sûr, il est persuadé que, par une lecture plus attentive et plus littérale des textes, on trouverait dans le Coran et le *ḥadîṯ* une matière juridique beaucoup plus riche qu'on ne le pense. Néanmoins il est forcé d'avouer qu'on ne saurait trouver, dans les textes sacrés, réponse à tout. Or il ne recule pas devant cet aveu, et il n'en ressent ni trouble ni inquiétude.

« S'ils disent : apportez-nous tous les cas d'espèce, notifiés par un texte, nous leur répondons ceci : quand bien même nous serions incapables de le faire, notre impuissance ne serait pas un argument contre Dieu ni contre son Prophète, car nous n'avons pas prétendu, chacun de nous pris un à un, embrasser la totalité des lois, mais il nous suffit de décider que Dieu a élucidé pour nous toute matière à jugement religieux qui se présentera jusqu'au jour du Jugement. Voici comment. Nous vous apportons un texte unique dans lequel est renfermé tout ce qui s'est produit et se produira jusqu'au jour du Jugement ; c'est un récit authentique, la parole du Prophète qui a dit : « Laissez-moi, je ne vous ai pas négligés ; ceux qui vous ont précédés n'ont péri que par l'abondance de leurs questions et par leur opposition à leurs prophètes. Ainsi donc, quand je vous commande quelque chose, exécutez-en ce que vous pouvez, et quand je vous défends quelque chose, détournez-vous en. » Il est donc vrai, en vertu d'un texte, que ce dont le Prophète n'a pas parlé n'est pas obligatoire parce qu'il ne l'a pas ordonné, et que ce n'est pas non plus interdit, parce qu'il ne l'a pas défendu. Il reste donc nécessairement que c'est permis. Par conséquent, quiconque prétend que c'est interdit a la charge de produire une défense venant du Prophète. S'il la produit, nous écoutons et nous obéissons, sinon ce qu'il dit est faux. Quiconque prétend y voir un principe d'obligation, a la charge de produire un ordre émanant du Prophète. S'il le produit, nous écoutons et nous obéissons. Sinon ce qu'il dit est faux. Il appert par ce texte que tout ce que le Prophète a ordonné est une prescription que nous devons accomplir à l'exception de ce qui échappe à notre pouvoir ; et que tout ce qu'il nous a défendu est interdit, sauf ce qu'il a déclaré être conseillé ou déconseillé. Il ne reste donc aucun jugement en matière religieuse, qui ne soit notifié là par le texte sous une forme globale. – Ensuite, nous retournons contre eux cette question et ce langage, et nous leur disons : vous affirmez qu'il n'y a pas de cas d'espèce qui n'ait son pendant dans le Coran ou la *Sunna*. Quant à nous, nous retournons contre vous la question que vous voulez nous poser sur ces cas d'espèce, par exemple celui du dinar qui est tombé dans l'encrier, et autres sottises semblables. Montrez-nous leurs correspondants dans le Coran et la *Sunna*. Vous soutenez qu'il n'y a pas de textes à leur sujet ; dites-nous comment vous faites quand ils se rencontrent. Jugez-vous alors en fonction de votre doctrine ? Mais c'est votre religion, non celle de Dieu. Et ce qu'il y a en tout cela, c'est l'évidence du néant de toutes les questions qu'ils posent ». (*Iḥkâm*, VIII, p. 6, 7).

Ce passage a une portée extraordinaire. Tout le domaine des *furûᶜ*, dans lequel la raison humaine légiférait au nom de Dieu, tout ce qui n'est pas explicitement, textuellement codifié par l'entremise du Prophète, se voit libéré de toute obligation ou interdiction. Les textes révélés eux-mêmes nous autorisent à considérer comme licite, tout ce qui ne tombe pas manifestement, selon le critère *ẓâhirite*, dans une des catégories connues des prescriptions divines. Ibn Ḥazm a-t-il vu clairement jusqu'où pouvait conduire une telle doctrine, avec sa terrible simplicité ? A-t-il compris que le champ du licite, encore que défini par la religion, risquait de se développer et d'englober toutes les activités humaines religieusement indifférentes, neutres, en un mot profanes ? Car le licite, selon une image que prend Ibn Ḥazm lui-même, c'est la région d'équilibre indifférent entre l'obligatoire et l'interdit, le conseillé et le déconseillé. Or chaque acquisition nouvelle de la civilisation et de l'histoire, que la Révélation ne mentionne pas, va enrichir ce champ du licite, de telle sorte qu'une vie profane, reconnue par la religion, mais capable d'évolution alors que la religion est fixée, pourrait coexister avec la vie religieuse. L'Islam s'affranchirait ainsi du caractère totalitaire que les Écoles juridiques tendaient à lui conférer. Assurément, Ibn Ḥazm n'a jamais hésité à opposer le Coran et la Tradition à l'œuvre des juristes dans laquelle il ne voit qu'une construction humaine. En effet, il est facile de constater que Dieu a imposé à l'homme un certain nombre de devoirs et de contraintes, mais que par ailleurs il lui a fait don de la terre qu'il avait préparée pour lui. De ce don, l'homme peut, dans l'ensemble, disposer librement. Il a reçu, à cette fin, des instruments, les sens et la raison, et Ibn Ḥazm ne se fait pas faute de le rappeler. La religion permet donc l'usage et l'exploitation du monde *donné*, au moyen des facultés de connaître *données*.

Nous pensons volontiers qu'en critiquant le *qiyâs* et les *furû*ᶜ, Ibn Ḥazm n'avait pas seulement en vue les « sottises » qui pouvaient servir dans les écoles, à exercer la subtilité des élèves, mais qu'il a eu conscience de faire œuvre de libération. Son goût de la liberté s'alliait en lui à une réelle ferveur religieuse, à une foi profonde. Sans doute pensait-il que c'est mal servir Dieu que de diluer le divin dans l'océan des *furû*ᶜ. En somme, ayant renversé les idoles, et la plus redoutable de toutes, la souveraine raison, Ibn Ḥazm se soumet entièrement à Dieu. Mais Dieu est essentiellement l'Être qui donne ; en se livrant totalement à lui, l'homme reconnaît les dons qu'il reçoit ; sa puissance d'agir augmente avec les moyens, et sa liberté, qu'Ibn Ḥazm identifie avec la puissance d'agir, s'affirme. Servir Dieu à la lettre ainsi qu'il le veut, c'est en définitive s'affranchir ; ajouter à ses prescriptions en vertu d'une raison personnelle, ce n'est que s'asservir au tyran intérieur qu'est la passion, passion de commander et de dominer, car la souveraine raison n'est qu'une fiction de l'orgueil. La vérité est essentiellement ce qui se donne et s'accueille. Elle exige moins, pour être reçue, une table rase qu'une limpidité du cœur. La simplicité des principes, sur lesquels repose la doctrine d'Ibn Ḥazm, n'est peut-être au fond que la simplicité d'une âme tout entière tournée vers Dieu.

LA PLACE DU CORAN DANS LES *UṢÛL AL-FIQH* D'APRÈS LE *MUḤALLÂ* D'IBN ḤAZM

Parmi les sources du droit, le Coran occupe théoriquement la première place. En réalité, il suffit d'ouvrir un ouvrage d'*uṣûl* comme le *Muḥallâ* pour se convaincre du rôle prééminent et presque exclusif que jouent les textes du *ḥadîṯ* dans la plupart des questions traitées. Sans doute observe-t-on des différences selon qu'il s'agit des *ᶜibâdât* ou des *muᶜâmalât*. Pour tout ce qui concerne le culte, il y a des versets coraniques fondamentaux. Néanmoins, les prescriptions y sont en général données en bloc ou en gros (*ᶜalâ l-iǧmâl*), et il faut recourir aux traditions prophétiques pour les connaître dans le détail de l'application (*ᶜalâ l-tafṣîl*). D'autre part, ce qui concerne le statut personnel (mariage, répudiation, successions) trouve un appui assez précis dans le Livre révélé. Mais, là encore, il faut largement compléter par les textes du *ḥadîṯ*. Toutefois, ce qu'il convient de reconnaître, c'est qu'en ces matières, l'utilisation du Coran est obvie, conforme à l'intention et à la destination évidente des versets pris en eux-mêmes et dans leur contexte. Il n'en va pas de même quand il s'agit de questions relevant des *muᶜâmalât*, telles que les ventes, l'association, le gage et, d'une manière générale, celles qui se rapportent aux contrats.

Ici, il paraît certain que le Coran ne fournit aucun élément, aucun principe, dont on pourrait tirer logiquement les conséquences qu'on prétend en conclure. Il faut, pour ce faire, leur attribuer d'abord, d'une manière qui semble fort artificielle, un sens et une portée qui ne se présentent pas immédiatement à l'esprit et que le contexte n'exige pas, parfois même qu'il exclut. L'application de tels versets aux questions traitées semble alors résulter d'un véritable *taᵓwîl*, d'une interprétation qui va au-delà du sens apparent immédiat ; et ce procédé surprend quand on le trouve chez un ẓâhirite rigoureux comme l'était Ibn Ḥazm, non pas une fois en passant, mais régulièrement dans une large partie de son immense traité d'*Uṣûl al-fiqh*, le *Muḥallâ*.

Arrêtons-nous donc aux *muᶜâmalât* et essayons de classer les différentes références au Coran, en nous bornant à donner des exemples sans relever exhaustivement tous les passages qui illustreraient ces emplois.

a) Il y a d'abord des citations de versets qui n'ont rien à voir matériellement avec la question traitée, mais qui interviennent pour donner un fondement scripturaire à la méthode. Ainsi Ibn Ḥazm déclare que les contrats de *muzâra^c^a* et de *muġârasa*, qui consistent à donner une terre à cultiver ou à planter, moyennant une part de la récolte ou des fruits (part déterminée dans le contrat même), ne sont pas une location. Tout droit accorde une importance capitale au mot propre : le *ẓâhirisme* est en accord profond avec l'exigence de l'esprit juridique. Ibn Ḥazm écrit : « L'attribution des noms en matière de religion (ici le droit musulman) appartient à l'Envoyé de Dieu qui la tient de son Seigneur », et il renvoie au Coran (53, 23) : « Ce ne sont que des noms dont vous les avez nommées (les déesses al-Lât, al-ᶜUzzâ et Manât), vous et vos pères. Dieu ne fit descendre avec elles aucune probation. » Il est clair que ce verset, dans son contexte immédiat, n'a rien à voir avec ce qu'Ibn Ḥazm veut y voir : une règle divine sur l'emploi des mots. Cependant, la traduction donnée, qui suit celle de R. Blachère, contribue à rendre inacceptable le procédé ḥazmien. Râzî, dans son commentaire, propose un autre sens qui l'éclaire et le justifie davantage. Dans le début : « *In hiya illâ asmâ*ᵓ », il rapporte le pronom *hiya* non pas aux déesses, mais à *asmâ*ᵓ : « des noms ». Plus loin, il s'interroge sur la construction du verbe *sammâ* : pourquoi est-il écrit *sammaytumū-hā* (« vous les avez appelés ») alors que « les noms ne sont pas appelés, mais que c'est par eux qu'on appelle » ? La réponse lexicographique à cette question, c'est que « la dénomination (*tasmiya*) est l'institution d'un nom (*waḍ*ʿ *al-ism*) ». Par conséquent, c'est comme si Dieu avait dit : « des noms que vous avez institués. » Quant au sens, la réponse est que, s'il s'agissait de noms par lesquels on appelle, il y aurait en plus du nom un dénommé qui ne pourrait être que les déesses avec le sens suivant : « ce sont des noms dont vous avez nommé les déesses », comme dans la traduction de R. Blachère, ici formellement rejetée par Râzî. Dans ce cas, en effet, « Dieu aurait accordé quelque considération aux idoles, au-delà de leurs noms ». Au contraire, la construction employée montre bien que derrière ces noms, « il n'y a pas de dénommés. » Il en résulte qu'un peu plus loin, il ne faut pas rendre *bi-hâ* par « avec les déesses », mais par « avec les noms ». Voici donc la traduction qui ressort de ce commentaire : « Ces noms ne sont que des noms que vous avez institués, vous et vos pères. Dieu ne fit descendre avec eux aucun pouvoir de preuve » (*sulṭân* = *ḥuğğa, burhân*).

Ainsi l'usage que fait Ibn Ḥazm de ce verset devient plus compréhensible. Sans doute l'isole-t-il d'un contexte dont il fait intégralement partie et qui le particularise. Mais en ramenant tout son contenu à la question des noms révélés par Dieu ou institués par l'homme, on peut considérer qu'il a en lui-même une signification générale, confirmée d'ailleurs par d'autres textes (tels que l'enseignement par Dieu de tous les noms à Adam), et que ce n'est ici que son application qui est particulière.

Voici un autre exemple d'une utilisation « méthodologique » du Coran. Ibn Ḥazm soutient qu'on peut mettre en gage une chose qui est en indivision, que cette chose puisse être partagée ou non, que le gagiste soit ou non celui qui est associé dans l'indivision. Le texte apporté comme preuve convient ici parfaitement à la question : *fa-rihân maqbûḍa* (2, 283. « qu'alors des gages soient perçus »). Il est général en ce sens qu'il ne particularise en rien la nature et les qualités de la chose gagée. Or si Dieu avait voulu sur ce point une limitation, Il l'aurait clairement précisée, car « Ton Seigneur n'est pas oublieux » (19, 64). Il n'a donc pas oublié de dire ce qu'Il voulait dire. Ibn Ḥazm se réfère plus d'une fois à ce verset pour interdire toute distinction que Dieu n'a pas lui-même expressément faite. Or, justement en matière de *mu^{c}âmalât*, ses adversaires, surtout ḥanéfites et mâlékites, divisaient et subdivisaient les prescriptions selon un découpage de cas dont le Coran non plus que la Sunna ne font la moindre mention. Mais de nouveau on a l'impression pénible d'un emploi abusif. Une fois de plus, l'ignorance délibérée du contexte pose un problème. Ici, il faut faire une remarque importante : si le *contexte* est un autre *texte* qu'on examine uniquement dans sa structure linguistique, *fî l-luġa*, grammaticale, syntaxique, lexicographique, alors il peut contenir un indice (*dalîl*) sur la valeur générale ou particulière de ce qui est dit. Mais si ce *contexte* est pris en tant qu'il spécifie les circonstances dans lesquelles un propos a été tenu, il ne peut décider de la portée générale ou particulière de ce propos. En effet, toute parole est prononcée dans une situation singulière, celle de celui qui parle et de celui à qui il s'adresse. Par suite, toute parole serait particulière. La Révélation n'aurait de sens que par rapport au lieu, au milieu, au temps, aux événements de la vie du Prophète, de ses Compagnons, des groupes qu'ils ont rencontrés. Ibn Ḥazm a vu le danger et il a formulé cette règle stricte que tous les textes du Coran et de la Tradition doivent d'abord être pris dans leur sens général, sauf à le limiter si on trouve un autre texte qui soit, du seul point de vue de la langue, l'indice d'une particularisation. Dans le cas présent, notons que Dieu dit de lui-même qu'Il oublie, en deux passages du Coran (45, 34 ; 7, 51) : « Aujourd'hui nous vous oublions, comme vous avez oublié la venue de votre jour que voici » et « En ce jour, nous les oublierons comme ils ont oublié... ». Mais d'une part, il y a ici un verbe (« oublier ») et là un adjectif (« oublieux ») ; d'autre part le contexte verbal des deux derniers versets est très particulier : Dieu oublie *comme* l'homme oublie, pour ainsi dire en réponse à son oubli. Il est donc général que Dieu n'est oublieux de rien, mais, par exception, Il oublie l'homme qui oublie.

Mais que signifie, selon les commentateurs, le verset 19, 64 ? Prenons les explications de Zamaḫšarî. Le Coran rapporte les paroles de l'Ange Gabriel : « Nous ne descendons que sur ordre de ton Seigneur ». Le Prophète trouvait qu'il était lent à lui apporter les révélations. C'est au moment où il avait été interrogé sur les Gens de la caverne, sur Ḏû l-Qarnayn et sur l'Esprit. Il ne savait comment répondre et il avait patienté plusieurs jours. Les associateurs disaient : son Seigneur l'a abandonné et repoussé. La réponse est donnée en 93, 3 : « Ton Seigneur ne t'a ni abandonné ni rejeté. » Tel est ici le sens de « Ton Seigneur n'est pas oublieux », autrement dit : Il ne t'a pas délaissé. Pour d'autres interprètes, il s'agit là des paroles des hommes pieux quand ils entrent au Paradis (le verbe *nazala* est alors pris dans le sens de « faire halte dans un lieu » et non de « descendre »). Ils ne sont introduits que sur l'ordre de Dieu qui tient compte de leurs œuvres. Et Dieu, confirmant leurs dires, ajoute : « Ton Seigneur n'est pas oublieux », c'est-à-dire qu'Il n'oublie pas les actions des hommes et qu'Il ne néglige pas de les récompenser. Oubli et négligence ne sont pas possibles de la part de Celui qui tient le ciel et la terre sous sa Royauté.

La première de ces interprétations, faisant appel aux circonstances de la révélation (*asbâb al-nuzûl*), a une portée particulière, et nous comprenons qu'Ibn Ḥazm n'ait pas été arrêté par elle. La seconde est plus générale, mais elle se limite aux actes humains que Dieu n'oublie pas, et à leur rétribution qu'Il ne néglige pas. On conçoit qu'il soit légitime d'étendre encore la généralité du verset, d'autant plus que, tout de suite après, il est dit : « Il est le Seigneur du ciel et de la terre et de ce qui est entre eux. » En ce sens, Dieu n'oublie et ne néglige rien de ce qui concerne le gouvernement de l'univers et la conduite des hommes. Par conséquent, rien ne saurait manquer aux prescriptions qu'Il donne dans la Loi. Ibn Ḥazm a trouvé un appui scripturaire pour dénoncer les jurisconsultes qui prétendent compléter cette Loi, comme si Dieu avait commis des omissions. Il renforce ses attaques par cet autre verset (42, 21) : « Ont-ils des associés qui leur donnent en matière de religion des lois que Dieu n'a pas permises ? » Les commentateurs expliquent que ces associés sont ou les démons ou des idoles. Il était facile de faire entrer, sous cette dénomination, les faux savants qui légifèrent sous l'inspiration de leur propre démon et de leurs passions. Mais Ibn Ḥazm cite ce verset en supprimant les premiers mots et avec eux l'interrogation. Le texte devient : « Ils leur donnent en matière de religion… », le pronom « ils » renvoyant directement aux adversaires qu'il vient de combattre. Ce procédé étonne de la part d'un musulman pour qui chaque mot du Coran, fût-il un simple « et », doit être scrupuleusement cité dans un verset. Il étonne plus encore de la part d'un ẓâhirite. La suppression de l'interrogation, qui, selon Ibn Ḥazm lui-même, est une intention fondamentale du langage (*ᶜunṣur al-kalâm*) semble particulièrement grave. Faut-il admettre que pour lui, de même qu'on peut isoler un verset de son contexte, de même on peut détacher un membre de phrase, en coupant ses articulations les plus vitales, de sorte qu'on aboutirait à une sorte d'atomisme verbal, chaque mot étant significatif en soi et capable de donner par soi seul une instruction ? Nous hésitons à l'affirmer, encore que les interprétations ḥazmiennes supposent souvent une autonomie des mots dans la phrase. Dans le cas présent, il est clair que son attention a été frappée par deux verbes qui se heurtent, l'un en affirmative, l'autre en négative : *šaraᶜa* (donner une loi), et *aḏina* (permettre). En vérité, c'est Dieu qui légifère. L'expression : « ils donnent des lois » est déjà inquiétante. Quant au verbe *aḏina*, il a une grande force (cf. *bi-iḏni Llâh* : avec la permission de Dieu, formule employée chaque fois qu'on pourrait croire à une initiative humaine). Ainsi la citation, quoique tronquée, renferme telle quelle une énorme puissance d'explosion de la plus sainte indignation.

b) Nous nous bornerons à signaler l'existence de versets qui ont à la lettre un rapport avec les *muᶜâmalât*, mais qui ne sont pas nombreux et qui, par conséquent, servent et resservent sans cesse, formules passe-partout et toujours bonnes pour le service dans des questions très diverses. Tantôt ils semblent très précis mais n'en sont pas moins utilisés dans des sens généraux et vagues ; c'est le cas des deux longs versets 282 et 283 de la sourate al-Baqara où il est parlé des créanciers et des débiteurs, des engagements à terme fixé, des actes écrits, des scribes et des témoins, des marchés de la main à la main, des transactions en cours de voyage, des gages. Ibn Ḥazm découpe ces versets en morceaux et se réfère à l'un ou à l'autre, selon ses besoins, ainsi que nous l'avons vu plus haut pour les deux mots : *rihân maqbûḍa*. Tantôt ils sont plus courts et ne se rapportent à rien de précis du point de vue juridique : ce sont des règles de justice qui relèvent plutôt de l'éthique la plus générale. Ainsi en est-il du verset 2, 188 : « Ne mangez pas vos biens les uns aux autres en actions vaines (= interdites par Dieu) » et de 4, 29 : « Ne mangez pas vos biens les uns aux autres en actions vaines, à moins que ce ne soient des biens résultant d'un commerce par un consentement que vous vous donnez mutuellement ». Ibn Ḥazm qui cherche toujours le sens général, se rallie, dans l'usage qu'il fait de ces versets, à l'interprétation selon laquelle le mot *bâṭil* (ce qui est vain) s'applique à tout ce qui n'est pas permis dans la Loi, par exemple l'usure (*ribâ*), l'usurpation (*ġaṣb*), le vol (*saraqa*), l'abus de confiance (*ḫiyâna*), le faux témoignage (*šahâdat zûr*), l'entrée en possession d'un bien par un serment mensonger, un déni de droit (*ğaḥd al-ḥaqq*.) Le verset a donc une signification globale et n'entre pas dans les détails. Au contraire, Ibn ᶜAbbâs limitait le sens de *bâṭil* à ce qui est pris à un homme sans contrepartie (*ᶜiwaḍ*), ce qui réduisait le champ d'application du verset. Sur un autre point, Ibn Ḥazm prend implicitement position. Il s'agit, en 4, 29, du sens de la particule *illâ* (à moins que, sauf, si ce n'est). Il admet, toujours en vue d'une plus grande généralité, que cette particule introduit une exception en discontinuité avec ce qui précède (*istiṯnâ᾿ munqaṭiᶜ*), car le commerce par consentement mutuel n'est pas du même genre que le fait de manger injustement le bien d'autrui ; on ne peut donc pas, à proprement parler, l'en excepter. Le sens est donc : « Ne mangez pas entre vous vos biens injustement, mais mangez-les grâce au négoce ; cela vous est permis quand il y a consentement mutuel. » L'intérêt de cette façon de voir, c'est que, de même qu'est autorisée l'acquisition par le commerce, de même est permise l'acquisition d'un bien par voie de donation (*hiba*), par désignation testamentaire (*waṣiyya*), par héritage (*irṯ*), par dotation (*ṣadâqa*) et constitution d'un douaire (*mahr*), par versement de dommages et intérêts (*urûš*). Au contraire, ceux qui pensent qu'il y a une exception en continuité avec ce qui précède (*istiṯnâ᾿*

muttaṣil) doivent comprendre qu'il ne faut pas manger le bien d'autrui injustement, même s'il y a consentement mutuel, comme dans le cas de l'usure, sauf s'il s'agit d'une affaire commerciale par consentement mutuel. C'est-à-dire que de toutes les tractations par consentement mutuel, au cours desquelles un homme acquiert le bien d'un autre, seule est permise la transaction commerciale ; les autres sont vaines et interdites. Cette interprétation est tellement limitative que l'on comprend bien pourquoi Ibn Ḥazm ne pouvait s'y arrêter. Enfin notons qu'il adopte la doctrine d'al-Šâfi'î d'après laquelle, dans les *muᶜâmalât*, une négation signifie la nullité (*buṭlân*), à l'inverse de ce que pensait Abû Ḥanîfa. Par suite, quand un homme se livre à une opération que Dieu commande de ne pas faire, cette opération est juridiquement nulle et non avenue : on passe ainsi normalement du domaine de la loi religieuse et morale au droit proprement dit. Ce postulat nous découvre donc le fondement essentiel de l'application de versets coraniques, qui en soi semblent ne relever que de la foi religieuse, à des questions qui tombent totalement ou principalement sous la compétence du droit. (Pour toutes ces distinctions, voir le commentaire de 4, 29, dans les *Mafâtîḥ al-ġayb* de Faḫr al-Dîn al-Râzî.)

Le verset qui dit que « Dieu a permis la vente et interdit l'usure » (2, 275) est évidemment allégué au début du *kitâb al-buyûᶜ*, mais il revient chaque fois qu'il est question d'un acte qui tombe dans le vaste domaine de significations qu'a, dans le *fiqh*, le terme d'usure.

c) Le dernier type de versets que nous examinerons, est caractérisé par le fait qu'ils ont en eux-mêmes un sens très large et très vague par rapport aux précisions qui sont exigées de notions juridiques, et qu'en outre leur contexte leur enlève tout rapport avec les questions du droit. Nous donnerons un seul exemple particulièrement significatif qui revient dans la plupart des traités dont est constituée la section des *muᶜâmalât* (contrats de ventes, de sociétés, question du gage, de la commandite, du prêt, etc.). Il s'agit de 6, 164 : « Chaque âme n'acquiert qu'à ses dépens. » La suite, non citée par Ibn Ḥazm, est : « Et une âme chargée d'un fardeau ne portera pas le fardeau d'une autre. » Tout le contexte indique le sens : Dieu parle ici du fardeau des fautes, des sanctions de ceux qui ont amassé l'injustice, et tout cela est situé dans une perspective eschatologique, à l'opposé des problèmes de ce bas monde. Or Ibn Ḥazm entend ce verset dans le sens de : À chacun les fruits de son travail. On trouve donc ici une sollicitation des textes analogue à celle que nous avons étudiée dans le premier groupe de versets.

Parmi les commentateurs, ni Ṭabarî, ni Zamaḫšarî, ni Bayḍâwî, ni Râzî ne font la moindre allusion à un sens qui rendrait possible l'utilisation juridique de ce verset. On trouve une indication dans les *Aḥkâm al-Qurᵓân* d'Ibn al-ᶜArabî, qui fut d'ailleurs très opposé à la doctrine d'Ibn Ḥazm. Il écrit : « Certains savants de chez nous, en désaccord avec nous, cherchent à prouver par ce verset que la vente effectuée par un tiers non mandaté (*bayᶜ al-fuḍûlî*) n'est pas valide. Nos docteurs leur opposent que le sens de ce verset concerne celui qui supporte le châtiment ou la peine, et qu'il n'a rien à voir avec les situations juridiques d'ici-bas. » Il reconnaît qu'il est plausible (*yaḥtamilu*) que le texte vise un mode d'acquisition par contrainte, à l'exclusion de l'acquisition résultant d'une aide ou d'un service, laquelle reste permise. On est surpris que ce verset joue un tel rôle chez Ibn Ḥazm et qu'on en trouve si peu d'écho chez les commentateurs.

Ce que nous avons dit plus haut éclaire ici encore le procédé employé et le justifie, au moins dans les perspectives de la méthodologie ḥazmienne. N'y revenons pas. Mais il sera utile de signaler une particularité importante. Si les versets cités sont peu nombreux et toujours les mêmes, ils sont chaque fois nuancés par des *ḥadîṯ*-s qui constituent le véritable facteur de la spécification (bien que leur interprétation soit souvent elle aussi extensive). Mais il arrive qu'un *ḥadîṯ*, suggéré par un verset, contienne un mot qui renvoie à un autre verset. On assiste ainsi à un véritable déploiement de la pensée portée par des textes (*nuṣûṣ*). En voici un exemple dans le prolongement de ce qui précède. Dans le Livre du *Qirâḍ* (commandite), Ibn Ḥazm avance le texte de 6, 164 « chaque âme n'acquiert qu'à ses dépens », et le rapproche de la tradition prophétique : « Vos vies et vos biens sont pour vous une obligation sacrée (*ᶜalay-kum ḥarâm*) ». Le mot *ḥarâm* renvoie à 2, 194 : « *Wa-l-ḥurumât qiṣâṣ* », c'est-à-dire : « Les choses sacrées tombent sous le talion », et ce fragment du verset valorise la suite immédiate : « Quiconque a marqué de l'hostilité contre vous, marquez contre lui de l'hostilité de la même façon qu'il a marqué de l'hostilité contre vous » (trad. R. Blachère). Cette fin de verset sera dès lors utilisée, toute seule, en dehors de son contexte immédiat, pour établir des règles de justice compensatrice, en vertu de la signification qu'elle a ainsi revêtue au cours de ces rapprochements successifs, fondés essentiellement sur des associations d'idées et de mots. Par là se confirme, dans l'application, une doctrine chère à Ibn Ḥazm : que le Coran et le *ḥadîṯ* s'expliquent mutuellement, qu'ils sont *bayân* l'un de l'autre. Donc, en plus des règles de méthodes que nous avons rappelées, il faut ne pas oublier que l'interprétation et l'usage des versets coraniques dans les *muᶜâmalât* s'expliquent en grande partie par les complexes de signification que forment ces versets quand ils sont entourés, comme d'un rayonnement, par des textes du *ḥadîṯ*.

Nous avons dû nous limiter à des exemples. Par eux, on peut se persuader de l'intérêt que présenterait une étude systématique de cette question, chez Ibn Ḥazm, mais aussi chez tous les *Uṣûliyyîn*.

CONTROVERSE D'IBN ḤAZM
CONTRE IBN NAĠRILA LE JUIF

Dans son introduction à l'édition de cette *Risâla*, le Dr. Iḥsân ᶜAbbâs rappelle, d'après le *Fiṣal*, que Samuel b. Naġrila fut un des premiers juifs qu'ait rencontré Ibn Ḥazm après avoir quitté Cordoue. C'était en l'année 404 de l'Hégire, 1014 de l'ère chrétienne. Homme d'état, talmudiste, grammairien, poète, ce Samuel joua un grand rôle en son temps, à la fois comme vizir du roi de Grenade et comme chef de la communauté juive de cette ville (d'où son nom de Samuel ha-Nagid). Il s'acquitta également bien de ces deux fonctions. Il eut un fils, Yûsuf, qui lui succéda dans la charge de vizir. Le Dr. ᶜAbbâs pose la question de savoir si la *Risâla* qu'il a éditée est dirigée contre le père ou contre le fils. Il penche pour la seconde solution pour des raisons de caractères : Samuel, écrit-il, « ne se précipitait pas dans ce qui pouvait susciter de l'irritation contre lui ». Pourtant, il avait une réputation bien assise de controversiste et de lutteur : il s'engagea dans les querelles qui opposaient alors les grammairiens juifs d'Espagne ; il prit des mesures rigoureuses contre les Karaïtes, et on sait qu'il alla jusqu'à oser écrire sur les contradictions du Coran. Un grand politique doit savoir jusqu'où peut s'étendre son audace, et il se sentait sans doute suffisamment solide pour engager cette polémique sans trop de risques. C'est d'ailleurs ce qui soulève l'indignation d'Ibn Ḥazm qui, dès les premières lignes de sa réfutation, se plaint à Dieu de ce que les princes musulmans se préoccupent de leurs intérêts mondains plus que de leur religion, de l'entretien de leurs palais périssables plus que la Loi qui est attachée à leur demeure éternelle dans l'autre Vie. Sous une forme générale, l'accusation qu'il lance s'adresse directement à ce roi qui a fait appel à un *ḏimmî* pour administrer les affaires musulmanes de son royaume, si bien que « les langues des infidèles et des associateurs se donnent libre cours » et tiennent des propos dont les maîtres de ce monde devraient se soucier bien davantage s'ils y prêtaient attention. La colère démesurée d'Ibn Ḥazm semble ne s'expliquer qu'en raison de l'importance de son adversaire qui confère à l'événement une scandaleuse énormité.

Sans pouvoir trancher ce débat, et sans nier la valeur des arguments du Dr. ᶜAbbâs, nous pencherions donc pour la première solution. Car ce qui compte avant tout dans ce traité, c'est le ton d'une agressivité qui ne connaît plus de bornes. Ibn Ḥazm avait sans doute l'injure facile, et il se plaisait à accabler ses ennemis sans aucune retenue. Le *Fiṣal* et, plus encore, le *Kitâb al-Muḥallâ*, sont remplis de termes méprisants et blessants à l'adresse de ceux qui sont pris à partie. Mais ici ses imprécations vont au-delà de l'imagination. Ibn Ḥazm aime se battre, et en bon lutteur il se choisit des adversaires de taille ; contre eux, il ne se contente pas de dresser la force de ses arguments ; il semble qu'il veuille réellement les réduire à rien, les abaisser dans leur puissance même et dans leur personne qui en est la source. C'est parce qu'Ibn Naġrila était un homme de mérite, de courage, d'esprit, de science et de talent, qu'il s'acharne ainsi à l'amoindrir, et dans sa fureur contre cet homme éminent, il s'en prend à tous les juifs et à la Torah qui les inspire et les exprime.

Le soin des biens de ce monde a rapproché le roi de Grenade de ce *ḏimmî*, dont le nom, remarquons-le, n'est pas prononcé. Ainsi, en voulant se fortifier par l'accumulation des ressources matérielles, beaucoup de princes préparent leur perte et offrent prise à leurs ennemis. Combien vaudrait-il mieux pour eux qu'ils s'appliquent à fortifier leur religion « grâce à laquelle ils seront forts dans la vie qui passe et pourront espérer la victoire dans la vie éternelle ». Quelque profitable qu'ait pu être la bonne administration d'Ibn Naġrila, elle est condamnée de ce point de vue à être radicalement mauvaise. Partant de cette remarque politique et théologique, Ibn Ḥazm passe immédiatement au pamphlet : « C'est surtout grave quand l'ennemi appartient à un groupe qui ne fait bien que le mal, sous un extérieur méprisable ; on s'habitue à ne voir que la faiblesse qu'ils montrent, alors que, par-dessous, il n'y a que tromperie, trahison, artifice, ruse. Tel est le cas des juifs qui ne réussissent rien de ce qui demande de la force, auxquels Dieu n'a donné aucune vigueur ; leur affaire, c'est la fraude, la perfidie, le vol en grand, la soumission accompagnée d'hostilité vis-à-vis de Dieu et de son Prophète ».

Après ce préambule, Ibn Ḥazm présente en termes violemment injurieux l'auteur du livre qui prétend dévoiler les contradictions du Coran. Il s'enferme, pour ainsi dire, dans un monde de l'injure en soi, qui n'a plus le moindre rapport avec la réalité et la simple vraisemblance. C'est un homme, dit-il, qui déteste en son cœur l'Islam, « dont les entrailles sont liquéfiées par la haine qu'il porte au Prophète », qui est un *zindîq*, accusation très vague qui reviendra plusieurs fois et qui a sans doute ici l'intention de stigmatiser Ibn Naġrila comme une sorte d'athée qui fait profession de matérialisme (*min mutadahhirât al-zanâdiqa*) : il cache son impiété sous le voile de la plus vile des religions et de la plus ignoble des sectes juives. Ces intempérances de langage ne correspondent à rien de ce qu'on peut connaître de cet homme, bien au contraire.

Dès qu'Ibn Ḥazm apprit cette attaque du Coran, il s'efforça de trouver le livre pour le réfuter. Il tomba providentiellement sur une copie d'un texte dans lequel un musulman le critiquait et il en transcrivit les passages qui s'y trouvaient cités. Ce n'est donc pas l'ouvrage *in extenso* qui fait l'objet de son examen. Il est d'ailleurs difficile de dire s'il s'attaque à tous les extraits qu'il avait notés. En fait, sa réfutation proprement dite ne représente que la plus petite partie de la *Risâla*. Soit volontairement, soit en raison du petit nombre de textes qu'il avait pu relever, Ibn Ḥazm se borne à nous donner quelques échantillons décousus, d'après lesquels on ne peut se faire une idée précise de la valeur des objections qu'Ibn Naġrila faisait au Coran. Voici le premier exemple de ces contradictions. On lit au verset 78 de la sourate 4 : « Si un bien leur arrive, ils disent : « cela vient de Dieu ». Si un mal leur arrive, ils disent : « cela vient de toi » (Muḥammad) ». Par conséquent Dieu rejette la distinction de ceux qui disent que le bien qui leur arrive vient de Dieu et que le mal qui leur arrive vient de Muḥammad. Il fait savoir que tout vient de Dieu. Mais au verset suivant, il se contredit en déclarant : « Le bien qui t'arrive vient de Dieu ; le mal qui t'arrive vient de toi-même ».

Dans sa réponse, Ibn Ḥazm accepte une des conclusions que son contradicteur tire du premier verset. Pris à la lettre, dans sa forme linguistique, ce verset n'est rien d'autre qu'un énoncé : il fait savoir ce que disent les infidèles sur l'origine de leurs biens et de leurs maux. Dans cet énoncé (*ḫabar*), Ibn Ḥazm admet qu'on doive voir l'intention de signifier un blâme et que, par suite, Dieu veuille enseigner que tout vient de lui, biens et maux. Cela étant, il est clair, dit-il, que les infidèles imputaient tous leurs maux au Prophète. Or c'est cette pensée que Dieu présente comme fausse à travers son blâme. Leurs maux viennent d'eux-mêmes, comme c'est le cas pour tout homme, et comme c'est le cas pour Muḥammad. Mais si, absolument parlant, tous les biens viennent de Dieu, en un sens relatif, on doit dire que les maux viennent aussi de lui, car ils sont les moyens d'une éducation rendue nécessaire par les insuffisances dont l'homme fait preuve dans l'observance de ses devoirs religieux. Et les prophètes ne peuvent, sur ce point, en dépit du secours divin, se distinguer des autres hommes et atteindre la perfection. Tel est le sens de la Parole de Dieu en ces versets : il n'y a aucune contradiction. Ibn Naġrila raisonnait comme si Dieu avait repris ceux qui disent que tous les maux viennent du Prophète, pour déclarer ensuite contradictoirement que tous viennent de lui. Mais ce n'est pas le cas. Le Coran enseigne que les maux qui frappent chaque homme viennent de lui-même, ce qui concorde totalement avec cette autre proposition que les maux qui frappent le Prophète viennent de lui. Une aussi grosse erreur de raisonnement justifie dans une certaine mesure l'indignation d'Ibn Ḥazm quand il invective « cet ignorant effronté », dont « l'ignorance a aveuglé la clairvoyance et détruit l'entendement ». Il le traite de fou (*mağnûn*) qui ne fait pas la différence entre ce que Dieu enseigne comme vérité et la mention qu'Il fait des propos que les infidèles tenaient à Muḥammad. C'est un *zindîq* stupide (*anwak*), c'est un homme pris de vin, plongé dans une ivresse de fatuité, celle du petit devenu grand ; du misérable de condition vile, méprisable et affamé qui devient puissant et rassasié ; de l'homme de basse extraction qui prend le commandement et se livre à l'injustice ; du chien qui est choyé et excité par son maître.

Après avoir corroboré ce qu'il vient d'expliquer par des versets parallèles du Coran, comme le verset 131 de la sourate 7 (« Quand la bonne fortune leur fut venue, ils dirent : elle nous appartient. Mais si un malheur les frappait, ils tiraient mauvais augure de Moïse ... Leur mauvaise fortune n'est-elle pas vraiment entre les mains de Dieu ? »). Ibn Ḥazm passe à l'attaque. Il va, à son tour, montrer une contradiction évidente dans la Torah, le livre des Juifs, corrompu par leur infidélité (*kufr*), altéré par leurs mensonges en ce qu'il y a de plus sot (*aḥraq*) comme altération, et en ce qu'il y a de plus nauséabond (*antan*) comme signification. Il cite l'*Exode* (34, 7) et le *Deutéronome* (24, 16). Nous passons sous silence une référence à la Genèse qui est fausse ou résulte d'une mauvaise lecture. On lit dans le premier texte : « Ô Seigneur ! comme tu l'as juré en disant : le Seigneur est doux, il a une immense miséricorde ; il pardonne l'iniquité et la rébellion ; mais il n'oublie rien des crimes ; c'est lui qui punit les enfants de l'iniquité des pères jusqu'à la deuxième (hébreu : la troisième) et la quatrième génération ». (Cf. *Nombres*, 14, 17-19). Et dans le second texte : « Les pères ne seront pas mis à mort pour les enfants, et les enfants ne seront pas mis à mort pour les pères. Chacun sera mis à mort pour son péché ». Il y a là, à l'intérieur d'un même verset comme d'un verset à l'autre une contradiction que rien ne peut dissimuler.

La seconde attaque d'Ibn Naġrila porte sur l'ordre que Dieu a suivi dans la création. En 79, 28-32, Dieu rappelle « qu'Il a étendu la terre, qu'Il en a fait sortir l'eau et les pâturages, *après* avoir élevé la voûte du ciel ». Mais en 2, 29, il est dit que Dieu crée d'abord ce qui est sur terre, puis qu'Il façonne le ciel en sept cieux. Il y a là contradiction. Ibn Ḥazm réplique en niant toute contradiction : « Dans le premier verset, Dieu déclare qu'Il a édifié le ciel, élevé sa voûte et parachevé la révolution (*al-dawr*) grâce à laquelle apparaissent la nuit et le jour, puis qu'Il a fait jaillir l'eau… etc. Dans le second, Il rappelle que son organisation harmonieuse du ciel en sept cieux, et que la répartition qu'Il en fit entre ces sept régions qui sont les cercles (*madâr*) des planètes, de la lune et du soleil, eurent lieu après qu'Il eut créé tout ce qui est sur terre ». Mais ici, Ibn Ḥazm est moins heureux dans sa réponse, car il s'y contredit lui-même. Il suffit pour s'en convaincre de remarquer les deux termes de *dawr* et de *madâr* qu'il emploie, l'un à propos du premier verset, le second à propos du deuxième. Pour qu'il y ait nuit et jour, il fallait bien que la révolution des astres existât et, par conséquent, qu'il y eût une aire de révolution. Il a beau s'écrier : « Ce sot ignorant ne fait pas la distinction entre élever la voûte des cieux et façonner le ciel en sept cieux », cette distinction, purement verbale, ne résout pas la difficulté qui n'a pas échappé aux commentateurs musulmans et qui devait recevoir, en particulier chez Fakhr al-Din al-Râzî, des solutions plus satisfaisantes. On s'explique mal cette défaillance dans la logique d'Ibn Ḥazm qui est, en général, d'une beaucoup plus grande rigueur. Et quand il écrit en conclusion : « Dieu fait savoir que l'égalisation et la création du ciel dans son ensemble eut lieu avant qu'Il étende la terre, et que l'arrangement de la terre eut lieu avant qu'Il divise le ciel selon les parcours des sept astres ; il est donc clair que les deux versets s'accordent et que chacun d'eux confirme la vérité de l'autre », il oublie tout simplement de rappeler la création du jour et de la nuit dont parle le premier verset. Cette négligence est grave. La colère aurait-elle aveuglé son intelligence ?

Cela étant, il mène sa contre-offensive. « Que cet ignorant se souvienne du commencement que les juifs donnent à leur fiction mensongère, à cette calomnie forgée de toutes pièces qu'ils appellent la Torah ». Ils ont imaginé cette fiction, que Dieu crée un homme à son image (Ibn Ḥazm dit : « semblable à Lui »). Cet homme ne se distingue de son Créateur que sur deux points : la connaissance du bien et du mal et l'éternité de la vie. Ibn Ḥazm interprète ainsi le verset 22 du chapitre 3 de la Genèse. Quand Dieu vit qu'Adam, ayant mangé de l'arbre par lequel on a la science du bien et du mal, risquait de manger de l'arbre de vie et de devenir éternel, il le chassa du Paradis, afin qu'il ne devienne pas parfaitement semblable à Lui. Il est clair qu'ici Ibn Ḥazm s'appuie, non sur la lettre de la Bible, mais sur des exégèses allégoriques influencées par l'esprit gnostique. Il fait feu de tout bois. Néanmoins, pour s'en tenir au texte de la Genèse qu'il critique, il est certain que l'idée d'un homme à l'image de Dieu ne pouvait que sembler absurde à sa sensibilité de musulman, et surtout de musulman ẓâhirite.

Nous signalerons comme typique la discussion que soulève Ibn Naġrila sur le nombre des jours de la création. Il oppose les données de la sourate 41, 9-12, et de la sourate 50, 38. Voici la solution d'Ibn Ḥazm : « Dieu rappelle la création des cieux, de la terre et de ce qui est entre les deux en six jours. Puis il explique le détail de ces six jours : deux pour la création de la terre ; quatre pour la répartition des aliments sur la terre, puis deux pour la création des sept cieux. Or il est établi par ce que nous avons lu plus haut que la création du ciel en sept cieux eut lieu après la création de tout ce qui est sur la terre. Donc les deux jours pendant lesquels Dieu créa le ciel en sept cieux sont les deux derniers des quatre jours où Il répartit les aliments sur la terre. Car la répartition est autre chose que la création ». Argumentation bien faible cette fois encore, car, à la lettre, il faudrait déduire les quatre jours de la répartition, du calcul des jours de la création. On arriverait ainsi à une création en quatre jours. Mais il en fallait six. Alors on suppose que, sur les quatre jours de la répartition, il y en eut deux pour créer ce qui allait être réparti, et deux pour la répartition proprement dite. En outre Ibn Ḥazm oublie la question précédente : quand Dieu crée le ciel en sept cieux, la voûte céleste a déjà été élevée, donc créée. Que faut-il en penser ? Ibn Ḥazm a toujours répliqué à son adversaire que le sens littéral des textes coraniques (*ẓâhir*) suffisait pour lever les contradictions qu'il dénonçait. Il semble bien, devant la faiblesse des arguments d'Ibn Ḥazm, que le *ẓâhir* se révèle ici incapable de donner une réponse satisfaisante. Notons que le calcul critique auquel se livre Ibn Naġrila, s'il peut nous paraître mesquin, est tout à fait du même genre que celui d'Ibn Ḥazm dans le *Fiṣal* au sujet de la durée du séjour des Hébreux en Égypte. Il s'agissait de montrer, en additionnant les chiffres obtenus à partir de renseignements numériques fournis par la Bible (âge auquel Lévi et chacun de ses descendants ont eu leur premier fils, âge de leur mort, etc.), que les Fils d'Israël ne sont pas demeurés en Égypte exactement le temps que Dieu avait annoncé à Abraham. En partant de cette ressemblance précise, on peut se demander si elle n'est pas généralisable. Effectivement, les arguments d'Ibn Naġrila contre le Coran relèvent tous d'un épluchage littéral des textes, tout comme ceux qu'Ibn Ḥazm avait développés dans le *Fiṣal* contre la Bible. Il est possible que les deux hommes aient eu une même forme d'esprit, et qu'Ibn Naġrila, qui avait écrit une célèbre introduction au Talmud (*Mebo ha-Talmud*) ait pris des habitudes de pensée très proches de celles du ẓâhirite. Mais il est possible aussi que le *nagid* de Grenade ait connu les réfutations qu'Ibn Ḥazm avait faites de la Bible dans le *Fiṣal*, et que, voulant défendre la foi de ses coreligionnaires comme chef de leur communauté, il ait dressé contre le Coran une argumentation dans le même style. En effet, quelle qu'ait été l'importance d'Ibn Naġrila comme vizir, il paraît peu vraisemblable qu'il ait eu l'audace de s'attaquer le premier à l'Islam et de façon publique. Au contraire, il est parfaitement concevable qu'il ait écrit pour un cercle réduit, celui des juifs de sa ville, dont il avait la charge spirituelle, pour confirmer leurs croyances attaquées. Cela expliquerait pourquoi Ibn Ḥazm a eu du mal à se procurer un exemplaire de l'ouvrage. On comprendrait fort bien alors qu'ayant senti dans la manière de son adversaire une sorte de parodie de ses propres procédés, sa colère, déjà fortement excitée, se soit enflammée au point d'éclater comme le feu du ciel.

« Par ma vie ! Où était ce vil imbécile quand il fit de telles objections à ces lumières rayonnantes, à ces vérités manifestes ? » Que n'a-t-il réfléchi à ce qu'*ils* lisent « dans leur radotage délirant, dans l'élucubration de leur impiété qu'ils appellent Torah ». Et Ibn Ḥazm de citer le verset sur le repos du septième jour, chose inconcevable dans le cas de Dieu. « Y a-t-il repos sinon pour qui est fatigué, qui voit ses forces diminuer et sa constitution s'affaiblir ? ».

Dans la sourate 77, 35, on lit : « Ce sera un jour où ils ne parleront pas, où il ne leur sera pas permis de se disculper » ; puis on trouve en 16, 111 : « au jour où chaque âme viendra plaider pour elle-même ». Ibn Ḥazm montre qu'il n'y a pas contradiction, d'abord en reprenant l'opinion de « docteurs anciens » qui distinguent divers moment (*mawâqit*). Le jour de la plaidoirie est le Jour de la

Résurrection lui-même, le Jour du Compte (*Yawm al-ḥisâb*) ; celui où il ne sera pas permis de parler est le début du jour qui suit, quand les damnés entreront en enfer (le contexte du premier verset l'indique clairement). Mais Ibn Ḥazm apporte sa réplique personnelle « qui consiste à suivre le sens apparent des textes sans se donner la peine de faire un *ta'wîl*, à moins que ce *ta'wîl* soit fourni par un autre texte ou par le *consensus* (*iǧmâᶜ*) de la communauté tout entière, pour ce qui est compris entre Lisbonne et Qandahar, Sihr, l'Arménie et Multan ». Il faut noter cette mention de l'*iǧmâᶜ* de la communauté, qu'Ibn Ḥazm n'admet pas sur le plan théorique. Mais ici il le met en avant, ironiquement, pour terrasser l'adversaire : même ce consensus, en principe impossible, pourrait être allégué, dans le cas présent, en faveur d'une vérité si claire pour les musulmans que tous sans exception tombent d'accord sur elle. Cette vérité est que l'homme n'aura pas le droit de parler pour se disculper des fautes commises contre Dieu (*cf.* S. 36, 65). Le mot *ǧidâl* est un nom d'action de troisième forme qui implique deux sujets. Mais Dieu n'entre pas en discussion avec les hommes. Au contraire, les hommes disputent entre eux. Sur ce point, on pourra rechercher les torts qu'ils se sont causés les uns aux autres, et la parole leur sera donnée pour cela. En ce sens, le Prophète a dit : « Le Jour de la Résurrection, le bouc qui n'a pas de cornes obtiendra des représailles contre le bouc qui a des cornes ».

Quant à la Torah, elle ne parle pas des sanctions dans l'autre vie, et les Prophètes des Juifs n'en disent presque rien. Puis Ibn Ḥazm s'appuie sur un récit concernant Salomon, mais qui n'est pas biblique : Salomon aurait approuvé la prière qu'une femme faisait pour lui et qui disait : « Que la Sphère ne cesse d'emporter les esprits de tes ennemis dans ses révolutions ». C'est là ou bien la négation des récompenses et des punitions *post mortem*, ou bien l'affirmation de la métempsycose en contradiction avec ce qu'affirment d'autres de leurs prophètes.

L'opposition que voit Ibn Naǧrila entre la sourate 55, 39 et la sourate 7, 6 est semblable à la précédente. La réponse est du même genre. Mais dans sa contre-attaque, Ibn Ḥazm se tourne vers un tout autre problème. Il s'en prend au chapitre 32 de l'*Exode* (versets 9-10, 13-14, 33), et au chapitre 33, 11. Il s'indigne qu'on puisse prétendre que Moïse a amené Dieu à changer d'avis, qu'il ait pu parler avec son Seigneur face à face (m. à m. bouche à bouche) et qu'il soit écrit que Dieu marcha avec son peuple, ce qui est un attribut des créatures. Il n'y a là qu'anthropomorphisme. Or ces textes ne supportent pas le *ta'wîl* parce qu'il y a un *badâ'*, c'est-à-dire un changement dû à des circonstances accidentelles dans les ordonnances de Dieu.

Ibn Naǧrila avait relevé que le Prophète pouvait avoir des doutes ; il s'appuyait sur la sourate 10, 94 : « Si tu es dans un doute sur ce que Nous t'avons révélé… ». Ibn Ḥazm réplique en disant que le mot *in* (= si) n'a pas dans ce verset le sens d'une particule du conditionnel, mais celui d'une négation, et il donne de nombreux exemples coraniques de cet emploi. Mais certains d'entre eux ne sont pas convaincants et vont à l'encontre du sens ordinairement reçu qui est celui d'une condition.

Passons rapidement sur les deux dernières contradictions qui opposent des textes du Coran avec ce qu'Ibn Naġrila prétend être des faits. Il s'agit d'abord du verset 69 de la sourate 16 sur la valeur curative du miel. Mais le miel est mauvais pour les fiévreux et pour ceux qui souffrent d'un échauffement de la bile. Ibn Ḥazm répond que Dieu n'a pas dit que le miel était bon pour toutes les maladies, mais qu'il contenait un remède pour les hommes, ce qui est vrai, car il est utilisé pour réchauffer les tempéraments froids, pour couper la pituite et fortifier les muscles. D'ailleurs les vertus du miel sont également reconnues dans la Bible. Ensuite, c'est la question de l'eau bénie (S. 50, 9) descendue du ciel. Mais l'eau peut faire des ravages ; elle n'est donc pas bénie. Ibn Ḥazm énumère les bienfaits de l'eau qui est indispensable aux êtres vivants. Ici encore, il réfute son adversaire par la Torah elle-même, en se référent au *Deutéronome*, 11, 10 *sq.*

Dans la suite de sa *Risâla*, Ibn Ḥazm ne répond plus à Ibn Naġrila dont il semble avoir épuisé les objections. Il passe donc à l'attaque et sa controverse ressemble dès lors à celle du *Fiṣal.* Mais l'ouvrage se termine en véritable pamphlet, pour ne pas dire davantage. Le ton du début reparaît : il ne s'agit plus d'une polémique, si violente soit-elle, contre des idées et des croyances, mais contre des personnes. « J'espère fermement et j'ai la solide espérance que Dieu sera dur contre ceux qui se rapprochent des Juifs, qui vivent dans leur entourage, en font des amis intimes et des familiers, et n'exercent pas leur rigueur contre eux ». Ceux-là désobéissent au Coran, et Ibn Ḥazm les renvoie aux sourates 5, 51 ; 3, 118 ; 60, 1 ; 5, 57 ; 5, 82 ; 2, 61. À cela, il ajoute les malédictions de la Torah elle-même (*Deut.* 28, 150). Tout musulman qui se mêle aux juifs doit tomber sous les mêmes malédictions et recevoir pour sa part humiliation et misère, mépris, bassesse et avilissement en ce monde, puis dans l'autre vie, un châtiment douloureux. Comme dans le *Fiṣal*, Ibn Ḥazm déclare qu'il n'aurait pas rapporté les abominables croyances des Juifs, si Dieu ne l'avait pas fait Lui-même dans le Coran (*cf.* S. 9, 30 ; 5, 64 ; 3, 181).

Que penser d'un tel réquisitoire ? D'abord qu'il ne s'explique que par le tempérament très violent d'Ibn Ḥazm. Ensuite qu'il est la preuve que des relations amicales entre Juifs et Musulmans, particulièrement illustrées par le cas d'Ibn Naġrila, ne se limitaient pas à cet exemple en soi exceptionnel. On sait qu'en Espagne, la domination musulmane fut moins pénible pour les Juifs que la domination chrétienne. On peut diminuer les résonances antisémitiques de l'écrit d'Ibn Ḥazm en soulignant les traits de son caractère irascible, et en notant que, tout compte fait, il se borne à réclamer l'application stricte du régime de la *ḏimma.* Or la *ḏimma* est une protection qui comporte des engagements de la part du protecteur. On remarquera qu'en dépit de ses outrances, Ibn Ḥazm n'incite jamais à des voies de fait contre les juifs. Ainsi l'intérêt de cette *Risâla* est de montrer que si la virulence des propos ne connaît pas de bornes, il y a tout de même une limite à laquelle Ibn Ḥazm s'arrête comme d'instinct : le respect des Juifs en tant que détenteurs de l'Écriture (*Ahl al-Kitâb*), dans l'esprit exact de la législation coranique.

LE MOI DIVIN ET LE MOI HUMAIN D'APRÈS LE COMMENTAIRE CORANIQUE DE FAḪR AL-DÎN AL-RÂZÎ

C'est une idée fréquemment admise que la théologie chrétienne de la Trinité a favorisé et développé dans la philosophie occidentale une doctrine de la personne dont le personnalisme actuel serait le fruit légitime. En effet, ni les Grecs, ni les Latins ne possédaient de terme propre pour désigner cette notion. Il est vrai que l'absence d'un mot n'implique pas l'absence de la notion. Néanmoins, c'est un fait que la pensée antique, dans ses spéculations sur l'âme humaine, faisait peu de cas de ce que nous appelons aujourd'hui le sujet humain. Les traités de l'âme relevaient des questions de physique ; la *psychè* était comme la *physis* un principe de mouvement, et que ce mouvement fût volontaire ne changeait rien à la façon d'aborder et d'étudier les problèmes. L'âme était une forme, une essence, voire une substance, et la *falsafa* musulmane s'est engagée dans la même problématique, avec les mêmes méthodes d'analyse et avec les mêmes termes techniques. Avicenne eut cependant une intuition originale qu'il dut certainement à son génie, mais aussi sans doute au fait qu'il était musulman. Nous en reparlerons. Quoi qu'il en soit, il ne faut pas exagérer la part de l'influence proprement chrétienne. Si on doit incontestablement aux Pères de l'Église d'Orient et d'Occident l'emploi et l'élaboration des mots qui désignent la personne (*persona* et *hypostase*), leurs querelles dogmatiques et difficiles n'ont guère contribué, reconnaissons-le, à clarifier la notion. En réalité, cette notion de personne était impliquée par le monothéisme en tant que religion révélée par un Dieu qui parle aux hommes. Le personnalisme est d'abord vécu par les Juifs, les Chrétiens et les Musulmans avant de faire l'objet de conceptions théologiques et, moins encore, philosophiques. Il nous faut donc, en ce qui concerne notre projet, rejeter ce préjugé qui voudrait que l'idée de la personne n'ait apparu qu'aux penseurs chrétiens. On doit au contraire s'attendre à la trouver chez un homme qui a profondément médité la Parole de Dieu dans le Coran, comme ce fut le cas de Faḫr al-Dîn al-Râzî, même si le vocabulaire demeure incertain et par conséquent l'expression hésitante.

Le mot arabe *šaḫṣ* est de nos jours employé pour traduire le mot « personne », et de la sorte, les idées qu'il recouvre risquent souvent de provenir d'ailleurs que de l'Islam, même quand on cherche après coup à leur trouver des fondements coraniques, selon un procédé bien connu depuis les *falâsifa* eux-mêmes. Ces essais d'islamiser une notion qui ne s'est pas développée en terre d'Islam ne sont pas illégitimes ; ils seraient même tout à fait légitimes pourvu que l'esprit musulman puisse l'assimiler, s'il n'existait pas déjà, dans la tradition de pensée inspirée du Coran, tous les éléments d'une doctrine originale de la personne. Ce n'est pas évidemment dans les réflexions qui tournent autour du mot *šaḫṣ* qu'il y a des chances de la découvrir. On définit le *šaḫṣ* par l'impossibilité où se trouve une chose d'être en commun entre plusieurs (*imtinâᶜ al-ištirâk bayna kaṯîrîn*), ou encore par le fait qu'elle est distincte de tout ce qui n'est pas elle (*imtiyâz ᶜan al-ġayr*). Il s'agit, par conséquent, de l'individu, qu'il soit animé ou inanimé, raisonnable ou dépourvu de raison. C'est l'emploi courant dans la langue arabe classique. Néanmoins, nous verrons se dessiner, dans certains usages qu'en fait Râzî, des traits qui préforment dans ce mot la notion moderne de personne. Mais des termes plus techniques, tels que *ḏât*, l'essence, *inniyya*, l'eccéité, se rencontrent dans des contextes qui se rapportent incontestablement à une réalité personnelle.

Nous nous proposons donc d'effectuer une approche par un moyen beaucoup plus direct et, partant, beaucoup plus sûr que la recherche du mot arabe qui pourrait désigner abstraitement la notion de personne. Tout être qui dit « Je » ou « Moi » est un être personnel. Une langue qui possède le pronom personnel de la première personne (en arabe : *al-mutakallim*, m. à m. celui qui parle) est donc capable d'exprimer immédiatement et intuitivement tout ce qu'on a voulu rendre par un *iṣṭilâḥ* plus ou moins adéquat, loin du vécu, et qui en définitive ne saurait en dire beaucoup plus. Que l'homme dise « Je », c'est évident. Quant à Dieu, il parle souvent à la première personne dans la Bible ; dans le Coran, il emploie le plus souvent le « Nous » de majesté, et quelquefois, dans certaines formules, il recourt à une troisième personne. C'est ainsi qu'il déclare : *Lâ ilâha illâ huwa* (il n'y a de divinité que Lui). Mais il lui arrive aussi de dire « Je » (*anâ*) ou « Moi, Je ... » (*innî anâ*). Les commentateurs mystiques, tel Ibn ᶜArabî, n'ont pas manqué de s'intéresser aux versets qui présentent cette particularité. Râzî a fait de même, quoique avec plus de mesure, car il reste beaucoup plus près de la *falsafa* et de son langage rationnel hérité des Grecs. Pourtant, c'est là où il laisse parler ses tendances mystiques ou, tout au moins, son goût pour la mystique, qu'il atteint le mieux à l'expression de la notion de personne. On peut y voir une preuve que la pensée musulmane n'a vraiment touché la personne qu'à travers les expériences et les conceptions du *taṣawwuf* ou du *ᶜirfân*. Pour de tels penseurs, il est évident que le fait d'une parole divine qui s'adresse à l'homme est le signe qu'il peut exister une relation personnelle entre le Créateur et sa créature. Un « Je » et un « Toi » se font face et dialoguent. Il y a là matière à réflexion, et la philosophie des pronoms personnels, brillamment illustrée de nos jours par Gabriel Marcel et Martin Buber, se trouve déjà, en un certain sens, dans l'ontologie mystique de l'Islam et, en particulier, sous des formes où se côtoient les langages existentialistes et essentialistes, chez Faḫr al-Dîn al-Râzî.

Nous commencerons par examiner une étude du nom propre qui se situe au début des *Mafâtîḥ al-ġayb* et fait partie d'un exposé général sur les noms. Les théologiens soutiennent que le nom propre n'apprend rien du tout. Il est vrai, note Râzî, qu'il n'apprend pas à reconnaître un attribut dans ce qu'il dénomme. Mais il n'est pas vrai qu'il n'apprenne absolument rien. Il fait connaître *cette* essence particulière. L'arabe présente un cas assez fréquent de noms propres qui désignent des noms communs (exactement : des noms de genre). Ainsi *asad* (le lion) est un nom de genre pour cette réalité qu'est le lion ; et *usâma* (Lion) est un nom propre qui désigne cette même réalité. De même *ṯaᶜlab* (goupil) est un nom de genre, et *ṯuᶜâla* (Renard) est le nom propre correspondant. Cela étant, Râzî définit la différence entre le nom de genre (*ism al-ǧins*) et le nom propre de genre (*ᶜalam al-ǧins*) : elle consiste d'une part en ce que le nom propre fait connaître un individu déterminé (*šaḫṣ muᶜayyan*), en tant qu'il est *cet* être déterminé-*là* ; et quand nous appelons plusieurs individus du nom de Zayd, ce n'est pas parce que le nom de Zayd a été institué pour rendre une valeur qui appartiendrait en commun à ces individus (*qadr muštarik bayna tilka l-ašḫâṣ*), mais parce qu'il a été institué à la manière d'un nom commun (*ᶜalâ sabîl al-ištirâk*) pour faire connaître cette essence-ci (*hâḏihi l-ḏât*) en tant qu'elle est cette essence-ci, ou pour faire connaître cette essence-là en tant qu'elle est cette essence-là. D'autre part, Râzî fait une rapide allusion à un fait que les grammairiens arabes ont traité avec une infinie subtilité, celui des diptotes. Pour qu'un nom soit diptote, il faut, disent-ils, que se rencontrent en lui deux « choses ». L'une d'elles est souvent le caractère de nom propre. Mais cela ne suffit pas : il en faut une seconde. Dans le cas de Usâma, par exemple, c'est sa forme féminine, alors qu'il ne désigne pas un être femelle. Ce qui est important, c'est que les diptotes ne prennent pas le *tanwîn* de l'indétermination. Quand un nom propre, comme Muḥammad^{un}, reçoit le *tanwîn*, c'est qu'il a une forme (ici la forme d'un participe) qui le reçoit normalement en l'absence d'article. Il est donc vraisemblable qu'en dehors des cas où joue une forte analogie, le nom propre serait caractérisé morphologiquement par le fait qu'il échappe à tout signe grammatical d'indétermination, donc qu'il se présente dans la langue comme essentiellement déterminé, ce qui rejoint les considérations précédentes. Mais cette question demanderait d'être traitée longuement et pour elle-même.

On voit par conséquent, à travers ces exemples, que si le mot *šaḫṣ* désigne encore l'individu, c'est l'individu déterminé. Quant au mot *ḏât*, ordinairement employé en philosophie pour signifier l'essence, mais qui comporte également la signification de l'en-soi (innéité) comme dans l'expression courante : *fî ḏâti-hi*, il est pris ici avec le sens de l'en-soi singulier d'un individu ; c'est déjà presque la personne. Ce sera la personne quand ces individus se trouveront être des créatures raisonnables. « Comme il est constant que les individus humains ont des besoins qui diffèrent bien au-delà de ceux qu'on reconnaît aux autres animaux, il devait être institué un plus grand nombre de noms propres pour les individus humains que pour les autres essences individuelles. » Et Râzî de conclure : « Cela étant, nous disons que lorsque l'Instituteur de la langue dit : Je pose le nom d'Usâma pour exprimer l'essence en elle-même (*al-ḏât bi-ᶜayni-hâ*) de chacun des individus « lions » en tant que cette essence est une identité (*bi-ḥayṯu hiya hiya*), et cela à la façon d'un nom commun, on a là un nom propre de genre (*ᶜalam al-ğins*) ; mais quand Il dit : Je pose le nom de lion (*asad*) pour rendre la quiddité qui est valeur commune entre ces individus, et rien de plus, sans que cela comporte une intention de signifier l'individu déterminé, on a là un nom de genre (*ism al-ğins*). »

Ce sont autant de remarques par lesquelles s'effectue une véritable approche de l'expression de la personne ; elles montrent le penseur travaillant sa langue pour y parvenir. Une réflexion sur le nom propre, fût-elle logico-grammaticale, ne peut laisser le philosophe indifférent. Sans parler de la valeur magique attribuée à ce nom dans certaines civilisations, et chez les Arabes certainement, attachés comme ils l'étaient à l'honneur de leur lignée ancestrale, il est certain qu'il existe dans la pensée humaine une corrélation étroite entre le nom propre et le principe intérieur caché, esprit ou âme (*rûḥ*, *nafs*), de l'identité personnelle, que ce nom révèle pour le meilleur et pour le pire, en découvrant à l'ami ou en livrant à l'ennemi le secret unique (*sirr*) d'une vie. Peut-être devrait-on accorder au soin avec lequel le poète d'amour dissimule le nom de sa bien-aimée, une portée beaucoup plus grande et plus profonde que celle d'une simple prudence sociale. Peut-être que le *kitmân al-sirr*, qui refuse de dévoiler un secret partagé à des tiers qui ne sauraient pénétrer au cœur d'une région d'intimité, gardée inviolable comme un domaine sacré, porte-t-il en lui des valeurs réellement métaphysiques. Peut-être est-ce là que se découvre la raison profonde pour laquelle le langage d'amour devient si naturellement le langage des mystiques. Dieu a des Noms qu'Il a fait connaître à l'homme. N'est-ce pas déjà la preuve infaillible de son Amour ? Or Râzî, dans son commentaire, ne rejette pas par un *taᵓwîl* invraisemblable, comme le faisaient tant de théologiens musulmans, le sens d'aimer que les racines coraniques ḤBB et WDD comportent incontestablement. Il rapporte même un *ḥadîṯ* où on voit le Messie s'entretenir avec différents groupes d'hommes. Le dernier groupe est formé de trois individus, dont la pâleur et la maigreur ont atteint à cette extrémité qui ne se rencontre que chez les Fidèles d'Amour et que les poètes de l'amour *ᶜuḏrî* ont célébrée en tant de vers. C'est leur amour pour Dieu qui les a mis en cet état. Jésus leur apprend qu'ils seront au nombre des « Rapprochés » (*Muqarrabûn*). Ainsi, en ce climat mystique, on peut rassembler nom propre, amour et personne. Ce faisant, il semble qu'on saisisse bien le caractère de la pensée de Râzî.

Mais revenons à notre propos. La sourate II, au verset 163, donne à Râzî l'occasion d'une étude qui réunit les pronoms personnels des trois personnes. Voici le texte coranique : « Votre dieu est un dieu unique : il n'y a de divinité que Lui. » Nous traduisons, vu son intérêt, le commentaire *in extenso* : « Les pronoms indiquent quelque chose qui est l'une des trois personnes : la première, *al-mutakallim* ; la seconde, *al-muḫâṭab* (celui à qui on parle) ; la troisième, *al-ġâ᾽ib* (celui qui est absent), sans signifier la quiddité de cette chose déterminée. Il y a trois pronoms : Je (Moi), Tu (Toi), Il (Lui). Le plus connaissable des trois est le Moi, puis le Toi, puis le Lui. La preuve de la justesse de cette hiérarchie, c'est que la représentation de moi à moi, en tant que je suis moi, ne donne accès à aucune ambiguïté ; en effet, il est impossible que je me confonde avec un autre que moi, ou qu'un autre se confonde avec moi ; cela, au contraire de ce qui peut avoir lieu pour le toi. En effet, il peut arriver que, dans ma pensée ou dans mon imagination à moi, tu te confondes avec un autre que toi. Mais le toi est, à son tour, plus connaissable que le lui. En somme, le pronom qui porte en lui-même la plus forte connaissance intuitive (*ašaddu ᶜirfân^an^*) [1] est « Moi » ; le plus fortement éloigné de cette connaissance (*ašaddu-hâ buᶜd^an^ ᶜan al-ᶜirfân*), c'est « Lui ». Quant au Toi, il est comme intermédiaire entre les deux. Une réflexion complète découvre le bien-fondé de ce jugement. Entre autres choses qui montrent que le plus connaissable dans les pronoms est ce que je dis en disant « Moi », notons que le pronom de la première personne, pris isolément, est un mot dans lequel le masculin et le féminin s'expriment de façon égale, sans rien qui les distingue, car on n'a besoin de différenciation que par peur de l'équivoque ; or ici, il n'est pas possible qu'il y ait équivoque. Donc, nul besoin de différencier. Pour le pluriel, il n'y a qu'un seul mot, soit affixe, par exemple *šaribnâ*, soit isolé, *naḥnu* (nous). Il n'en est ainsi que parce qu'on est assuré contre toute confusion. Mais le pronom de la deuxième personne distingue entre le masculin et le féminin ; il a un duel et il a un pluriel, parce qu'il peut y avoir en présence de la personne qui parle un être masculin et un être féminin ; la personne qui parle peut être tournée vers les deux à la fois, mais ne s'adresser qu'à l'un des deux, et on ne le saura que si un signe le fait clairement connaître. Le duel et le pluriel (avec leurs deux formes) sont justifiés par les mêmes raisons. Enfin, que le « présent » (*ḥâḍir*) soit plus connu que l'absent (*ġâ᾽ib*), c'est un fait qui s'impose comme une vérité d'intuition. Cela étant, nous déclarons : il apparaît manifestement que la connaissance de toute chose par son essence (*bi-ḏâti-hi*) est plus parfaite que celle qui naît d'autre chose que de son essence, que cette chose soit présente ou absente. Or la connaissance parfaite de Dieu, Dieu seul peut l'avoir, car c'est Lui qui se dit à Lui-même « Moi » (*li-anna-hu huwa llaḏî*

1. Le mot *ᶜirfân* a le sens très marqué de connaissance de type mystique ; à lui seul, il signifie, chez les gnostiques musulmans, toute la mystique.

yaqûlu li-nafsi-hi anâ), et le mot « Moi » est la plus connaissable des divisions du pronom personnel. Et puisqu'il n'appartient à aucun être de Le montrer du doigt (*an yušîra*) par le pronom qui, de tous, est le plus connu, nous comprenons que la connaissance complète de Dieu n'appartient qu'à Lui. Il reste que, sur ce point, certains autorisent l'union (*ittiḥâd*) et disent : quand les esprits humains sont illuminés par la lumière de cette réalité, ce qui intellige (en eux) s'unit à l'intelligible et, en un tel état d'union, ce Connaissant (*ᶜârif* : terme mystique) peut authentiquement déclarer : Je suis Dieu. Mais la doctrine de l'union n'est pas raisonnable. En effet, dans l'état d'union, ou bien l'un des deux disparaît, et ce n'est plus là une union ; ou bien les deux demeurent, et ils sont deux et non un. Et si cette voie est fermée qui est la voie la plus parfaite en ce qui concerne la désignation directe (*išâra*) de la réalité, il reste les deux autres voies, celle du « Toi » et celle de « Lui ». Le « Toi » est réservé à ceux qui sont présents dans les « stations » du dévoilement et des visions, à ceux qui sont morts par le *fanâ*ᵓ à toutes les jouissances humaines, ainsi que l'a déclaré Dieu à propos de Jonas, après qu'il fut mort aux ténèbres du monde du devenir et aux marques de la contingence ; il parvint au lieu de la vision personnelle (*šuhûd*) et Dieu dit de lui (*Cor.* 21, 87) : « Il implora dans les ténèbres en disant : Il n'y a de divinité que Toi (*Lâ ilâha illâ anta*) ! Gloire à Toi ! » [1]. Cela nous avertit qu'il n'y a aucun moyen de parvenir au lieu de la contemplation (*mušâhada*) et du dialogue avec Dieu (*muḫâṭaba*), si ce n'est le fait d'être absent (*ġayba*) de tout ce qui n'est pas Lui. Le Prophète a dit : « Je ne sais pas Te louer, Toi, comme tu te loues Toi-même. » Quant au « Lui », il est pour les absents. Mais ici, il y a une recherche à faire : car *Huwa* est, de droit divin, le plus noble des Noms. On le découvre de diverses manières. La première est qu'un nom est ou bien universel, ou bien particulier. J'entends par « universel » que ce qu'on en comprend est tel que sa représentation en elle-même n'exclut pas qu'il comporte association (*širka* : c'est quand une multiplicité d'êtres sont désignés en commun par un seul mot). J'entends par « particulier » que sa représentation en elle-même exclut toute association. C'est alors le nom qui indique une chose en tant qu'elle est telle réalité définie. Dans le premier cas, ce qui est désigné par ce nom (universel) ne peut être la Réalité divine (*al-Ḥaqq*) ; puisqu'en effet ce qu'on comprend de ce mot est quelque chose qui n'exclut pas l'association, alors que l'essence de Dieu, qui est déterminée (en soi), empêche toute association, il faut juger catégoriquement qu'un tel nom ne désigne pas Dieu. Mais alors aucun des noms dérivés, comme al-Raḥmân, al-Raḥîm, al-Ḥakîm, al-ᶜAlîm, al-Qâdir, n'atteint l'essence propre de Dieu et ne saurait la signifier d'aucune manière. Dans le second cas, on a ce qu'on appelle nom propre (*ism al-ᶜalam*) et le nom propre tient lieu de désignation directe (*išâra*).

1. Les commentateurs soulignent que ces ténèbres ne sont pas celles de l'erreur, mais ou bien celles de la nuit, ou celles de la mer, ou celles du ventre du poisson.

Aucune différence entre les deux vocatifs ; ô Zayd ! et ô Toi ! ou encore ô Lui ! S'il en est ainsi, le nom propre est un dérivé (*far*ᶜ) dont le principe (*aṣl*) est le pronom « démonstratif »[1] (*ism al-išâra*). Or le principe est plus noble que le dérivé. Donc il est plus noble (*ašraf*) de dire : ô Toi ! ou ô Lui ! que d'employer tous les autres Noms. La seule différence est que « Toi » est le terme qui s'adresse à ce qui est présent, tandis que « Lui » s'adresse à ce qui est absent. Néanmoins il y a là une autre subtilité cachée (*sirr*) : c'est qu'il n'existe de véritable expression de « Lui » que s'il advient à l'intellect la forme (*ṣûra*) de la chose, et dire « Lui », c'est s'adresser à cette forme ; or elle est présente ; par conséquent on en revient à dire que le « Lui » également ne convient qu'à ce qui est présent. Une seconde manière de démontrer la valeur du *Huwa* est dans le fait que nous indiquons la Réalité de Dieu (*al-Ḥaqq*) par la voie négative (*tanzîh*) en la dépouillant de toute espèce de composition. L'Un absolument Seul (*al-Fard al-muṭlaq*) ne peut recevoir un qualificatif (*na*ᶜ*t*), parce que le qualificatif exige entre le sujet de la qualification (*al-mawṣûf*) et la qualification (*ṣifa*) une relation d'altérité (*muġâyara*) et là où il y a marque de l'autre (*ġayriyya*), l'Unité solitaire (*fardâniyya*) ne saurait demeurer. En outre, on ne peut rien en faire connaître, car faire connaître exige la distinction de ce dont on fait connaître et de ce qu'on fait connaître, ce qui détruit l'Unité solitaire. Il est donc bien établi que les Noms dérivés sont tous incapables d'atteindre jusqu'au fond (*kunh*) de la Réalité divine. Mais le mot *huwa*, « Lui », atteint le fond de cette Réalité, une et solitaire, exempte de tous les modes de la multiplicité. Pour cette raison, ce terme est plus noble que tous les autres qui n'atteignent pas à cette Réalité profonde. Une troisième manière consiste à noter que les termes dérivés indiquent la présence d'un attribut dans l'essence. Mais les quiddités (*mâhiyyât*) des attributs de Dieu ne sont, quant à elles, connues que par leurs traces visibles dans le monde du devenir (ᶜ*âlam al-ḥudûṯ*). Ainsi, de la Science, on sait simplement qu'elle est quelque chose par référence à quoi c'est, en toute vérité, qu'Il fait tout bien et dans un ordre parfait ; de la Puissance, on sait simplement qu'elle est quelque chose par référence à quoi c'est en toute vérité qu'Il est source de l'action et de la non-action (*tark*). Dans ces conditions, il ne nous est possible d'avoir connaissance de ces attributs qu'en nous tournant vers les différents états des choses qui sont dans le monde du devenir. Par conséquent, les Noms dérivés ne désignent pas Dieu tout seul (*waḥda-hu*), mais ils Le désignent Lui, et ils désignent le monde du devenir en même temps. Or quiconque regarde deux choses à la fois ne peut voir parfaitement chacune des deux : sa vision est défectueuse et bornée. Par suite, les Noms dérivés, dans leur totalité, ne peuvent donner la perfection de la plongée totale dans le lieu mystique (*maqâm*) de la Connaissance de Dieu. Ils

1. Râzî donne les pronoms personnels comme démonstratifs, pour mettre en valeur son idée qu'ils ont la faculté de désigner directement et concrètement (*išâra*).

sont au contraire comme des voiles tendus entre l'homme (*ᶜabd*) et son immersion dans la Connaissance du Seigneur. Mais le mot *huwa* signifie Dieu en tant que Lui, Il est Lui (*Huwa huwa*), non en tant qu'il Lui survient une annexion (*iḍâfa*) ou une relation (*nisba*) par analogie (*qiyâs*) avec le monde du devenir. Donc le Nom de *Huwa* te mène jusqu'à Dieu et te coupe de tout rapport avec ce qui n'est pas Lui. Hormis celui-là, les autres Noms ne te coupent pas de ce qui n'est pas Lui. Aussi *Huwa* est-il un terme plus noble. La quatrième manière tire des démonstrations précédentes que la source de la Magnitude et de la Gloire divines est l'Essence, que l'Essence de Dieu ne tient pas sa perfection des attributs, mais qu'au contraire, elle impose l'attribut de perfection à la perfection des attributs. Or le terme de *Huwa* te conduira à la source de la Miséricorde (*Raḥma*), de la Gloire (*ᶜIzza*), de la Sublimité (*ᶜUluww*). *Huwa*, c'est l'Essence. Les autres Noms ne te font parvenir qu'aux étapes des qualificatifs et des attributs. Donc *huwa* est un terme plus noble. Voilà ce qui vient à l'esprit au sujet des valeurs secrètes de ce mot. Notre désir se tourne vers Dieu – qu'Il soit glorifié ! – pour qu'Il illumine notre cœur et notre être intime par un flot des splendeurs de ses lumières, pour qu'Il réjouisse par elles notre intelligence et notre esprit de façon à nous libérer des étroitesses de ce monde du devenir, jusqu'aux espaces ouverts des gradins de l'Éternité, en nous élevant des bas-fonds de la ténèbre humaine jusqu'aux Cieux de Lumières. »

Que le dieu dont parle ici Râzî soit un Dieu personnel, on n'en saurait douter après avoir lu ce passage si complet. On voit également que c'est dans une perspective mystique très nette qu'il est possible de connaître cette Personne divine. Si, par endroits, le vocabulaire des philosophes émerge encore, il ne faut pas se laisser tromper sur sa portée. Ainsi le terme d'essence revient souvent. Mais nous avons montré que, dans l'usage qui en est fait, elle porte en elle la notion de personne. Le mystère inviolable est celui d'une personne. Même parmi les hommes, la personne échappe à toute saisie et à toute violence. Et cela est si vrai que Dieu seul peut la connaître, car seul il sonde les cœurs. L'inaccessibilité du *Huwa* divin, pour tout être qui n'est pas Dieu, ce n'est rien d'autre que ce privilège essentiel de tout être qui seul peut dire « Je », pour parler de lui-même. Mais, en Dieu, ce privilège est porté à l'absolu ; Dieu est le Je absolu. Ainsi c'est le Je divin qui protège le *Huwa* de toute atteinte par les créatures. Mais de même qu'ici-bas, nous sommes témoins de ce paradoxe que, d'une part nos personnes sont impénétrables les unes aux autres, et que néanmoins c'est par elles que nous entrons réellement en communication, les contacts non personnels n'étant que superficiels et transitoires, de même ce Dieu inviolable tire de l'inviolabilité de sa Personne la source qui fait surgir et croître des personnes humaines avec lesquelles, par un acte purement gratuit, ainsi que nous allons le voir, il entre en relation mystique. Enfin, qu'on ne dise pas que ce Dieu personnel est conçu par anthropomorphisme sur un modèle humain. Du moins Râzî nous donne-t-il les moyens raisonnables d'échapper à cette erreur. En effet, le Dieu que nous serions tentés de considérer comme œuvre de l'imagination pieuse des hommes, c'est celui qui est nommé par ses Noms dérivés et qui est conçu par des attributs pensés en rapport avec les traits du monde du devenir. Mais de même que ces attributs n'expriment pas le fond de la Réalité divine, qu'ils ne donnent aucune idée de sa perfection, mais qu'ils reçoivent au contraire d'elle leur propre perfection, de même la représentation de Dieu qui semble n'être qu'une sublimation de valeurs humaines, miséricorde, grandeur, justice, etc. ne tire sa vérité que d'une réalité plus haute, celle du Dieu personnel. En conclusion, s'il est vrai de dire que le Dieu des philosophes est pensé par la raison et garde, de ce fait, un certain caractère anthropomorphique, c'est le Dieu de l'expérience mystique, des relations interpersonnelles ineffables, qui lui fournira son corps de vérité.

Mais poursuivons les commentaires. Le début de la sourate 20 offre plusieurs versets où Dieu parle à la première personne. Il s'agit de l'histoire de Moïse quand, s'approchant du feu, il fut interpellé (*nūdiya*) : « C'est Moi, Moi ton Seigneur … Tu es, Toi, dans la vallée de Towâ. Moi, je t'ai choisi … C'est Moi, Moi qui suis Dieu. Il n'y a de divinité que Moi » (S. *Tâ᾽ Hâ᾽*, 12-14). On ne peut guère souhaiter de passage plus à propos pour réfléchir sur la personne divine, en dialogue avec une personne humaine. Râzî n'avait pas à répéter ici ce qu'il avait dit tout au long du commentaire précédent. Il se borne, au sujet des pronoms, à expliquer que la répétition des pronoms, *innî anâ*, est destinée à renforcer la désignation et à faire tomber toute ambiguïté. Cette remarque ne fait que rappeler ce qu'il a développé auparavant sur l'*išâra* et sur la détermination singulière qui marque l'essence personnelle. Mais il introduit un autre problème, dont les solutions vont apporter de nouvelles lumières. Il s'interroge sur la nature de la parole qu'entendit Moïse : « Les Aš'arites tiennent que Dieu fit entendre sa Parole éternelle qui n'est faite ni de consonnes ni de voyelles. Quant aux Mu'tazila, ils nient l'existence de cette Parole et disent que Dieu créa cet appel (*nidâ᾽*) dans un corps quelconque, tel qu'un arbre ou autre chose, car l'appel est Parole de Dieu ; quand Il le veut, Il la produit puisqu'Il a pouvoir sur elle. Quant aux Sunnites de Transoxiane, ils affirment l'existence de la Parole éternelle, mais ils prétendent que ce qu'entendit Moïse, c'est un son créé dans un arbre, et ils argumentent par ce verset pour prouver que ce qui est entendu, c'est une voix produite dans le temps (*al-ṣawt al-muḥdaṯ*). Car, disent-ils, Dieu subordonna son appel au fait que Moïse s'était approché du feu. Or ce qui est subordonné à quelque chose qui apparaît dans le temps, apparaît dans le temps. » Cette dernière doctrine est celle des Mâturîdites. Râzî, sans le dire explicitement, se rallie aux Aš'arites.

Ce problème d'exégèse est grave ; car si l'homme n'entend pas Dieu parler directement, il est difficile de s'appuyer sur la Parole divine adressée à l'homme pour prouver que Dieu est personnel. Si c'est une créature qui a dit « Moi, je ... », on peut se demander qui est ce Moi. Le point de vue aš^{c}arite convient mieux à une interprétation personnaliste.

Râzî pose la question d'une manière plus précise, afin de clarifier le problème controversé. Comment Moïse a-t-il su que Celui qui l'appelait était Dieu ? Sur ce point encore, il y a des divergences. Un groupe, auquel Râzî se rattache, soutient qu'il est possible que Dieu ait créé, pour son serviteur, une science d'intuition nécessaire (*^{c}ilm ḍarûrî*) de cette vérité ; mais il est aussi possible qu'il la lui ait fait connaître par un miracle (*mu^{c}ǧiza*). Les Mu^{c}tazilites pensent, quant à eux, qu'une science nécessaire est ici impossible, car si Moïse avait su par intuition nécessaire que cet appel était la Parole de Dieu, il aurait connu de la même façon l'existence de Dieu, Créateur savant et puissant. Car il est inadmissible que l'attribut soit connu par une science d'intuition nécessaire, et l'essence par une démonstration. En outre si Moïse avait eu la connaissance intuitive de Dieu, il aurait échappé aux impositions de la Loi (*takâlîf*). Une telle science, en effet, rend toute révélation inutile et elle est par elle-même contraignante. Or Moïse, on le sait avec certitude, n'a pas échappé à la Loi. Il semble que Râzî ait été convaincu par cet argument. Il se rallie à la solution du miracle. D'ailleurs, si on y réfléchit bien, la création d'une connaissance nécessaire, dans le cas particulier de Moïse, ne saurait être qu'un miracle. Si Dieu est connaissable par une telle intuition, sans qu'il y ait miracle, il faut qu'il soit nécessairement connaissable par une intuition nécessaire. La liberté disparaît et du côté du Dieu connu et du côté de l'homme connaissant. Et là où il n'y a pas liberté, il ne saurait y avoir de réalité personnelle. Au contraire, le miracle est une intervention libre. Nous verrons combien Râzî tient à la liberté de Dieu.

Ce problème du miracle est traité, dans les mêmes termes, dans le commentaire de la sourate 42, 51. Nous donnons ici un résumé de ce commentaire pour montrer la constance des idées chez Râzî. Il y a ceux qui disent que la Parole de Dieu est faite de lettres et de mots. Pour les Ḥanbalites, ces lettres sont éternelles : « Mais ces gens sont trop vils pour qu'on les évoque dans le concert des hommes intelligents. » Pour d'autres, elles sont créées, soit qu'elles subsistent comme instaurées dans l'essence de Dieu (doctrine des Karrâmiyya), soit qu'elle soient produites dans un autre corps (thèse des Mu^{c}tazila). Pour les Aš^{c}arites, la Parole est un attribut éternel ; il n'est pas plus absurde de croire que Dieu peut être vu alors qu'Il n'est pas un corps localisé dans l'espace, que de croire que sa Parole peut être entendue alors qu'elle n'est pas composée de sons. Quant à Mâturîdî de Samarkand, il enseigne que l'attribut de la Parole est éternel, mais que ce qui est entendu est un son créé. Quoi qu'il en soit, quand Dieu dit qu'Il parle soit par inspiration (*waḥy*), soit de derrière un voile, soit par des envoyés, anges ou prophètes, la question est toujours la même : il s'agit de savoir si c'est bien Dieu qu'on entend, ou si c'est un démon (*šayṭân*). Et Râzî de conclure : « On ne peut juger catégoriquement que l'inspiration vient de Dieu et non de Satan qu'en s'appuyant sur un miracle (*illâ binâ$^{\circ an}$ ^{c}alâ mu^{c}ǧiza*). » Et il y a trois degrés de miracles : miracle pour l'ange qui reçoit la révélation de Dieu ; miracle pour le prophète qui la reçoit de l'ange ; miracle pour les hommes qui la reçoivent du prophète.

Cette insistance sur le miracle paraîtra étrange de la part d'un homme dont la pensée a été si fortement influencée par la *falsafa* avicennienne. Mais, encore une fois, Râzî voit là le gage de la liberté de Dieu. Sans doute parle-t-il souvent de l'Être nécessaire (*wâǧib al-wuǧûd*), mais ce n'est pas pour en tirer que tout devient nécessaire par Lui. Il croit plutôt, comme beaucoup de théologiens, qu'il est impossible à Dieu de ne pas exister, la seule impossibilité qui se dresse devant sa Toute-Puissance. Mais, commentant le sens de l'attribut de « vivant » (*ḥayy*), il explique bien qu'il signifie la présence d'une volonté libre, capable de choix, un *iḫtiyâr* réel, qui fait que le monde ne découle pas, par une émanation nécessaire, de la nécessité du Premier Principe. Or il est clair que, dans un monde de la nécessité, il ne saurait exister de personnes, mais uniquement des « natures » qui se développent et développent leurs rapports selon des lois immuables. En revanche, un Dieu qui parle, qui intervient dans la vie des hommes, est capable de leur envoyer une Loi ; par elle, de leur imposer des obligations (*taklîf*) ; au nom de ces devoirs, de les interroger et d'entendre leurs réponses, en un mot de les constituer comme des êtres responsables : « Tenez l'engagement ; oui l'engagement est matière à responsabilité … L'ouïe, la vue, le cœur, tout cela est responsable » (*Cor.* 17, 35 et 36). C'est par la Loi que la Personne divine suscite des personnes humaines. Il y aurait sur ce point de nombreux commentaires à alléguer dans les *Mafâtîḥ al-Ġayb*.

Ainsi donc, il est sûr que Moïse a su, par un miracle, que la parole qu'il entendait était celle Dieu. Mais on diverge sur la nature de ce miracle. Certains ont l'air de penser à un événement tenant du merveilleux, « par l'intermédiaire » duquel le prophète des Juifs reconnut que Dieu lui parlait. Mais cet intermédiaire est de trop : les relations de personnes sont directes. Râzî s'étend sur une seconde explication, et il semble qu'il l'admette. D'autres, dit-il, rapportent le récit suivant : « Lorsqu'il vit de ses yeux le feu s'élever de l'arbre vers le ciel et qu'il entendit la glorification (*tasbîḥ*) de Dieu par les anges, Moïse se mit la main sur les yeux. Alors une voix l'appela : O Moïse ! Il répondit : Me voici ! (*labbayka*). J'entends Ta voix, mais je ne Te vois pas. Où donc es-tu ? Dieu lui dit : Je suis avec toi, derrière toi, autour de toi et plus près de toi que toi-même. – Puis Iblîs lui fit concevoir ce doute en lui disant : Qu'est-ce qui te fait saisir que tu entends la Parole de Dieu ? – Il répliqua : Parce que moi, je l'entends d'au-dessus de moi, d'au-dessous de moi, de derrière moi, de ma droite et de ma gauche, comme je l'entends de par devant moi ; j'ai reconnu par là que ce n'était pas la parole d'une créature. – Or la signification des mots qui indiquent ces directions est la suivante : Oui, je l'entends par toutes les parties et toutes les parcelles de mon être, et chacun de mes organes est devenu pour moi une oreille. » Ainsi, c'est par l'ouverture totale de son être à la Parole que l'homme comprend qu'il entend parler Dieu. Peut-être avons-nous, dans ce récit, un souvenir des états physiques dans lesquels le Prophète Muḥammad recevait la révélation. Mais cette description convient aussi à une description d'une extase mystique. La Parole libre de Dieu libère l'homme qui l'entend ; dégagée de la gangue de l'âme (*nafs*), de cette conscience de soi superficielle tiraillée par les désirs et les passions, la créature découvre sa réalité profonde dans une transformation radicale qui la rend entièrement perméable à l'appel de Dieu. Ce récit fait donc bien comprendre comment l'homme découvre sa propre personne dans l'épanouissement miraculeux qui le transfigure en présence de la Personne du Dieu qui parle, en disant et répétant avec insistance : « Moi, Je ... ».

Un autre verset se prête à un commentaire qui nous apporte quelques précisions nouvelles. Il s'agit de la sourate 2, au verset 186 : « Quand Mes serviteurs t'interrogent sur Moi, Moi je suis proche ; Je réponds à la prière de qui Me prie quand il Me prie. Qu'ils Me répondent donc et qu'ils croient en Moi. » Râzî rapporte, selon Ka^{c}b, un récit qui met en scène Moïse, lorsqu'il dit : « O mon Seigneur ! Es-tu proche, Toi, de façon que je puisse converser avec Toi en confidence (*fa-unâǧiya-ka*) ? – Dieu répondit : O Moïse ! Je me tiens en ami (*ǧalîs*) avec celui qui fait mention de Moi. – Moïse dit : O mon Seigneur ! Nous sommes dans un tel état d'impureté et de souillure que nous craignons de faire mention de Toi. – Dieu répondit : Fais mention de Moi, en quelque état que tu sois. – Puisqu'il en est ainsi, Dieu a donc le désir que ses serviteurs fassent mention de Lui et qu'ils reviennent à Lui en tous les états où ils sont. C'est dans ces conditions que ce verset fut révélé. »

Ce commentaire, fondé sur un *ḥadîṯ*, met en cause le *ḏikr*, que nous avons traduit provisoirement par mention de Dieu, mais qui signifie une réalité spirituelle beaucoup plus profonde, puisqu'il s'agit là d'un état mystique (*ḥâl*) de la plus haute importance. Dans les rapports du *ḏikr*, on trouvera décrite et vécue cette présence de Dieu à l'homme et de l'homme à Dieu, où se révèle le contact spirituellement fécondant de la Personne du Créateur avec la personne de la créature. D'ailleurs, l'étude des commentaires de tous les états mystiques apporterait à notre recherche une contribution d'égale valeur. Nous tenterons d'en donner une idée. Pour le moment, constatons que Râzî, juste après avoir rapporté ce récit, revient à des considérations d'ordre plus strictement philosophiques : le sens manifeste de la particule *^{c}an*, dans « ils t'interrogent *sur* Moi » (*^{c}an-nî*), indique qu'ils demandent une information qui ait son point de départ en Moi, c'est-à-dire que la question porte sur l'Essence de Dieu, non l'essence abstraite, mais l'être déterminé de cette essence (*mu^{c}ayyan*), qui équivaut, comme nous l'avons dit, à la personne.

Toujours dans le style philosophique, Râzî se penche sur la notion de proximité divine. « L'acte par lequel le Créateur donne l'existence est comme un intermédiaire entre les quiddités et leurs existences. Par conséquent, le Créateur est plus proche de la quiddité de tout être possible que n'en est proche l'existence même de cette quiddité. Mais encore, il y a là un propos bien plus sublime : c'est que le Créateur est l'Être en raison de qui les quiddités du possible deviennent existantes ; c'est donc en raison de Lui que la substance est substance, que le noir est noir, que l'intellect est intellect et que l'âme est âme. Et de même que c'est par son efficience (*ta*ᵓ*ṯîr*) et son acte générateur d'être (*takwîn*), que les quiddités viennent à exister, c'est de même par son efficience et son acte générateur d'être que chaque quiddité devient *cette quiddité-là*. Par suite, selon le raisonnement qui précède, il est plus proche de toute quiddité que cette quiddité n'est proche d'elle-même ».

Cette thèse est évidemment opposée à celle des Muᶜtazilites qui pensaient que Dieu ne crée pas les essences. Elle est contraire également à celle des *falâsifa*. Dans les *Maqâṣid*, Ġazâlî expose, à propos de l'existence concrète, la *inniyya*, le *hic et nunc*, qu'on peut demander ce qui a rendu la chaleur existante, ou le noir existant dans tel ou tel espace, mais qu'il est impossible de demander ce qui a fait du noir une couleur ou ce qui l'a fait noirceur. Râzî connaît l'objection et il y répond : « Si on dit que la création des quiddités est impossible, car on ne comprend pas intelligiblement comment il se fait que la noirceur est noirceur, nous répondons : dans ce cas, il ne sera pas non plus possible de faire de l'existence l'existence, puisqu'elle est une quiddité (c'est-à-dire qu'elle est ce qu'elle est) ; il ne sera pas possible de faire de la qualificabilité (*mawṣûfiyya*) la qualification de la quiddité. En définitive, la quiddité ne sera pas par un agent ; l'existence, qui est une quiddité, ne sera pas par un agent ; et la qualification de la quiddité par l'existence, qui est aussi une quiddité, ne sera pas par un agent. Alors rien absolument ne sera par un agent, ce qui est d'une fausseté évidente. » Il en résulte que Dieu n'est pas le Créateur lointain qui donne de haut l'existence : il crée les quiddités, il crée les existences et il crée la relation des quiddités aux existences. Remarquons bien ces pluriels qui indiquent que chaque quiddité reçoit une existence pour elle. On retrouve l'idée de ces essences singulières et déterminées que sont les personnes. Ainsi, par cette triple création, Dieu est au cœur même des personnes créées, et rien de leur être n'échappe à Sa présence. Et c'est pourquoi Il entend la prière des hommes et ne trompe pas leur espérance (*yasma*ᶜ*u du*ᶜ*â*ᵓ*a-hum wa-lâ yuḫayyibu rağâ*ᵓ*a-hum*). Or la prière et l'espérance sont des états existentiels qui mettent l'homme en connexion étroite avec la source de son existence. Râzî en conclut : « C'est comme si Dieu disait (dans ce verset) : Tu es, toi mon serviteur, et tu n'as besoin d'intermédiaire qu'en dehors du moment (*waqt*) de la prière où tu m'invoques. » L'expression « Mon serviteur (ᶜ*abdî*) » signifie que le serviteur est à Dieu. L'expression « Je suis proche » signifie que le Seigneur est pour le serviteur (*anna l-rabba li-l-*ᶜ*abd*). Ces remarques font penser à ce qu'écrivait dans le *De Mutatione Nominum* (§ 18-28) le grand commentateur de la Bible, Philon d'Alexandrie, à propos de *Genèse* 17, 1 : « C'est Moi ton Dieu » et *Genèse* 35, 11 : « Moi, ton Dieu à toi », sur la relation intime du Dieu d'Abraham, d'Isaac et de Jacob, d'une part, et de l'homme de Dieu, d'autre part.

Râzî fait encore une autre remarque. Dieu ne dit pas : Mon serviteur est proche de Moi, mais : Moi, Je suis proche de lui. En effet, le serviteur est un être possible (*mumkin al-wuğûd*), et en tant qu'il est ce qu'il est, il se trouve dans le cercle du non-être (*fî markaz al-ᶜadam*) et au plan inférieur de l'anéantissement (*ḥaḍîḍ al-fanâ᾿*). Donc la proximité de Dieu lui est impossible. Mais Dieu a le pouvoir de s'approcher de son serviteur par sa grâce et sa miséricorde. Telle est la situation pour l'homme qui interroge sur Dieu du sein de notre monde du devenir. Quant à celui qui implore son Seigneur, il ne peut vraiment prier tant que sa pensée reste attachée aux choses de ce monde. Il doit au contraire absorber sa pensée en Dieu ; et quand il s'est coupé de tout, il est plongé dans la connaissance de l'Unique. Il ne considère plus ses droits individuels, il ne revendique plus sa part en propre. Et alors, tous les intermédiaires ayant été supprimés par le *fanâ᾿*, nécessairement se réalise pour lui la proximité ; car jusqu'alors il était séparé de Dieu par le voile de ses propres désirs.

Ici encore, un rapprochement avec Philon d'Alexandrie s'impose. On lit dans le *De Posteritate Caïni* (§ 28-30) ce qui suit : « La Parole (adressée à Moïse) est la suivante : Quant à toi, tiens-toi ici immobile avec Moi (*Deut.* 5, 31). – Par ces mots, l'oracle révélé nous donne deux enseignements : le premier, que l'Être qui meut et fait tout évoluer est immobile et immuable ; le second, qu'il fait participer l'homme doué de valeur morale à sa nature qui est le repos ... Ici, Dieu donne à un autre l'ordre de se tenir immobile avec Lui. Ailleurs Il dit : Moi, je descendrai avec toi en Égypte et je te ferai remonter à la fin (*Genèse*, 46, 4). – Il n'ajoute pas *avec Moi*. Pourquoi ? Parce que le propre de Dieu est le repos et la stabilité, tandis que le propre du devenir est le changement et tout mouvement qui le produit. Quand Il convie au Bien qui lui est propre, Il dit : Tiens-toi immobile avec Moi – et non : Je me tiendrai avec toi. – Car Dieu ne se tiendra pas immobile, Il *est* perpétuellement dans cet état. Mais quand Il *ira* vers ce qui est le propre du devenir, il dira très justement : Moi, je descendrai avec toi – car c'est à toi que convient le changement dans l'espace. » Dans ce passage la même idée est exprimée : c'est Dieu qui va vers l'homme pour se rapprocher de lui dans sa condition de créature contingente, enchaînée au devenir ; et cette descente, il l'effectue tout seul. Mais il appelle l'homme, par sa bonté salutaire, à se dégager du devenir et à s'élever vers Lui ; c'est alors que l'homme purifié peut se tenir avec Dieu, près de Lui. Il est remarquable que les deux commentateurs, en partant de textes religieux différents, mais animés d'un même souffle spirituel, en aient tiré une vision presque identique de la condition religieuse de l'homme.

Revenons à Râzî et au verset sur la prière. Certains argumentaient pour démontrer l'inutilité de la *duᶜâ᾿* dans laquelle ils voulaient voir uniquement une prière de demande ; ils montraient que rien ne saurait infléchir les décrets immuables du *qaḍâ᾿* et du *qadar*. La réponse est que le but de la prière est avant tout de manifester devant Dieu l'humilité et l'indigence humaines et, par suite, d'agréer tout ce que Dieu a déterminé et décrété. C'est le *riḍâ᾿*, « une des plus grandes stations mystiques (*maqâmât*) ». La prière est exaucée en ses demandes matérielles, si le décret éternel y est favorable. Dans le cas contraire, Dieu donne un repos (*sakîna*), une dilatation (*inširâḥ*) dans le cœur (*ṣadr*) et une constance (*ṣabr*) qui permet de supporter plus aisément l'épreuve présente. On reconnaît là toute une série de termes coraniques, évoquant des versets célèbres, qui désignent des états mystiques. Ces états, dit Râzî, sont, de la part de Dieu, une espèce de réponse.

D'ailleurs, la *duᶜâᵓ* ne se réduit pas à la prière de demande. Elle peut être la proclamation de l'unicité divine (*tawḥîd*) et la louange à Dieu. Alors, dire que Dieu répond, c'est dire qu'Il entend. Elle peut être le repentir des fautes (*tawba min al-ḏunûb*), et la réponse est l'accueil (*qabûl*) du repentir par Dieu. D'une manière générale, la *duᶜâᵓ*, en vertu d'un *ḥadîṯ* du Prophète, peut être le culte d'adoration (*ᶜibâda*). Mais ce qui est important pour mettre en relief ce dialogue spirituel qui s'institue dans la prière entre le Créateur et sa créature, c'est la réciprocité des réponses. Si on suit l'ordre du verset, on voit que Dieu a dit : Moi, je réponds à ta prière alors que Je n'ai absolument pas besoin de toi. Sois donc, toi, quelqu'un qui répond à mon appel (l'arabe emploie ici le même mot : *duᶜâᵓ*), alors que toi, tu as besoin de Moi à tous égards. Et Râzî s'écrie : « Quelle immense générosité (*karam*) en ces mots ! » On est tenté de traduire ici *karam* par gratuité. Commentant 49, 14 : « *In ..., lâ yalil-kum min aᶜmâli-kum šayᵓan* (Si vous obéissez à Dieu et à son Envoyé, Il ne vous retirera rien de vos actions) », Râzî se demande pourquoi il n'est pas écrit que Dieu ne retirera rien à la récompense. La réponse qu'il se fait peut se résumer ainsi : les actions des hommes sont soigneusement comptées, et le compte sera juste ; les actions relèvent de la Justice divine. Mais la récompense, à la différence de ce que croient les Muᶜtazilites, ne relève que de la faveur (*faḍl*) gracieuse ; elle constitue un surcroît, une *ziyâda* (surplus). Les actions, exactement notées, sont ce en quoi l'homme subsistera éternellement dans la béatitude, si elles sont conformes au commandement divin, dans la peine, si elles sont des rébellions. Béatitude ou peine à la mesure de l'homme, liées l'une à une plénitude de vie, l'autre à un défaut de vie. Mais il s'agit toujours de vie humaine. La récompense, la *ziyâda* purement gratuite, est tout autre chose et, par d'autres passages, on peut dire qu'elle consiste en cette proximité de Dieu dont jouissent les « Rapprochés » (*al-muqarrabûn*). La gratuité est indiscutablement un mode d'être et d'agir qui convient essentiellement à la personne. Ainsi, ce Dieu qui répond par pure gratuité, est-il doublement une personne : parce qu'il parle et répond, parce qu'il est libre et gratuitement généreux. Par là, Il suscite, en les appelant à Lui, les personnes humaines, et l'homme se réalise comme personne en répondant à cet appel de Dieu.

Enfin, remarque Râzî, Dieu ne dit pas à l'homme : Réponds à mon appel pour que Je réponde à ton appel. S'Il s'exprimait ainsi, il en résulterait qu'Il se rend à ma prière. Il faut donc voir là un avertissement : la réponse de Dieu à l'homme est une grâce (*faḍl*) de sa part ; elle se situe au tout début (*ibtidâᵓ*) ;

c'est une grâce prévenante. « La réponse que fait ici le Seigneur à son serviteur est antécédente (*mutaqaddima*) par rapport au soin que prend le serviteur d'obéir au Seigneur. » De nouveau, l'accent est mis sur la grâce et la gratuité. Et nous allons retrouver la même idée dans le commentaire de certains mots clés de la mystique musulmane. Commençons pas *tawba* et *tawwâb*.

On traduit généralement *tawba* par repentir. Mais on ne peut comprendre l'usage que la méditation musulmane a fait de ce mot, si on ne se réfère pas à son étymologie. Cette racine a le sens de retourner à …, revenir vers … On lit dans le *Lisân al-ᶜArab : Aṣl tâba ᶜâda ilâ Llâh, wa-rağaᶜa wa-anâba*. L'adjectif *tawwâb* désigne celui qui se tourne vers … Or il est remarquable que ces termes sont employés à la fois pour Dieu et pour l'homme, et le Coran en donne des exemples très intéressants. Nous en citerons deux. Le premier est le verset 17 de la sourate 4 : « Le retour (*tawba*) n'incombe (ou n'appartient) qu'à Dieu en faveur de ceux qui ont fait le mal par ignorance puis font retour (*yatûbûna*) aussitôt. Ceux-là, Dieu fait retour (*yatûbu*) pour les accueillir (*ᶜalay-him*). » Le second est tiré de la sourate 5, verset 39 : « Qui fait retour après avoir commis une injustice et se réforme, Dieu fait retour pour l'accueillir. » Ces deux citations marquent parfaitement la réciprocité d'un acte divin et d'un acte humain, leur correspondance et leur rencontre. Or cette rencontre est celle de deux personnes qui agissent librement. Voyons quelques détails.

On lit en 2, 37 : « Adam apprit de son Seigneur des paroles ; et alors le Seigneur fit retour pour l'accueillir. » Avec quelques variantes, les *ḥadîṯ*-s s'accordent pour entendre, par ces paroles, les mots qu'Adam allait prononcer pour faire l'aveu de sa faute et demander pardon. Râzî interprète ce passage en ce sens que Dieu n'a pas enseigné la *tawba* à Adam. En effet, dit-il, celui qui est chargé d'obligations (*al-mukallaf*) doit inévitablement connaître la quiddité (*mâhiyya*) et la réalité (*ḥaqîqa*) de la *tawba*. On peut entendre soit que Dieu a fait comprendre à Adam sa faute, soit qu'Il lui a enseigné la nécessité de la *tawba*, en ce sens qu'Il lui apprend qu'elle est accueillie par Lui (*wuğûb al-tawba wa-kawnu-hâ maqbûla*), soit qu'Il lui a rappelé les immenses faveurs dont Il l'a comblé, soit qu'Il lui a fait connaître un langage qui, à condition d'être accompagné de la *tawba*, serait cause de la perfection dans l'état de *tawba*. Râzî laisse entendre qu'aussitôt ces « paroles » connues, l'homme fit retour. Donc la *tawba* est liée à la condition de *mukallaf* : être constitué comme responsable ou comme répondant, c'est être *ipso facto* capable de faire retour. C'est pourquoi, pour l'homme, répondre et faire retour sont identiques, ainsi que nous l'avons vu à propos de la *duᶜâʾ*. C'est du plus profond de lui-même, du fond de sa personne responsable, que l'homme fait retour. Ce faisant, il ne met pas en œuvre une leçon apprise ; il agit selon la propre spontanéité qui lui a été donnée. La *tawba*, du côté de l'homme, est libre. Sa nécessité ne se rapporte qu'à ses effets, dus à l'accueil qu'elle reçoit de Dieu.

Mais la *tawba*, du côté de Dieu, est également un acte libre. Dans le commentaire de 4, 17, Râzî réfute les Mu^c^tazila qui s'appuyaient sur ce verset pour prouver que Dieu accueillait nécessairement le repentir des hommes ; ce point de vue était conforme à leur doctrine de la justice divine. Ils s'appuyaient sur un des sens de la particule *^c^alâ* employée souvent pour indiquer ce qui s'impose à quelqu'un. Mais Râzî s'inscrit en faux devant cette opinion. La thèse de la nécessité qui s'impose à Dieu est fausse, dit-il. Il n'y a pas en Dieu de nécessité d'essence : il n'est pas *mûǧab bi-l-ḏât*, mais il est agent par libre choix (*fâ^c^il bi-l-iḫtiyâr*), conviction que nous avons déjà notée à propos de l'interprétation de l'attribut de vie. Donc la relation qui s'établit dans la *tawba* entre Dieu et l'homme est entièrement libre des deux côtés, ce qui signifie qu'elle est une relation personnelle. Il y a une promesse (*wa^c^d*) divine, et la promesse ressemble à la nécessité. Mais c'est une nécessité de générosité gratuite, de grâce, de munificence (*wuǧûb al-karam, wa-l-faḍl wa-l-iḥsân*) et non une nécessité de nécessitation (*lâ wuǧûb al-istiḥqâq*). Dieu s'engage et demande à l'homme de s'engager. Dans le commentaire de 5, 39, Râzî s'exprime à peu près dans les mêmes termes : « Le verset montre que l'accueil du retour de l'homme ne s'impose pas nécessairement à Dieu, car Il se glorifie de l'accueil de ce retour, et la glorification de soi (*tamadduḥ*) n'a lieu que pour une action où la bonté se fait surabondante (*bi-fi^c^l al-tafaḍḍul*), pour un acte de munificence, non pour l'accomplissement de lois nécessaires. »

Un autre terme qui est employé dans le Coran de façon correspondante pour Dieu et pour l'homme, est celui de *ḏikr*. Il signifie le fait de garder présent dans sa mémoire, de penser constamment et sans jamais oublier. On peut le traduire par « mémoire fidèle » ou « commémoration constante ». Le verset 152 de la sourate 2 marque nettement cette correspondance : « Gardez-Moi fidèlement en votre mémoire, Je vous garderai en mémoire ; remerciez-Moi et ne soyez pas ingrats. » On peut, explique Râzî, faire le *ḏikr* de trois manières : par la langue, en louant Dieu, en proclamant son unicité, en lisant le Coran ; par les membres du corps, en mettant en pratique, dans les actions, ce qui est commandé ; enfin par le cœur, soit en approfondissant les questions qui touchent à l'Essence et aux Attributs, soit en approfondissant tout ce qui touche à la Loi et aux statuts juridiques, soit en pensant aux réalités cachées (*asrâr*) des créatures de Dieu « de façon que chacun des atomes de la création devienne comme le miroir poli placé en face du monde de la Sainteté : quand l'homme y porte les yeux, les rayons de ses regards y sont réfléchis vers le monde de la Grandeur, et ce lieu mystique (*maqâm*) est un lieu infini ». Le Coran énumère d'ailleurs tout ce qui, dans ce monde, peut détourner du *ḏikr*, et d'une manière générale, Satan est le grand ennemi du *ḏikr*. L'image du miroir, tout en évoquant des conceptions dont Ibn ^c^Arabî fut un des plus célèbres promoteurs, indique clairement que le *ḏikr* concentre les regards sur Dieu et par suite sauve l'unité de la personne humaine des dangers de la dispersion dans ce monde. Quant à la correspondance entre l'acte de Dieu et l'acte de l'homme, elle a été interprétée diversement : tantôt le *ḏikr* divin est la miséricorde et le *ḏikr* humain l'obéissance ; tantôt l'homme implore et Dieu répond par sa munificence (et Râzî renvoie à ce qu'il a dit à propos de la proximité du Seigneur dont il a parlé en commentant le verset 186 de la sourate 2) ; tantôt on comprend que cette Parole signifie : Gardez-Moi en mémoire dans vos retraites spirituelles (*ḫalawât*), Je vous garderai en mémoire dans les déserts (*falawât*), ce qui indique jusque dans les assonances que Dieu assume dans son *ḏikr* l'état de détachement où se trouve son serviteur dans son adoration ; tantôt : Gardez-Moi en mémoire dans mon Combat (*fî muğâhadatî*, c'est-à-dire dans la lutte que vous menez contre votre âme charnelle pour venir à Moi), Je vous garderai en mémoire dans Ma conduite jusqu'au but (*bi-hidâyatî*, Râzî a expliqué ailleurs que la *hudâ* est la conduite sur la route, et la *hidâya*, la conduite qui mène au terme du voyage). Enfin le sens le plus intéressant pour notre propos est le suivant : Gardez-Moi fidèlement en mémoire avec franchise de cœur (*ṣidq*) et avec sincérité (*iḫlâṣ*), Je vous garderai en mémoire par ce qu'il y a de plus pur en vous (*ḫulâṣa*) et par ce en quoi vous confirmez davantage le particulier de votre être.

Nous avons dû traduire par une longue périphrase deux mots du texte arabe : *mazîd al-iḫtiṣâṣ*. En effet l'*iḫtiṣâṣ* est chez les grammairiens un terme technique dont il nous a semblé qu'il fallait garder ici toute la signification. Dans ses *Iṣṭilâḥât*, Tahânawî le définit comme un renforcement de l'idée exprimée par un pronom personnel de première personne employé avec son verbe. Parfois il emprunte à l'expression du vocatif sa tournure dans la forme de *ayyuhâ*, mais sans en conserver le sens ; parfois il remplace *ayyuhâ* par un nom en annexion ; parfois il ne prend pas la tournure du vocatif, et se présente simplement comme une annexion. Ainsi on dit : Moi, je fais telle chose, moi un homme (*anâ af*ᶜ*alu kaḏâ ayyuhâ l-rağul*) c'est-à-dire : Moi, je fais telle chose comme quelqu'un d'entre les hommes particularisé par cette action. Le but de l'*iḫtiṣâṣ* (moi, un homme) est la confirmation (*tawkîd*) d'un premier *iḫtiṣâṣ* qui est marqué par l'emploi du pronom isolé *anâ*. Il peut aussi servir à expliciter avec emphase (*ma*ᶜ*a ftiḫâr*) le sens du pronom, comme si on dit : Moi, je traite généreusement l'hôte, moi, l'homme (que je suis). Enfin il exprime aussi le contraire de la glorification de soi, la dépréciation de soi (*taṣâğur*), si on dit par exemple : Moi, je suis dans l'indigence, (pauvre) homme (que je suis). Dans tous ces cas, on a en arabe comme *iḫtiṣâṣ : ayyuhâ l-rağul*. La tournure avec annexion donne la phrase suivante : Nous, *troupe de bédouins*, nous faisons telle chose. Enfin la simple annexion donne : Nous, *les bédouins*, nous sommes les plus hospitaliers des hommes. Nous nous sommes étendu sur ces définitions, parce qu'elles jettent une vive lumière sur le sens exact du texte de Râzî. En effet, on voit que l'*iḫtiṣâṣ* est une tournure en rapport étroit avec le pronom de la première personne qu'il confirme dans sa valeur de première personne en l'enrichissant parfois de qualifications qui lui sont absolument propres. Il est par conséquent en rapport avec l'expression de valeurs personnelles. Il faut donc entendre que les croyants qui font le *ḏikr* avec une profonde sincérité, dans toute l'authenticité de leur être, se définissent eux-mêmes comme s'ils disaient : *Naḥnu naḏkuru-ka ayyuhâ l-muḫliṣûn*, ou : *Naḥnu l-muḫliṣûn naḏkuru-ka*. Alors Dieu les garde en Sa mémoire tels qu'ils se présentent dans cette définition précise d'eux-mêmes, et c'est là une insistance supplémentaire sur ce qui fait l'irréductible particularisation de leur personne.

On pourrait développer encore ces idées en s'appuyant sur les commentaires que Râzî a faits sur des termes coraniques analogues, c'est-à-dire qui introduisent une correspondance entre le Seigneur et ses serviteurs en s'appliquant à Lui comme à eux. Notons, entre autres, l'action de grâce (*šukr*), la patience dans l'effort et devant l'épreuve (*ṣabr*), l'agrément (*riḍâʾ*). Mais ce que nous avons pu dégager jusqu'ici suffira à faire comprendre la pensée du grand commentateur. La personne humaine surgit à l'appel de Dieu ; elle surgit devant Son interrogation. Déjà dans le *mîṯâq*, lorsque Dieu, dans la prééternité, demande à toute l'humanité future : Ne suis-je pas votre Seigneur ? et que la totalité des descendants d'Adam, éparpillés devant Lui comme des grains de poussière (selon un *ḥadîṯ*), répond : Oui ! on peut voir en cette réponse même le surgissement des personnes humaines.

Il est difficile de savoir si Râzî, dans le mouvement de sa réflexion, est passé de l'idée du moi humain à celle du Moi divin, ou s'il a suivi le chemin inverse. On peut penser qu'il fut influencé par Avicenne qui, à propos de l'âme, parlait déjà du Je. Qu'on se rappelle le curieux passage du *Kitâb al-Nafs*, dans le *Šifâʾ*, où l'on peut discerner une sorte de *Cogito* avicennien ; et ailleurs, pour mettre en évidence la permanence d'une réalité qui ne saurait se réduire au corps, Avicenne s'appuie sur l'expérience du Je et de son identité à travers les diverses phases de l'existence. Râzî, à son tour, définit l'homme (*insân*) comme un *anâ*. Mais il est aussi soutenable que l'idée de la personne lui est venue par la voie de ce qu'il savait de l'expérience des soufis. Dans ce cas, c'est du Moi divin qu'il serait parti pour rejoindre le moi humain. Question impossible à trancher.

Quoi qu'il en soit, le rôle de la pensée mystique dans ce commentaire est évident. Sans doute Râzî est-il profondément influencé par la *falsafa* : l'Être nécessaire, l'être possible, les essences et bien d'autres notions philosophiques, reviennent souvent sous sa plume. Cependant, il ne nous a pas donné une vue « essentialiste » de la réalité humaine, et moins encore de la réalité de Dieu. Le Dieu vivant, à proprement parler, n'est pas pour lui l'Être soumis à sa propre nécessité que les Grecs appelaient d'un nom au neutre : τὸ ὄν. Il est Celui qui est, ὁ ὤν de Philon, c'est-à-dire le Dieu de la Thora et du Coran. Si le nom d'Allâh est en général considéré comme désignant l'essence divine, on voit que Râzî a une prédilection pour le nom de Seigneur (*Rabb*) qu'il met en corrélation avec serviteur (*ᶜabd*). C'est par la sincérité dans le culte de Dieu et la reconnaissance de sa Seigneurie (*bi-l-iḫlâṣ fî ᶜibâdati-hi wa-rubûbiyyati-hi*) que l'homme atteint, dans la pensée divine qui se penche sur lui, la réalité la plus pure de son être. Le témoignage des réflexions de Râzî nous autorise ainsi peut-être à extrapoler et à conclure qu'en Islam, c'est la pensée mystique et les commentaires qu'elle inspire de la Révélation, qui ont permis à une doctrine de la personne de naître et de se développer.

LE MOI DIVIN DANS LA PENSÉE D'IBN ^{c}ARABÎ

En de très nombreux textes, la pensée d'Ibn ^{c}Arabî semble relever d'une philosophie de l'essence. Il existe une Essence (*Ḏât*) insaisissable, ineffable, absolument transcendante. L'existence pure n'appartient qu'à elle. Tout ce qui n'est pas elle est, en soi, néant (*^{c}adam*) et n'accède qu'à une existence sur fond de non-être, dans la mesure où il s'y reflète quelque chose de l'Essence. Parmi tous les êtres de ce monde, l'homme a le privilège de parvenir à savoir qu'il n'est rien en lui-même, de se situer dans l'univers comme un miroir qui réfléchit la totalité des êtres, de se connaître comme l'image de l'Être sans image, comme expression de l'Être inexprimable, comme manifestation du Caché.

Réduite à ce schéma, la pensée d'Ibn ^{c}Arabî, quelle qu'en soit la réelle richesse, n'aurait rien de très original. Elle trouverait ses modèles dans la pensée de Parménide, telle que l'a comprise le néo-platonisme, avec son opposition de l'être et de l'apparence selon les deux voies de la vérité et de l'opinion ; dans celle de Platon (Sophiste, Parménide) ; surtout dans celle de Plotin et de sa théorie des hypostases. Elle préfigurerait celle de Spinoza et, par certains côtés, celle de Leibniz. Sur le plan des idées religieuses, elle ramènerait tout simplement les textes coraniques, par une sorte de commentaire allégorique, à n'être que des expressions figurées de cette structure dialectique de l'être.

Un tel point de vue, bien que partiellement fondé, est, dans son ensemble, tout à fait inadéquat. Ibn ^{c}Arabî lui-même nous fait clairement comprendre son insuffisance, quand il distingue la science de la foi. Tout ce que lui apportait la philosophie grecque, la raison humaine pouvait l'acquérir et en avoir science. C'est ainsi que l'on sait qu'il n'existe qu'un seul Dieu. Mais la Révélation ne se borne pas à enseigner le *tawḥîd*, à savoir qu'il n'y a pas d'autre divinité que Dieu ; elle commande : Dites qu'il n'y a d'autre divinité que Dieu. L'impératif *qul* (dis) est très fréquent dans le Coran. Ainsi : « Dis : Il est Dieu, Unique » (112, 1) ; et encore : « Dis : Il m'a été ordonné de n'adorer que Dieu » (13, 36). La distinction entre science et foi, c'est que l'une, qui relève de la raison, s'acquiert par une réflexion sur la nature des choses (*ṭabî^{c}a*), tandis que l'objet de l'autre ne peut être saisi que par une inspiration (*ilhâm*) et qu'il concerne ce que nous appellerons des *valeurs*, le « sens » des choses, ce que le vocabulaire technique arabe, emprunté au langage des juristes, appelle leur « statut » (*ḥukm*, pl. *aḥkâm*). Par suite, le *ḥukm* se distingue de la *ṭabîᶜa* comme l'objet de foi se distingue de l'objet de science. Il en résulte que science et foi ne s'excluent pas, mais se complètent comme le font la « nature » et le « statut axiologique » pour constituer une réalité intégrale.

Si on applique cette distinction à la notion de Dieu, on voit qu'il est possible de s'élever rationnellement vers Dieu en suivant la voie négative (*tanzîh*), en niant de lui tout ce qui, dans l'expérience commune, se rapporte à la nature des êtres connus. Le *tanzîh* ne permet pas d'atteindre Dieu positivement, tel qu'Il est en lui-même, puisqu'Il est inaccessible et incommunicable en son essence. Mais par cette voie négative, la raison humaine peut formuler l'existence d'une transcendance absolue ; cependant, Dieu est toujours bien loin au-delà de ce qu'on a pu dépasser en le niant sur la voie négative : *tanazzaha ᶜan tanzîh kulli munazzih*. Mais, d'autre part, l'inviolable mystère de cet Être (son *ġayb*) n'est pas davantage dévoilé par la Révélation. La foi ne l'atteint pas plus que la science. La pluralité des êtres, même prise dans son unité, n'intéresse pas l'Essence. Ibn ᶜArabî le dit de la façon la plus expresse, en donnant une très curieuse interprétation du verset 110 de la sourate 18 : « Que celui qui espère la rencontre de son Seigneur n'associe personne au culte de son Seigneur ». Le texte arabe est : « *Fa-man kâna yarǧû liqâʾa Rabbi-hi... lâ yušrik bi-ᶜibâdati Rabbi-hi aḥadan* ». Mais Ibn ᶜArabî en dégage un autre sens : « qu'il n'associe pas l'Unique (*aḥad*) à l'adoration de son Seigneur. » En effet, explique-t-il, l'Unicité divine (*al-Aḥadiyya*) n'entend pas ta prière et ne la reçoit pas ; ton adoration ne doit s'adresser qu'à la Seigneurie divine (*al-Rubûbiyya*) qui, elle, t'écoute et te répond.

La Révélation n'apprend donc rien sur le mystère de Dieu, c'est-à-dire de l'Essence dont le nom propre, dit Ibn ᶜArabî en commentant le premier verset de la sourate *al-Iḫlâṣ*, est Lui (*Huwa*), d'où l'on a formé le terme technique de *huwiyya*, l'ipséité divine. À propos des nombreux emplois coraniques de la particule *ᶜinda* (chez, auprès de), que Dieu s'applique à Lui-même ainsi qu'à l'homme, Ibn ᶜArabî étudie la notion de *ᶜindiyya* (la nature de l'être-auprès-de) et il parle de la *ᶜindiyyat al-Huwa*, c'est-à-dire de la nature de l'être-auprès-de, appliquée au Lui. « *Lui* est le pronom de l'absent (*al-ġâʾib*) (ce mot désigne la troisième personne en grammaire), et l'absent ne peut être objet d'un jugement tant que son mode d'être est l'insaisissable absence (*ġayba*), car on ne sait pas en quel état il est tant qu'il n'est pas perçu. Or quand il est perçu, il n'est plus Lui, parce que l'insaisissable absence a cessé de le recouvrir ».

Si le Coran fait de nombreuses allusions à cet Être transcendant, le propre de la Révélation est de faire connaître ses Noms. Par ce qui précède, il est clair que nous ne saurons jamais comment ces Noms sont auprès de Lui. Mais nous pouvons tenter de saisir leur surgissement et leur nature. On pourrait d'abord penser, en partant de certains textes, que la structure ontologique de la réalité est dialectique, que le propre de l'être est à la fois d'être et d'apparaître et que l'Essence, loin d'échapper à cette loi, en est le fondement. Mais, outre qu'il est difficile de situer cette dialectique de l'être et de l'apparaître au niveau de l'Unicité absolue, il se trouve que les termes qu'elle met en jeu sont donnés dans le Coran comme des noms ou des attributs de Lui : « Lui est le Premier, le Dernier, l'Apparent et le Caché » (57, 3). Nous ne sommes déjà donc plus sur le plan de l'Essence. Ibn ᶜArabî écrit à ce sujet : « Dieu a rejeté le nom de Caché après les noms de Premier, de Dernier et d'Apparent en raison de ce qui est exprimé par ces qualificatifs divins, car le caractère divin est plus achevé et plus parfait dans ce qui suit qu'il ne l'est dans ce qui vient avant… Dernier renferme ce qui est dans Premier ; Apparent renferme ce qui est dans Dernier et Premier ; Caché renferme ce qui est dans Apparent, Dernier et Premier. S'il venait quelque chose après le Caché, elle renfermerait le Caché et ce qui est avant lui. Mais le sens strict interdit qu'il y ait autre chose que ces quatre Noms : il n'y en a pas de cinquième, si ce n'est son Ipséité (*huwiyya*), à Lui, le Très Haut. Il n'y a là, dans le monde, aucun autre statut axiologique (*ḥukm*) que celui qui est tiré de ces quatre Noms ; c'est à leur image qu'apparaissent et le monde des esprits et le monde des corps, et il n'y a là aucun autre monde que ces deux-là ». Donc, ce n'est pas à l'Ipséité de l'Essence qu'appartiennent ces deux qualificatifs d'Apparent et de Caché : ce sont des Noms qui, comme les autres, commandent l'apparition de mondes créés. Le Caché est révélé, ainsi que la voie qui conduit à lui ; il n'est pas identifiable avec le Mystère de l'insaisissable Absence. Il n'y a donc rien d'assignable dans l'Essence qui puisse être le fondement d'un dédoublement de l'Être en un *ẓâhir* (apparent) et un *bâṭin* (caché). Tout ce qu'on peut dire à ce niveau, c'est que l'Essence est et que ce qui n'est pas elle n'est pas. L'Ipséité divine est une affirmation et une négation simultanées et corrélatives : une affirmation du *Huwa* et une négation du non-*Huwa*. Ici, la pensée d'Ibn ᶜArabî se situe dans le pur logicisme de Parménide : l'Être est, le non-Être n'est pas, sauf que la nécessité logique joue immédiatement comme nécessité ontologique. L'Être qui est nécessaire en son existence de par son essence, porte *avec* lui un néant d'existence de ce qui n'est pas lui, dans l'unité et l'identité parfaites de soi. L'existence de cette Essence est identiquement la non existence même de ce qui n'est pas elle. Cela pourrait s'exprimer en symboles mathématiques : +A = - (-A). C'est ce qui résulte d'une curieuse explication qu'Ibn ᶜArabî donne du *ḥadîṯ* du Prophète : *Kâna Llâhu wa-lâ šayʾ maᶜa-hu*. Après avoir montré que *kâna* n'est pas ici un verbe qui aurait un sens temporel, mais que c'est, comme le dit Sîbawayh, une particule d'existence (*ḥarf wuǧûdî*), il conclut que ce propos signifie : Dieu (est) existant, et aucune chose *avec* Lui. Puis il ajoute : « Il n'y a aucun doute que, dans ce *ḫabar*, la qualité d'être-avec (*al-maᶜiyya*) est affirmée comme existante, tandis que la « choséité » est niée comme inexistante. Or l'être-avec implique pluralité, alors que l'Existant de plein droit (*al-mawǧûd al-ḥaqq*) est son existence même dans sa relation à lui-même et à son ipséité… Il est donc, Lui, *avec* la « choséité » (*šayʾiyya*), parce que l'existence la hante (*yaṣḥabu-hu*), mais la

« choséité » n'est pas *avec* Lui, parce qu'elle ne hante pas l'existence ; et comment la hanterait-elle, alors que, pour cette existence, la nécessité est essentielle ? … Pour cette raison, il est refusé à la chose d'être *avec* l'ipséité du Principe axiologique (*al-Ḥaqq*), car *l'être-avec* est une marque d'illustration (*na*ᶜ*t tamǧîd*), et il n'y a pas d'illustration pour qui est privé de la nécessité existentielle par soi (*li-man huwa* ᶜ*adîm al-wuǧûb al-wuǧûdî li-ḏâti-hi*)… Donc le monde, qu'il reçoive l'attribut de l'existence ou de la non existence, n'est jamais *avec* Dieu ; mais l'Être réellement nécessaire par soi peut vraiment avoir la qualification de *l'être-avec*, et être avec le monde, que le monde existe ou n'existe pas ».

Ce texte important sur la *ma*ᶜ*iyya* nous montre que l'être de l'Essence hante le non être ; l'inverse n'est pas vrai puisque le non être ne peut, comme tel, rien hanter du tout. C'est l'Être qui lui donne une certaine existence en étant *avec* lui, c'est-à-dire l'impliquant. L'être implique le non être qu'il nie nécessairement. Le non être ne saurait de soi-même impliquer l'être, puisqu'il ne peut l'affirmer.

Ainsi l'unité absolue de l'Essence n'est pas aussi monolithique qu'il le semblerait d'abord : son identité foncière implique une relation interne entre l'être et le non être. Affirmer l'être dans la négation du non être revient à dire que la négativité du non être sert l'affirmation de l'être. Mais l'être est inséparable de l'unité. L'Être de l'Essence est seul l'Un et l'Unique. Donc il ne se confronte pas au non être comme une unité unique à une autre unité unique. Le non être, dans sa confrontation à l'Être, ne peut se présenter que comme multiplicité infinie. Il y a donc une infinité de négations possibles de l'Être et, par conséquent, l'Être a à nier une infinité de non êtres, *avec* lesquels il est dans l'acte qui les nie. Et tous ces possibles, qui ne sont en eux-mêmes que néant, viennent à l'être dans la mesure où, en les niant, l'Être affirme chaque fois quelque chose de lui-même qui est un mode particulier de son *être-avec*. Voilà comment on peut se représenter que la multiplicité radicale du non-être puisse devenir, par son infinité, le moyen d'explicitation de l'infinie richesse ontologique contenue dans l'unité absolue de l'Être.

C'est ici qu'interviennent les Noms de Dieu, les plus beaux Noms (*al-asmâ*ᵓ *al-ḥusnâ*, Coran 7, 180 ; 17, 110 ; 20, 8 ; 59, 24). Les noms sont des rapports (*nisab*) : rapports à ce qui est nommé par eux (*al-musammâ*) qui est Dieu ; rapports aux êtres créés qui sont leurs « traces » (*âṯâr*) dans le monde du Règne divin (ᶜ*âlam al-Mulk*). Il est clair que les Noms ont leur source dans la *ma*ᶜ*iyya*. Chacun d'eux est l'affirmation de la part d'être qui correspond à ce que chaque mode de la multiplicité du non être nie de l'Être. Ils sont une revendication de l'être face au non être, comme s'ils voulaient que soit rempli ce qui est en creux dans le négatif du non être. Si, jusqu'ici, nous sommes restés dans l'en-soi de l'Essence, pouvons-nous désormais rencontrer, avec les Noms, la présence d'une réalité personnelle en Dieu ? Le langage d'Ibn ᶜArabî permet de le penser. C'est ainsi qu'il présente le Nom comme un Chef (*ra*ᵓ*îs*) qui demande un subordonné (*marᵓûs*) sur qui exercer son autorité de chef, ou comme un Principe qui réclame un « principié ». Cette animation des Noms conduit-elle à l'affirmation d'une personne qui dise : Moi ? Sans doute, à moins de supposer qu'Ibn ʿArabî s'exprime ici au figuré. Néanmoins, s'il est vrai que la figure (*mağâz*) s'oppose à la réalité (*ḥaqîqa*), ce n'est jamais pour lui au titre de simple artifice rhétorique. Il y a, entre les deux, un étroit rapport d'expression, mode de signification d'une réalité inaccessible en dehors d'elle. Si la personnalité des Noms est un *mağâz*, c'est que l'Essence ne peut s'exprimer que sous le mode personnel ; c'est qu'en face du non-être qu'il hante, l'Être ne peut se présenter que sous les traits d'un Je ou d'un Moi qui assume un non-être, un non Moi et se le soumet par son Ordre (*Amr*), en imposant à son en-soi négatif de chose extérieure (*ᶜayn*) un statut axiologique (*ḥukm*) qui lui donne d'être quelque chose de déterminé et d'orienté. En effet, la création (*ḫalq*) a deux aspects : l'un qui est l'acte de détermination de la juste mesure (*taqdîr*) en Dieu le Créateur ; l'autre qui est le don de l'existence (*îğâd*) à des êtres (*li-mawğûdîn*) dans un état d'anéantissement (*ḥâl al-fanâᵓ*). Sur ce fond de néant du non Moi, surgira ainsi un être, l'Homme Parfait, la Réalité Muḥammadienne, auquel Dieu pourra parler comme un Moi à un Toi. Il fallait bien en effet que, suivant scrupuleusement les textes du Coran, Ibn ᶜArabî cherche à fonder le sens et la réalité d'expressions telles que Je, ou Moi Je (*Anâ, Innî Anâ*) qui s'y rencontrent, faute de quoi le Livre révélé tout entier ne serait plus qu'une longue prosopopée qu'il faudrait « démythiser » en réduisant son *mythos* au *logos*, c'est-à-dire en effaçant de lui toutes les valeurs apportées par la Révélation. Or un tel procédé est exactement le contraire de la méthode herméneutique du grand mystique de Murcie.

Mais encore faut-il préciser le point d'insertion de ce Moi dans le mouvement dialectique qui fait passer de l'Ipséité divine à l'existence de l'univers. Une étude des Noms s'impose. Or il faut d'abord distinguer les Noms divins pris en eux-mêmes et ceux dont nous disposons, qui sont « les noms des Noms divins », dont Dieu se nomme Lui-même en tant qu'Il est Parlant (*Mutakallim*). Notons en passant que ce terme de *mutakallim* est celui qu'emploient les grammairiens pour désigner la première personne.

Cette distinction évite un cercle vicieux, car si les Noms, pris en soi, supposaient que Dieu est Parlant pour se nommer par eux, on tournerait indéfiniment en rond puisque « Parlant » est un Nom de Dieu. Quant à ces noms dont nous disposons, et qui sont en l'occurrence des noms de la langue arabe, nous pouvons les rapporter à la Parole de Dieu (*kalâm*) qui les prononce et les révèle, et nous pouvons aussi les rapporter à l'apparent par leur signification immédiate. Prenons par exemple le mot *ḥayy* (vivant). D'une part, Dieu dit qu'Il est vivant ; d'autre part, nous connaissons des êtres vivants à qui se rapporte ce nom dans l'usage courant de la langue. Mais la Parole de Dieu, dit Ibn ᶜArabî, c'est sa science, et sa science est son essence. Par conséquent, Il est appelé vivant de par son essence. Or son essence est absolument une et unique ; et, dans ces conditions, on ne peut intelligiblement concevoir comment ce qui est qualifié par l'unicité absolue pourrait être tel qu'il comporte des rapports. Donc le nom de vivant, en tant qu'il se rapporte à Dieu, ne peut se rapporter à rien d'autre que Lui. « Nous ne pouvons intelliger les noms que par le fait que nous intelligeons les rapports ». Par suite, le nom de vivant, révélé par la Parole divine, a sans doute comme tel son fondement dans l'essence divine, mais il n'a pour nous de sens que par rapport aux êtres vivants que nous connaissons. Or ces êtres sont engendrés temporellement (*ḥâdiṯa*) en tant qu'ils sont des manifestations (*maẓâhir*) de la vie. Le rapport que leur nom entretient avec eux est forcément engendré en même temps que s'engendrent les manifestations. Donc le nom est lui aussi engendré. Il en résulte que les noms dont nous disposons dans nos langues, même quand ils sont révélés, ne sont pas directement les Noms divins. Mais s'ils sont les noms des Noms divins, alors il faut remonter à l'élucidation de ces Noms divins pour les comprendre.

Les Noms divins sont constitués par deux choses (*amrayn*) : un rapport à l'Essence, qui est leur dénommé, et un rapport à leurs « traces », c'est-à-dire aux manifestations dont ils commandent l'apparition en conférant des *aḥkâm* à des *a*ᶜ*yân* qui ne sont en eux-mêmes que néant. Mais il convient de bien noter que ces deux rapports ne sont plus de ceux qui constituent une connaissance : ce sont des relations d'ordre ontologique. Par conséquent, le nom de vivant est réellement un nom qui a pour dénommé l'Ipséité divine, mais qui, du même coup, impose à certains *a*ᶜ*yân* les valeurs du vivant et en fait les expressions de l'Être qu'ils manifestent ainsi comme Vivant.

On comprend alors que les Beaux Noms aient une valeur ontologique que n'ont pas les mots dont nous nous servons. Mais si le niveau de l'être auquel ils se situent semble ainsi s'ouvrir sur une réalité personnelle, nous n'avons pas encore pour autant découvert le Moi divin. D'ailleurs, il y a une pluralité de Noms et l'Islam ne saurait admettre une pluralité de personnes. Les tentatives des apologistes chrétiens, pour asseoir le dogme de la Trinité sur une théologie des Noms et des Attributs, ont toujours été repoussées avec indignation. Dans la controverse, les musulmans demandent pourquoi il n'y aurait pas alors autant de personnes qu'il y a de Noms. La seule formulation de la question leur paraît tellement absurde qu'elle leur suffit pour réfuter leurs adversaires. Ibn ᶜArabî ne pouvait penser autrement.

Mais il existe heureusement une unité foncière de tous les Noms, à tel point que chacun d'eux implique et reflète tous les autres. Cette unité a elle-même un Nom : *Allâh*. Mais avant d'en parler, examinons ce qu'est l'unité fondamentale de chaque Nom. Bien que tout Nom comporte une double relation, il n'en résulte pas une réelle dualité. Un Nom est l'unité indivisible de deux noms réciproques : un nom de retrait ou de retranchement (*ism al-tanzîh*), par lequel Dieu se retranche et se retire en Lui-même en se dégageant de tout ce qui n'est pas Lui, et un nom d'assimilation (*ism al-tašbîh*) par lequel il imprime des traces à sa ressemblance dans les choses qui le manifestent. Le Principe (*Awwal*) du nom de retrait est le Nom de « Un-Unique » (*al-Wâḥid al-Aḥad*), car le nom est institué pour signifier, et on a là la marque de nom propre (*al-ᶜalamiyya*) qui signifie l'Essence même… Il n'y a rien de plus propre (*aḫaṣṣ*) dans la marque de nom propre que le Nom de « Un-Unique ». En ce point, Ibn ᶜArabî se fait une objection : on pourrait dire que le Nom « Allâh » est plus digne d'occuper cette place de Principe, car on peut donner à Allâh le qualificatif d'un et unique, tandis que l'inverse n'est pas vrai, Allâh n'étant pas un qualificatif. La réponse est que la signification d'Allâh réclame le monde et son existence avec tout ce qu'il contient. Il en est pour lui comme du nom de roi ou de sultan : c'est un nom qui indique un rang hiérarchique (*martaba*) et non pas l'Essence. Au contraire, « Unique » est nom d'essence et on ne peut imaginer qu'il enveloppe la signification d'autre chose que l'en-soi essentiel.

Néanmoins, si tout nom est l'expression d'une relation, où est-elle dans le cas de ce Nom premier, l'Un-Unique, qui n'a dans le monde « aucune trace de lui-même pour le réclamer » ? En effet, il n'a ni semblable (*miṯl*), ni ressemblance (*šibh*) dont son « individualité » (*šaḫṣiyya*) ait à se distinguer. Ibn ᶜArabî répond que la relation qui fonde nécessairement l'imposition de ce Nom à l'Ipséité divine (Lui), c'est qu'elle a, en face de son existence, la correspondance de choses extérieures en soi (*aᶜyân ṯâbita*) qui n'ont pas d'existence à elles, si ce n'est celle qu'elles tirent de l'existence du *Ḥaqq*. Cette réponse est conforme à ce que nous avons déjà vu à propos de la qualité d'*être-avec* (*maᶜiyya*) et de la relation être-non être, unité-multiplicité. Donc le nom d'essence qui est un nom de retrait est principe de tout Nom, en ce sens qu'il s'enracine, au-delà de tout nom, dans la structure de l'essence en tant que synthèse primitive de l'être et du non être.

Mais si on demande quel est le principe des Noms par rapport à leurs traces, on verra que ce n'est plus l'Un-Unique. Comme le dit Ibn ᶜArabî, « le premier Nom qui demande que sa trace apparaisse dans l'en-soi des choses extérieures, sache que c'est en propre le Nom de Donateur (*al-Wahhâb*) ». Le premier don est celui de l'existence et les Noms de ce type relèvent du nom d'assimilation.

Examinons maintenant comment il se fait que cette double relation, marquée par les noms de retrait et d'assimilation, n'entraîne pas dans le Nom une réelle dualité. Elle est constitutive de l'unité de chaque Nom, unité qu'on pourrait appeler bipolaire. Considérons, par exemple, le Nom de Créateur (*Ḫâliq*). Il commande l'acte de création (*ḫalq*). Mais cet acte unique renferme et unifie en lui-même deux sens opposés de la création. D'une part, il repousse la créature et l'éloigne au-dessous du niveau ontologique du Créateur ; mais, d'autre part, il la relie à ce même Créateur qui lui donne l'existence. En créant, Dieu donne ce qui fait la richesse (*ġinâ*) de la créature, mais la Richesse n'appartient réellement qu'à Lui, et l'Indigence demeure le lot de l'être qui n'est que la manifestation du seul et unique Riche, et qui, en dehors de cette manifestation, n'est en soi que néant. Et, en effet, l'en-soi extérieur à Dieu des créatures, leur *ᶜayn*, n'est rien, de sorte que tout ce qui leur est attribué est marqué du non être dans la mesure exacte où cela leur est rapporté à elles-mêmes. Néanmoins, en créant, Dieu donne l'existence à ces en-soi négatifs, tout en se coupant d'eux pour leur conserver leur indigence d'être et le besoin qu'ils ont de Lui. Ainsi se constitue l'ordre de la Nature (*ṭabîᶜa*). Cependant, il y a un autre ordre : celui du *ḥukm*, de la valeur des créatures, qui apparaît quand elles sont rapportées à Dieu (ce qui n'est connu que par la Révélation). Commentant le verset : « Je n'ai créé les Djinns et les Hommes que pour qu'ils m'adorent » (51,56), Ibn ᶜArabî écrit : « L'ordre (*manzila*) de leur création pour Lui n'est pas l'ordre de leur création pour eux-mêmes : leur création pour eux-mêmes relève des Noms de retrait ; leur création pour Lui relève des noms d'assimilation. » Ainsi les deux types de noms constitutifs de tout Nom sont conjointement à l'œuvre pour créer les êtres de l'univers ; il en résulte que ces êtres ont une structure dialectique. La véritable connaissance (la *maᶜrifa*), la seule parfaite, retient à la fois la *ṭabîᶜa* et le *ḥukm*. Les sciences rationnelles, greffées sur les perceptions et l'expérience sensibles, ne s'attachent qu'à la nature et ignorent les valeurs. Elles ne peuvent par elles-mêmes accéder au niveau de réalité qui les dépasse ; mais quand l'homme a reçu le donné révélé, elles peuvent servir de propédeutique à la méditation de la Parole divine.

Nous avons rencontré plus haut le terme *šaḫṣiyya* appliqué au Nom. Nous l'avons traduit pas « individualité », car le sens moderne de « personnalité » aurait certainement forcé le texte. Il n'en reste pas moins que, si l'individu est en général compris par les philosophes dans un sens matériel (individuation par la matière), rien n'empêche qu'il existe des individus spirituels, ceux du monde spirituel dont parle Ibn ᶜArabî lui-même. Nous sommes alors sur le seuil de la réalité personnelle. D'un autre côté, nous avons vu, à propos du Nom de Un-Unique, qu'il est question d'une valeur de nom propre (*al-ᶜalamiyya*). Il va de soi qu'un tel nom, le *ᶜalam*, est normalement employé pour désigner un nom de personne. Commentant le premier verset de la sourate *al-Iḫlâs*, Ibn ᶜArabî montre que *Huwa* (Lui) est le nom propre de Dieu (Allâh). Mais Allâh est un Nom ; donc *Huwa* est le nom propre de ce Nom. On voit donc, par ce qui précède, que *Huwa* est le nom de retrait (*ism al-tanzîh*) qui constitue l'un des pôles de « Allâh » du côté de l'Ipséité divine. Il s'identifie avec *Aḥad* (Unique). Mais « Allâh », en tant qu'unité de tous les Noms, est en rapport avec le monde, c'est-à-dire avec toutes les traces qui manifestent tous ces Noms. On peut donc dire que « Allâh » a une structure personnelle : en effet, une personne est constituée par deux pôles inséparablement unis : d'une part, elle est en soi un secret inviolable ; de l'autre, elle est pour soi essentiellement communicable. L'être qui dit « Je » se livre en même temps qu'il se réserve : il reste en lui, dans la relation du Moi au Toi. Tel est bien le cas du Nom « Allâh ».

Néanmoins, sous le rapport de la communication, « Allâh » est plutôt la source de la personnalité que la Personne concrètement déterminée. Un texte important, concernant la *ᶜindiyyat Allâh* (la nature de l'être-auprès-de par rapport à Allâh) est sur ce point parfaitement clair : « La nature de l'être-auprès-de, par rapport à Allâh, est inconnue, parce que « Allâh », en tant que tel, n'a pas en lui, d'entre tous les Noms divins, un Nom déterminé à l'exclusion des autres. En effet, il est la réunion de tous les Noms. Seules les situations (*aḥwâl*) le particularisent. Ainsi, quand on dit : O Allâh, fais pour moi telle chose !, c'est la situation dans laquelle on se trouve qui détermine en particulier à quel Nom on veut s'adresser parmi tous les Noms que contient le Nom « Allâh »... Car il est le Nom qui reçoit tout Nom, de même que la matière universelle reçoit toute forme ».

Il ne faut pas en conclure qu'il y a autant de personnes divines qu'il y a de Noms. Nous avons vu qu'une telle conception était exclue. Mais puisque en « Allâh » chaque Nom reflète tous les autres, la personnalité d'Allâh peut se concrétiser à travers tel ou tel de ses Noms qui entre en rapport personnel avec un être « en situation » dans notre monde. C'est ainsi qu'il y a le Dieu qui parle (*al-Mutakallim*), le Dieu qui exerce sa sollicitude sur l'ensemble de l'univers (*al-Raḥmân*), et sa miséricorde spécialement envers l'homme (*al-Raḥîm*). C'est toujours la Personne divine qui se dévoile dans une relation particulière avec les créatures, en telle ou telle situation. La Parole divine joue évidemment un rôle primordial dans cette révélation, comme dans la création tout entière. « Dieu adresse la parole (*ḫâṭaba*) à l'homme et à lui seul, car l'homme est pris en considération comme celui en vue de qui le monde existe. C'est de sa genèse qu'il tient ce privilège, du fait qu'il est créé à l'image de Dieu et qu'il est la réunion des réalités du monde entier. Aussi quand Dieu lui adresse la parole, il l'adresse au monde entier, et il l'adresse à la totalité de ses Noms ». Il y a donc correspondance entre Allâh et l'homme en ce sens que, des deux côtés, on trouve l'unité d'un ensemble réuni (*maǧmûᶜ*) : réunion de tous les Noms et réunion de toutes les réalités du monde, traces de ces Noms. Cependant, s'il est vrai que Dieu parle à tous ses Noms en parlant à l'homme, la réciproque n'en découle pas nécessairement : car, tant qu'il n'est pas l'Homme parfait, identifié à la Réalité Muḥammadienne, l'homme ne peut embrasser l'unité de tous les Noms divins. C'est pourquoi la Personne divine se révèle toujours à lui à travers la prédominance d'un ou de plusieurs Noms particuliers. Cela se produit dans les formes spirituelles de l'adoration, en particulier au niveau de la *ᶜubûdiyya*, forme spiritualisée du culte extérieur (*ᶜibâda*), sur la voie qui mène au culte total (*ᶜubûda*) ; c'est là que se situent les entretiens confidentiels (*munâǧât*) : « Tout homme qui prie s'entretient en confidence avec son Seigneur (*yunâǧî Rabba-hu*) dans la retraite où il se retrouve avec Lui ». Ici, c'est le Nom de Seigneur qui intervient.

Voilà pourquoi, au-dessous du Nom d'Allâh qui est le plus grand (*akbar*), il en est d'autres qui sont plus accessibles à l'homme et par lesquels il peut converser avec Dieu. Ces Noms sont d'abord *al-Rabb* (le Seigneur), puis *al-Ḥaqq* (le Dieu créateur des valeurs). Ibn ᶜArabî indique nettement cet ordre hiérarchique : « Le *Ḥaqq* procède d'Allâh en tant qu'il est notre Seigneur (*Rabbu-nâ*) ». Cette citation nous fait également comprendre combien étroits sont les rapports entre le *Rabb* et le *Ḥaqq*.

Les termes *Ḥaqq* et *ḫalq* sont régulièrement associés. Dieu, comme *Ḥaqq*, est le Créateur, mais en mettant l'accent sur la création des valeurs. Or la cause finale de la création est le Seigneur : « Si l'homme savait qu'il a été créé pour son Seigneur, il saurait que Dieu a fait la création selon une forme très parfaite, celle qui est bonne pour son Seigneur ». Et Ibn ᶜArabî de citer le Coran : « O Toi, notre Seigneur ! Tu embrasses toute chose en Ta miséricorde (*raḥmatan*) » (40, 7). Ce verset est à rapprocher d'un autre : « Votre Seigneur s'est prescrit à Lui-même la miséricorde (*raḥma*) » (6, 12). En voici le commentaire : « C'est-à-dire qu'il a rendu la miséricorde obligatoire de telle sorte qu'elle est devenue une valeur de droit (*ḥaqq*) qui s'impose à Lui ». Ainsi Dieu a dit : « C'est une valeur de droit qui s'impose à Nous (*ḥaqq ᶜalay-nâ*) que de secourir les croyants » (30, 47). C'est donc Lui, conclut Ibn ᶜArabî, « lui, le Seigneur, et non un autre, qui est *al-Ḥaqq*, qui est digne du *ḥaqq*, qui rend le *ḥaqq* obligatoire ». C'est pourquoi il faut voir dans ce Nom celui de Dieu en tant que Principe des valeurs. S'il reste bien, sous ce Nom, le créateur de la nature (*ṭabîᶜa*), il est surtout le Créateur des statuts axiologiques, les *aḥkâm*. C'est pourquoi il est en rapport étroit avec l'acte révélateur. « Le *Ḥaqq* est le Révélateur, la Révélation et le Révélé ». Il est Dieu atteint par la foi, et non seulement celui de la science. Il est le Dieu qui initie à l'adoration authentique du Seigneur, du *Rabb*. Or le Seigneur « est Celui qui rend obligatoires pour Lui-même les valeurs de droit (*ḥuqûq*) de par l'acte par lequel Il s'oblige, non de par son essence ». Déclaration importante ! car si, en un certain sens, tout ce qui existe a son être dans l'existence de l'Essence, il n'en est pas moins vrai que les valeurs dont Dieu revêt les choses créées, leurs *aḥkâm*, ne découlent pas de cette Essence par une sorte d'émanation nécessaire et impersonnelle. Entre l'Essence et elles s'interpose l'acte personnel du Seigneur, l'acte qui pose une obligation, c'est-à-dire une nécessité axiologique (en arabe, les idées d'obligation et de nécessité s'expriment par la même racine WǦB, et l'acte en question prend le nom d'*îǧâb*, l'acte de rendre obligatoire ou nécessaire). Si l'Ipséité divine fonde la nécessité de manifester l'Être dans les apparences des manifestations, « c'est pour manifester *l'Imperium* de la Seigneurie (*Sulṭân al-Rubûbiyya*) ».

On est donc fondé à dire que c'est avec le Nom de *Rabb* que surgit vraiment la Personne divine comme source et fin de la réalité des valeurs ; et le *Ḥaqq* est cette même Personne divine, inaugurant et distribuant équitablement, selon une juste mesure, l'ensemble de ces valeurs à travers les êtres de la création, de telle sorte que, par elles, cette création fasse retour à Lui, pour entonner en Lui et par Lui la parfaite louange du Seigneur. C'est pourquoi, dit Ibn ᶜArabî, Dieu s'est nommé Lui-même pour nous le Premier et le Dernier. Il est Premier par la primauté du *Ḥaqq* (*awwaliyyat al-Ḥaqq*) et le retour (*marǧiᶜ*) se fera vers le Ḥaqq (*ilâ l-Ḥaqq*).

Sur le rapport de *ḥaqq* et de *ḫalq*, voici pour terminer, un très curieux commentaire du verset (20, 50) : « *Aᶜṭâ kulla šayʾin ḫalqa-hu* ». On le traduit en général par : « Il a donné toute chose à sa créature » (*cf.* R. Blachère). Mais ce qu'en tire Ibn ᶜArabî contraint à le rendre d'une autre manière : « Il a donné à toute chose sa création », c'est-à-dire que chaque être a reçu sa juste création, qu'il est ce qu'il doit être. Cela, dit le commentaire, « afin que rien absolument ne puisse dire : telle ou telle chose me fait défaut ». Il s'ensuit que, dans cet emploi, *ḫalq* (création) devient synonyme de *ḥaqq* : Il a donné à toute chose ce qui est son droit, ce qu'Il s'est obligé à donner en tant qu'Il est le Principe des valeurs. C'est surtout dans l'homme que la corrélation du *Ḥaqq* et du *ḫalq* se resserre. À ce niveau, le moi humain et le Moi divin sont substituables l'un à l'autre. On s'en aperçoit, entre de nombreux exemples, dans le cas de la mention de Dieu, le *ḏikr*, dans la prière. En conclusion d'un long examen, Ibn ᶜArabî écrit : « Le *ḏikr*, pris en lui-même, de l'homme est le *ḏikr*, pris en lui-même, du *Ḥaqq* ». Or l'objet du *ḏikr* humain est le Seigneur. Le *Ḥaqq*, c'est Dieu qui, dans l'homme qu'il a conformé à Lui-même avec prédilection, vient faire le *ḏikr* en empruntant sa voix et en lui donnant son souffle, ce souffle qui s'exhale dans la dernière expiration du Nom d'Allah, la lettre *hâʾ* ouverte sur le mystère du *Huwa.* Mais l'unicité inaccessible de l'Essence ne l'entend pas, et c'est le Seigneur, le *Rabb,* qui recueille cette louange, la plus haute qu'une créature, dans son union au *Ḥaqq*, puisse élever vers le Ciel. On voit quelle signification pouvait prendre, dans un tel contexte, la locution théopathique (*šaṭḥ*) de Ḥallâǧ : Je suis le *Ḥaqq*.

Cette recherche du surgissement d'un Moi dans un Lui, d'une personne dans une essence, n'est qu'une ébauche. Les textes d'Ibn ᶜArabî sont si nombreux et si diversifiés, leur compréhension est rendue si difficile, parfois problématique, par l'enchevêtrement des Noms divins, leurs interférences, le symbolisme de leurs lettres constitutives (dont nous n'avons rien dit), par l'incertitude qui plane encore sur le sens de plusieurs termes techniques, que nous ne pouvions pas prétendre faire davantage en quelques pages. Nous souhaiterions simplement avoir montré l'intérêt du problème posé et donné quelques idées maîtresses qui puissent aider à en poursuivre une solution plus parfaite à travers des synthèses toujours plus riches de cette œuvre extraordinairement complexe.

L'ÂME ET LE MONDE DANS LE SYSTÈME PHILOSOPHIQUE DE FÂRÂBÎ

Nulle part Fârâbî n'a expliqué systématiquement quelle était la place et le rôle de l'âme dans sa cosmologie. De Plotin, il retient la procession des êtres à partir du Premier Principe, mais ayant combiné cette théorie de l'émanation avec celle des sphères célestes d'Aristote, il perd la netteté de la distinction et des relations entre les trois hypostases plotiniennes : l'Un, l'Intelligence et l'Âme. Sur ce point, la vision du monde qu'ont les *Iḫwân al-Ṣafâ'* est beaucoup plus proche du néoplatonisme pur que ne l'est celle de Fârâbî : la place de l'âme universelle y est bien marquée, ses fonctions et ses relations avec l'Intellect, d'une part, et les âmes particulières, d'autre part, sont indiquées avec précision. On a donc, en présence des écrits de Fârâbî, l'impression que donnerait une combinaison mal ajustée de deux visions différentes de l'organisation du monde.

L'influence du *Timée de* Platon ne peut être niée, ne serait-ce que par la conception qui fait du monde un être vivant, animé par une âme. Mais il est certain que le penseur musulman pose son problème différemment : il s'agit pour lui de donner une explication métaphysique et ontologique du monde, alors qu'il s'agissait pour Platon de fonder mathématiquement l'ordonnance du ciel d'un point de vue astronomique sans en approfondir les principes métaphysiques et en laissant volontairement au mythe le soin de répondre à des questions que la science soulève et laisse en suspens. Le démiurge et son œuvre d'artiste qui copie un modèle sont bien connus. Platon, il est vrai, en parle parfois en l'appelant Dieu, ou encore : « celui qui institue une genèse », ce qui correspond alors à l'arabe *al-muḥdiṯ*. Néanmoins son action est toujours présentée selon l'image des opérations d'un artisan. Quant à l'âme qui doit mouvoir le monde et qui est créée la première, elle est bien ce qui donne la vie au tout, selon la doctrine du *Phédon*, mais elle a été constituée en fonction de rapports arithmétiques et harmoniques qui font d'elle, sinon une harmonie du moins une productrice d'harmonies dans le ciel qu'elle anime. En outre, Platon dit que Dieu plaça l'intellect dans l'âme et l'âme dans le corps. Cette façon de voir est tout à fait contraire à celle de Fârâbî pour qui, dans le monde céleste, l'intellect est toujours séparé, comme nous allons le vérifier, et qui laisse complètement de côté la conception mathématique de l'âme.

Au début de son Traité de Politique (*al-Siyâsa l-madaniyya*), Fârâbî définit le monde par les parties qui le constituent : « Il y a six genres de corps : le corps céleste, l'animal raisonnable, l'animal dépourvu de raison, les plantes, les minéraux et les quatre éléments. L'ensemble qui provient de la réunion de ces six genres de corps est le monde ». Donc le monde est ici conçu comme corporel. Dans le même passage, l'âme est située, dans la hiérarchie ontologique au quatrième rang, après la cause première, les réalités secondes, qui sont les intellects supérieurs, et l'intellect agent. Ces trois ordres d'êtres sont incorporels et séparés de tout corps. Au contraire, l'âme est dans des corps, mais son essence n'est pas un corps. Notons que Fârâbî parle ici de l'âme en général, sans distinguer entre celle des corps célestes et celles des corps sublunaires.

Mais si le monde (*ᶜâlam*) est défini par l'ensemble des corps existants, il faut le distinguer de l'univers des êtres, le Tout, *al-Kull*, qui traduit le grec τὸ πᾶν et que Max Horten rend en allemand par *Weltall*. Or, il est écrit, à propos de l'être nécessaire, dans les *Fuṣûṣ* (ouvrage que la critique moderne attribue à Avicenne, mais qui exprime bien, dans le passage que nous citons, un point de vue fondamental de la pensée de Fârâbî) : « En tant qu'il est manifeste, il tire de son essence le Tout ; par conséquent, la science qu'il a du Tout vient après son essence, et la science qu'il a de son essence est son essence même. La science qu'il a du Tout se multiplie en une multiplicité qui vient après son essence et le Tout s'unifie par rapport à son essence dans son unité. Il est donc la Réalité vraie. Comment ne le serait-il pas, alors qu'il est nécessaire, lui qui est caché ? Comment ne le serait-il pas, alors qu'il apparaît de façon manifeste ? Il est donc le Manifeste en tant qu'il est caché, et le Caché en tant qu'il est manifeste ».

Ce texte est très éclairant. L'univers, monde corporel et êtres incorporels, c'est l'être nécessaire manifesté ; mais en lui-même, dans sa nécessité interne inaccessible, il est déjà cet univers, unifié dans son unité ineffable ; tout ce qui constitue l'univers est, dans son essence, manifestation de lui, mais n'a d'existence que par l'unité qui vient de sa relation à lui. Cette relation est importante, car elle est réelle dans les deux sens : du Principe premier aux êtres qui en procèdent, de ces êtres au Principe premier. La relation que nous appellerons descendante va dans le sens de l'émanation jalonnée par les différents intellects qui se hiérarchisent et les différentes sphères célestes, emboîtées les unes dans les autres, jusqu'au monde sublunaire dans lequel l'Intellect agent, le *donator formarum* (*wâhib al-ṣuwar*) suscite d'abord les éléments simples en informant la matière première par les qualités primitives qui les déterminent, puis les corps composés, minéraux, végétaux, animaux et hommes, qui reçoivent des formes de plus en plus complexes. La relation qu'on peut appeler ascendante est celle qui relie, à chaque niveau, les êtres émanés à la source de leur émanation et c'est là que se situent les âmes. En effet, les âmes sont principes de mouvements, non pas purement naturels, mais volontaires. Le désir est leur faculté fondamentale. Chez l'homme, le désir, explique Fârâbî dans la *Siyâsa madaniyya*, accompagne toutes les autres facultés qui ont rapport à la connaissance : sensation, imagination, intellection. Il est l'élément dynamique. L'âme ne s'élève à la connaissance que parce qu'elle désire connaître : connaître sa cause et, au-delà, la cause première du Tout. Sans doute est-ce la saisie des intelligibles qui assure l'existence authentique et durable ; mais c'est le désir qui permet de tendre vers eux, de les rechercher et de les atteindre.

Mais, avant d'aller plus loin, remarquons un fait capital qui semble avoir échappé aussi bien à Dieterici qu'à Max Horten dans la traduction qu'ils ont donnée du passage cité des *Fuṣûṣ* : c'est que les mots de *ẓâhir* et de *bâṭin*, que nous avons rendus par manifeste et caché, sont coraniques. On lit, en effet, dans la sourate 56, *al-Ḥadîd*, au verset 3 : « Il est le Premier et le Dernier, le Manifeste et le Caché ; et de toute chose, Il est Connaissant ». Tout le système de Fârâbî, comme celui d'Avicenne, s'inscrit dans ce verset. Dieu y est appelé le Premier (*al-Awwal*) ; le terme (ὁ πρῶτος) est bien chez Plotin, mais la dénomination fondamentale est l'Un (τὸ ἕν), car c'est en tant qu'un qu'il fonde l'être et qu'il est atteint à la limite de la contemplation. Il est premier parce qu'il est un. Fârâbî pense de même et parle souvent de l'unité, comme nous venons d'en voir un exemple. Néanmoins le terme qui prévaut chez lui est *al-Awwal* : il est un parce qu'il est le Premier. L'influence coranique ne semble pas pouvoir être niée. D'autre part le Livre révélé parle du retour de toutes choses à Dieu. C'est le *ma^{c}âd* (sourate 28, *al-Qaṣaṣ* verset 85) : « Oui, Celui qui t'a prescrit le Coran te ramènera certainement au lieu du retour ». L'idée est maintes fois exprimée par la racine *RǦ^c* : « Tout est périssable sauf sa Face ; à lui appartient le Jugement, et vers Lui vous serez ramenés » (S. 28, 88). « Gloire à celui qui tient dans sa Main la Royauté sur toute chose ! Et vers Lui vous serez ramenés » (S. 36, *Yâ' Sîn*, v. 83). « À Lui le Royaume des cieux et de la terre ; puis vers Lui vous serez ramenés » (S. 39, *al-Zumar* v. 44). Ce retour s'effectue, non par un processus physique et nécessaire, mais par l'âme qui est parvenue à la tranquille obéissance de la foi : « Ô toi, âme apaisée ! Retourne vers ton Seigneur, agréante et agréée » (S. 89, *al-Faǧr* v. 27-28). La pensée de Fârâbî, qui voit dans l'âme la faculté dynamique du retour vers Dieu, le « Dernier », au terme de cette ascension, semble bien conforme à l'enseignement de la révélation coranique. Et, sur le plan ontologique, il y a aussi la descente des émanations successives au cours desquelles Dieu, Premier Principe, se manifeste ; puis une remontée vers la source cachée de tous les êtres, cachée dans la mesure même où elle reste insaisissable derrière les manifestations à travers lesquelles on la cherche. On sent ici poindre une dialectique du *Ẓâhir* et du *Bâṭin* proche des spéculations de certains mystiques : on pense à Ibn Masarra, contemporain de Fârâbî, à la doctrine du pseudo-Empédocle et, plus tard, à Ibn ^{c}Arabî. Néanmoins la différence reste grande. Le meilleur moyen de la voir est de réfléchir sur le célèbre *ḥadîṯ qudsî* qui commande la méditation de ces mystiques : « J'étais, dit Dieu, un trésor caché (*kanz maḫfî*). Mais j'ai aimé à être connu et j'ai créé les créatures ». Il n'y a rien de tel chez Fârâbî. Sans doute, Dieu s'aime ; en lui le *ᶜâšiq*, le *maᶜšûq* et le *ᶜišq* sont identiques ; Il se connaît, et le *ᶜâqil*, le *maᶜqûl* et le *ᶜaql* sont en lui identiques. Mais, il se complaît en Lui-même : il est Lui-même, en ce qui le fait se complaire en soi, l'objet même de sa complaisance : (*al-Siyâsa l-madaniyya*). C'est de la connaissance qu'il a de sa propre essence que procède le premier Intellect. C'est dans la connaissance qu'Il a de son essence qu'Il connaît la succession des émanations et la totalité des êtres dont il est la source ontologique. Par suite, sa manifestation est sans aucun but de sa part : il n'y gagne rien, il ne s'y déploie pas lui-même, puisqu'il reste tout entier en soi, dans son amour et sa connaissance de soi. C'est en ce sens qu'Il demeure caché en son essence (*bâṭin*), alors même qu'Il se manifeste, et sa manifestation n'est pour Lui rien d'autre que son intériorité que Lui seul connaît mais qui est impénétrable pour l'homme, parce que les facultés humaines ne peuvent saisir que ce qui apparaît dans le *ẓuhûr* et sont trop faibles pour apercevoir cela même qui le manifeste et se manifeste en lui. L'image de la lumière, déjà familière à Platon, vient naturellement à l'esprit de Fârâbî pour illustrer sa pensée sur ce point : « Il faut que nous sachions que, de son côté, il n'est pas facile à saisir, puisqu'il est au comble de la perfection. Mais, en raison de la faiblesse des puissances de nos intelligences, à nous, et du fait qu'elles sont revêtues de matière et de néant, c'est chose ardue que de le saisir, il nous est difficile de le concevoir et nous sommes trop faibles pour en avoir l'intelligence selon ce qu'il appartient à son existence d'être. Si sa perfection dépasse les bornes, elle nous éblouit et nous n'avons pas la force de nous le représenter en sa complétude. C'est comme la clarté lumineuse : elle est la première des choses visibles, la plus parfaite, la plus manifeste ; c'est par elle que les autres choses visibles deviennent visibles ; elle est la cause qui rend visibles les couleurs. Or chaque fois qu'elle est plus grande, nos regards sont plus faibles pour la voir, non qu'elle soit dissimulée ou défectueuse ; c'est, au contraire, qu'elle est en elle-même au comble de la manifestation et de l'éclairement. Mais sa perfection en tant que lumière éblouit les regards » (*Ârâᵓ ahl al-madîna l-fâḍila*).

Dieu, Premier Principe, Être nécessaire, a donc une connaissance de Lui-même, qui est sa première connaissance et constitue son essence. Mais il se connaît, à partir d'elle, dans ses manifestations, c'est-à-dire qu'il connaît les choses, leur nature, leur ordre hiérarchique et leur organisation ; c'est une deuxième connaissance qui ne dépend pas des êtres qu'elle connaît, mais, au contraire, dont ces êtres dépendent en leur essence et en leur existence. Fârâbî précise, dans son opuscule intitulé *ᶜUyûn al-masâᵓil*, que les choses du monde proviennent de Dieu, non pas à la manière d'un but qu'il viserait (*lâ ᶜan ǧihati qaṣad min-hu*), ni non plus selon un processus naturel (*wa lā... ᶜalâ sabîl al-ṭabᶜ*), mais en tant qu'Il en a une connaissance (*maᶜrifa*) et qu'Il agrée leur production. C'est donc la science qui est le moteur de l'émanation ; et cela est vrai non seulement au niveau du Premier Principe, mais au niveau de tous les intellects qui procèdent de Lui. Voici ce qui en est dit dans les *Ârâ'* : « Il émane du Premier l'existence du Second. Ce second est aussi une substance absolument incorporelle et qui n'est pas dans la matière. Or ce second intellige sa propre essence et il intellige le Premier. Ce qu'il intellige de son essence n'est rien d'autre que son essence. Par ce qu'il intellige du Premier, il résulte nécessairement l'existence d'un troisième ; et par ce qui est substantifié par son essence qui lui est propre, il résulte nécessairement de lui l'existence du premier Ciel ». Et le processus se poursuit : chaque intellect émané se pense lui-même intelligiblement, ce qui constitue son essence ; il n'émane de lui un autre intellect qu'en tant qu'il intellige le Premier Principe, qui reste donc, à travers les intellections successives que les divers intellects ont de lui, la source de toute nouvelle émanation. Donc jusqu'ici, il n'est question que d'intellects, d'actes d'intellection, c'est-à-dire de science et de connaissance intelligibles. Ce qui fait difficulté, c'est l'apparition du premier ciel, puis du ciel des fixes, puis des sphères de Saturne, de Jupiter, de Mars, du Soleil, de Vénus, de Mercure et enfin de la Lune. Fârâbî, dans ce passage des *Ârâ'*, ne fait nulle mention des âmes. Mais nous savons, par d'autres textes, notamment de la *Siyâsa madaniyya*, que chaque sphère a une âme. Le problème est donc de savoir ce que Fârâbî entend par le verbe *taǧawhara* et par *mutaǧawhir bi-ḏâti-hi*. Fârâbî ne s'explique pas là-dessus, bien qu'il emploie ce terme à plusieurs reprises dans son œuvre. Mais, dans les *Išârât*, Ibn Sînâ donne pour titre au premier « développement » (*namaṭ*) des questions de physique : *Fî taǧawhur al-aǧsâm* et Faḫr al-Dīn al-Râzî explique cette expression dans son Commentaire : le *taǧawhur* est le fait, pour une chose, de devenir substance (*ṣayrûrat al-šay' ǧawharan*). Mais « substance » peut signifier, soit l'être qui n'est pas dans un sujet, soit l'essence (*ḏât*) et la réalité (*ḥaqîqa*). Au premier sens du mot « substance », un corps ne manque jamais de substantialité (*ǧawhariyya*) ; d'ailleurs, une non-substance ne saurait devenir substance. Il faut donc entendre l'expression selon le second sens de « substance » : devenir substance signifie le fait que se réalise la réalité du corps et que se constitue sa quiddité (*taḥaqquq ḥaqîqat al-ǧism wa-takawwun mâhiyyati-hi*). Or pour les *falâsifa* qui professent l'hylémorphisme à la suite d'Aristote, la réalité du corps est faite de l'union de la matière et de la forme, union qui se réalise d'un seul coup, de façon intemporelle. Mais, chez les êtres vivants, animaux du monde sublunaire, ou corps célestes, la forme c'est l'âme. Par conséquent, dire qu'il y a substantification, par l'essence, d'un intellect, c'est dire, qu'intemporellement il se produit un corps matériel vivant par une âme. On comprend ainsi le sens exact de *mutaǧawhir bi-ḏâti-hi*. En effet, si l'intellection qu'un intellect a de lui-même constitue l'essence purement intelligible de cet intellect, il n'en reste pas moins vrai que cette essence est celle d'un être qui n'est que possible en soi et par soi, d'un être qui n'existe pas par un acte pur d'exister, mais qui comporte une certaine puissance. Or qui dit puissance, dit matière. La réalité ontologique de l'essence d'un tel intellect, quelque lumineuse qu'elle soit, se voile d'une sorte d'opacité matérielle ; mais cette matière, trace de l'être en puissance, n'entre pas dans le processus des générations et des corruptions temporelles que connaissent les corps du monde sublunaire, car la puissance qu'elle porte en elle n'a jamais cessé d'être actualisée par la présence d'une forme, d'une âme, qui, n'ayant pas de contraire, est assurée d'une permanence éternelle. Tel est le corps céleste : par son âme, il désire, ainsi qu'il est dit dans les *ᶜUyûn al-masâᵓil*, ressembler aux réalités intellectives séparées de la matière et ce désir le meut d'un mouvement circulaire qui lui est propre, qui n'a pas de commencement et qui n'a pas de contraire. Chacun des corps des sphères (*al-aǧrâm al-falakiyya*) a un intellect séparé qui lui est propre (*ḫâṣṣ*) ; ce corps désire lui ressembler, comme à l'objet propre de son amour (*maᶜšûq ḫâṣṣ*) ; mais le monde en sa totalité, l'univers, est une association dans le fait d'avoir en commun un objet d'amour qui est unique, le Premier Aimé.

Si les *Ârâᵓ* ne parlent pas directement de l'âme dans leur exposé des émanations, les *ᶜUyûn al-masâᵓil*, sont parfaitement explicites : les deux choses qui deviennent les causes de l'existence de la sphère et de son âme sont donc bien la possibilité qui affecte l'existence de l'intellect pris en lui-même et la connaissance que cet intellect a de son essence qui n'est que possible en soi et par soi.

On ne saurait prétendre que cette explication de la production des corps célestes soit claire. Bien que leur matière soit un cinquième élément, un éther d'une subtilité qui pourrait à la rigueur le rapprocher des réalités spirituelles, on voit mal comment un tel *taǧawhur* peut se réaliser. Le seul principe qui permette d'entrevoir comment la pensée de Fârâbî a pu se formuler ainsi, c'est que toute puissance est congénère de la matière. Mais il y a un problème plus délicat encore : car l'intellect émané doit avoir deux connaissances qui ne peuvent s'unir en un seul acte puisqu'elles ont des effets différents : la première est absolument pure ; c'est celle par laquelle l'Intellect s'intellige lui-même et qui est identique à lui-même, l'intellection de son essence constituant son essence (le *ᶜâqil* est identique au *maᶜqûl* et identique au *ᶜaql*) ; la seconde est la science que l'intellect a de son essence en tant qu'être possible en soi et par soi. Cette science n'est pas une intellection pure : Fârâbî écrit bien *bi-anna-hu yaᶜlamu ḏâta-hu*, et non *yaᶜqilu*. C'est la connaissance d'un mode d'existence imparfait en soi. Aussi tout se joue-t-il comme si l'intellect projetait hors de lui cet élément de son être qu'il ne peut saisir, précisément parce qu'il est un intellect dont le propre est d'intelliger des intelligibles, alors que l'existence possible n'est pas intelligible pour soi. En tant qu'intellect, il doit rester séparé de toute matière. Et pourtant la matière des corps célestes exprime bien la réalité déficiente de l'intellect émané quant à son existence. Devenu nécessaire par un autre, par le Premier Principe, cet Intellect émané reste possible en soi et il se fait une séparation entre son intellection pure et son être existentiel. Néanmoins, cette séparation ne peut pas être une coupure radicale. Il en est, pourrait-on dire à titre d'exemple, comme d'un roturier anobli, qui vit de la vie de la noblesse, en la partie la plus élevée de lui-même liée à l'exercice de sa nouvelle condition, mais qui garde, au fond de lui-même, la marque de la basse origine qui est la sienne ; il s'en détache, mais elle reste présente ; et cette partie obscure de son être travaille de son côté, sans cesse, et se travaille pour se mettre à la hauteur d'une situation supérieure. Ainsi les corps célestes s'efforcent-ils d'imiter leur intellect, et, par cet intellect, de vivre le plus près possible du Premier Principe. C'est leur âme qui est le siège de ce désir, qui l'entretient perpétuellement, qui est constituée par lui.

Donc l'âme, à chaque degré de l'émanation à travers la hiérarchie descendante des Intellects, est un principe de rattachement aux échelons supérieurs, réalisant ainsi parallèlement une hiérarchie descendante. Par conséquent, dans le ciel déjà, il y a, grâce aux âmes, une organisation de retour vers le Premier Principe. Cela est pour nous plus clair encore, dans notre monde sublunaire, où l'âme qui s'élève de la puissance purement végétative chez les plantes, jusqu'à la faculté rationnelle chez l'homme, nous permet de revenir à Dieu, soit par l'activité philosophique qui donne une sagesse personnelle à ceux qui la pratiquent, soit par l'intermédiaire d'une vie politique et sociale, dans une cité parfaitement policée sous la législation divine qu'enseignent les prophètes inspirés.

Néanmoins, l'âme humaine diffère de l'âme des corps célestes, entre autres choses, par le fait qu'elle a besoin de la sollicitude de l'Intellect Agent qui veille à tout ce qui s'étale dans le monde sublunaire : « Toute chose de ce monde qui peut recevoir d'une manière quelconque sa libération de la matière et sa séparation d'avec elle (l'Intellect Agent) désire la libérer de la matière et du néant ». (*al-Siyâsa l-madaniyya*) Au contraire, l'âme des corps célestes n'a pas besoin d'un tel secours, et c'est directement par elle-même qu'elle agit.

L'âme est le moteur prochain qui donne aux êtres du monde un élan dynamique. Sans elle, l'univers des intellects serait immobile et statique. « Chacune de ces choses secondes (les Intellects) a reçu, dès le début, toute l'existence qui lui était due et qu'elle possède dans sa complétude, il ne lui reste pas d'existence qui pourrait lui survenir dans l'avenir, de sorte qu'elle tendrait dans cette direction vers autre chose que ce qui lui a été donné dès le début. C'est pourquoi les choses secondes ne se meuvent pas et ne tendent absolument vers rien » (*al-Siyâsa l-madaniyya*).

Dans notre monde, il en va de même, bien que la réalité physique soit, en un sens, plus compliquée. Les corps qui s'y trouvent ne reçoivent pas du premier coup tout ce par soi ils se substantifient. Ils restent, par leur matière, en puissance à des formes contraires, et, surtout, leurs substances « ne sont plus capables de se mettre à l'œuvre et de faire effort pour chercher leur perfection par un acte spontané, à moins d'avoir un moteur extérieur ». Or ce moteur extérieur, c'est le corps céleste, d'une part, et l'Intellect Agent, de l'autre. Au corps céleste se rattache l'existence de la matière première : « De la puissance (ou potentialité) dans laquelle sont associés en commun tous les corps célestes, résulte nécessairement l'existence de la matière première commune à tout ce qui est sous le ciel… » (*al-Siyâsa l-madaniyya*). Aux différences qui distinguent entre eux les corps célestes, sont rattachées les diverses formes que reçoit ici-bas la matière première. De la conjonction ou de l'opposition, de la visibilité ou de l'occultation, de la lenteur ou de la rapidité des astres, de toutes ces qualifications contraires qui ne sont pas dans leur substance, mais qui n'existent que par rapport à la terre (*cf.* l'opuscule sur la *Valeur de l'Astronomie*) résultent dans notre monde les formes contraires qui sont causes des altérations substantielles ou accidentelles et de tous les changements. Quant à l'Intellect agent, sa fonction est de donner les formes intelligibles aux choses et de faire passer à l'acte les intelligibles en puissance, grâce à quoi l'intellect humain en puissance devient intellect en acte. Au sein de ce monde de multiplicités changeantes, où les mouvements s'opposent ou se composent en tous sens, l'Intellect Agent, par son action sur l'âme humaine, introduit le dynamisme salvifique, qui libère l'âme de la matière en orientant son essentiel désir vers les intelligibles et vers Dieu.

On a toujours mis l'accent, en parlant de la doctrine de l'âme des *falâsifa*, sur la faculté de connaître les intelligibles. Et il est bien vrai que c'est cette connaissance qui donne la béatitude. Mais il ne faut pas oublier une faculté tout aussi essentielle, propre à l'âme en tant qu'âme, puisqu'elle accompagne toutes ses autres facultés : celle de désirer. C'est elle qui, associée à l'intelligence, meut l'être humain tout entier vers l'intelligible par le désir rationnel. C'est elle qui meut les astres. Exposant la *Philosophie d'Aristote*, Fârâbî écrit, dès le second paragraphe de son livre : « Puis il trouva l'âme désireuse de s'appliquer à l'examen des causes des choses sensibles et des réalités visibles dans le ciel et sur la terre… ».

Donc, à côté de la réalité de l'être, qui s'identifie à la plénitude de l'intelligibilité, soit au niveau du Premier, soit au niveau des intellects émanés, parallèlement à cette ligne descendante de processions et de manifestations, il y a une réalité du devenir vrai, de celui qui est une remontée vers le Dieu Caché, le Dernier, c'est-à-dire la fin dernière, le terme ultime d'un universel désir, sur la terre et dans le ciel, un devenir mû, orienté et conduit par une âme qui revient vers son Seigneur.

PENSÉE ET LANGAGE DANS LA PHILOSOPHIE DE FÂRÂBÎ (À PROPOS DU *KITÂB AL-ḤURÛF*) [1]

La théorie de l'intellect que Fârâbî a tirée de sa méditation d'Aristote et du *Traité de l'âme*, mais qui reste marquée par une forte influence platonicienne, est celle d'une connaissance intuitive des intelligibles. Dans l'intellection parfaite, il y a identité absolue de l'être qui intellige (*al-ᶜâqil*), de l'intellect (*ᶜaql*) et de l'intelligible (*al-maᶜqûl*). Cette identité est totale quand il y a, du côté du sujet connaissant comme du côté de l'objet connu, des réalités qui sont toutes en acte et dont toute trace d'être en puissance a été éliminée. Il est certain qu'à un tel niveau, il n'y a pas de place pour le langage, puisque l'expression dans la langue suppose une distinction nette entre celui qui parle (la première personne : *al-mutakallim*), celui à qui la parole est adressée (la deuxième personne : *al-muḫâṭab*) et ce dont on parle (la troisième personne : *al-ġâᵓib*, l'absent). Il en résulte que l'homme qui emploie un langage, soit pour communiquer une connaissance, soit pour se l'exprimer à lui-même, se place en dehors de l'intuition. D'ailleurs, le langage est un discours et s'adapte à une pensée discursive, la *dianoïa* platonicienne, non à une pensée contemplative ; et d'autre part, il est une image ou, au moins, un schème ; par suite, s'il n'y a pas de pensée sans image, comme le dit Aristote, il semble qu'il n'y ait pas de pensée sans langage. Puisque le philosophe a un langage, sa pensée reste imagée, et il reste bien en deçà de l'intuition pure des intelligibles. D'ailleurs Fârâbî ne cache pas que l'intellect en acte auquel l'homme accède quand les intelligibles en puissance dans le sensible sont devenus des intelligibles en acte, n'élimine pas toute trace de puissance, car lorsqu'on intellige le cheval et l'homme, il reste bien d'autres intelligibles qu'on n'intellige pas et auxquels on reste en puissance ; en outre, on n'intellige pas à la fois tous les intelligibles qu'on connaît, si bien qu'ils gardent une certaine séparation, les uns par rapport aux autres, et qu'on est loin de saisir l'unité

1. *Al-Farabi's Book of Letters*, Beyrouth, Éd. Muhsin Mahdi, Dar El-Machreq, 1969, coll. Recherches n° 46.

parfaite qui doit être celle de tous les intelligibles pensés en acte par un intellect qui est, lui-même, tout en acte.

Mais, en dépit de cette imperfection qui s'attache à la connaissance intellectuelle de l'homme, il n'en est pas moins vrai qu'il intellige de quelque manière, que lorsqu'il saisit un intelligible, son acte d'intellection s'unit à cet intelligible et que, dans cette mesure, il en a une connaissance intuitive, bien qu'imparfaite. De même que, dans l'intuition sensible, nous avons un contact immédiat avec la qualité sensible dans la saisie que nous en avons, bien que cette saisie ne s'effectue qu'à travers l'opération des organes des sens, de même il nous arrive communément d'avoir une intuition intellectuelle d'un intelligible qui est, en tant que telle, une saisie immédiate, bien qu'elle ne s'effectue souvent qu'à travers des images (Aristote disait : je vois l'homme dans Callias) et, plus souvent encore, à travers un langage. Si telle est la situation, le problème est de savoir quelle est la forme de langage qui, pour le spéculatif, est la plus transparente, c'est-à-dire celle qui s'ouvre le plus directement sur une intuition intellectuelle ou qui la gêne le moins. Comme il est certain qu'il existe une intuition linguistique, puisque nous saisissons immédiatement le sens des mots de notre langue avec toutes ses nuances, le problème est de comprendre quelle est et doit être la relation entre l'intuition du langage et l'intuition des intelligibles.

Fârâbî note la différence d'emploi d'un mot qui indique simplement un objet repérable dans le monde sensible et de celui qui entre dans un discours. Le premier est un simple signalement : il ne reçoit aucune désinence casuelle, aucun *i*ᶜ*râb*, car son seul rôle est d'appeler l'attention sur l'objet. C'est vrai surtout des termes qui désignent des substances : cheval, arbre, pierre, etc. Ceux qui désignent les autres catégories, en tant qu'elles se rapportent à un objet sensible, reçoivent certaines formes caractéristiques qui expriment la qualification, l'action, la relation, etc. Par exemple, la forme de l'adjectif de couleur : *abyaḍ, aḥmar* ; la forme des déterminations qualitatives ou quantitatives : *qadîr, kaṯîr*, etc. Jusqu'ici la langue n'intervient que pour donner des signalements. Mais la question devient plus intéressante, et aussi plus complexe, quand il s'agit de termes qui désignent des objets en tant qu'ils sont dans l'âme. Ils ont alors d'autres formes qui résultent des conditions du discours.

Cela étant, Fârâbî distingue quatre ordres de connaissances. 1°) Il y a d'abord la connaissance de l'objet sensible au pur niveau de la signalisation. Ainsi je vois une chose et je dis : « homme » ou « blanc », ou même je me borne à le montrer du doigt. Cette chose est l'objet de désignation sensible (*al-mušâr ilay-hi*). 2°) Puis, il y a le jugement : cette chose est cet homme, ou ce blanc. Ici apparaît, sur le plan du langage, un jugement avec distinction d'un sujet et d'un prédicat ; mais le sujet et le prédicat sont encore pris l'un et l'autre dans un étroit rapport au sensible actuellement perçu : cet homme, ce blanc, c'est-à-dire qu'ils restent en relation avec le signalement (marqué par les pronoms démonstratifs : *cet* homme, *ce* blanc). 3°) Ensuite, on arrive à l'expression : l'homme est blanc, c'est-à-dire qu'alors on conçoit la notion d'homme et la notion de blanc, qu'on les distingue d'abord pour les réunir ensuite dans ce nouveau type de jugement proche du sensible sans doute, mais détaché du signalement. En effet, ce jugement subsume des réalités données dans la perception sensible, ce qui revient à dire qu'il peut s'appliquer directement à elles et se traduire, s'illustrer dans l'expérience concrète. 4°) Enfin, on en arrive à concevoir ce qui fait que l'homme est homme et que le blanc est blanc, c'est-à-dire l'humanité de l'homme et la blancheur du blanc ou, en d'autres termes, l'idée d'humanité et l'idée de blancheur. C'est à ce niveau que se situe la dénomination, ou activité créatrice de noms proprement dite, car c'est là que le nom devient l'objet même de la pensée, voire en un certain sens, son contenu. En effet, l'âme éprouve alors, dit Fârâbî, le désir d'exprimer quelque chose que ne saisit pas la signalisation sensible en désignant son objet. C'est ainsi que sont créés des termes qui indiquent, en premier, ce qui est dans l'âme, c'est-à-dire les exemplaires à la ressemblance des choses qui existent hors de l'âme. Ces termes ont à exprimer l'intelligibilité de ces intelligibles qui sont hors de l'âme. Néanmoins, ils sont plus propres à évoquer d'abord les idées qui sont dans l'âme que ces intelligibles extérieurs, parce qu'ils sont un produit de la pensée réflexive, comme nous allons le voir.

Ainsi Fârâbî distingue nettement entre l'intelligibilité des termes et l'intelligibilité qui serait saisie immédiatement, intuitivement et directement dans le sensible même, comme ce serait le cas si, selon la formule d'Aristote, on voyait l'homme dans Callias. Mais l'intelligibilité des termes donne accès à l'intelligibilité des intelligibles eux-mêmes, totalement séparés de la matière et du sensible. Néanmoins, il est des philosophes qui jugent de la réalité extérieure d'après le modèle de la réalité sensible et qui nient, par suite, qu'il puisse exister réellement des choses correspondant à ce qu'expriment les mots, tels que la blancheur, la noirceur, la longueur. Ils estiment au contraire que ce qui existe c'est le blanc, le noir, le long. D'autres vont plus loin encore et nient que le blanc, le noir, le long aient eux-mêmes une existence ; d'après eux, il n'existe que ce blanc, ce noir, ce long, et dans ce sens, ils vont jusqu'à soutenir qu'il n'y a aucune unité qui se dégage de ce qu'indiquent les objets de désignation sensible ; c'est-à-dire que le seul jugement réel est du type : cet homme est cet homme ; ce blanc est ce blanc, etc. On reconnaît là la doctrine des Mégariques. Elle mène à la destruction de l'existence même des intelligibles.

Fârâbî critique cette attitude en alléguant la réalité de la communication entre les hommes, ce qui est le propre de l'homme et du langage humain. C'est un fait que l'homme parle et qu'il s'adresse à des interlocuteurs, et que, ce faisant, il se fait comprendre. C'est un fait que l'enseignement existe et que le disciple apprend quelque chose de son maître, qu'une lumière passe de l'un à l'autre et qu'il se réalise une compréhension (*fahm*) et une intercompréhension (*tafâhum*). Cette compréhension des termes qu'emploie le sujet parlant, termes qui, de toute évidence, ne sont pas de simples instruments de signalement, est la preuve irréfutable de l'existence de l'intelligible. Donc, si le langage réflexif est, en un sens, un obstacle à l'intuition directe et immédiate des intelligibles, en un autre sens, il est le témoin parfaitement véridique et irrécusable de l'existence de ces intelligibles. La *mafhûm*, le compris, est en nous le fondement du *ma*ᶜ*qûl*, l'intelligé.

Si on prend les deux derniers ordres de connaissances énumérés par Fârâbî, on aperçoit une différence importante. Les mots qui relèvent du troisième ordre se rapportent à des notions qui contiennent en puissance l'objet de désignation sensible : ainsi le mot homme peut s'appliquer à Zayd, à ᶜAmr et à tout autre individu humain. Mais les termes qui relèvent du quatrième ordre doivent recevoir, dans la langue, des formes particulières pour indiquer au contraire que les idées qu'ils expriment sont séparées du sensible : c'est le cas des mots « humanité » et « blancheur ».

De ces deux types de mots, quel est celui qui est premier et principe (*aṣl*) de l'autre ? Ici Fârâbî touche à un problème posé par les grammairiens arabes, celui du *maṣdar*. Le *maṣdar* est un nom d'action qui exprime l'idée du verbe et qui normalement en arabe correspond, quant au sens et à la fonction, sinon quant à la nature, aux termes abstraits du grec. La blancheur se dit en arabe *bayâḍ*, qui est le *maṣdar* du verbe *bâḍa* (être blanc, « blanchoyer ») et pourrait se rendre en français par le terme « blanchoiement ». C'est le fait, l'acte d'être blanc grâce auquel une chose est blanche. Or les grammairiens arabes discutent pour savoir si le *maṣdar* est la forme dont dérivent et les verbes et les autres mots, substantifs et adjectifs, si par conséquent il est le principe des autres formes ou s'il dérive au contraire d'autres formes telles que la racine trilitère du verbe. Fârâbî évoque ces deux doctrines. Il est clair qu'elles ont des conséquences philosophiques importantes, car si le *maṣdar* est principe, il en résulte que, dans la connaissance, c'est par l'idée de blancheur que nous saurons intellectuellement qu'une chose est blanche ; ainsi Platon soutenait, dans le *Phédon*, que c'est par l'idée d'égalité que nous savons que deux choses sont égales. Au contraire, si le *maṣdar* est dérivé, on connaîtra d'abord les notions du troisième ordre, l'homme, le blanc, et, à partir d'elles, les notions du quatrième ordre, l'humanité et la blancheur.

Or, quand nous disons : le blanc, nous signifions deux choses à la fois : d'une part, un sujet qui est blanc et, d'autre part, la blancheur qui lui appartient et qui fait qu'il est blanc. C'est cet élément intelligible qui nous fait comprendre et, par conséquent, intelliger qu'il est blanc. Donc de « blanc » (*abyaḍ*), on peut séparer la blancheur et l'exprimer par le *maṣdar* « *bayâḍ* », qui note l'intelligibilité du blanc, le blanc étant quant à lui une notion qui contient un sujet en puissance. On va donc du blanc au sujet blanc. Par conséquent, si dans l'ensemble « sujet-blanc » le sujet est en puissance, le blanc en tant que tel est en acte et n'est rien d'autre que l'élément intelligible de cet ensemble. Le nom de blancheur (*bayâḍ*) n'est que le nom donné à cet intelligible pris à part.

Il faut faire ici une remarque : si, dans les choses sensibles, les intelligibles sont en puissance, dans la pensée, ils ne peuvent être qu'en acte, ou n'être pas. Mais toute pensée est pensée d'elle-même : je pense que je pense ; je sais que je sais. Il suffit donc qu'il y ait une pensée pour qu'elle se saisisse comme une saisie des intelligibles, qui sont en elle. Donc puisque l'élément intelligible de l'ensemble « sujet-blanc » est dans la pensée, la pensée qui se pense, pense en même temps en acte l'intelligibilité du sujet-blanc, c'est-à-dire la blancheur.

Mais si le mot *bayâḍ* (la blancheur), qui est un *maṣdar*, est le principe d'où dérive *abyaḍ* (blanc), que dirons-nous de tous les cas où nous avons un nom qui est un nom dérivé, par exemple « homme » (*insân*), et qui ne dérive pas d'un *maṣdar* ? On va former, dans ce cas, un terme : *insâniyya* qui, bien que, de toute évidence, tiré de *insân*, donc dérivé, tiendra la place et jouera le rôle d'un *maṣdar*.

On sait que le lexique philosophique, théologique et mystique de l'arabe s'est chargé et surchargé de termes en *iyya*, formés sur l'adjectif relatif en *iyy* (tel *insâniyy*^{un}) (humain), et dont Louis Massignon se demandait s'ils n'avaient pas été en partie fabriqués par imitation des mots grecs abstraits en εια (par exemple ἀληθεῖα : la vérité). Mais ce qui est sûr, c'est qu'il se fit un véritable abus de ces formations conventionnelles. Pour Fârâbî, elles ne sont justifiables que si elles tiennent lieu de *maṣdar*. Forger de tels néologismes, à partir de mots dérivés, alors que le *maṣdar* existe, est un procédé contestable qui aboutit à la création de termes complètement dépourvus d'utilité. Ainsi, alors que la langue arabe possède le *maṣdar* « *bayâḍ* », à quoi sert-il d'inventer le terme *abyaḍiyya* formé sur l'adjectif *abyaḍ* ? Cela correspondrait à une réflexion au second degré de la pensée sur elle-même, à une pensée de la pensée de la pensée. Mais cela, dit Fârâbî, ne nous apporte rien de plus que le premier degré de la réflexion, la pensée de la pensée ; par suite le mot *abyaḍiyya* n'ajoute aucune signification nouvelle au mot *bayâḍ*, et il est inutile.

Nous avons fait cette démonstration, en suivant Fârâbî, et en prenant des termes qui expriment une qualité : le blanc et la blancheur. Un raisonnement analogue s'appliquerait jusqu'à un certain point à un mot qui exprime une substance, c'est-à-dire un être qui ne subsiste pas dans un sujet. Car le mot « homme » (*insân*) renferme lui aussi deux éléments liés : l'un en acte qui est l'intelligible qui fait comprendre ce qu'est l'homme et qui est connoté à part par le mot « humanité » (*insâniyya*) ; l'autre en puissance qui peut être Zayd ou ᶜAmr ou n'importe quel individu humain dont la réalité est substantielle. Mais, comme il s'agit ici de substances qui sont objets de définitions par le genre et la différence, on peut se demander s'il en est exactement de l'homme comme du blanc, et si, quand on dit « homme », on ne désigne pas un être qui est soit tout entier en acte, soit tout entier en puissance. S'il s'agit d'un être en puissance, les deux éléments qui sont contenus dans la signification du mot « homme », le sujet et l'intelligible, sont l'un et l'autre également en puissance. Mais puisque l'intelligible dans la pensée est forcément en acte, ainsi que nous l'avons vu, il va en résulter que le sujet existera également en acte.

Dans ces conditions, le mot « homme » désignera en acte à la fois ce qui est comme la forme ou la différence spécifique (c'est-à-dire l'élément intelligible) et ce qui est comme la matière et le genre (c'est-à-dire le sujet : l'animal, la substance). Que dirons-nous alors de l'humanité, qui est à l'homme ce que la blancheur est au blanc ? Est-elle matière ou forme ? genre ou différence ? Si elle est forme et différence, elle sera la quiddité abstraite de la matière et prise sans le genre, c'est-à-dire que l'humanité désignera seulement ce qui est humain dans l'animal raisonnable sans référence à l'animal. Elle ne sera pas un composé de l'animalité et de la rationalité, mais elle sera la rationalité seule. Une telle conclusion n'est pas admissible, car ce qui fait l'intelligibilité de l'homme peut-il laisser totalement de côté l'animal, c'est-à-dire le genre ? Car, alors, l'homme serait le raisonnable ; or si le raisonnable implique un sujet en puissance, non en acte (par exemple, s'il peut s'appliquer aux anges et aux hommes), il n'a pas plus le pouvoir de signifier, à lui tout seul, l'homme que l'animal n'a pouvoir de le signifier à lui tout seul. On ne peut donc concevoir l'homme sans concevoir à la fois, en acte, l'animal et le raisonnable, à la différence du blanc que l'on peut concevoir sans concevoir la neige ou la craie. Et, si l'humanité exprime l'intelligibilité de l'homme, elle doit exprimer la relation constitutive de l'homme qui est celle de l'animal et du raisonnable. Par suite, dans le cas d'un nom de substance, le sujet, en tant que matière ou genre, doit exister en acte, car il s'agit d'un genre déterminé et unique ; ce qui n'existe qu'en puissance, c'est le sujet individuel, Zayd ou ᶜAmr, dans l'exemple de l'homme. Au contraire, un nom de qualité comme blanc n'est lié à aucun genre, à aucune espèce déterminée. Un animal, une fleur, une pierre peuvent être blancs. Le sujet enveloppé en puissance par un tel nom de qualité est toujours un pur sujet qui peut relever de plusieurs genres ou de plusieurs espèces. Ainsi, dans le cas des substances, il ne peut y avoir d'expression de leur intelligibilité que par des *maṣdar*-s qui ne coupent pas leur relation constitutive, qui ne divisent pas entre la matière et la forme, le genre et la différence. Il faut sans doute dégager la quiddité, la forme et la différence, mais sans les exprimer par des noms dérivés ; ce qui veut dire, dans le cas de l'homme, que la rationalité ne saurait jouer un rôle de *maṣdar*. Quoique constitué, comme *insâniyya*, sur un substantif, *ᶜaql* (raison), d'où on a tiré *ᶜaqliyya*, ce terme apparaît ici avec son sens dérivé, parce qu'il se réfère à un seul des deux éléments indissociables d'une réalité composée : l'animal raisonnable. Au contraire, *al-ᶜaqliyya* serait un *maṣdar*, si on prenait ce terme pour désigner l'intelligibilité du nom de « raisonnable » (*ᶜâqil*). Il envelopperait alors en puissance un sujet qui pourrait être soit une substance vivante corporelle (un homme), soit une substance vivante incorporelle et spirituelle, un ange, c'est-à-dire des sujets relevant de genres différents, qui sont différents genres de substances.

Les idées de Fârâbî sur le langage et la pensée offrent plusieurs sortes d'intérêt. D'abord, elles font un très ingénieux usage des conceptions que les grammairiens arabes se sont faites du *maṣdar* et de la dérivation (*ištiqâq*). En second lieu, elles donnent une réponse très nuancée au problème du statut philosophique des termes abstraits en *iyya* et apportent une importante contribution à l'éclaircissement de la question des *iṣṭilâḥât* en relation avec la doctrine des concepts et des idées, et avec la tentative d'accorder sur ce point la pensée de Platon et celle d'Aristote. En troisième lieu, elles mettent en valeur le rôle de la compréhension (*fahm*) dans l'intellection : comprendre, c'est recevoir une lumière, une sorte de révélation. Il y a donc un étroit rapport entre l'illumination par le *mafhûm* et l'illumination par le *maᶜqûl*. Ce qui est saisi dans la clarté de la compréhension est exprimé par des mots. Quand ces mots sont bien formés et qu'il en est fait bon usage, ils sont parfaitement transparents à ce qu'ils ont alors le pouvoir de faire comprendre. Leur matérialité est pour ainsi dire résorbée dans l'éclat lumineux de la compréhension. Ils sont objets d'une intuition linguistique, aisément identifiée avec l'intuition compréhensive, et, bien qu'en eux-mêmes ils soient des intermédiaires entre la pensée qui intellige et l'objet intelligible, bien que, par conséquent, ils fassent un certain écran à l'intuition intellectuelle, en fait, ils s'effacent si discrètement que l'intuition linguistique qui leur est attachée se transforme aisément en cette intuition immédiate des intelligibles par l'intellect qui est le terme de toute recherche de la vérité selon Fârâbî. Car, à ce terme, *ᶜâqil* est identique à *ᶜaql* qui est identique à *maᶜqûl*.

LA PENSÉE RELIGIEUSE D'AVERROÈS.
I. LA DOCTRINE DE LA CRÉATION DANS LE *TAHÂFUT*

La pensée religieuse d'Averroès doit beaucoup à Ġazâlî. En critiquant l'œuvre de son prédécesseur, le philosophe espagnol a pris contact avec une réflexion métaphysique authentique, à la fois puissante et nuancée, qui avait su donner au *Kalâm* musulman orthodoxe la forme d'une théologie philosophique, capable d'être confrontée avec les véritables spéculations de la Grèce classique. Si Ġazâlî est souvent maltraité dans le *Tahâfut al-tahâfut*, si son ouvrage est pris directement à partie, ce sont en réalité les systèmes d'al-Fârâbî et d'Avicenne qui sont dénoncés comme faux et arbitraires. Ce qui est reproché à Ġazâlî, c'est essentiellement d'attribuer aux philosophes, c'est-à-dire aux péripatéticiens, les doctrines des *falâsifa* de l'Islam. Sans doute arrive-t-il à Averroès de ne pas suivre les arguments de la critique ġazalienne, et d'y soustraire ainsi, en quelque façon, ceux à qui elle s'adressait. Mais cette attitude d'équité intellectuelle ne va jamais jusqu'à justifier en elles-mêmes les doctrines de la *falsafa*. Au contraire, bien des analyses de Ġazâlî sont admises, au moins dans leur portée destructive, et servent précisément d'occasion pour dégager le sens exact des idées d'Aristote et pour indiquer la valeur qu'elles peuvent prendre dans le contexte religieux que présente, comme base même de discussion, le *Tahâfut al-falâsifa*.

Une connaissance plus complète et plus exacte des textes d'Aristote a permis à Averroès de définir et de commenter la pensée réelle du Stagirite, et de la distinguer des éléments platoniciens et néoplatoniciens que l'éclectisme de l'époque hellénistique y avait mêlés, créant une confusion que le texte arabe de la célèbre « Théologie » avait consacrée chez les *falâsifa* musulmans. Mais tout le problème est de savoir si l'aristotélisme est propre à exprimer, sur le plan philosophique, une Révélation monothéiste qui fait du monde la création d'un Dieu personnel. L'idée d'un premier moteur immobile, celle d'un acte pur qui est exclusivement pensée de la pensée, celle enfin de l'éternité du monde, semblent d'abord bien peu conformes aux exigences fondamentales du dogme. Aussi n'est-ce pas au niveau de ces oppositions violentes que la convergence pouvait être cherchée. L'entreprise, dans de telles conditions, n'aurait pu réussir qu'en sacrifiant la philosophie ou la religion ; et, certes, c'est la religion qui eût couru le plus grand danger : elle eût été interprétée comme un mythe, une connaissance relevant de l'imagination et non de la raison. Or on ne constate rien de semblable chez Averroès : il a toujours tenu la balance égale entre les deux éléments, philosophique et religieux, qu'il concilie, ainsi qu'on le voit nettement dans son *Tahâfut*. Tout se ramène pour lui à bien comprendre et le système d'Aristote et la Révélation coranique.

La notion de création, qui est au centre du problème, est difficile à définir philosophiquement. On n'en trouve évidemment pas la théorie explicite dans le Coran. Mais la conception absolue du *tawḥîd* implique, non seulement qu'Allah est le Dieu unique, qu'il n'existe pas d'autre Dieu que Lui, mais encore que rien d'autre ne Lui est associé. Une matière coéternelle, même si on en fait un être dégradé, proche du non-être, constituerait encore une atteinte au *tawḥîd* ; une pure puissance, qui ne serait pas Dieu ou en Dieu, un pur possible dont la possibilité ne dépendrait pas tout entière de Dieu, sont choses impensables dans cette rigoureuse doctrine de l'unicité divine. S'il existe un monde, il ne peut être que la création de Dieu. Par suite, une première façon de présenter la création, c'est d'en faire une conséquence inéluctable du *tawḥîd*. Le monde, puisqu'il existe et n'est pas Dieu, ne peut être que créé. Mais cela dit, comment concevoir l'acte créateur ? Il faut, ici encore, partir de l'unicité absolue. Elle confère à Dieu une transcendance tout aussi absolue par rapport au monde créé. Par conséquent, aucun des agents que renferme le monde ne saurait faire comprendre cet Agent qu'est Dieu. Aucune des actions que nous voyons se dérouler ici-bas, ne peut figurer, même de très loin, l'Action créatrice de Dieu. Nous savons que le monde est créé, mais nous ne savons pas comment, ou plutôt, une simple méditation du *tawḥîd* nous fait clairement savoir que cette connaissance nous est interdite. La doctrine de la création s'accompagne donc nécessairement d'un agnosticisme qui marque profondément la théologie musulmane dans son ensemble, et que nous décèlerons chez Averroès lui-même. Nous conclurons, de ce premier examen, que toute philosophie qui se prétendra musulmane, devra respecter ce *tawḥîd* absolu qui n'est que l'isolement de Dieu dans une transcendance pure.

L'idée d'une création *ex nihilo* n'est pas catégoriquement exprimée dans le Coran ; il faut l'y mettre pour la trouver. Le verbe *ḫalaqa*, parfois employé absolument, ou suivi d'un simple complément direct, peut évoquer cette idée. Mais il est aussi souvent suivi de la particule *min*, qui indique que Dieu a créé *de* quelque chose. D'une façon générale, la création se présente comme une organisation : *wa-l-samâ'a rafaʿa-hâ*, « le ciel, Il l'a élevé », *wa-l-arḍa waḍaʿa-hâ li-l-anâm*, « la terre, il l'a établie pour l'humanité » (Sourate 55, v. 7 et 10). On peut, à sa guise, donner un sens absolu ou relatif, aux verbes *rafaʿa* et *waḍaʿa*. Mais ce qui est plus net, c'est l'affirmation que tout appartient à Dieu, qu'Il est le seul maître de tout ce qui existe. Il connaît également toute chose dans le moindre détail, et rien ne Lui échappe. Enfin l'univers entier lui est totalement soumis. La puissance, la science, la volonté qui donne l'ordre toujours obéi, sont les idées par lesquelles s'exprime le mieux la notion de création *ex nihilo*. Et c'est, en effet, sur elles que s'appuieront les théologiens. Quant à la formule qu'ils emploient pour rendre cette notion : *lam yakun, ṯumma kâna*, elle est elle-même ambiguë et ne reçoit son sens plein que si on fait de *lam yakun* une négation absolue. Quoi qu'il en soit, on voit que le moyen le plus normal de faire une théorie de la création *ex nihilo* consiste à passer par une théorie des attributs (puissance, science, volonté). Un Dieu dépourvu d'attributs se confondrait avec une pure nature nécessaire, sans personnalité, et se prêterait davantage à une théorie de l'émanation. Nous verrons qu'Averroès a dû prendre parti sur ce point.

La réflexion philosophique ramène inévitablement le problème de la création à celui des rapports du temps et de l'éternité. Ġazâlî et ses adversaires sont d'accord pour reconnaître la différence radicale de nature entre ces deux réalités. L'éternité, en tant qu'elle est un attribut de Dieu, n'est pas un temps infini, mais un mode d'être qui est le propre de l'Un et de l'En-soi absolus. Le temps est avant tout la temporalité qui appartient aux êtres *principiés*. Partant de là, al-Fârâbî pouvait soutenir que le monde n'est pas éternel, en ce sens qu'il est temporel par nature. Mais, puisqu'on ne peut parler de temps qu'à l'intérieur du monde, il est inexact de prétendre que le monde est *dans* le temps et, par suite, qu'il a un commencement dans le temps. Il y a un temps universel, mesure du mouvement de la sphère ; il y a des temps particuliers, mesures des mouvements des êtres particuliers. La sphère embrasse donc la totalité du temps et lui confère un caractère circulaire, cyclique. De telles considérations n'étaient pas nouvelles ; on en suit les traces en remontant jusqu'aux origines de la spéculation grecque. Elles avaient été déjà appliquées à la solution du problème de la création par Philon d'Alexandrie, dans son commentaire des premiers versets de la Genèse.

Néanmoins, ces révolutions de la sphère, ne peut-on pas les nombrer ? Avant celle qui s'effectue en ce moment, il y en a eu une autre ; une autre encore auparavant, et ainsi de suite à l'infini. On retombe ainsi sur un temps illimité, dans lequel s'accomplissent les révolutions en nombre infini de la sphère. Ġazâlî ne manque pas de faire l'objection, et il ajoute qu'il est alors inconcevable que les révolutions en nombre infini d'un astre doué d'un mouvement plus lent, puissent être une fraction du nombre infini de révolutions d'un autre astre plus rapide.

On ne pouvait mieux poser la question des paradoxes du temps. Comme « nombre du mouvement », il n'a d'autre réalité que celle du mouvement : on ne peut parler de temps que pendant la durée du mouvement ; il commence et s'achève avec chaque mouvement. Ici-bas, nous pensons à juste titre que le temps subsiste indépendamment des mouvements des corps particuliers, parce qu'ils sont tous enveloppés par le mouvement universel de la sphère. Mais les moments des révolutions de la sphère elle-même ne sauraient s'additionner dans un temps plus universel que celui de la sphère. Un tel temps n'aurait qu'une universalité abstraite, non réelle ; autrement dit, il n'existe pas de temps plus universel que celui de la sphère. Quand nous concevons ce milieu où s'écouleraient et se succèderaient les révolutions, nous ne sortons pas d'un mode de représentation purement humain. Par conséquent, de même qu'un mouvement achevé n'existe plus, qu'une révolution accomplie n'existe plus, le temps passé n'existe plus, parce qu'il n'avait d'autre existence réelle que celle du mouvement, ou de la partie du mouvement qu'il mesurait. Les Stoïciens préféraient à l'expression « nombre du mouvement » celle d'« intervalle du mouvement ». Ils échappaient par là au risque d'assimiler la nature du mouvement à celle d'un nombre. On voit donc qu'en définissant le temps, il faut se garder de penser que c'est un nombre, en oubliant le second terme de la définition. Il n'est pas nombre, il est *nombre de…* Sans cette précaution indispensable, on raisonnera sur lui comme sur un nombre, on le traitera en nombre. Or pour Averroès autant que pour Aristote, le nombre, et avec lui toutes les mathématiques, peut bien s'appliquer à des choses réelles, qui ont commencement et fin, de façon qu'en les nombrant, on obtienne un total ; mais en tant qu'il est dans l'âme et non en dehors d'elle, il n'est qu'une puissance de nombrer. Dans ce dernier cas, « on ne peut dire véritablement de lui, ni qu'il est pair, ni qu'il est impair, ni qu'il a un commencement, ni qu'il a une fin, ni qu'il entre dans le temps passé ou futur, parce que ce qui est en puissance est au rang du néant ». Et Averroès ajoute : « c'est là ce qu'ont voulu signifier les philosophes en disant que les révolutions qui sont dans le passé et l'avenir sont néant » (*Tahâfut*, § 39, p. 23, 24 ; éd. Bouyges).

On arrive ainsi à une doctrine voisine de celle de Leibniz, sur l'idéalité du concept de temps : il n'y a en lui qu'une représentation mathématique, fondée dans la réalité métaphysique de l'être, mais qui, en elle-même, n'autorise aucun jugement de portée ontologique. Une remarque d'Averroès justifie parfaitement ce rapprochement avec le philosophe de Hanovre. Les révolutions de la sphère dépendent immédiatement des actes (*afᶜâl*) du Premier Agent. Ce sont eux qui les produisent, sans commencement ni fin, puisque cet Agent n'a de commencement ni de fin à son existence, non plus qu'à ses actes. « S'il en est ainsi, il s'ensuit nécessairement que l'un de ses actes premiers n'est pas condition (*šarṭ*) du second, parce qu'aucun des deux n'est agent par essence. Le fait que l'un est avant l'autre n'est qu'un être par accident… Il n'en va pas ainsi dans les exemples de mouvements qui se suivent les uns les autres ou qui sont en continuité, bien moins encore dans les choses qui suggèrent que l'antécédente est cause de la suivante, tel l'exemple de l'homme qui engendre un autre homme semblable à lui » (*ibid.*, § 30, 31, p. 20, 21). Il n'y a donc de temps réel que là où les mouvements s'engendrent l'un de l'autre, quand un être en acte fait passer à l'acte, par son efficience, un être en puissance. Mais ce cas ne se rencontre qu'au niveau des êtres particuliers, dans leurs actions réciproques ou dans l'action des sphères supérieures sur eux. L'action du Premier Agent sur le monde céleste est d'un tout autre ordre. La racine ontologique du temps doit être cherchée dans les actions des êtres du monde, les uns sur les autres, et le temps n'est qu'un mode de représentation de ces actions. Quant à l'action créatrice, elle se situe loin de là dans une transcendance indéniable, puisque Dieu, en créant, n'engendre pas son semblable comme fait un père qui engendre un fils, ou un corps chaud qui échauffe un corps froid. Contrairement aux néoplatoniciens, Averroès, à la suite d'Aristote, n'admet pas un monde divin. La coupure entre le monde et l'Éternel est, chez lui, beaucoup plus accentuée. Il ne retient pas l'idée d'une dégradation progressive de l'unité de l'être et de la simplicité de l'action, que les *falâsifa* avaient conservée de leur modèle plotinien.

Ġazâlî avait demandé pourquoi on refuserait de dire que le monde est une innovation de la volonté éternelle qui détermine son existence dans le temps où il existe. Aux objections que cette thèse soulevait, il répondait que le temps et la durée étaient créés. C'était là, aux yeux d'Averroès, un sophisme. L'effet (*maf*ᶜ*ûl*) ne peut pas être séparé de l'acte de l'agent. Mais que gagne-t-on à séparer l'acte et son effet de la volonté de l'agent ? En admettant que la volonté divine prédétermine l'ordre du temps, au moment fixé pour la création, il faudra que l'acte de l'Agent commence, ce qui implique un changement dans l'Éternel, et n'est pas recevable. Sans entrer dans le détail des arguments, il ressort de cette discussion qu'un temps, même créé, assujettirerait le Créateur à la temporalité, puisqu'il devrait alors créer dans le temps. En outre, Ġazālī ne précise pas la nature de cette volonté en Dieu. Dans notre monde, elle est une faculté qui a la possibilité (*imkân*) de faire l'une des deux choses opposées. Elle est aussi le désir qu'a l'agent de faire quelque chose ; quand il l'a faite, le désir s'éloigne. Ces deux aspects de la volonté ne conviennent ni l'un ni l'autre à l'Éternel : en lui, la volonté changerait de nature ; au lieu d'être possible du fait qu'elle porte également sur deux possibles, elle deviendrait nécessaire. Dit-on qu'elle est éternelle ? Alors elle ne cessera pas en atteignant son but. N'a-t-elle pas de commencement ? Alors elle ne peut déterminer un moment à l'exclusion d'un autre pour y réaliser ce qu'elle veut. Tout ce qui reste à dire, c'est qu'il existe un Agent doué d'une puissance d'agir qui n'est ni volonté ni nature, mais que la Loi révélée appelle du nom de volonté (cf. *Tahâfut*, § 12, p. 10).

Avec la volonté, nous touchons à la question des attributs. Les théologiens (*mutakallimûn*) avaient forgé les théories les plus diverses sur l'existence et la nature des attributs en Dieu. Les Muᶜtazilites prenaient les mots qui les désignaient, dans le Coran, selon un sens subtil et éminent, si subtil qu'il finissait par en effacer toute réalité. Al-Fârâbî remarque, à son tour, que le Premier Principe doit recevoir des noms qui sont forcément ceux que nous appliquons aux êtres d'ici-bas. Mais il ne faut retenir, parmi eux, que ceux qui, réservés aux êtres les meilleurs, désignent la perfection et l'excellence de l'existence (cf. *Ârâ*ᵓ *ahl al-madîna l-faḍîla*, chap. IX). Il ne s'agit que de mettre au point une manière de s'exprimer digne du Principe. Averroès va plus loin.

Il respecte sans doute le mystère de la transcendance qu'il a reconnue, ainsi que nous l'avons montré. Aucun mot humain n'exprime exactement la réalité de l'Agent suprême. Cependant les noms que la Loi donne à Dieu ne sont pas seulement de convenance. Si on ne peut appliquer positivement la signification de ces noms pour en tirer l'affirmation d'une connaissance, on doit s'en servir négativement pour écarter des opinions fausses. Ainsi le mot de volonté ne s'applique pas à Dieu. Si la Loi en fait usage, c'est pour nous interdire la doctrine d'une création qui ne serait qu'une production par nature, du type de l'émanation. Le terme de volonté n'est pas plus digne de Dieu qu'un autre quelconque. Il n'est pas non plus, dans le langage de la Révélation, un substitut populaire d'un terme philosophique. Il n'y a pas plus de termes techniques adéquats qu'il n'y a de termes vulgaires. Parler d'une volonté créatrice, c'est tout simplement marquer une discontinuité entre le Créateur et la créature, c'est repousser la continuité inhérente à toute doctrine de l'émanation. Tel est, nous semble-t-il, le sens qu'il faut donner à ce passage d'Averroès. Le même agnosticisme se retrouve quand il parle de la science divine, qui n'est pas comme la nôtre, une du côté des genres et de l'universel, plurale du côté des espèces. La science de Dieu, qui est éternelle (*azalî*), n'est pas à confondre avec une science universelle, et la pluralité qu'elle contient n'est pas celle qui est contenue sous l'universel. « Il reste là une pluralité dont la compréhension n'est pas l'affaire de notre intelligence » (*Tahâfut*, § 68, p. 344). Et quand, quelques lignes plus loin, Averroès interdit l'accès et l'approfondissement de la philosophie aux masses (*al-ǧumhûr*), c'est parce qu'elles ne sauraient entendre de tels détails (*daqâʾiq*) et qu'elles perdraient, ce faisant, la signification du divin (*maʿnâ l-ilâhiyya*), ce qu'on peut interpréter soit comme le sens de la théologie, soit comme le sens de la foi en Dieu (*Tahâfut*, § 88, p. 356). Ainsi, en médecine, ce qui est aliment pour les uns, est poison pour les autres. L'intention religieuse de cette déclaration ne fait pas de doute. Il vaut mieux la foi sans philosophie, que la philosophie sans foi. C'est donc que la philosophie ne peut remplacer la foi si elle la détruit. En effet, elle n'est, en elle-même, à ce niveau, qu'une exploration de l'inconnaissable ; elle y définit des limites ; elle en rapporte des connaissances négatives qui n'ont de valeur que pour un esprit très averti. Il suffit, à la béatitude (*saʿâda*) des hommes, qu'ils comprennent ce qu'ils peuvent comprendre. « C'est pourquoi la Loi, que le Premier Principe a eu pour but d'envoyer comme enseignement de la masse, ne s'est pas contentée, pour faire comprendre les choses qui sont dans le Créateur, d'utiliser leur présence dans l'homme – comme Dieu le fait quand Il dit : *N'adore pas ce qui ne voit pas, n'entend pas et ne te sert de rien*, – mais encore elle a été contrainte, pour faire comprendre les significations cachées dans le Créateur, de les figurer au moyen des membres du corps humain – comme c'est le cas lorsqu'Il dit : *N'ont-ils donc pas vu que Nous avons créé, entre autres œuvres de nos mains, des troupeaux dont ils sont possesseurs* ? (*Ibid.*, § 88, p. 356, 357) ».

Ce texte, qu'il faut prendre à la lettre, est tout à fait significatif. Quand il s'agit d'exprimer des « choses » (*ašyâ'*) qui sont en Dieu et dont on trouve un analogue dans l'homme, telle la vue, – Dieu « voit » – ou l'ouïe – Dieu « entend », – le Coran qualifie le Créateur grâce aux mots qui s'appliquent normalement à la créature. Mais, pour communiquer des significations cachées dans l'intimité de Dieu (*ma^c^ânî*) et qui n'ont pas d'équivalent dans ce monde, le Coran prend des images empruntées au corps. Plus la réalité à exprimer est enfoncée dans le mystère divin, plus il faut avoir recours à un langage matériel. Or qu'y a-t-il de plus caché et de plus intime, de plus propre à Dieu que l'acte de création ? Mais l'inconnaissable qui impose au Livre sacré ses figures est cela même qui impose au philosophe une prudence agnostique. Nous avons donc deux moyens de parler de cet inconnaissable. L'un d'eux fait comprendre pourquoi il est inconnaissable, en quoi il échappe à la pensée humaine ; il exerce l'esprit davantage et, par là, il présente un intérêt spéculatif que n'a pas l'autre. Mais il ne nous fait pas mieux ni plus exactement connaître un objet qui se dérobe sans cesse à notre atteinte.

Averroès admet donc l'emploi des images. Semblable concession serait dangereuse pour un philosophe, s'il ne faisait pas preuve d'une grande circonspection. De divers textes du *Tahâfut*, il ressort qu'Averroès distingue nettement entre la représentation par image (*tamṯîl*) et l'image métaphorique (*maǧâz*). La première est un moyen indirect de connaissance qu'on peut rapprocher de l'analogie thomiste. La seconde n'est qu'une figure de rhétorique, un procédé de style. Les *falâsifa*, reprenant l'image platonicienne et plotinienne, représentaient la production du monde par l'Agent, en se référant au rapport de l'ombre à une personne, ou de l'éclat du soleil au soleil. Averroès réplique : « L'agent est ce qui fait passer un autre être que lui de la puissance à l'acte… Les philosophes n'appellent pas agent la personne qui *fait* son ombre, sinon par image (*maǧâz*) » (*Tahâfut*, § 8, p. 150, 151). Mais, aussitôt après, il n'hésite pas à reprendre l'image de la volonté et du choix, dans le prolongement de cette déclaration : « Les philosophes croient que le Créateur – loué soit-il ! – est séparé du monde » (*ibid.*). Cet état séparé fonde en lui une excellence éminente et une générosité en vertu de quoi il crée (*li-makân faḍli-hi wa-ǧûdi-hi*). Son action sort de sa science, « sans nécessité qui l'y porte, ni par suite de son essence, ni pour quelque chose d'extérieur à lui » (*ibid.*, § 9, p. 151). « Nécessairement, il est voulant et choisissant au degré le plus haut des êtres qui veulent et choisissent, puisque le manque qui touche celui qui veut ici-bas, ne le touche pas » (*ibid.*). Par conséquent Averroès fait usage de la volonté en Dieu comme d'un attribut de la transcendance. C'est parce qu'il est l'Existant, dans la transcendance de son *tawḥîd*, que Dieu est dit créer volontairement. Cette idée rejoint exactement celle des juristes et des théologiens de l'Islam, pour qui le seul rapport concevable entre le Dieu absolument un, seul et séparé, et le monde, est celui du commandement impératif (*amr*). Toute autre relation rapprocherait trop le Créateur de la créature et entacherait la pureté du *tawḥîd*.

On ne s'étonnera plus, dès lors, de certaines expressions dans lesquelles on est trop souvent tenté de ne voir qu'un plat concordisme, sinon une manifeste hypocrisie. « La doctrine des anciens philosophes (par opposition à Fârâbî et à Avicenne) est que… les principes des corps célestes sont des êtres séparés de la matière et qu'ils sont les moteurs des corps célestes. Ces corps se meuvent vers eux par le fait qu'ils leur obéissent et qu'ils désirent les atteindre, qu'ils obtempèrent aux ordres qu'ils leur donnent de se mouvoir et qu'ils les comprennent. Car ils n'ont été créés qu'en vue du mouvement. C'est qu'une fois reconnu pour vrai que les principes qui meuvent les corps célestes sont séparés de la matière et qu'ils ne sont pas des corps, il ne reste, à ce qui a pour fonction de mouvoir les corps, aucun moyen de les mouvoir, à moins que le moteur n'ordonne le mouvement, ce qui entraîne pour les philosophes que les corps célestes sont des vivants rationnels qui intelligent leur propre essence et qui intelligent également leurs principes moteurs à la façon d'un ordre qui leur est donné » (*Tahâfut*, § 75, 76, p. 184, 185). Les principes moteurs sont donc des ordres, car si le premier moteur est immobile, on ne peut concevoir qu'il agisse autrement qu'en commandant. Encore une fois, l'image du commandement n'est pas adéquate, mais elle est la seule qui respecte ce qui doit à tout prix être respecté, la transcendance. La pensée d'Averroès est donc ici parfaitement d'accord avec l'enseignement de l'Islam, pourvu qu'on admette que la théologie musulmane orthodoxe peut se libérer de l'anthropomorphisme. Et elle s'en est libérée.

Cependant nous ne sommes pas au terme de nos difficultés. Alors qu'il déclare (*loc. cit.*) que le Créateur est séparé (*munfaṣil*) du monde, Averroès dit ailleurs (*Tahâfut*, § 10, p. 123) : « Quant à ce qui est passé en tant que lié (*muqârin*) à l'existence qui ne cesse pas, c'est-à-dire qui ne se défait pas de lui (*lâ yanfakku ᶜan-hu*), il n'est pas vrai de dire que c'est entré dans l'existence, car parler ainsi, c'est contredire la proposition d'après laquelle cela est lié à l'existence éternelle ». Averroès distingue en effet ce qui est *dans* le temps, qui commence et finit, et ce qui est *avec* le temps, qui n'a ni commencement ni fin. D'un côté, nous avons les êtres particuliers, de l'autre, le monde dans son universalité. Donc, le monde, en tant que tel, n'entre pas dans l'existence, parce qu'il n'est pas dans le temps, mais avec le temps. De ce fait, il est lié à l'existence éternelle, c'est-à-dire à Dieu. N'y a-t-il pas là une opposition flagrante, ou bien doit-on jouer sur la dualité des mots *munfaṣil* et *muqârin* ?

Le monde n'est lié à Dieu qu'en tant qu'il est l'effet de l'acte créateur. Car « tout être a son acte lié à lui dans l'existence » (*ibid.*, § 11, p. 124). Si l'Agent est éternel, son acte est éternel. Dieu crée éternellement, commande éternellement. Or il ne saurait y avoir de création sans créature, d'ordre donné sans être qui lui obéit. L'acte éternel de Dieu ne tombe jamais dans le vide et le néant. C'est en ce sens que le monde est lié à Dieu. Mais il lui est lié dans un acte qui le constitue créature et qui, par conséquent, l'éloigne ontologiquement de la transcendance du Créateur. La liaison est toute de dépendance et de soumission ; elle ne signifie aucune continuité dans l'être.

On doit donc distinguer entre la création du monde, car le monde est *avec* le temps, et la création des êtres du monde qui, eux, sont *dans* le temps. Au niveau des êtres du monde, il y a deux sortes de créations, qui d'ailleurs se recouvrent : la création par Dieu du composé métaphysique de la matière et de la forme, composé qui donne l'existence à ses composants ; la création au sens large, par des agents créés, qui consiste à déplacer les formes en faisant passer à l'acte ce qui était en puissance. C'est dans ce dernier cas seulement qu'on peut parler de création *ex nihilo* et, corrélativement, d'anéantissement. Mais ce n'est qu'un néant par accident, un néant « qui survient (*al-ᶜadam al-ṭâri'*). » « Le fait d'un néant qui survient est concevable, mais le fait du néant en lui-même n'est pas concevable », écrivait Ġazâlî. Cela est exact, répond Averroès, à condition qu'on ne l'entende pas comme si le néant sortait de l'agent de la même manière qu'en sort l'existence ; mais il faut poser l'existence comme première et le néant comme second, c'est-à-dire que le néant est un accident qui arrive à l'existence de ce qui est – par exemple un corps noir devient blanc : la noirceur est détruite pour faire place à la blancheur, – tandis que l'existence ne saurait être un accident qui frappe le néant.

Quant à la création au sens métaphysique du mot, qu'il s'agisse du monde ou des êtres particuliers du monde, elle n'est pas *ex nihilo*, car cela impliquerait que l'Agent créateur agit sur le néant. On voit qu'Averroès argumente en donnant une valeur positive au néant dont serait tiré le monde selon cette doctrine. La préposition « ex » (arabe : *min*) est entendue avec le sens de « ce dont est fait » (*ex auro, min al-ḏahab*) ou de « ce dont provient ». On sait que Thomas d'Aquin devait s'élever contre une telle interprétation de la doctrine. Mais le seul point important, c'est qu'en niant la création *ex nihilo* telle qu'il l'entend, Averroès n'affirme pas pour autant que Dieu crée le monde de quelque chose de préexistant. La matière ne précède pas la création ; elle n'est pas l'étoffe où sont taillées les formes. Elle n'existe que dans le composé créé et grâce à lui. Une fois de plus, nous arrivons à un agnosticisme savant : l'effort de réflexion philosophique a surtout servi à déterminer ce que n'est pas la création. Remarquons aussi que la négation simultanée de la préexistence du néant et de la matière, au niveau de la création métaphysique du monde et des êtres du monde, balance l'affirmation simultanée de la préexistence de la matière, pure puissance, et du néant relatif, au niveau de la production des êtres particuliers d'ici-bas par des agents créés.

Nous examinerons, pour terminer, le délicat problème de l'apparition du multiple. Les *falâsifa* partaient d'un axiome, admis d'ailleurs par certains théologiens, et qu'ils énonçaient ainsi : de l'Un ne peut sortir que l'un. C'est de l'un engendré que naissait la multiplicité. « Il émane du Premier l'existence du Second. Ce Second à son tour est une substance absolument incorporelle qui n'est pas dans la matière. Il intellige sa propre essence et il intellige le Premier.

Ce qu'il intellige de sa propre essence n'est pas autre chose que son essence. Par ce qu'il intellige du Premier, il résulte nécessairement de lui une troisième existence. En tant qu'il est substantialisé par son essence, qui lui est particulière, il résulte de lui nécessairement l'existence du premier ciel... » (al-Fârâbî, *Ârâ'*, chap. 10). Et le même processus se poursuit avec la troisième existence, jusqu'à ce qu'on ait parcouru toute la hiérarchie des Intelligences et des Sphères, et qu'on soit parvenu à l'intellect agent qui est l'Intelligence du cercle de la Lune. Avicenne proposait un système d'inspiration identique. Sornettes que tout cela, s'écrie Averroès. Et s'il n'admet pas toujours le mode de réfutation de Ġazâlî, il est d'accord avec lui pour condamner de telles spéculations qui sont absentes de la saine doctrine des philosophes anciens. Rien n'empêche, à ses yeux, que le Premier Principe produise une multiplicité par l'effet de son acte, de même, analogiquement, qu'une force vitale unique produit dans le corps une grande diversité de mouvements. Car si le premier émané, dans la théorie des *falâsifa*, est un comme l'axiome le requiert, comment sortira-t-il de lui une sphère et une intelligence ?

Le plus grave est que la doctrine de l'émanation part du principe que le Premier n'intellige que lui-même et que, du fait qu'il est absolument un, il ne connaît rien de la multiplicité des choses. Il n'est donc ni ordonnateur ni Providence du monde. Mais, si les Intelligences qui émanent de lui, n'intelligent que lui et leur propre essence, si cela constitue leur être, comment et pourquoi prendraient-elles soin du reste de l'univers ? Averroès a clairement vu que faire naître la multiplicité d'émanations successives, rebondissant de palier en palier, c'est accroître l'anarchie du monde, au fur et à mesure qu'on s'enfonce davantage dans le multiple. Pour que la création soit ordonnée dans sa totalité, il faut que l'acte créateur et providentiel de Dieu s'étende à tout, fût-ce par l'intermédiaire d'autres êtres qu'il commande. Et Averroès fait un tableau enthousiaste de l'ordre de la création, non seulement dans le monde supérieur des étoiles, mais jusque dans les corps tout petits, chétifs (*ḥaqîra*), vils (*ḫasîsa*), obscurs (*muẓlima*) qui reçoivent l'abondance de la générosité divine (*Tahâfut*, § 86, p. 189, 190). « Quand l'homme observe ces corps immenses, vivants, raisonnables, qui nous entourent, et quand il considère... que leur existence n'a pas besoin pour être qu'ils exercent une providence (*ʿinâya*) sur les êtres qui sont ici-bas, il sait que ces corps reçoivent l'ordre d'exécuter ces mouvements et de les imposer à ce qui est au-dessous d'eux, animaux, plantes, minéraux, et que Celui qui les commande est différent d'eux-mêmes... S'il n'y avait pas place pour cet être qui commande, les corps (célestes) ne prendraient pas soin de ce qui est ici-bas pour le faire durer et s'unir, parce que ces êtres sont tout de volonté, et qu'il n'y a pas d'utilité pour eux dans cette action ». (*Ibid.*, § 87, p. 190, 191).

Il résulte de ces considérations que les corps célestes sont la propriété de Dieu « dans leur existence même, et non selon un accident comme dans la situation du maître avec ses esclaves ». « Il n'y a pas là une servitude (*ᶜubûdiyya*) ajoutée à l'essence, mais ces essences sont constituées par la servitude » (*ibid.*, § 89, p. 192).

Quant à la tentative d'Avicenne pour expliquer l'apparition de la multiplicité par la distinction de l'existence nécessaire et de l'existence possible, elle est vaine. Ces qualifications de l'existence n'existent pas hors de l'âme, c'est-à-dire de notre pensée, comme des attributs qui s'ajouteraient à l'essence. Par suite, dire que le premier émané est par soi possibilité d'existence, et par le Principe dont il émane nécessité d'existence, ce n'est pas rendre compte d'une multiplicité en lui. On revient à la même conclusion : si la multiplicité ne sort pas du Premier Principe, elle ne sortira pas davantage des suivants. Il n'y a donc qu'un Créateur universel dont la création s'étend à tout. L'action des causes secondes est déterminée par son ordre impératif.

Nous achèverons ces quelques remarques sur un accord parfait. Ġazâlî layant recommandé de recourir à la Révélation dans les questions difficiles, Averroès l'approuve sans restriction : « Ce qu'il dit du besoin de recourir à la Loi sur tout ce que les intelligences humaines ne peuvent saisir, par suite de leur courte vue, est exact. C'est que la science (*ᶜilm*), qui est apprise par voie de Révélation (*waḥy*), ne vient que pour compléter les sciences de la raison, c'est-à-dire que tout ce dont l'intelligence (humaine) est incapable, Dieu le fournit à l'homme par voie de Révélation. Dans l'incapacité de saisir ce dont la science est nécessaire pour la vie et l'existence de l'homme, il y a à distinguer l'incapacité absolue, quand il n'est pas dans la nature de l'intelligence en tant qu'intelligence d'en avoir une saisie, puis il y a l'incapacité relative au naturel d'une catégorie d'hommes, soit qu'elle s'enracine dans la constitution, soit qu'elle résulte d'un accident extérieur tel que l'absence d'instruction. La science de la Révélation est une grâce qui s'adresse à toutes ces sortes d'incapacités » (*Tahâfut*, § 227, p. 255, 256).

Il semble maintenant incontestable que la théorie averroïste de la Création, telle qu'elle ressort des discussions du *Tahâfut*, se développe au sein d'une pensée théologique qui respecte les exigences essentielles de la Loi musulmane, qui s'y réfère sans cesse et qui, sans aller jusqu'à la ferveur, ne manque pas d'un certain sens de la valeur de la foi. Le Coran s'adresse à tous les hommes. S'il apporte une aide toute spéciale à ceux dont l'intelligence est bornée ou sans culture, il ne leur est pas réservé. Il reste trop de questions métaphysiques sur lesquelles les plus sages ne peuvent que balbutier, pour que la Parole de Dieu soit d'un réel secours jusque dans les spéculations les plus hautes de la pensée humaine. Dans le domaine de l'inconnaissable et de l'ineffable, la raison et la foi, l'une et l'autre exactement comprises, unissent leurs lumières, sinon pour faire briller toute la vérité, du moins pour éviter les ténèbres de l'erreur.

LA PENSÉE RELIGIEUSE D'AVERROÈS. II. LA THÉORIE DE DIEU DANS LE *TAHÂFUT*

Le Coran apporte avant tout une Loi. Dieu s'y révèle comme le législateur qui ordonne, surveille et sanctionne l'exécution de ses commandements. Il y démontre qu'il est raisonnable de lui obéir, parce qu'Il est le Créateur unique et tout-puissant à qui tout appartient. Il se désigne lui-même au moyen de noms qui se rapportent, non pas à ce qu'Il est en lui-même, mais aux relations qui font des hommes ses créatures, ses sujets et ses serviteurs. Il semblerait donc normal de considérer les attributs, qu'on a inférés de ces noms, comme des attributs de l'action *ad extra*. Pourtant certains qualificatifs, en particulier ceux de « savant », « puissant » et « vivant » ont suggéré à plusieurs théologiens l'idée d'attributs de l'essence. De là sont nés d'inextricables problèmes.

Quoi qu'il en soit, il est sûr que la Révélation coranique est muette sur l'essence même de Dieu. Nous savons seulement que Dieu est au-dessus de toutes les vaines imaginations ou pensées humaines. On objectera peut-être que nous savons aussi qu'Il existe et que l'existence ne peut pas ne pas s'enraciner dans son être profond. Mais Dieu n'existe pour nous qu'en tant que Créateur, et il ne s'est pas donné, dans le Livre sacré, le nom d'Existant. Pour reprendre un argument familier à Ibn Ḥazm, personne n'invoquerait Dieu en disant « O Existant, pardonne-moi ». Nous sommes loin, dans le Coran, de la révélation du nom divin : *'Ehye ašer 'ehye*, de la Bible (*Exode*, III, 14). Sur cet *Ego sum qui sum*, les théologiens pouvaient construire toute une théorie de l'Être, encore que les paroles de Yahveh n'autorisent pas expressément l'emploi d'un argument ontologique pour prouver et scruter son existence, car, à la lettre, le nom intime de Dieu n'a été connu de Moïse que par Révélation et non par une intuition intelligible.

Mais le Coran, lui, est absolument réfractaire à toute spéculation de ce genre et ne lui donne aucune prise. L'homme est, au contraire, invité sans cesse à observer la nature, le ciel et la terre, les effets de la toute-puissance divine et ses multiples bienfaits. Il n'a pas à connaître Dieu directement, mais à travers des signes (*âyât*) de sa souveraineté et de sa générosité ou de sa colère : l'eau des nuages qui fertilise, l'ordre des saisons, les fruits du palmier, la reproduction du bétail, la foudre et les villes détruites pour leur impiété. La méthode de recherche que Dieu propose à celui qui veut le connaître, est une méthode inductive à partir des créatures.

Sans doute, certains commentateurs musulmans du Coran ont-ils tenté d'introduire, de force, des interprétations fondées sur des idées de type néo-platonicien. C'est ainsi qu'Ibn ᶜArabî fait une distinction entre *Allâh* et *Rabb*, celle-là même que Philon d'Alexandrie utilisait à propos des deux termes *Theos* et *Kurios*. *Allâh* désigne Dieu en lui-même, dans son essence, indépendamment du fait qu'Il donne une assise à l'existence des hommes (*fî ḏâti-hi ᶜan iṯbât wuǧûdi-kum*). *Al-Rabb*, au contraire, c'est Dieu pris avec ses attributs, et les attributs divins concernent l'ascension mystique de l'âme qui, purifiée par eux de tout ce qui est humain, s'anéantit en eux et accède par eux à l'union. Mais il est certain que le commentaire d'Ibn ᶜArabî est un *taʾwîl* que l'orthodoxie ne saurait tolérer. On peut assurer qu'il en serait de même pour toute théologie, rationnelle ou mystique, qui croirait voir, dans tel ou tel verset, une signification qui conduise à l'intimité de l'essence de Dieu.

S'il en est ainsi, toute philosophie de type platonicien, qui reconnaît, dans l'âme humaine, des Idées intelligibles grâce auxquelles la pensée peut avoir prise sur le divin, sera suspecte en Islam. Au contraire, une philosophie de type aristotélicien, qui tire les concepts de l'expérience sensible, devrait y être bien accueillie. Ce point de vue, encore très général, suffit à persuader qu'il allait être facile au péripatétisme d'Averroès de défendre son orthodoxie dans la théorie de Dieu.

Entrons dans le détail. C'est au sujet de la notion avicennienne de l'être qui existe nécessairement (*wâǧib al-wuǧûd*), que la discussion s'engage. Elle est assez subtile. La proposition que « Dieu existe nécessairement », c'est-à-dire qu'Il ne peut pas ne pas être, qu'Il ne peut pas s'anéantir, est admise par tous les croyants, même par ceux qui sont les plus opposés à toute spéculation humaine, tel Ibn Ḥazm. Mais la question n'est pas là. Il s'agit de savoir d'abord comment on parvient à cette proposition et à la notion d'être nécessaire ; ensuite quelle place tient cette notion dans notre connaissance de Dieu, quel rôle elle joue dans la solution des problèmes de son essence, de ses attributs, de ses actions. Or Avicenne abordait la notion de *wâǧib al-wuǧûd* avec un esprit platonicien, par une division de l'être. C'est contre ce procédé que portera essentiellement la critique d'Averroès. Quel est cet être qu'on divise ? Il faut bien que ce soit un être dont on part. Mais peut-on partir de l'être sans en faire du même coup une notion univoque ? Or, si l'être signifie l'existence, comme c'est bien le cas ici, Aristote a montré qu'on ne peut en former un concept et, par conséquent, qu'on ne peut le diviser. Ġazâlî, dans ses *Maqâṣid al-falâsifa*, a mis le doigt sur le nœud du problème, sans en remarquer d'ailleurs la difficulté. Dans son exposé des doctrines des Philosophes, il ne rapporte pas explicitement la théorie de l'analogie de l'être. Il signale, entre les termes univoques et les termes équivoques, ceux en qui il y a simplement correspondance (*al-muwâfaqa*). Ces termes ne s'appliquent pas *également* à une pluralité d'êtres, comme les univoques, mais ils ne s'appliquent pas non plus selon une diversité totale de sens, comme les équivoques. Ils s'appliquent selon une relation d'antériorité et de postériorité. Ainsi l'existence se dit d'abord de la substance, ensuite de l'accident, puisque l'accident n'existe que dans la substance. Il s'agit donc seulement de l'analogie d'attribution, non de l'analogie de proportionnalité, qui est incontestablement la plus intéressante pour une théorie de l'être : l'être de la substance est à la substance ce que l'être de la quantité est à la quantité, ce que l'être de la qualité est à la qualité, etc… Ġazâlî, examinant la division de l'être en nécessaire et possible, remarque donc que les deux termes de cette division ne se situent pas sur le même plan, contrairement, notons-le, à ce qui devrait avoir lieu. En effet, l'être possible est subordonné à l'être nécessaire. Mais ce résultat détruit la validité de la division. Dans le *Tahâfut al-falâsifa*, Ġazâlî pressent un défaut dans la méthode, quand il objecte que la division d'Avicenne ne va pas de soi et qu'elle aurait besoin d'une preuve. Or, chez Platon, cette méthode est *a priori* et se suffit à elle-même.

Averroès va beaucoup plus loin que Ġazâlî dans la critique. Il ne se contente pas de dénoncer un manque de preuve ; il accuse Avicenne d'avoir introduit en philosophie, sur ce point, une innovation blâmable. S'il y a subordination du possible au nécessaire, d'où vient l'idée de cette subordination ? Serait-ce de la notion même de l'être ? Mais que peut bien signifier un être qui ne serait en soi ni nécessaire ni possible et se diviserait ensuite en nécessaire et en possible ? Ce ne saurait être un être existant, mais une simple notion dans l'âme, et la plus vague, celle qu'Averroès décrit comme la pensée de la réalité d'une chose hors de nous, conforme à l'idée que nous en avons ou que nous nous en faisons. Elle est aussi ce que désigne la copule existentielle (*al-râbiṭa l-wuǧûdiyya*) dans les jugements d'inhérence (*al-qaḍâyâ l-ḥamliyya*) (*Tahâfut*, p. 302, § 29). C'est ainsi que nous demandons si telle chose existe ou n'existe pas, si elle existe de cette façon ou d'une autre (*ibid.*). Il est évident que diviser une telle notion constitue une opération vaine qui ne mord pas sur l'être réel.

Il faudrait donc dire que, dès qu'on pense l'être, on pense l'être nécessaire, d'autant plus qu'il doit jouir d'une antériorité. Mais alors, est-ce dans l'être nécessaire lui-même qu'on trouve le principe de subordination qui pose, au-dessous de lui, un être possible ? Il en résulterait que l'être possible devient nécessaire par suite de l'existence de l'être nécessaire. C'est bien là la pensée d'Avicenne, quand il parle d'un être possible en soi et nécessaire par un autre que lui. Mais, d'une part, cela revient à prendre univoquement l'être nécessaire. Certes, la pensée doit juger que l'être est. Pourtant, ce n'est là qu'une nécessité de pensée, et revenir à un éléatisme qui faisait des règles de la pensée logique les lois de l'être réel, c'est se condamner à la stérilité que Platon avait tenté de vaincre. Or c'est bien, en définitive, cette stérilité que dénonce Averroès. Pour trouver l'être et toute sa richesse, il faut sortir de la pensée. L'être « auquel s'oppose le néant », non la notion abstraite d'être qui s'oppose à un non-être conceptuel, « c'est ce qui se divise dans les dix genres premiers » (*ibid.*, p. 303, 32). À deux reprises, Averroès écrit que cet être est, par rapport aux dix catégories, « *comme* leur genre ». Le mot « comme » est ici très important. L'être n'est pas leur genre, puisqu'il est analogique ; mais il est *comme* leur genre, en ce sens qu'il possède une certaine antériorité relativement aux « choses qui sont hors de la pensée ». Bien que l'existence n'existe pas en elle-même et qu'elle soit toujours l'existence de quelque chose, sans elle, rien n'existerait. Ainsi le genre n'existe pas séparé, mais sans le genre il n'y aurait ni espèces ni individus. Mais c'est parce que l'existence ne peut pas du tout se dégager des rapports d'analogie dans lesquels elle se définit, que, dans le monde réel, certains êtres n'existent que dans la dépendance des autres : « et cet être est ce qui est dit, selon l'antériorité et la postériorité, des dix catégories ; en ce sens, nous disons de la substance qu'elle existe par elle-même et, de l'accident, qu'il existe par son existence dans ce qui existe par soi » (*ibid.*). Par conséquent, la relation d'antériorité et de postériorité ne résulte pas immédiatement de la division de l'être. L'être se divise d'abord en dix prédicaments, et c'est au niveau de ces prédicaments qu'il se dit des uns et des autres selon l'avant et l'après. En outre, cette relation ne s'applique pas exclusivement à la distinction du nécessaire et du possible. La substance créée, qui n'est pas un être nécessaire, est antérieure à ses accidents. Elle est antérieure en premier lieu à la quantité ; mais la quantité, à son tour, est antérieure à la qualité, car il n'existe pas de qualité sans une certaine quantité (par exemple, de couleur sans une étendue colorée). Ainsi cette existence, qui fait que tous les êtres existent, n'est pas comparable à une source séparée, d'où chaque être tirerait son existence. Elle est sans cesse engagée dans des rapports d'analogie avec chacun des genres de l'être, elle est l'existence d'une substance, ou d'une quantité, ou d'une qualité, et c'est parce qu'elle reste ainsi engagée, qu'elle confère un ordre hiérarchique aux réalités du monde. En un mot, l'analogie de proportionnalité commande l'analogie d'attribution qui, à son tour, règle l'organisation de l'univers. Averroès, en bon aristotélicien, ne cherche donc pas à déduire les catégories de la notion d'être, et il ne divise pas l'être pris en lui-même, mais pris au niveau des catégories. Et comme les catégories sont les genres premiers, tirés par abstractions successives des êtres qui existent concrètement dans l'expérience sensible, la division et l'organisation qu'il propose ne sont pas des œuvres vaines de la pensée, mais l'expression exacte de la réalité. Elles conservent toute la riche diversité du véritable réel.

D'autre part, si le possible sort nécessairement du nécessaire, comme l'admet Avicenne, peut-on vraiment soutenir que cette procession est entièrement déterminée par la seule notion de *wâğib al-wuğûd* ? Elle paraît bien pauvre, à première vue, pour suffire à la totale déduction du monde. Car il faut s'entendre exactement. Si le *wâğib al-wuğûd* n'est qu'un nom donné au

Principe Premier, ou même si ce n'est qu'une de ses qualifications parmi d'autres, nous pourrons dire que tout provient de cet être que nous appelons ou que nous qualifions ainsi. Mais si nous posons que le Principe Premier est *wâğib al-wuğûd* en ce sens qu'il n'est que cela, que son être consiste à être nécessairement, ou, selon ce que rapporte Ġazâlî, que son essence est la nécessité d'existence (*wuğûb al-wuğûd*), on voit mal ce que la pensée pourrait extraire d'entités aussi vagues et abstraites. L'unique ressource sera de dire que le Principe, dont l'essence est d'être nécessairement, ne peut être saisi par nos intelligences, et que la nécessité d'existence, où nous ne voyons que négations et vide, est en réalité plénitude d'être. Nous sommes ramenés à l'Un de Plotin, dont on ne parle que par images. Or quel intérêt avons-nous à dire que l'Un est comme l'unité d'une science dont les théorèmes sont multiples, si dans cette unité nous ne pouvons pas comprendre cette multiplicité. Ġazâlî avait bien vu l'écueil de semblable doctrine : si l'existence nécessaire est ce qui n'a pas de cause, selon la définition des *falâsifa*, pouvons-nous espérer connaître, par cette pure négation, ce qui fait l'être du Principe Premier ? Pouvons-nous en tirer quoi que ce soit ? Nous rejoignons par là ce que nous venons de constater plus haut : la richesse de la division catégoriale de l'être chez Averroès tranche sur la pauvreté de la division précatégoriale d'Avicenne.

Bien qu'Averroès ne se rende pas aux objections de Ġazâlî, il ne fait pas de doute qu'en les réfutant, il est arrivé à formuler une critique des *falâsifa* qui touche davantage au fond du problème. Pour lui, en effet, on ne peut reprocher à Avicenne d'avoir défini l'être nécessaire négativement par l'absence de cause, sauf que le mot « cause » a quatre sens depuis Aristote et qu'il faut préciser celui ou ceux qui sont en jeu. Mais, s'il n'y a pas d'autre moyen de parler de l'être nécessaire, il y a d'autres voies que celle d'Avicenne pour y accéder. Averroès signale celle des Mu^ctazilites qui partent du possible *réel* et aboutissent à un être nécessaire en ce sens qu'il n'a pas de cause efficiente. C'est la démonstration de l'existence de Dieu par la contingence du monde. L'être possible n'est plus ici une des deux notions qui divisent l'être. C'est l'être concret de ce monde et de ce qu'il contient. L'expérience commune suffit à convaincre de l'instabilité de tout ce qui est dans le monde, où rien ne se tient par soi-même. Par suite, rien ici-bas n'est nécessaire par soi. Et cependant le monde existe. Il faut donc conclure à un être nécessaire dont son existence dépend. Sur ce point, Averroès est d'accord avec les Mu^ctazilites, contre Avicenne. On peut donc parler d'un être nécessaire sans cause, non en vertu d'une division de l'être, mais à la suite d'un examen des êtres du monde. C'est par rapport à eux que le Principe Premier sera dit nécessaire et sans cause. Mais ces dénominations n'exprimeront pas son essence prise en elle-même. Il n'est nécessaire et sans cause que parce qu'il est la cause nécessaire et suffisante d'êtres qui n'ont, en eux-mêmes, ni leur existence ni leur subsistance, et qui pourtant existent et subsistent. Notons que la critique d'Averroès ne détruit pas la valeur de celle de Ġazâlî. La définition par l'absence de cause est une faiblesse chez Avicenne, elle n'en est pas une chez Averroès. C'est que, chez le premier, l'absence se dit absolument d'une essence, chez le second elle se dit relativement, dans le rapport qui s'étend de la créature au Créateur.

La doctrine d'Averroès sur Dieu concorde donc exactement sur ce point avec ce qu'enseigne le Coran. Dieu n'est pas absolument l'Être nécessaire. Nous l'appelons ainsi dans la mesure où il est le Créateur. Mais nous nous refusons toute spéculation sur l'en-soi de sa nécessité d'existence. Nous ne nous demandons pas comment s'unissent en lui l'essence et l'existence. Nous ne disons pas que son essence est condition de son existence, ni inversement que son existence est condition de son essence. Car les deux notions d'essence et d'existence ne sont distinctes que dans la pensée. Plus exactement encore, c'est relativement à nos facultés d'appréhension que nous distinguons, parce que les choses universelles n'existent que dans leurs individus que nous saisissons par les sens, tandis que les individus ne sont intelligibles que par les universaux que nous saisissons par l'intellect. Mais la réalité est une. L'existence ne s'ajoute pas à l'essence, comme le pense Avicenne, à la façon d'un attribut accidentel. Encore une fois, qu'est-ce que l'existence, si elle n'est pas existence de quelque chose ? Comment existerait-elle à part, sans être l'existence de rien ? Par conséquent, on ne peut concevoir qu'elle vienne s'ajouter. De plus, à quoi viendrait-elle s'ajouter si, avant cette adjonction, l'essence n'existe pas encore ? La seule différence concevable entre ces deux notions revient, par suite, à la différence entre ce qui n'existe que dans la pensée et ce qui existe dans les choses hors de l'âme, *fî l-aḏhân*, et *fî l-a*ᶜ*yân* (*Tahâfut*, p. 304, § 32). Comme Dieu transcende et les pensées et les choses, l'essence et l'existence, qui déjà ne se distinguaient pas réellement dans les existants créés, seront, à ce niveau, parfaitement indiscernables. Aussi, dire que Dieu existe par son essence n'a plus aucun sens précis, puisqu'il n'y a plus à unir indissolublement, à identifier en lui, ce qui serait séparé dans la nature. Nous allons d'ailleurs retrouver cette question à propos de la science divine, et nous en donnerons alors la solution complète.

Les principes averroïstes que nous venons d'examiner, à propos de l'essence et de l'existence, dominent le problème des attributs de Dieu. L'unité divine est liée à l'unicité. Mais quelle est, de ces deux qualifications, celle qui fonde l'autre ? Le Coran insiste surtout sur l'unicité (*tawḥîd*). Les Muᶜtazilites, au nom de l'unicité, dépouillaient l'essence divine de tout ce qui aurait risqué d'être pensé comme s'y associant. Ils allaient donc du *tawḥîd* à l'unité d'essence. Chez les *falâsifa*, on constate le mouvement inverse. Partant du *wâǧib al-wuǧûd*, ils démontrent qu'il est absolument un et en excluent toute sorte de multiplicité que ce soit, sous prétexte qu'elle introduirait une composition, que toute composition requiert une cause et que, par conséquent, l'être nécessaire, étant composé, ne serait plus sans cause, donc ne serait plus nécessaire. Cela étant démontré, il en résulte qu'il ne peut exister deux êtres nécessaires. Car, ou bien ils seraient semblables de toute part, et la dualité s'évanouirait, ou bien ils différeraient. Dans ce cas, leurs différences seront ou individuelles ou spécifiques. Si elles sont individuelles, ils seront unis dans l'espèce ; si elles sont spécifiques, ils seront unis dans le genre. Quoi qu'il en soit, les deux existants nécessaires seront composés. Mais c'est impossible, contraire à l'unité intérieure requise. Donc il ne peut exister deux êtres nécessaires.

La négation des attributs est, on le voit, beaucoup plus radicale chez les *falâsifa* que chez les Mu^ctazilites. C'est une négation première, directe, métaphysique, d'où résulte le *tawḥîd*, alors que, dans le mu^ctazilisme, elle est seconde, conséquence d'une réflexion sur le *tawḥîd*, plus théologique que métaphysique.

La solution d'Averroès s'apparente en partie à celle des Mu^ctazilites. Mais elle est plus métaphysiquement structurée. Il commence par reconnaître qu'il est impossible de poser en Dieu des attributs qui s'ajoutent à l'essence, c'est-à-dire des attributs accidentels. On ne peut pas dire non plus que ces attributs s'ajoutent nécessairement, car il y aurait alors plusieurs existants nécessaires et le *tawḥîd* serait détruit. Peut-on alors admettre en Dieu des attributs qui appartiendraient à l'essence, sans s'y ajouter ? S'ils existent en acte dans l'essence, ils vont y introduire une multiplicité qui sera une négation du *tawḥîd*. Ici, Averroès prend l'exemple de la Trinité des Chrétiens. Si les trois Personnes existaient en acte, il y aurait trois dieux. Mais, dit-il, « elles ne sont multipliées que par la définition » (*Tahâfut*, p. 301, 26), et il conclut : « Elles sont multiples en puissance, non en acte. Aussi disent-ils que les trois sont un, c'est-à-dire un en acte, trois en puissance » (*ibid.*).

Ce passage contient deux arguments différents : d'une part, l'idée d'une multiplication par la définition. Cela nous renvoie à la distinction fondamentale entre ce qui est dans la pensée et ce qui est hors de la pensée. Déjà la définition par le genre prochain et la différence spécifique, dans le cas des êtres de ce monde, renferme une multiplicité qui n'existe que dans la pensée, car l'être défini est un et l'universel qui entre dans la définition n'existe que dans l'âme. Néanmoins, il n'est pas possible de transporter en Dieu une multiplicité de cette sorte, parce qu'elle est liée à la composition de la matière et de la forme, et que cette composition ne se trouve pas en Dieu. En outre, il n'y a pas d'universel dans l'être divin. En effet, l'universel est en puissance, et Dieu est acte. Mais, si la définition de Dieu ne peut procéder par genre et différence, elle gardera, des définitions ordinaires, le caractère d'une multiplicité dans la pensée, correspondant à une unité dans le défini. Or, pour peu qu'on abandonne la notion avicennienne d'un être nécessaire absolument un dans son unité abstraite, on devra admettre toute la richesse réelle d'être qui convient au Principe Premier. Cette richesse, la pensée ne saurait l'embrasser dans sa totalité et son unité. Par suite, l'expression qu'elle en donnera prendra la forme d'une multiplicité de jugements, tels que Dieu est savant, puissant, vivant, etc.

Cela nous amène, d'autre part, au second argument d'Averroès. Les attributs ne sont pas multiples en acte, mais en puissance. Est-ce à dire qu'il y a de la puissance en Dieu ? Assurément non. Cette puissance est toute du côté de la pensée qui énumère l'un après l'autre les attributs. Cela ne signifie d'ailleurs pas que les attributs n'existent que dans la pensée et pour elle. Notre conception des attributs de Dieu n'est pas vaine : elle nous fait bien saisir une réalité en Dieu. Si la multiplicité que nous pensons n'est pas en Dieu telle que nous la pensons, elle a pourtant un fondement en lui. « Qu'une essence une soit en possession de nombreux attributs qui s'y rapportent (*muḍâfa*), ou qui en sont tirés ou pensés, avec des intentions différentes, sans qu'elle soit multipliée par la multiplication de ces attributs, c'est quelque chose que rien ne réprouve… Un être un en soi, quand on le considère sous l'angle où un autre être sort de lui, est dit puissant et agent ; quand on le considère sous l'angle où il détermine particulièrement l'un de deux actes opposés, on le dit voulant ; quand c'est sous l'angle où il saisit ce qu'il fait, on le dit savant. Et quand on considère la science en tant qu'elle est saisie et cause du mouvement, on la dit vivante… » (*Tahâfut*, p. 314-15, § 8).

Tout repose, en définitive, sur les idées de richesse et de perfection. « Poser comme ils le font que l'essence ne peut être constituée par ces attributs, ce n'est pas exact, car toute essence se parfait (*istakmalat*) par des attributs grâce auxquels elle devient plus parfaite (*akmal*) et plus éminente » (*Tahâfut*, p. 328, § 38). L'expression est claire : il s'agit bien de *toute essence*. Sans doute faut-il ensuite distinguer entre les attributs qui s'ajoutent (*zâ'ida*) à l'essence pour la parfaire, ce qui n'est pas le cas en Dieu, et ceux qui sont essentiels. « Il y a deux sortes de perfections (*kamâl*), la perfection par son essence et la perfection par des attributs qui en donnent la jouissance… Ce qui est parfait par autrui, a besoin, selon les principes qui précèdent, d'un être qui lui donne la jouissance des attributs de la perfection, sinon il serait en défaut. Quant à la perfection par son essence, c'est comme l'être par son essence, car il est bien juste que l'être par soi soit parfait par soi. Par conséquent, s'il y a là un être existant par soi, il sera nécessairement parfait par soi, riche par soi, sinon il serait composé d'une essence défectueuse et d'attributs qui lui apportent sa perfection. S'il en est ainsi, l'attribut et ce dont il est attribut sont une seule et même chose. Et quand on rapporte, à cet être, des actions qui proviennent nécessairement d'attributs distincts en lui, c'est par voie de relation » (*ibid.*, p. 330, § 41).

Ce texte résume toute la question. On y trouve le rapprochement de la perfection et de l'être, qui est la base de la solution averroïste. Les attributs sont fondés dans la perfection de l'essence. Ils ne se distinguent, pour la pensée, que relativement à des actions. Comme il s'agit ici d'actions *ad extra*, en rapport avec la création, on peut conclure que ces attributs relatifs sont, quoique fondés réellement dans l'essence, des attributs de l'action plutôt que de l'essence. La philosophie thomiste, inspirée par Averroès et méditant sur le donné révélé chrétien, reprendra une solution analogue à propos de la Trinité. Admettant une vie en Dieu, qui se traduit par des actions intimes *ad intra*, St. Thomas décrira les trois Personnes comme des relations.

Parmi les attributs divins, Averroès étudie surtout la science. En quel sens peut-on dire que Dieu, en se connaissant, connaît toutes choses ? Considérons d'abord la science chez l'homme. Il est faux de dire que Zayd, quand il se connaît lui-même individuellement, connaît par là toutes choses. Mais il est exact que la science, par laquelle l'homme connaît tous les autres êtres, est la science qu'il a de lui-même (*Tahâfut*, p. 335, § 51). Le fondement de cette doctrine est un intellectualisme pur. D'une part, dans la connaissance, l'intellect devient « l'autre en tant qu'autre » selon la formule péripatéticienne. D'autre part, l'être en lui-même est science et, dès qu'il est séparé de la matière, il n'est que science. Si la connaissance de soi n'était pas identique à la connaissance de l'autre, si elle était plus vaste (*akṯar*), l'essence serait plus vaste, elle aussi, que la connaissance des êtres existants. Que sera ce surplus du côté de l'essence ? Pure connaissance de soi ? Mais l'être étant essentiellement connaissant, se connaître, c'est connaître qu'on connaît. Or il faut bien connaître *quelque chose*. Si on le refuse, et qu'on dise à nouveau que c'est soi-même qu'on connaît, la connaissance de soi signifiera que l'on connaît qu'on *se* connaît, et il faudra l'exprimer par : Je connais que je connais que je connais. À nouveau, on demandera si on aboutit à connaître *quelque chose*. Si oui, la connaissance de soi sera finalement une connaissance de l'autre. Sinon, on continuera sans fin : la connaissance de soi sera une réflexion infinie sans objet. Tel est le sens qu'il faut donner, semble-t-il, à l'argument d'Averroès.

En fait, l'homme peut ignorer beaucoup de choses et se connaître. Dans la mesure où la science est différente du connu, il est possible d'ignorer un connaissable et cependant de se connaître. Mais cette distinction de la science et de son objet ne se vérifie qu'au niveau des intellects engagés dans la matière. Elle doit être niée de Dieu. « Cela est clair dans le cas du Créateur (*al-Ṣâni*ᶜ), car son essence qui le fait nommer Créateur n'est pas quelque chose de plus vaste que la science qu'il a des êtres créés » (*ibid.*, p. 336, § 51).

Il convient de remarquer, en vertu du principe que l'être est essentiellement connaître, que l'attribut de science ne doit pas se séparer de l'acte de connaissance. Les théologiens raisonnaient en disant que, si Dieu est savant, il faut qu'il ait une science qui fasse qu'il sait. Mais l'attribut qui fait savoir est « plus digne » que toute autre chose d'exercer lui-même la science. Le *ᶜilm* sera donc *ᶜâlim*. Il ne faut pas réifier les attributs en Dieu. La science est l'acte de savoir ; la puissance, l'acte de produire. S'il en est ainsi, on comprendra aisément que la science jouisse d'une prééminence sur tous les autres attributs, puisque tous les actes d'un intellect tombent sous sa science.

La science de Dieu est mystérieuse : Elle est une. Néanmoins elle est riche d'une multiplicité ineffable, qu'il ne faut pas confondre sophistiquement avec la multiplicité numérique des objets connus. Pour nous, la multiplicité de ces objets vient de la matière ; elle ne peut affecter la science divine.

Mais en résulte-t-il que Dieu ne connaît que les choses universelles ? La réponse d'Averroès est, sur ce point, très originale. L'universel n'a de sens que relativement à l'abstraction qui caractérise la connaissance humaine. Or la science de Dieu ne saurait être abstractive. En outre, la connaissance par l'universel est en puissance, puisque ce qui existe, c'est l'individu. Or la science de Dieu est en acte. Faut-il dire alors que Dieu connaît les particuliers ? Non, puisqu'ils sont matériels. De plus, une telle connaissance introduirait dans la science divine une multiplicité numérique. Une telle multiplicité ne pouvant appartenir à l'essence de Dieu, il s'ensuivrait que la connaissance des particuliers serait reçue et s'ajouterait à l'essence. Mais c'est impossible, et Averroès souligne avec force que l'intellect divin ne peut recevoir une perfection de ce qu'il intellige. Là est le fondement même de son unité.

Que dire, dans ces conditions, de la science de Dieu ? Qu'elle n'est ni particulière ni universelle. Pourtant, comme elle est en acte et non en puissance, elle ressemble davantage à notre connaissance des particuliers, qui est en acte, qu'à notre connaissance des universaux, qui est en puissance. Les êtres ont divers degrés d'existence : dans la matière, dans l'âme, en Dieu. On peut alors conclure que Dieu connaît les êtres individuellement, dans leur existence éminente qu'ils ont en lui. Si, à strictement parler, Dieu ne connaît pas les particuliers d'une science particulière, il n'en est pas moins vrai que sa science *s'étend* aux particuliers, d'une manière inconcevable pour l'homme, mais qui se laisse pressentir, puisqu'il est le Créateur de ce qui existe, et que seuls existent les particuliers. Cette solution servira de modèle pour tous les autres attributs : Dieu n'a pas de volontés particulières, de puissances particulières, mais sa volonté et sa puissance s'étendent aux particuliers, par le mystère de son acte créateur.

Au point où nous en sommes, il serait très intéressant de montrer combien la pensée d'Averroès est proche, non seulement de celle de St. Thomas qui a subi directement son influence, mais de celle de penseurs modernes, tels que Spinoza et Leibniz : tantôt les solutions sont analogues, tantôt les problèmes sont vus et posés de façon semblable. Qu'il nous suffise ici d'attirer l'attention sur ce fait. Et s'il est exact, on sera justifié à prétendre que la pensée d'Averroès est religieuse, comme celle de St. Thomas, de Spinoza et de Leibniz, quelles que se révèlent les différences. Les problèmes religieux de Dieu et de la Création sont abordés et traités philosophiquement, sans perdre pour autant leur signification religieuse.

Par rapport à la Révélation coranique, la pensée averroïste, renonçant à tout concordisme artificiel, procédant selon sa méthode démonstrative propre, aboutit à une doctrine qui, dans l'ensemble, ne s'oppose pas à l'esprit bien compris de l'islam, puisqu'elle lui apporte, sans avoir à torturer les textes, une interprétation, presque une confirmation rationnelle sur les points essentiels. Il reste évidemment que le mode de connaissance de la vérité dans la Révélation est différent du mode démonstratif qui caractérise la philosophie.

LA PENSÉE RELIGIEUSE D'AVERROÈS [1]
III. L'IMMORTALITÉ DE L'ÂME DANS LE *TAHÂFUT*

L'idée de survie est essentiellement religieuse. Même réduite à celle de l'immortalité de l'âme, elle n'offre que peu de prises à l'analyse philosophique. Elle se laisse aborder sans doute, mais elle échappe à toute investigation minutieuse. Ġazâlî, déjà en défiance vis-à-vis de la *falsafa*, a eu de cette difficulté une conscience particulièrement nette. Il rappelle, dans le *Munqiḏ*, que les philosophes sont tombés dans des erreurs très graves, relativement à la doctrine musulmane, sur les trois points suivants : ils ont nié la résurrection des corps ; ils ont enseigné que les esprits séparés reçoivent, seuls, récompenses ou châtiments ; enfin ils ont considéré ces récompenses et ces châtiments dans l'autre vie comme étant de nature spirituelle et non corporelle. Ces trois erreurs se ramènent à un fondement unique, l'idée que l'âme seule est promise à l'immortalité. On a raison, conclut Ġazâlî, d'affirmer le spirituel, mais on a tort de nier le corporel.

Il ne pouvait mieux poser la question et définir sa position. La pensée antique, de Platon à Aristote et aux Stoïciens, a cru à l'immortalité de l'âme. L'origine de cette croyance est d'ailleurs étrangère à la pure spéculation, et on sait la part que les Mystères ont prise à son élaboration. Mais il est remarquable que la philosophie n'a trouvé, pour l'étayer rationnellement, d'autre moyen que d'établir une distinction radicale entre l'âme et le corps. Le corps meurt et retourne en poussière ; le fait n'est que trop certain. Mais l'âme, dans la mesure même où elle est séparée, n'est pas liée au destin du corps. Pour le platonisme, qui la conçoit comme un pilote dans un navire, le problème de l'immortalité est tout de suite résolu. Pour Aristote, qui fait de l'âme la forme du corps, la difficulté est beaucoup plus grande ; néanmoins la solution sera en définitive du même type que celle de Platon : il n'y a d'immortel dans l'homme que l'intellect agent, pur de toute matière, exempt de toute relation à la matière, aux organes du corps, et qui, au moment de la naissance, entre en lui de l'extérieur

1. Voir *Studia Islamica*, fasc. VII et VIII.

(θύραθεν). Mais ce n'est plus par toute son âme que l'homme est immortel. En outre, les textes du *De Anima* sont si peu précis qu'on a pu les interpréter de façons diverses et opposées. Le problème essentiel est de savoir si cet intellect agent est vraiment nôtre, s'il est personnel, ou s'il n'est pas plutôt, comme le pensait déjà Alexandre d'Aphrodise, une partie ou un fragment de l'intellect universel auquel chaque homme participerait. D'ailleurs, ceux qui s'appuient sur ce passage, pour chercher des arguments en faveur d'une immortalité personnelle ou non, lui accordent peut-être une portée qu'il n'a pas, car le Stagirite se propose d'y résoudre un problème de psychologie, à la rigueur de métaphysique de la connaissance, et ne se pose nullement la question de la destinée de l'homme après sa mort. On peut donc sans doute utiliser les éléments qu'il fournit, mais à coup sûr pour une fin qui n'est pas la sienne. Aristote est surtout préoccupé de ce monde, non de l'autre.

Nous arriverons à la même conclusion en examinant l'aspect moral. Chez Platon, ce qui est moralement, mystiquement pur (καθαρόν) se trouve très étroitement lié à ce qui est ontologiquement pur, c'est-à-dire séparé, passé au crible (εἰλικρινές). Par l'ascèse morale, l'homme parvient à se détacher des souillures du corps et à s'élever à l'intelligible. Le Bien et le Vrai s'identifient. L'acquisition et la pratique des vertus ici-bas sont les conditions d'une immortalité bienheureuse. Mais la récompense sera d'ordre spirituel, ainsi que l'a signalé Ġazālī. Chez Aristote, le point de vue est différent. Les vertus éthiques concernent cette vie ; leur mise en œuvre exige certains moyens matériels, comme l'indique clairement le Xe livre de l'*Éthique à Nicomaque*. La sanction des bonnes actions est immanente. Quant aux vertus contemplatives, bien qu'en droit elles soient indépendantes de toute condition matérielle et terrestre, elles restent les vertus d'un être qui doit vivre et agir dans un certain milieu naturel et social. Si elles le font vivre d'une vie qui ressemble à celle des dieux, elles ne lui ouvrent pas la porte d'un paradis au-delà de ce monde. Le bonheur du Sage, dont parle Aristote, semble se limiter à la terre. Quoi qu'il en soit de l'immortalité possible du contemplatif, elle ne saurait être, si elle existe, qu'un surcroît qui s'ajoute à la vie humaine et n'appartient qu'à cet intellect agent, dont il est dit qu'il vient de l'extérieur, qu'il est impassible, et donc qu'il ne saurait pâtir ou profiter des vertus ou des vices de cette vie.

Platon offre certainement une doctrine de l'immortalité aux penseurs religieux. Mais cette immortalité, si elle est personnelle, n'est que spirituelle. Les spéculations platoniciennes sur ce sujet mêlent inextricablement les arguments rationnels et les mythes. Elles reposent, en dernière analyse, sur une foi dont on trouve l'origine dans les religions à mystères. Aristote a laïcisé, « démythisé » la pensée de son maître. Aussi a-t-il vu que l'homme était à la fois corps et âme. Cette constatation l'a amené à ne s'intéresser qu'à sa vie terrestre. Si, à première vue, une telle attitude semble peu compatible avec les exigences des religions révélées, il suffit de se reporter au passage cité du *Munqiḏ* pour apercevoir qu'Aristote a fort bien pu être très déficient sur le chapitre de l'immortalité, mais que, du moins, il n'a pas sacrifié le corporel au spirituel.

Est-il possible de démontrer philosophiquement que les corps ressuscitent ? On en peut douter. La résurrection, telle qu'elle est entendue par les religions monothéistes, est essentiellement un article de foi. Les Grecs avaient bien des légendes où des morts revenaient à la vie ; mais, en revenant à la vie, ils revenaient sur terre, car le corps est par lui-même une enveloppe terrestre. Il ne faut donc pas s'étonner de l'attitude d'Aristote : si l'âme est liée au corps et que le corps meurt, l'âme doit mourir avec lui. Néanmoins, avec les mêmes postulats, on peut tenter de suivre une autre route : si l'âme est liée au corps et que l'âme survit, le corps doit survivre de quelque manière (c'est ce qu'enseignera Leibniz) ou ressusciter (c'est la doctrine de S. Thomas d'Aquin). Par conséquent, pour un penseur religieux chrétien ou musulman, bien que la démonstration de l'immortalité de l'âme soit insuffisante et risque même de fausser le dogme en insistant trop exclusivement sur le spirituel, elle peut être une introduction qui justifie, dans une certaine mesure, la croyance à la résurrection des corps. L'immortalité de l'âme n'est pas une vérité qu'on cherche à établir pour elle-même ; c'est une vérité intermédiaire qui n'a d'importance que méthodologique.

Cette mise au point s'impose surtout quand il s'agit de l'Islam. Le dogme musulman ne parle pas d'un jugement particulier des âmes avant la résurrection des corps. Après la mort, l'âme est comme en sommeil, sans activité et sans conscience. Elle ne s'éveille à nouveau qu'avec la résurrection du corps, le Jour du Jugement, de telle sorte que le mort croira passer immédiatement de la vie terrestre à la vie éternelle. « Un jour, Dieu vous appellera du tombeau… Il vous semblera n'y avoir demeuré qu'un instant » (S. XVII, 54). Les arguments répétés du Coran, en faveur de cette résurrection, se ramènent tous au rappel de la puissance créatrice de Dieu. Celui qui a pu nous faire sortir une fois du néant peut nous en faire sortir une seconde fois. Aussi voyons-nous un commentateur, comme Faḫr al-Dīn al-Rāzī, parler de la résurrection comme d'une seconde création (*al-îǧâd al-ṯânî*). Une telle conception supprime tout débat philosophique. « Nous avons décrété parmi vous la mort…, pour vous faire renaître en un état que vous ne connaissez pas » (S. LVI, 60, 61). « Vous avez connu la première naissance » (*ibid.*, 62). Cette naissance et cette renaissance, les grâces distinctes d'une première et d'une seconde existence, introduisent une discontinuité que la réflexion philosophique ne saurait franchir, sinon par analogie. En effet, la discontinuité existe déjà sur terre, puisque le fait d'exister n'entraîne pas directement la subsistance et qu'à chaque instant, Dieu donne aux créatures le bienfait de la persévérance dans l'être (*ibqâʾ*). Mais l'homme a ici-bas l'impression d'une continuité, la continuité du souvenir. Il en sera de même quand il passera de cette vie dans l'autre. « Quand la Fournaise sera attisée, quand le Paradis sera avancé, toute âme saura ce qu'elle aura accompli » (S. LXXXI, 12-14).

Dans un tel ensemble d'idées, qu'importe de savoir si l'essence de l'âme est simple alors que celle du corps est composée ? si son acte est indivisible, alors que l'opération d'un organe résulte du concours de toutes ses parties ? Le Coran ne se sert pas de l'immortalité de l'âme pour faire admettre la résurrection des corps. D'ailleurs, selon les conceptions coraniques, l'âme peut-elle être immortelle par nature ? Il suffit de poser la question pour voir qu'on ne peut y répondre que négativement. Si l'âme est immortelle, c'est parce que Dieu lui épargne la mort ou, plus exactement, parce qu'Il lui rend une vie éternelle à la place d'une vie temporaire. C'est l'opposition courante de *al-âğila* et de *al-ᶜâğila*. Par suite, la résurrection du corps n'est en rien subordonnée à l'immortalité de l'âme. L'une et l'autre dépendent de la Toute-Puissance créatrice de Dieu. Or ce point de vue est bien celui de Ġazâlî. En effet, dans le *Munqiḏ*, il déclare que le principe à tenir dans les questions de physique, c'est que la nature est soumise au service de Dieu et qu'elle n'agit pas par elle-même. Les différents êtres sont mis au travail par ordre de Dieu ; aucun d'eux n'a d'action propre qui lui vienne de lui-même.

Ce qui précède va nous permettre de comprendre la valeur exacte des critiques adressées par Ġazālī à ses adversaires *falâsifa*. Nous saisirons ainsi comment devait naître entre Averroès et lui un grave malentendu. Que se propose Ġazâlî ? Non pas de montrer que les arguments des philosophes en faveur de la spiritualité et de l'immortalité de l'âme sont faux, de telle sorte qu'il faille leur en substituer d'autres. Il ne cherche pas non plus à prouver que l'âme n'est ni spirituelle ni immortelle. Son but est seulement de mettre en évidence que la raison, en ces matières, ne peut apporter de démonstrations apodictiques ni dans un sens, ni dans l'autre. Il va de soi qu'une telle entreprise ne peut s'exécuter par raisons démonstratives. Ġazâlî va donc mettre en œuvre une volonté systématique de douter ; tout argument sera bon, pourvu qu'il ébranle la confiance que les *falâsifa* ont dans leurs principes et leurs méthodes. Averroès aura par conséquent beau jeu à dénoncer le caractère dialectique, voire sophistique, des répliques de Ġazālī. Mais ce ne sera pas pour justifier les *falâsifa*. Les partenaires, Avicenne, Ġazâlî et Averroès se situent entre eux dans des relations complexes que nous allons tâcher de préciser.

Avicenne s'inspire directement de Plotin. Il veut démontrer la spiritualité de l'âme en s'appuyant sur l'indivisibilité des connaissances abstraites qu'elle possède. Si l'âme, support de ces connaissances, était divisible, il n'en serait pas ainsi. Donc l'âme est elle-même indivisible et incorporelle. Telle quelle, cette argumentation s'expose à des critiques justifiées. Ġazâlî et Averroès, chacun de son point de vue, ne manqueront pas de les faire. Mais ce que ni l'un ni l'autre ne remarque, c'est que le raisonnement d'Avicenne tire sa force probante de tout un contexte d'origine plotinienne, enrichi vraisemblablement d'idées iraniennes. Ġazâlî fait, en passant, allusion à ce système, mais il ne s'y arrête pas. Il rapporte, en effet, que, pour les *falâsifa*, l'âme est douée de deux facultés, l'une spéculative, l'autre pratique. La première est tournée vers le haut du côté des Anges (Plotin disait du côté de l'Intelligence), dont elle reçoit la science ; la seconde est tournée vers le bas, vers le corps qu'elle dirige en exerçant son empire sur toutes les puissances corporelles. Si l'âme est indivisible, ce n'est pas directement parce qu'elle est le support de connaissances indivisibles, c'est parce qu'elle s'enracine ontologiquement dans l'Intelligence, à laquelle elle ne cesse d'être unie dans son être, tout en s'écartant d'elle dans son action, pour apporter, au monde matériel et au corps, un reflet de l'unité des intelligibles. Par suite, l'argument d'Avicenne prend place et valeur dans un vaste ensemble cosmologique, et il n'a recours à la connaissance que pour en tirer une analogie qui fasse comprendre la nature de l'unité ontologique. Il n'est pas du tout question, comme chez Aristote, de partir d'une psychologie pour faire une théorie de la connaissance. On peut même dire que la démarche d'Avicenne comme de Plotin va en sens inverse de celle d'Aristote.

Les critiques de Ġazâlî et d'Averroès, qui ne tiennent pas compte de ce contexte, laissent donc échapper les éléments les plus intéressants de la doctrine avicennienne. Les deux auteurs des *Tahâfut* commettent la même erreur, celle qu'a dénoncée H. Corbin, et qui consiste à rabattre entièrement, sur le plan des concepts rationnels, une connaissance qui traduit par symboles l'expérience d'une orientation mystique de l'âme dans un univers spirituel. Mais, à la suite de cette erreur commune, les deux critiques se séparent. Ġazâlî, que la forme rationnelle de l'argument d'Avicenne ne satisfaisait pas et qu'une mystique hétérodoxe ne pouvait séduire, va s'attacher à ébranler la façade philosophique de la pensée des *falâsifa*, guidé par son idéal personnel d'une mystique inspirée par la méditation du Coran. Averroès s'insurgera contre l'aspect sophistique des critiques ġazaliennes, non sans en tirer la conviction des insuffisances logiques de la pensée d'Avicenne. En dehors de toute mystique, il s'emploiera à mettre sur pied, en revenant à Aristote, un ensemble de concepts rationnellement cohérents relatifs à l'âme. Néanmoins, la réaction de Ġazâlî lui aura fait prendre conscience de ce qu'exige une pensée religieuse appuyée sur la Révélation.

I. La spiritualité de l'âme

Ġazâlî définit nettement ses intentions : « Nous ne voulons maintenant que réfuter la prétention des philosophes à connaître par preuves rationnelles que l'âme est une substance qui subsiste par elle-même. Nous ne réfutons pas l'objection de ceux qui tiennent cette subsistance par soi de l'âme, à l'écart de la puissance de Dieu [1], ou qui estiment que la Loi s'inscrit en faux contre elle ».

1. *Man yubᶜidu ḏâlika min qudrati Llâh.* Van den Bergh renvoie *ḏâlika* à *maᶜrifa* et traduit : « those who say that it is impossible that this knowledge should derive from God's power ». Il

Pour Ġazâlî, il ne saurait être question d'entendre la subsistance par soi (*qâ'im bi-nafsi-hi*) en un sens absolu. Si l'âme subsiste ainsi, c'est relativement aux accidents qui ne peuvent se passer de substance qui les supporte, et c'est surtout parce que Dieu lui a donné, en la créant et en la maintenant dans l'être, ce mode de subsistance. Mais il ne faut pas aller jusqu'à dire que la Loi, en mettant au premier plan la Toute-Puissance divine, s'oppose à la doctrine de la subsistance en soi de l'âme. Il faut garder un juste milieu et affirmer à la fois que l'âme subsiste par Dieu et par soi. Cette précision éclaire la portée de la critique de Ġazâlî. En tant qu'elle dépend de la puissance divine, la subsistance en soi de l'âme échappe aux preuves rationnelles. Mais, en tant que Dieu lui fait le don de cette subsistance et qu'elle la possède, l'âme peut offrir, à celui qui l'étudie, des raisons non pas démonstratives, mais simplement persuasives, qui renforcent l'opinion en faveur de son caractère incorporel.

Nous n'entrerons pas dans le détail des arguments que Ġazâlî examine. Nous suivrons plutôt Averroès qui a tendance, dans ses réponses, à systématiser et à serrer l'essentiel. Il est remarquable que les *falâsifa* traitent la question de l'âme d'un point de vue très « chosiste ». Cela s'explique en partie par l'emploi abusif que fait l'arabe du mot *šay'*. Mais l'influence des longues discussions que Plotin consacre au problème du lieu des connaissances, explique, pour une autre part, que l'âme soit considérée comme un réceptacle. Ġazâlî insiste beaucoup sur la question de la nature du rapport qui unit les connaissances à l'âme. Il montre que ses adversaires, même quand ils remplacent le mot *maḥall* (lieu où descendent les connaissances) par le mot *nisba* (relation) et qu'ils posent la science (*ᶜilm*) et le sujet connaissant (*ᶜâlim*) en regard, continuent à traiter le sujet comme un simple substrat. Tel est bien le point central de la critique ġazalienne. On s'étonnera sans doute de voir Ġazâlî se contenter de dénoncer l'insuffisance de ce procédé. N'a-t-il pas vu les conséquences importantes qui peuvent se tirer d'un tel changement de vocabulaire ? L'introduction d'un *ᶜâlim*, c'est-à-dire d'un *fâᶜil*, d'un agent, transforme la théorie de la connaissance ; à la place d'un réceptacle où vient s'accumuler et se graver le savoir, on a un acte orienté vers son objet, qu'il passe ou ne passe pas par l'intermédiaire d'un instrument, d'un organe. Par là même, le problème de la connaissance se pose en termes qui ne sont plus matériels et qui conviennent beaucoup plus à une doctrine qui veut prouver la spiritualité de l'âme. Mais Ġazâlî est fidèle à son projet. Il ne veut qu'ébranler les raisons de ses adversaires ; il ne veut pas les rectifier. Cependant, ce ne serait pas forcer sa pensée que de supposer qu'il a senti l'étrangeté d'un procédé qui est destiné à prouver la spiritualité de l'âme et qui argumente au moyen d'images très matérielles de contenants et de contenus. Les rapports des

semble plus conforme au mouvement de pensée de Ġazâlî de rapporter *ḏâlika* à *kawn al-nafs ǧawhar*^{an} *qâ'im*^{an} *bi-nafsi-hi*.

attributs à leur substrat, écrit-il, ne se limitent pas à une seule sorte, comme le croient les *falâsifa*. Mais nous n'avons pas une connaissance certaine de leur diversité et de leurs distinctions. Dans ces conditions, juger du rapport de l'âme et de ses connaissances, sans embrasser toutes ces distinctions, c'est faire un jugement qui n'est pas digne de confiance.

La solution de Ġazâlî est connue par d'autres ouvrages. Elle est moins spéculative que pratique. Il conçoit un itinéraire de l'âme qui, sous la motion de la grâce divine, d'une lumière venue de Dieu (*nûr min Allâh*), s'élève en saisissant de plus en plus profondément le sens caché (*bâṭin*) de la Création et de la Révélation. L'homme s'aperçoit que le sens apparent et sensible des choses, qui se limite à ce monde, ne constitue pas une connaissance achevée et certaine, refermée parfaitement sur elle-même. Aussi l'expérience qu'il fait du « dévoilement » (cf. *ᶜilm al-mukâšafa*) lui donne-t-elle la certitude d'un au-delà où la science atteint la plénitude, au-delà du corps, en un sens particulier, comme le *bâṭin* est au-delà du *ẓâhir*, mais aussi, en un sens général, au-delà de cette vie, vie future et immortalité. Ġazâlî n'aurait peut-être pas été jusqu'à dire comme Spinoza : *sentimus experimurque nos aeternos esse*, mais il a sûrement éprouvé que l'homme qui cherche, avec l'aide de Dieu, une connaissance absolument certaine, est sur une voie qui ne s'arrête ni aux limites du sensible et du rationnel, ni aux limites de cette vie terrestre.

Averroès entre exactement dans les vues de Ġazâlî. Mais au lieu de s'en tenir à une critique générale, il va, avec son esprit systématique, analyser les concepts mis en œuvre par les *falâsifa*, y introduire les distinctions qu'ils ont négligé de faire, et construire avec tous ces éléments sa propre théorie. Si on prend, dit-il, les prémisses des philosophes, sans précision (*muhmalat^{an}*), elles s'exposent aux inconvénients que signale Ġazâlî. Mais il ne se borne pas à dire qu'on ignore toute la diversité des rapports qui peuvent relier un attribut à son substrat. Il ramène à deux types tous ces rapports possibles. En effet, la proposition : *Tout attribut inhérent à un corps est divisible par la division de ce corps*, peut s'entendre de deux manières. Il y a l'attribut inhérent à proprement parler (*al-ṣifa l-ḥâlla fî l-ğuzᵓ min al-ğism*). C'est le cas de la couleur répandue sur la surface d'un corps. Elle est divisible avec le corps ; cependant, elle reste une et indivisible quant à sa définition, puisque la blancheur d'une partie, par exemple, est identique à la blancheur de l'autre. Mais il y a l'attribut qui n'est pas vraiment inhérent, et qui est simplement en relation avec un corps (*mutaᶜalliqa bi-ğism*) sans recevoir une figure particulière (*dûna šakl maḫṣûṣ*). C'est le cas de la vision et de l'œil. Cet attribut est lui aussi divisible avec le corps. Mais la « quantité » (*miqdâr*) de sa définition n'est pas la même pour la partie et pour le tout. Il s'introduit ici une différence, non de nature (il s'agit toujours d'une vision), mais d'intensité, de plus et de moins (la vision est plus ou moins forte, plus ou moins faible). C'est pourquoi les jeunes gens voient mieux que les vieillards, les hommes en bonne santé mieux que les malades.

Que la science ne soit pas dans l'âme comme la couleur dans le corps, et plus généralement comme un accident dans une substance, c'est exact, mais ce n'est pas une preuve suffisante, puisqu'il y a un second mode de présence possible de la science à l'âme. C'est celui de la relation d'un acte à son organe. Il faut donc montrer que les connaissances indivisibles sont celles qui ne sont pas actuées par l'intermédiaire d'un organe. Averroès remarque alors que les deux modes de division ne se rencontrent que dans les réalités individuelles : la surface colorée et sa couleur, l'œil et sa vision. Par conséquent, seule la connaissance dont l'objet n'est pas individuel, sera indivisible et aura un substrat indivisible. Cette connaissance est celle des intelligibles et son substrat est l'intellect. En conclusion, seul l'intellect est indivisible. En effet, il opère sans organe. C'est la pure doctrine aristotélicienne. L'intellect est seul spirituel et seul immortel. Mais étant étranger à tout ce qui est individuel, son immortalité ne saurait être personnelle. Nous sommes donc bien loin de l'enseignement coranique.

Mais, tout d'un coup, la pensée d'Averroès semble s'infléchir. La preuve recherchée n'est complète, dit-il, que lorsqu'on a refusé à l'intellect les deux modes de division dont il a été question. Autrement dit, la preuve complète et indiscutable de la spiritualité et de l'immortalité, ne porte que sur l'intellect. Car, ajoute-t-il (p. 556, 15), il peut s'élever un doute touchant les puissances perceptives liées à un organe corporel, telles que la vision. Sont-elles ou ne sont-elles pas séparables de leur substrat ? Nous voyons souvent plusieurs parties de l'organe péricliter, sans que périclite la perception individuelle elle-même. La vision peut s'affaiblir parce que l'œil s'affaiblit et non parce que la puissance de voir dégénère. Aussi Aristote dit-il qu'un vieillard, s'il avait des yeux de jeune homme, verrait comme au temps de sa jeunesse. L'organe est un outil ; or l'ouvrier travaille moins bien quand ses outils s'usent. Avec de bons instruments, il refera du bon travail. En somme, tous les accidents qui atteignent l'organe, dans le sommeil, les défaillances, les maladies, la vieillesse, ne font que gêner l'activité des facultés et la manifestation de leurs actes. Mais rien ne prouve que les facultés elles-mêmes soient atteintes.

Toutes ces considérations, encore que fondées sur une citation d'Aristote qu'elles ne font que développer, ne constituent pas une démonstration apodictique. Elles ouvrent, tout au plus, la voie d'une vraisemblance et d'une possibilité. Nous l'avons dit : la force probante de l'argument rationnel ne porte que sur l'intellect. Là, les éléments du problème sont clairement définis et la solution s'impose avec une évidence incontestable. Quant à la question de l'âme dans son ensemble, elle est obscure au plus haut point (*ġâmiḍ ǧidd*^{an}). Dieu n'a accordé le privilège de la pénétrer qu'à des hommes qui sont des savants inébranlables dans leur science. S'agit-il des philosophes ? Il ne semble pas, car, d'une part, ils n'ont pas besoin d'un privilège divin et, d'autre part, si l'approfondissement du problème de l'âme relevait de la philosophie et de ses démonstrations rationnelles, on ne voit pas pourquoi Averroès ne s'y engagerait pas. S'agit-il des prophètes ou des mystiques ? Ce serait une idée assez peu averroïste. Ces savants inébranlables sont par ailleurs opposés à la masse (*ǧumhûr*) à qui est adressée la Révélation imagée. Nous proposons, pour interpréter cette désignation, d'insister sur le qualificatif *inébranlables* (*râsiḫûn*). Nous avons déjà vu, à propos de la Création, qu'il est des problèmes que la philosophie ne peut élucider. Pour que le vulgaire n'en soit pas troublé, Dieu envoie aux hommes les explications par images de son Coran. Ne peuvent s'aventurer, dans ces ténèbres, que ceux qui ont une pensée et une foi solides. Les savants inébranlables ne sont donc pas les philosophes en général, mais des philosophes croyants, dont la foi n'annihile pas la pensée et dont la pensée ne détruit pas la foi, qui connaissent les domaines de l'une et de l'autre, leurs limites et leur complémentarité. C'est bien l'idée que nous retrouvons ici. Le savant inébranlable sait ce qu'il peut démontrer, parce qu'il sait ce qui est clair en soi, et il va jusqu'au bout de ses arguments. Il sait aussi ce qui est obscur en soi, et alors il ne cherche pas d'impossibles preuves. Mais il ne trébuche pas au seuil de cet agnosticisme, car il ne confond pas ce qui ne peut être démontré avec ce qui est faux. Il peut exister des vérités indémontrables. Quand on butte contre elles, on n'a plus qu'à se tourner vers la Révélation et voir comment elle s'articule avec les vérités que la pensée a déjà dominées.

Ayant donc reconnu l'obscurité de la question de l'âme, il est normal qu'Averroès cite le Coran. Il est écrit : « Ils t'interrogeront sur l'esprit (*rûḥ*). Dis : l'esprit procède de l'ordre de mon Seigneur et vous n'avez reçu que peu de science » (S. XVII, 85). Ce brusque recours au texte sacré surprend assurément. On est tenté d'abord d'y voir un subterfuge pour se donner l'air d'être en règle avec la Loi divine. Mais, à la réflexion, il serait tellement grossier qu'il n'aurait trompé personne. Admettons une bonne fois qu'Averroès et ses censeurs religieux avaient plus de subtilité et de finesse. En fait, nous constatons que la citation du Coran est parfaitement à sa place. Le mouvement de la pensée est le suivant : on ne peut connaître, par preuve démonstrative, que la spiritualité et l'immortalité du seul intellect ; cependant, il reste un doute concernant les puissances perceptives liées à un organe, car leur affaiblissement quand l'organe s'affaiblit ne prouve pas absolument qu'elles sont affectées en elles-mêmes ; la question de l'âme est donc obscure et le Coran en témoigne. Le seul moyen de montrer aux masses comment l'âme peut survivre, c'est de prendre l'analogie du sommeil, pendant lequel précisément l'âme subsiste quoique sans activité puisque les organes du corps, ses instruments, ne sont pas disponibles. C'est l'analogie dont se sert justement le Coran : « Dieu rappelle les âmes au moment de leur mort ainsi que celles qui ne meurent pas durant leur sommeil » (S. XXXIX, 43). Mais cet argument analogique ne concerne pas seulement le vulgaire. « C'est là une indication (*dalîl*) qui convient pour tout le monde ; elle est adaptée à la masse des hommes pour leur faire croire la vérité ; elle avertit les savants du chemin à suivre pour s'informer de la survie de l'âme ». L'enseignement du Coran, dans son sens apparent, propose des images qui suffisent à la croyance du vulgaire ; dans sa signification plus profonde, il ouvre au penseur une voie de recherche, qui ne conduit pas à des preuves apodictiques reconnues impossibles, mais qui peut amener à comprendre la raison de ces images. N'est-ce pas ce qu'a fait Averroès dans tout le développement que nous venons d'analyser ?

On fera à cette interprétation une objection. Nous avons rejeté l'accusation de subterfuge en estimant qu'il serait trop grossier. Or, en montrant la cohérence des pensées qui justifient le recours au Coran, n'avons-nous pas fait apparaître une ingéniosité qui réveille les soupçons ? Tout le passage qui s'achève par le témoignage du texte sacré est sans doute construit avec art, voire avec artifice. Mais que vient-il faire ici ? N'est-il pas un corps étranger, introduit de force dans une étude qui se proposait des démonstrations nécessaires ? Rien, dans ce qui précède, ne l'appelle logiquement. Mais, arrivé à une conclusion philosophique en opposition avec le dogme, Averroès essaie habilement d'en masquer la portée par une véritable digression religieuse.

Cette objection est possible. Il est possible, en effet, qu'Averroès ait été un hypocrite, qu'il n'ait pas cru un mot de ce qu'il disait quand il se référait au Coran. Il est possible aussi, et ce serait plus honorable, qu'il ait voulu éviter de scandaliser les faibles. Nous sommes réduits à des suppositions. Mais que nous importe la pensée intime d'Averroès ? L'historien de la philosophie ne doit s'intéresser qu'à la pensée exprimée. Or nous n'avons rien trouvé dans les écrits de ce philosophe qui contraigne à l'accuser de dualité. Nous savons que le problème des rapports de la religion et de la philosophie est réel et important pour lui. Il a nettement déclaré la supériorité des raisonnements du philosophe, en tant que raisonnements, mais on ne le voit pas repousser la foi au nom de ces raisons. Au contraire, nous l'avons déjà constaté et nous le constatons encore ici, la connaissance naturelle et la connaissance révélée reçoivent leur place appropriée, et si la première est toujours supérieure à l'autre par sa méthode et son mode de science, la seconde prend souvent sa revanche par l'élévation ou la profondeur de son objet, objet obscur et pourtant réel, que l'homme ne peut atteindre sans le secours de Dieu. Voilà qui est franc et net. À la lumière de cette solution du problème de la raison et de la foi, le passage incriminé ne fait plus aucune difficulté. Il est là où il doit être.

Ainsi, Averroès n'est pas si loin de Ġazâlî qu'il apparaît d'abord. S'ils divergent sur l'esprit, du moins sont-ils d'accord sur le contenu d'une doctrine selon laquelle on ne peut prouver par raison démonstrative la spiritualité de l'âme. On a besoin du secours de la Révélation. Tous deux s'écartent d'Avicenne et de Plotin qui donnent d'abord à l'âme une réalité cosmologique enracinée dans l'Intelligence et s'étendant vers le monde des corps pour le maintenir et le régir. Mais, à la différence de Ġazâlî, Averroès juge qu'on peut démontrer la spiritualité de l'intellect comme agent de connaissances intelligibles, séparé du sensible et dénué de tout organe corporel. Sur ce point, l'opposition des deux penseurs éclate. Ġazâlî écrit (*Tahâfut al-falâsifa*, éd. du

Caire, p. 258) : « L'idée de l'universel, que vous placez comme inhérente dans l'intellect, ne peut vous être concédée. Il n'y a d'inhérent dans l'intellect que ce qui est inhérent dans le sens. Seulement ce qui est dans le sens y prend une forme globale dans laquelle le sens n'est pas capable de faire des distinctions, tandis que l'intellect est capable de les faire. Une fois que la séparation a été effectuée, ce qui a été séparé et isolé de toute liaison est dans l'intellect revêtu de son être particulier, comme il l'était à l'intérieur des liaisons sensibles ». Averroès ne manque pas de relever cette doctrine contraire à la sienne : « L'objection que fait Ġazâlî revient à ce que pour lui l'intellect est une réalité individuelle pour laquelle l'universel est un accident… Cette doctrine est mensongère, car s'il en était comme il le dit, il n'y aurait pas de différence entre la perception sensible et la saisie intellectuelle. » (p. 574, 40 et 575.)

En un mot, Ġazâlî a trop tôt recours à la Révélation. Averroès ne s'adresse à elle qu'après avoir épuisé les possibilités de la pensée rationnelle.

II. L'IMMORTALITÉ DE L'ÂME

En abordant cette question, Averroès modifie la présentation de son ouvrage. Il ne cite plus le texte de Ġazâlî en le faisant suivre de sa réponse. Il le résume brièvement, amorce une rapide discussion et l'achève en un exposé, plus historique que dogmatique, des principales idées des philosophes de l'Antiquité et de l'Islam. Il donne l'impression de ne pas s'engager. Mais qu'aurait-il à dire sur un sujet qui n'admet pas de démonstrations rigoureuses ? Van den Bergh fait remarquer que, dans tout ce passage, Averroès abandonne son Aristote. C'est qu'Aristote lui non plus n'a rien à dire.

À l'argument des philosophes que l'âme est immortelle parce qu'elle est séparée du corps, Ġazâlî répond qu'il ne concède pas cette séparation. C'est la position du théologien qui s'inspire du Coran. Contre Avicenne qui, à la suite de Plotin, croit à l'existence d'un monde éternel de l'âme auquel retournent les âmes individuelles après la mort, Ġazâlî objecte que, si la différenciation numérique des âmes ici-bas vient de la différenciation des corps qu'elles animent, elles sont, en tant qu'âmes individuelles, liées au corps et doivent périr avec lui. Averroès semble alors s'amuser à entrer dans le jeu des philosophes : « Les philosophes pourraient avoir à dire… » (*Wa-li-l-falâsifa an yaqûlû*). Cette expression nous interdit de penser avec van den Bergh qu'en laissant son Aristote, il accepte les notions des Stoïciens et des Néoplatoniciens. Il examine, en s'appuyant sur l'histoire des doctrines, ce qu'un philosophe pourrait répondre. Nous sommes ici dans le domaine des images et des analogies où la pensée humaine aventureuse peut se rencontrer avec des données de la Révélation. On avancera, par exemple, qu'après la mort, les âmes restent individualisées grâce à une matière subtile qui est la chaleur « animale » (*nafsâniyya*). Mais si tous les philosophes admettent une chaleur céleste qui est le substrat des puissances de la vie, les uns la considèrent comme une réalité naturelle, les autres l'appellent le Démiurge (Galien). On peut aussi penser qu'il existe des âmes intermédiaires entre les âmes des corps célestes et celles des corps humains, et que chacune a la fonction de créer une espèce déterminée de vivant dans le monde sublunaire. C'est de là qu'est née la croyance aux Djinns.

N'insistons pas davantage. Il semble qu'il n'y ait qu'une interprétation correcte de ce long passage d'Averroès, c'est qu'il veut, conformément à la doctrine que nous avons tenté de définir, donner une idée de l'obscurité réelle de la question traitée et de la confusion qui règne parmi les philosophes à son sujet. La région de l'âme ne peut être explorée par la raison claire et logique. Il ne sera donc pas scandaleux de se laisser guider par la Parole de Dieu.

III. La résurrection des corps

Averroès traite la question dans son ensemble et la dépasse même, puisqu'il définit le sens et la valeur de la religion en elle-même. Il ne suit pas Ġazâlî point par point. Il est d'ailleurs, en général, d'accord avec lui sur la nécessité de croire. Son but est simplement de défendre les philosophes contre l'accusation d'athéisme et d'infidélité.

En effet, si la philosophie ne traite pas du problème de la résurrection des corps, les philosophes y ont cru et ont considéré cette doctrine comme très importante. Averroès va en donner la cause. Malheureusement, il règne dans tout le passage une fâcheuse ambiguïté. On lit : *anna-hum ašaddu l-nâs ta*^{c}*ẓîm*^{an} *la-hâ wa-îmân*^{an} *bi-hâ*. À quoi se rapporte le pronom *hâ* ? Grammaticalement à rien de précis. Dans ce qui précède, il a été question de deux choses, la résurrection, en particulier, et la Loi divine, en général, telle qu'elle est révélée dans les religions (*šarâʾi*^{c}). Les exigences strictes de l'accord renverraient le pronom *hâ* à *šarâʾi*^{c}, malgré la distance qui les sépare dans le texte. Ce qu'ont honoré les philosophes, ce sont les religions et leurs lois en général. Cette interprétation reçoit en outre une confirmation d'un passage qui vient peu après : « En un mot, les Lois divines sont les arts politiques nécessaires qui tirent leur origine de la raison et de la Révélation. » (p. 581, 3) Tout s'éclaire alors et les causes de l'estime des philosophes pour les religions sont que les lois religieuses introduisent parmi les hommes un régime de vie qui leur est propre, en tant qu'ils sont hommes, et les conduit au bonheur qui leur convient particulièrement. Il n'est plus question de la doctrine de la résurrection prise isolément ; elle est impliquée dans l'ensemble de la Loi.

Mais, vu la souplesse de l'emploi des pronoms en arabe et plus encore chez Averroès, on peut rapporter le pronom *hâ*, en dehors de tout accord grammatical, à la doctrine de la résurrection. C'est ce que fait Van den Bergh qui traduit : « But the philosophers in particular..., regard this doctrine as most important and believe in it most ». Et, dans ce cas, c'est la doctrine de la résurrection qui apporte aux hommes un mode de vie vertueuse et, par elle, le bonheur.

La première interprétation, qui s'appuie sur une déclaration très nette d'Averroès, exprime certainement un aspect de la pensée du philosophe. Mais si nous la généralisons à tout le passage, elle conduit à un pur pragmatisme religieux. La Loi divine est utile ici-bas. Peu importe ce qu'elle dit de l'autre vie. Mais cette conséquence est contraire à ce qu'affirme Averroès à propos de l'excellence de l'Islam : « Ce qui est dit de l'autre vie dans notre religion excite plus aux actions vertueuses que ce qui en est dit dans les autres ». Et il ajoute que la représentation du paradis sous des images matérielles est plus valable que celle qui n'use que d'images spirituelles. Ce système de représentation implique donc qu'il y a des corps dans l'au-delà et il accrédite la résurrection.

On peut assurer, par conséquent, que si les philosophes honorent la Loi religieuse en général, ils honorent en particulier la doctrine de la résurrection. On dira que cette seconde interprétation ne change rien au pragmatisme de la première, bien au contraire elle le confirme. Les hommes pratiqueront les vertus par crainte des flammes de l'enfer, ou espérance des délices du Paradis. C'est exact. Mais cela ne concerne que la masse. Et bien que la religion s'adresse surtout à la masse, « nous ne trouvons pas de Loi religieuse qui ne fasse attention aux besoins particuliers des sages » (p. 582, 5). La question est de savoir ce que le sage va trouver dans le dogme de la résurrection des corps.

Il va trouver d'abord qu'elle est utile à la masse. Mais cette découverte concerne les autres et non pas lui. Il doit y avoir autre chose. Averroès le dévoile, en parlant des causes qui amènent les philosophes à croire à la résurrection. « Ils pensent qu'il n'y a pas de vie ici-bas pour l'homme sans les sciences pratiques, et qu'il n'y a pas de vie pour lui dans ce monde ni dans l'autre sans les vertus spéculatives. Sciences pratiques et vertus spéculatives, d'après eux, n'arrivent à leur achèvement et perfection que par les vertus morales. » (p. 582, 3) C'est la théorie aristotélicienne : les vertus contemplatives, chez l'homme, ne peuvent se passer des vertus morales, et les vertus morales sont liées à une activité qui met en jeu l'âme et le corps. Sans doute, la théorie philosophique ne démontre ni qu'il y a une autre vie, ni que les corps ressuscitent. Mais elle vient s'articuler avec la Loi divine. La vertu morale, dit en effet Averroès, n'est pas parfaite sans la connaissance de Dieu et les actes d'adoration que la Loi ordonne. Or les *ᶜibâdât* sont des gestes et des rites auxquels participe le corps. Par conséquent, puisque les vertus morales sont indispensables aux vertus contemplatives, cela restera vrai dans l'autre vie où la contemplation ne pourra pas être purement spirituelle et où il lui faudra toujours l'aide de vertus morales qui ne se conçoivent pas sans un corps. L'homme ne peut plus ici-bas négliger les vertus morales, sous prétexte que, dans l'autre vie, il n'y aura que des vertus contemplatives.

Averroès passe trop vite sur cette question. Nous avons été forcés d'analyser de très près ce qu'il dit afin de pouvoir le développer avec tous les risques que l'entreprise comporte. Mais ce qui nous confirme dans notre façon de voir, c'est qu'après avoir parlé des religions en général d'un point de vue très syncrétiste, qui l'entraînait fort loin du particularisme d'une foi véritable, Averroès revient au problème de la résurrection des corps et le traite en lui-même. Ici, il redevient tout à fait musulman, quand il présente la résurrection comme une nouvelle création. En effet, il y a discontinuité entre ce monde et l'autre. Le Prophète a dit : « Il y a au Paradis ce qu'aucun œil n'a vu, aucune oreille entendu, ce qui n'est jamais venu à la pensée d'aucun homme ». Et Ibn [c]Abbâs : « Il n'y a dans l'autre monde de commun avec ce monde que les noms ». Et Averroès explique ces *ḥadîṯ*-s en disant : « Cela indique que cette existence-là est une autre création, supérieure à cette existence-ci. » (p. 285, 10) Ce ne peuvent être les mêmes corps qui ressuscitent. Ce qui a été anéanti (*al-ma[c]dûm*) ne peut revenir, dans son individu, à l'existence. Les corps qui ressuscitent sont des simulacres (*amṯâl*) de ceux qui vivaient sur terre.

Nous avons donc partout rencontré une même méthode pour répartir ce qui revient à la raison et ce qui revient à la foi. Averroès fut-il un esprit religieux ? Oui, si on entend par là que la religion, à ses yeux, a une réalité et une importance qu'on ne peut passer sous silence, non seulement par son intérêt pragmatique, mais aussi par la voie qu'elle ouvre à la réflexion du philosophe vers des objets que la pure raison n'atteint pas et qui sont en eux-mêmes obscurs. Mais, à la différence de son partenaire Ġazâlî, il ne semble pas avoir eu de sensibilité religieuse, et il ressemble plus à un Leibniz qu'à un Pascal. Était-il croyant ? Rien ne permet d'en douter sérieusement. Quelle fut la qualité de sa foi musulmane ? Cette question est indiscrète. On penserait aisément qu'elle était assez superficielle, quand on lit le passage où il semble mettre toutes les religions sur le même plan, les confondant toutes en un syncrétisme de mauvais aloi. Néanmoins cette raison n'est pas décisive, car l'Islam enseigne que tous les peuples ont eu leurs prophètes, que Mahomet n'a fait qu'apporter la révélation la plus parfaite, celle qui sera la dernière. D'ailleurs, c'est une idée commune, à cette époque, que les philosophes ont tiré leur doctrine des prophètes. Elle se trouve chez Ġazâlî lui-même. Par conséquent, il ne faut pas trop s'étonner de l'attitude d'Averroès et, ici encore, il est entièrement dans la tradition coranique, quand il se contente de montrer que l'Islam est la meilleure des religions, sans se soucier de prouver qu'il est la seule vraie.

UN TÉMOIGNAGE SUR LA CULTURE ARABO-MUSULMANE LE LIVRE D'*ADAB* D'AL-MÂWARDÎ (M. 1058)

Abû l-Ḥasan ʿAlî b. Muḥammad b. Ḥabîb al-Mâwardî, après ses études à Baṣra et à Baġdâd, exerça les fonctions de Cadi à Ustuwa, près de Nišapur. Puis il se fixa à Baġdâd, au service du calife al-Qâdir (991-1031), à l'époque de la suprématie des Bouyides. Il mourut à 86 ans, en 1058.

Al-Mâwardî appartenait à l'école juridique šâfiʿite, l'une des plus ouvertes de l'Islam, au moins par les possibilités de spéculation qu'offrait sa méthodologie : le šâfiʿisme admet en effet l'emploi du raisonnement analogique pour étendre les règles de droit coraniques et traditionnelles, et il considère, à l'encontre des écoles plus rigides et plus exclusivement attachées à la lettre des textes du Coran et du *ḥadîṯ*, que bien des jugements révélés par Dieu dans son Livre, ont un caractère particulier, qu'ils ne constituent pas des principes de jurisprudence, mais qu'ils sont des applications dérivées dont l'homme doit rechercher la motivation générale, à partir de laquelle il pourra déduire de nouvelles applications, non formulées dans les textes sacrés. Une telle méthode de traitement des textes représente, aux yeux de beaucoup de musulmans, les Ḥanbalites ou les Ẓâhirites par exemple, une audace extrême, et, appliquée rigoureusement sans autres considérations que les exigences de sa logique, elle eût sans aucun doute soulevé l'indignation et la réprobation de l'ensemble de la communauté islamique. Aussi voit-on les juristes šâfiʿites en faire un usage très modéré. Pour eux, l'analogie et l'induction des principes fondamentaux ne sont que des moyens de lier étroitement l'exercice de la raison à des textes, c'est-à-dire de le limiter en tant que libre disposition d'une faculté indépendante de la révélation. Néanmoins si, en matière même de droit, le šâfiʿisme n'a pas abouti à des résultats particulièrement et profondément originaux, il n'en a pas moins marqué la pensée musulmane et contribué à constituer un esprit à la fois respectueux de la Parole de Dieu et confiant dans la réflexion humaine, esprit d'équilibre qui s'accorde naturellement, sur le plan de la théologie, avec l'orthodoxie d'al-Ašʿarî qui, elle aussi, cherchait à définir un « juste milieu dans la croyance », selon l'expression du plus grand de ces penseurs à la fois šâfiʿites et ašʿarites, al-Ġazâlî.

Ces quelques précisions sont utiles pour caractériser al-Mâwardî. En effet, il passait pour adepte de la théologie « rationaliste » mut'tazilite. Yâqût écrit : « D'après ce qui m'est parvenu, il était mu'tazilite dans les principes ». La prudence de Yâqût peut s'expliquer par le fait qu'al-Mâwardî s'inspire de tendances et d'idées générales propres aux Mu'tazilites plutôt que d'un système théologique défini et facilement identifiable. D'ailleurs, il n'est pas théologien ; il est juriste, moraliste et, si on peut employer ce mot, sociologue. Qu'il ait subi des influences mu'tazilites, cela n'a rien d'étonnant, puisqu'à l'époque des Bouyides, musulmans šî'ites, cette école que la réaction d'al-Mutawakkil, calife de 847 à 861, semblait avoir anéantie, mais qui survivait dans les régions orientales et persanes du Califat, comptait des représentants à Baġdâd même. L'examen interne de son livre d'*Adab* nous révèlera ces influences qui sont certaines. Néanmoins, il paraît difficile de le considérer comme un mu'tazilite proprement dit. Ce qu'il emprunte à cette école, c'est avant tout l'idée que le contenu de la révélation est rationnel ou, plus exactement, que l'ensemble de la Loi, comme le détail des commandements et des interdictions, ont une raison, qui est le bien ; c'est aussi l'idée que ce bien s'identifie, en ce monde, avec l'utile et, dans l'autre vie, avec la réalisation des promesses divines, opposées aux menaces, c'est-à-dire avec les récompenses opposées aux châtiments. Ce qu'on a appelé le rationalisme mu'tazilite a deux sens. Du point de vue de la méthode, il signifie que ces penseurs font un usage de la raison spéculative pour construire des systèmes théologiques destinés à mettre leur dogme fondamental de la transcendance absolue de Dieu en harmonie avec les faits de la création et de la révélation, tâche difficile où les différents docteurs de la secte se sont opposés. Mais, du point de vue de la qualification des doctrines mu'tazilites, le mot « rationalisme » désigne un utilitarisme, ce qui est aisément concevable, car Dieu est si radicalement coupé du monde qu'il ne donne rien de lui-même à sa créature et que le bien qu'il fait ne peut être défini que dans l'immanence pure de ce monde (ou d'un « autre monde » qui est un paradis lui aussi créé et n'a pas les caractères d'un véritable « au-delà »). Le bien, pour les Mu'tazilites, c'est le bien du corps et le bien de l'âme : bien physique, santé et bien-être du corps ; bien psychique, santé et bien-être de l'âme. Al-Mâwardî a emprunté le rationalisme mu'tazilite, au second sens du mot seulement. Il entre dans la tournure d'esprit qui résulte des principes de l'école, il n'entre dans aucune construction spécifiquement mu'tazilite. Telle quelle, cette tournure d'esprit s'accordait avec le šâfi'isme d'al-Mâwardî, puisque l'idée que la Loi est motivée par l'utilité ne fait qu'accentuer et préciser, quoiqu'en le restreignant sans doute, le principe šâfi'ite de la motivation.

Quant à l'usage qu'al-Mâwardî fait de la raison, nous verrons dans quelles limites il se circonscrit. On ne saurait, sur ce point, établir de comparaison avec la pensée proprement mu'tazilite. Le rationalisme méthodologique d'al-Mâwardî s'apparente plutôt à celui du šâfi'isme ; il a la timidité des écoles juridiques et non la hardiesse qui se rencontre dans quelques écoles théologiques.

L'ouvrage que nous nous proposons d'examiner a pour titre : *Kitâb adab al-dunyâ wa-l-dîn*. On pourrait le traduire approximativement par : Livre des connaissances utiles sur le monde et la religion. C'est que le mot *adab* a, en arabe, une signification complexe qui a évolué sans perdre absolument les sens anciens. Nallino a consacré, à l'étude de ce mot, l'introduction de sa *Littérature Arabe des Origines à l'Époque de la Dynastie Umayyade*. L'*adab* est d'abord, selon les auteurs arabes, la politesse, puis la discipline de l'esprit, les belles qualités de l'âme et l'enseignement qui les donne. C'est ensuite la pratique de tout ce qui est louable, paroles et actes. Nallino pense que le sens primitif est celui de coutumes ancestrales, puis celui de la mise en œuvre de ces coutumes, d'où résultent toutes les valeurs morales et la bonne éducation. Ainsi le mot en arrive à désigner l'instruction, au sens général du terme, la bonne éducation fondée sur des préceptes. Aḥmad Zakî a proposé, comme traduction française, le « savoir-faire ». Nallino n'est pas de cet avis. D'après lui, l'auteur d'un livre d'*adab* « a l'intention de recueillir des instructions et des conseils traditionnels » et l'*adab* est, pour lui, « une partie de la morale pratique ». Enfin, avec les progrès de la civilisation, l'*adab* en est venu à signifier l'encyclopédie des connaissances utiles. En ce sens, ce mot reçoit souvent un déterminatif : *Adab al-Kâtib* : l'*adab* du Secrétaire, ou ce que doit savoir un secrétaire, ou le parfait secrétaire. C'est dans ce sens qu'il faut entendre le titre de l'ouvrage d'al-Mawardî.

Cependant nous croyons que le mot *adab* peut encore revêtir une signification dans le prolongement de la précédente : celle du résultat, dans l'âme, de l'acquisition des connaissances utiles, d'ordre pratique ou technique, c'est-à-dire de la formation que l'homme acquiert grâce à ces connaissances, de la culture qu'elles renferment, ou encore de leur valeur formatrice. Cette nuance de sens plus spirituelle ne semble pas étrangère à l'intention de notre auteur.

En fait, l'*adab* a fini par constituer le bagage de connaissances du « lettré ». Il constitue la « littérature », dans sa plus large acception : il est ce qu'on possède quand on a des « lettres ». Sans doute, malgré les origines arabes du mot, faut-il reconnaître, dans son évolution sémantique, des influences étrangères qui renvoient à la civilisation hellénistique, cette civilisation qui a inventé le « manuel », selon l'expression de Tarn. Sur ce point, la civilisation arabe en prend exactement la suite et atteint à une codification parfaite de cette forme d'éducation, grâce à l'institution de la *madrasa* qui allait, non seulement utiliser dans ses programmes, mais répandre et généraliser dans la société, une véritable scolastique, c'est-à-dire un savoir purement livresque, découpé en sentences, classé et étiqueté, des connaissances d'anthologie, souvent enfermées dans des formules gnomiques, rythmées et assonancées, qu'on peut aisément apprendre par cœur. L'ouvrage d'al-Mâwardî est un excellent témoin de ce type de civilisation, où l'écrivain ne rapporte aucune observation, aucune expérience personnelle, où il ne fait aucune analyse d'une réalité concrète du monde extérieur ou intérieur, où sa seule participation consiste à choisir des textes et à les ordonner. Le livre d'*adab* est ponctué, dans chacun de ses chapitres, de ces expressions rituelles : certains sages ont dit, certains savants ont dit, certains hommes d'éloquence ont dit, certains « lettrés » (*udabâ'* pl. de *adîb*, cf. *adab*) ont dit, certains poètes ont dit. On trouve aussi, mais beaucoup plus rarement : certains hommes de bien ont dit. Les paroles ainsi rapportées ne sont pas en général discutées. Elles font autorité sans preuve et sans examen. Il suffit, dirait-on, qu'elles soient bien tournées, ce qui est ici la même chose que bien trouvées. Il est vrai que, dans beaucoup de traités d'*adab*, les auteurs cherchent moins à enseigner une vérité, qu'à indiquer les grands thèmes, les *topoi*, qu'on peut emprunter pour parler sur un sujet donné. Al-Mâwardî au contraire, a une intention dogmatique – nous avons parlé de ses tendances mu'tazilites – ; aussi ne se contente-t-il pas de citer ces témoignages brillants mais profanes, et il ne les introduit qu'à titre d'illustration de traditions du Prophète. Sans doute, les *ḥadîṯ*-s ne sont jamais absents d'un traité d'*adab*, même s'il se réduit à une topologie de thèmes. Mais ils se situent alors sur le même plan que les autres citations. Chez al-Mâwardî, ils interviennent systématiquement et ils sont présentés comme le point d'appui solide sur lequel s'élève tout le reste.

Concernant le *ḥadîṯ*, l'ouvrage d'al-Mâwardî nous révèle un caractère profond et essentiel de la pensée musulmane en général : c'est qu'elle est tout entière nourrie de ces récits traditionnels rapportés à la vie du Prophète et de ces paroles qui lui sont attribuées. Ce ne sont pas seulement les traités spécialisés de droit musulman, de morale religieuse, voire de théologie ou de mystique qui s'édifient à l'aide du *ḥadîṯ*, ce sont aussi ces ouvrages d'*adab*, dont le but est la formation générale de l'individu. On remarque, ici comme là, que, si le Coran est cité, il l'est beaucoup moins que le *ḥadîṯ*, et que si un *ḥadîṯ* peut être allégué sans être accompagné d'un verset coranique, il est rare, en revanche, que l'énoncé d'un verset ne soit pas suivi de l'énoncé d'un ou de plusieurs *ḥadîṯ*-s. Aussi doit-on reconnaître que l'homme musulman sunnite (celui justement qui suit la *sunna* du Prophète), sa pensée, sa façon de sentir, d'agir et de réagir, a été, à cette époque et jusqu'à nos jours, façonné par le *ḥadîṯ*, ou le Coran vu à travers le *ḥadîṯ*.

On peut, sans doute, s'étonner du nombre et de la variété de ces traditions, qui permettent d'en avoir toujours une sous la main, pour quelque sujet qu'on traite, pour quelque idée qu'on veuille exprimer. Sans doute, beaucoup d'entre elles sont-elles inauthentiques, même parmi celles que l'orthodoxie a retenues. Un penseur extrêmement rigoureux, comme Ibn Ḥazm de Cordoue, rejetait avec violence la plupart des *ḥadîṯ*-s sur lesquels s'appuyaient ses adversaires, pourtant chefs d'écoles juridiques parfaitement orthodoxes. Ce serait un travail considérable, et peut-être impossible, que de rechercher et de déterminer l'origine de tous ces récits sentencieux. Mais ce qui nous importe, c'est de noter que, très tôt, la civilisation musulmane s'est trouvée en possession de formules qui, sous le nom de *ḥadîṯ*, ont consacré définitivement comme vrais des jugements, des idées, des distinctions, des évaluations, dont l'ensemble forme un cadre compartimenté, hors duquel les penseurs de l'Islam ne sortiront plus jamais, sauf les très grands qui ne seront d'ailleurs pas suivis et qu'on ramènera, par les commentaires, aux dimensions du cadre.

Ce qui caractérise les productions de la culture islamique que nous appellerons moyenne, c'est que la pensée personnelle des auteurs ne va guère au delà des textes qu'ils alignent, *ḥadîṯ*-s ou formules gnomiques. Ils ne les méditent pas, ils ne les approfondissent pas. Tout au plus commentent-ils un mot, et encore se réfèrent-ils souvent à des commentaires déjà faits. Le travail de composition, chez al-Mâwardî, apparaît très nettement. Il est d'ailleurs, en gros, commun à tous ses congénères. Une question étant proposée, on la divise, selon un procédé qui rappelle la division platonicienne, et qui est plus une opération logique de classement des thèmes qu'une analyse de la réalité que l'on traite. Aussi ces ouvrages ont-ils, d'un bout à l'autre, une raideur didactique et pédante qu'il est difficile de supporter sans lassitude : rien que des tracés nets, symétriques, sous une lumière égale, sur une surface plane ; aucun modelé, aucun relief, aucune ombre. Les divisions se subdivisent et aussi les subdivisions. La pensée s'émiette et s'éparpille. Au terme de ce labeur, on ne trouve aucun effort de synthèse, aucune tentative pour donner une vue d'ensemble du chemin parcouru. C'est qu'en fait, on n'a parcouru aucun chemin ; la pensée ne progresse pas, elle étiquette ; son gain n'est pas la solution d'un problème, c'est une moisson de sentences. Comme dans une arabesque, il y a mise en place d'éléments qui valent chacun pour soi, parce que chacun forme un tout arrêté ; mais il n'y a pas de ligne de force, ni de tracé dynamique générateur d'une organisation d'ensemble [1].

Dans ce travail de division lui-même, l'opération logique, où pourrait se réfugier une activité authentique de l'intelligence, une invention véritable, n'est souvent qu'un trompe l'œil. De même que dans certains ouvrages scientifiques modernes, le plan résulte automatiquement de la constitution d'un fichier, de même les divisions qu'introduit al-Mâwardî lui sont imposées, ou du moins suggérées, par les textes qu'il utilise. Les relations qui s'établissent dans son esprit sont des relations de mots. Il suffit que deux textes comprennent le même terme, ou des termes de même sens, pour qu'il les rapproche, et il faut noter ici un bien curieux caractère de cette pensée verbale, si répandue en Islam : c'est que le sens concret d'un mot, les valeurs affectives dont il est chargé, sa puissance d'évocation d'images ou d'idées, sont entièrement déterminés par les contextes dans lesquels il se rencontre dans le *ḥadîṯ*, si bien qu'on devrait faire des dictionnaires de l'arabe, comme langue musulmane, en dépouillant les recueils de *ḥadîṯ-s*, à l'imitation de ces auteurs de livres d'*adab*. C'est d'ailleurs ce que font les grands dictionnaires arabes, comme le *Lisân*

1. Ainsi également, chaque vers d'un poème doit-il avoir un sens complet.

al-'Arab, où, pour chaque terme, on consulte le *ḥadîṯ*. Nous verrons des exemples de ce procédé, qui nous paraît superficiel, mais qui est le seul valable pour un musulman, car, à ses yeux, les mots du langage ne peuvent renfermer une vérité et ne peuvent la faire saisir aux hommes que s'ils sont d'institution divine. C'est donc dans les textes révélés ou inspirés du Coran et de la Tradition qu'il faut aller les chercher avec toute leur valeur significative et leur puissance de vérité.

L'ouvrage d'al-Mâwardî comprend cinq chapitres. Le premier traite de l'excellence de la raison et du blâme de la passion ; le second est consacré à l'*adab* de la science ; le troisième à l'*adab* de la religion ; le quatrième à l'*adab* du monde ; le cinquième enfin à l'*adab* de l'âme, c'est-à-dire aux vertus et aux vices qu'elle doit cultiver ou fuir pour atteindre à sa perfection morale. Al-Mâwardî y traite de l'orgueil et de l'infatuation, de la bonté du caractère, de la pudeur, de la longanimité et de la colère, de la véracité et du mensonge, de l'envie et de l'esprit de compétition. Nous nous bornerons à l'examen des quatre premiers chapitres.

Dans l'introduction, l'auteur fait part de son but et de sa méthode. Il a cherché à réunir, sur le sujet de la religion et du monde (deux concepts antithétiques et complémentaires qui sont courants dans la pensée musulmane), à la fois les arguments probants de ceux qui ont la connaissance et les formules élégantes des littérateurs et des poètes, en restant toujours compréhensible. Pour cela, il a apporté le témoignage du Coran et de la Sunna du Prophète, qu'il a fait suivre d'exemples empruntés aux philosophes, aux orateurs, aux littérateurs et aux poètes, « car le cœur trouve son bien-être dans la diversité des arts et l'ennui dans un art unique ». L'intention d'instruire est nette. Dès ce début, on sent poindre l'esprit utilitaire qui convient également à un livre d'*adab* et aux tendances mu'tazilites de l'auteur. Il ne faut pas lasser par la seule étude abstraite de la vérité ; mais il faut la montrer à travers une pluralité d'expressions, littéraires, scientifiques, rhétoriques ou poétiques. Par conséquent, le procédé qui, chez nous, engendre le plus profond ennui, était précisément destiné à récréer et à plaire, ce qui prouve que les lecteurs de ces traités trouvaient, dans le délicat giselé de chaque sentence, tantôt selon les règles de la logique, tantôt selon les canons de la littérature, de la rhétorique ou de la poésie, une jouissance qui leur offrait, avec la vérité bien présentée, le repos de la pensée.

Sur la raison, al-Mâwardî remarque d'abord qu'elle est le fondement de la vertu et des *adab*-s. C'est une affirmation constante, chez les Docteurs musulmans, que l'Islam est rationnel. Il l'est de façon négative, parce que sa révélation ne renferme aucun mystère. Mais les opinions sur la nature et le rôle de la raison sont très variées. Al-Mâwardî déclare que Dieu en a fait un fondement pour la religion et un pilier pour le monde. En effet, c'est par elle que les hommes, divisés par leurs passions, s'unissent ; c'est par elle qu'ils peuvent donc reconnaître les liens que la religion établit entre eux par la Loi.

Loi et raison concordent ; il y a à distinguer, d'une part, ce qui est nécessaire de par la raison et que la Loi confirme, d'autre part, ce que la raison permet et que la Loi rend obligatoire. Ainsi la Loi peut aller plus loin que la raison, mais sans jamais la contredire, et la raison ou bien ratifie la Loi ou en fonde la légitimité. Dans les deux cas, elle est un « appui » pour la Loi. Si on ne peut tirer toute la Loi de la raison, ce qui rendrait la révélation inutile, on peut toujours, en suivant sa raison, reconnaître la valeur de la Loi, et c'est même la voie qu'il faut suivre. Le Prophète a dit : « Toute chose a un étai : celui de l'action humaine, c'est la raison, car par la puissance de sa raison, l'homme parvient à rendre un culte à Dieu, son Seigneur ». Suivent d'autres *ḥadîṯ*-s et de nombreuses citations aussi intéressantes que celles-ci, que nous donnons à titre d'exemples : 1° Des philosophes ont dit : la raison est ce qu'on peut espérer de meilleur ; l'ignorance est le pire des ennemis. 2° Des lettrés : Tout homme a pour ami sa raison, pour ennemi l'ignorance. 3° Des hommes éloquents : Le meilleur des présents est la raison, le pire des malheurs l'ignorance. 4° Le poète Ibrâhîm b. Ḥasan a dit :

Une saine raison embellit entre tous l'homme de cœur
Même si ses profits sont hors de son atteinte.
Une maigre raison enlaidit entre tous l'homme de cœur
Même si son lignage et ses veines sont nobles.
L'homme de cœur vit entre tous par la raison,
Selon la raison vont sa science et ses expériences.
Le plus haut don que Dieu fasse à l'homme est sa raison,
Et rien de ce qui est ne s'en approche.
Quand le Miséricordieux donne à l'homme perfection de raison,
Il comble en perfection sa vie morale et ses désirs.

Bien que ces quelques traductions ne puissent rien rendre du charme des phrases et des vers arabes, de leur rythme, de leur sonorité, du miroitement de leurs mots, elles suffisent à montrer que ces citations n'apportent que des idées vagues et banales, et qu'il faut donc les lire dans la lumière des *ḥadîṯ*-s, dont elles constituent une espèce de résonance affective. Et ce sera en général le cas, bien que parfois il se rencontre des sentences qui ont un réel contenu de pensée. Nous en signalerons.

Ce qui est donc important, dans ce début de chapitre sur la raison, c'est la place relativement considérable qu'al-Mâwardî accorde à cette faculté à côté de la Loi. Il reprendra d'ailleurs plus loin cette question. Nous pouvons déceler ici une influence mu'tazilite.

Le passage suivant, sur la nature de la raison, est le seul de l'ouvrage qui soit strictement philosophique. Al-Mâwardî, ayant distingué une raison naturelle et une raison acquise, montre que la première est la raison véritable qui met l'homme à part des animaux. Il critique une première doctrine selon laquelle la raison serait une substance subtile, logée soit dans le cerveau, soit dans le cœur. Dans sa réfutation, il produit un argument intéressant : si la raison était substance, elle pourrait subsister par elle-même, et il serait possible qu'il existât une raison sans être raisonnable, ce qui est inadmissible. On sent là le désir de ne pas introduire des entités du type des intellects des philosophes. Une autre doctrine, qu'il juge plus pertinente, mais qu'il rejette cependant, prétendait que la raison est ce qui saisit les choses dans leur réalité propre. Mais, objecte-t-il, la saisie est un attribut du vivant, ce que la raison ne saurait être. Il y voit plutôt un accident, c'est-à-dire un certain mode de saisie, qu'il précise après avoir rapporté la thèse des théologiens (*mutakallimûn*) qui définit la raison comme l'ensemble des connaissances nécessaires. Mais, dit-il, cette définition est trop générale, et il propose la suivante : la raison est la science de ce qui est saisi comme nécessaire. Elle s'ajoute donc bien, tel un accident, à la saisie du nécessaire ; elle n'est pas la saisie directe. Les saisies directes sont de deux sortes : celles qui viennent des sens, celles des principes qui sont dans l'âme. À propos des premières, al-Mâwardî explique nettement sa pensée : bien que l'homme ne saisisse rien avec ses yeux quand il les tient fermés, sa raison reste totale, dans la mesure où il sait, ayant les yeux fermés, que, s'il les ouvrait, il aurait science. Relativement aux saisies sensibles, la raison est donc une supervision qui les accompagne, les juge et les contrôle. Quant aux principes de l'âme, ce sont toutes les propositions qui se réduisent aux principes d'identité et de contradiction. D'ailleurs, il semble bien, et cette idée est la plus répandue en Islam, que la raison des principes est en réalité inséparable de la raison qui supervise les données sensibles ; c'est en appliquant immédiatement ses principes à ces données que la raison devient cette science par laquelle l'homme domine sa connaissance purement sensible, sans pouvoir cependant se séparer d'elle et connaître quoi que ce soit en dehors du sensible.

On voit donc que le rationalisme d'al-Mâwardî, comme celui de la plupart des théologiens et des juristes musulmans, ne s'élève pas au-dessus du monde de l'expérience sensible, qu'il ne pénètre pas dans un monde de l'intelligible. La raison ne fait, en somme, rien d'autre que de découvrir qu'il y a un ordre dans les choses, que cet ordre est un enseignement pour les deux activités essentielles de l'homme, l'activité pratique et l'activité technique. Les Muʿtazilites eux-mêmes n'admettaient pas d'idées archétypiques, non plus que des idées innées ; nous avons vu que, pour eux, le bien se réduit à l'utile. Les influences qu'al-Mâwardî a reçues de cette école pouvaient l'amener à valoriser la raison à côté de la Loi (car l'une et l'autre sont créées), mais non à donner à la raison accès vers un monde transcendant. En somme, la raison est pour l'homme un point fixe, un observatoire immobile au-dessus du cours des choses et du torrent des passions. Le mot arabe *ʿaql* (raison) désigne également l'entrave de la chamelle. Ainsi le *ʿaql* empêche l'homme de suivre ses passions mauvaises, comme il empêche la chamelle de s'enfuir et d'errer à l'aventure.

Ce développement s'achève par un *ḥadîṯ* du Prophète : « La *raison* est une lumière dans le *cœur*, par laquelle on distingue le vrai du faux », et par le rappel d'un verset coranique : « Ils ont des *cœurs* par lesquels ils exercent leur *raison* ».

Nous traduisons par « *exercer sa raison* » un verbe de la même racine que *'aql* (raison ou intelligence), et qui signifie en général soit « être intelligent » soit « comprendre ». Mais il fallait mettre en lumière ce qui intéresse notre auteur, ce qui est le vrai moteur de sa démarche : la présence, dans le *ḥadîṯ* et dans le verset, du mot *cœur* et de la racine *'aqala*. Cependant, comme dans le verset, le verbe *'aqala* signifie aussi comprendre, al-Mâwardî peut conclure de ces textes que la raison est une science dans le cœur.

Passant alors à la raison acquise, il y voit le résultat de la raison naturelle. Elle n'a pas de limites, car elle croît si on l'utilise, par la multiplication des expériences de la vie et par la manipulation de nombreuses affaires. Aussi les Arabes de l'anté-islam louaient-ils déjà les vieillards qui sont des « arbres de mœurs graves », des « sources jaillissantes d'expériences vécues ». Des hommes éloquents ont dit : « L'expérience est le miroir de la raison, la négligence le fruit de l'ignorance ». Un poète a écrit :

Ne vois-tu pas que la raison orne qui la possède
Et que sa perfection est une longue expérience ?

Mais la raison acquise s'accroît aussi par les qualités naturelles de l'âme, la pénétration, l'intelligence vive, quand elles sont mêlées à la raison naturelle. Ici, ce sont les jeunes gens qui sont loués, car c'est en eux que se réalise cette heureuse rencontre. Des vers, des proverbes arabes sont cités à l'appui de cette nouvelle idée. Un jeune homme préférait l'intelligence vive à la richesse associée à la sottise. La richesse pourrait, disait-il, faire naître en lui un vice, qui lui resterait avec la sottise, quand elle aurait disparu. Nous passons sur d'autres anecdotes qui mettent en valeur l'esprit de répartie et illustrent ce qu'ont dit des philosophes : que le signe de la raison est la rapidité de la compréhension et que son terme est la justesse de la conception. Ici, al-Mâwardî exalte les qualités qui permettent les répliques vives et donnent leur piquant aux controverses et aux conversations, dont la civilisation arabe, amie du verbe et du bon mot, fut si friande. L'union de la raison naturelle et de l'intelligence fait qu'on n'est jamais pris de court et incapable de répondre, ce qui était un véritable déshonneur, quelque difficile que soit la question ou l'objection. On demandait à 'Abd-Allâh b. 'Abbâs, où vont les esprits quand ils se séparent des corps. Il répondit : Et où va le feu de la lampe quand l'huile est épuisée ? Jésus, fils de Marie, répliqua à Iblis qui lui demandait de se jeter du haut d'une montagne : « Maudit ! C'est à Dieu d'éprouver son serviteur, ce n'est pas au serviteur d'éprouver son Seigneur ». Et al-Mâwardî d'ajouter que de telles réponses ne sont pas rares de la part des Prophètes assistés de l'inspiration de Dieu et secourus de sa force victorieuse. Elles ne sont rares que chez ceux qui mettent leur confiance dans leur propre intuition. On voit ici comment des qualités aussi profanes que celles qui constituent le charme mondain d'un homme d'esprit (au sens que notre XVIIIe siècle a donné à ce mot) sont transmuées en inspirations divines, au point qu'on les refuse presque, et contre toute vraisemblance, à l'esprit fort qui ne se fie qu'à lui-même.

Du point de vue théorique, il ressort de ces déclarations, qu'al-Mâwardî reconnaît, avec les Muʿtazilites, des dispositions naturelles dans l'homme : raison naturelle, intelligence naturelle. Mais leur mise en œuvre n'aboutit qu'avec l'aide de Dieu, soit sous forme de son inspiration directe, soit sous forme de son enseignement, par sa révélation ou par l'expérience qu'il envoie aux hommes. Néanmoins, l'aide divine s'adresse toujours à l'homme raisonnable et exige la participation de la raison. Anas b. Mâlik raconte qu'on louait un homme devant le Prophète. Muḥammad demanda quel était l'état de sa raison. On lui répondit : « Nous te parlons de sa piété, de sa vie morale, de sa vertu, de sa culture, et tu nous interroges sur sa raison ». Le Prophète dit alors : « L'homme pieux qui est sot arrive, par son ignorance, à faire pis que l'impiété de l'impie. Les hommes ne s'approchent de leur Seigneur que par des degrés qui sont à la mesure de leur raison ». La piété doit être raisonnable. En effet, elle ne peut être, dans l'esprit muʿtazilite, que l'obéissance à des lois motivées en raison de leur utilité. Cela n'implique pas nécessairement une piété froide et réglée ; la reconnaissance pour les bienfaits de Dieu peut être ardente. Mais les sentiments d'adoration, ainsi encadrés par la raison, dont les degrés mesurent l'approche de Dieu, ne sauraient vraiment soulever l'âme de telle sorte que son élévation soit une descente de Dieu en elle. Cette dernière conception, qu'on ne trouve que chez certains mystiques, n'a jamais pénétré l'orthodoxie musulmane, et la transcendance absolue de Dieu, dans le muʿtazilisme, devait lui être tout à fait opposée. En Islam, en dehors de la mystique, ce sont les théologies volontaristes, ou au moins teintées de volontarisme, qui sont les plus favorables à la piété, comme pur épanouissement religieux de l'âme.

La raison est-elle donc une vertu ? Al-Mâwardî rappelle la doctrine philosophique de la vertu comme juste milieu. Mais le *ḥadîṯ* la confirme, car le Prophète a dit : les choses les meilleures sont les intermédiaires. Peut-on appliquer ces normes à la raison ? Oui, pensent les uns, car outre qu'un défaut de raison est une insuffisance, un excès de raison est un mal où peut se dissimuler la ruse et l'astuce. Le calife ʿUmar ordonna la destitution de Ziyâd. « O Commandeur des Croyants, demanda Ziyâd, est-ce par un mouvement de colère ou à la suite d'un abus de confiance ? ». « Ni l'un ni l'autre, répartit le calife ; c'est que j'ai craint de faire supporter aux gens l'excès de ta raison. » Les autres estiment, et c'est le plus exact, que l'accroissement de la raison est lui-même une vertu. L'excès n'est un vice que dans le cas de vertus qui sont délimitées. La raison acquise, au contraire, peut et doit sans cesse augmenter. Le Prophète a dit : « L'homme qui a le plus de vertus est celui qui a le plus de raison. » Cela suppose que la raison est toujours tournée vers le bien. Le méchant n'est pas raisonnable ; il n'est qu'industrieux et ingénieux. Le problème qui est ici touché, rappelle celui que posait Platon à propos d'Ulysse. Pour al-Mâwardî, l'homme vertueux par raison est capable de se défendre contre les ruses des pervers. Le Calife ʿUmar a dit : « Je ne suis pas trompeur, mais le trompeur ne me trompe pas. » On aimerait une analyse plus explicite ; elle fait totalement défaut. Mais la pensée de l'auteur est facile à découvrir : l'homme raisonnable sait ce qu'il doit faire et ne pas faire ; il connaît le bien et la vertu pour les pratiquer, le mal et le vice pour les éviter. Par suite, il est au fait de toutes les ruses des méchants et peut s'en préserver.

De même que la raison conduit à Dieu et à l'obéissance, de même la passion en éloigne et fomente la rébellion, car le passionné prend sa passion pour dieu, comme l'a dit ʿAbd Allâh b. ʿAbbâs, cousin du Prophète. Muḥammad a dit que les passions sont des maladies dont on guérit en y résistant. Elles précipitent en enfer. Mais leur puissance est grande, et pour lutter contre elles, la raison cherche l'alliance de « l'âme craintive » ; d'où une théorie de la crainte salutaire qui constitue, avec le désir des récompenses, le fondement de la morale religieuse d'al-Mâwardî.

L'existence de la passion est d'ailleurs un bien utile, car elle est pour l'homme l'occasion d'affirmer sa dignité en luttant contre elle. En ce sens, elle est une des conditions de la liberté. Ḥasan al-Baṣrî a dit : « La meilleure des guerres saintes (*ǧihâd*), est la guerre sainte contre la passion. » Des philosophes : la plus grande puissance est d'empêcher le règne de la passion. Des lettrés : celui qui fait mourir sa passion, fait vivre sa valeur virile (*muruwwa*, une des vertus cardinales des Arabes avant l'Islam, qui a été ensuite islamisée). Des savants ont dit : Dieu a composé les anges de raison sans passion, et les bêtes de passion sans raison. Mais il a composé l'homme des deux. Aussi quiconque fait triompher sa raison sur sa passion est meilleur que les anges, et quiconque laisse sa passion triompher sur sa raison, est pire que les bêtes.

Sans entrer davantage dans les détails de ce chapitre, passons au suivant, sur l'*adab* de la science. Il commence par des généralités sur la valeur de la science, à l'aide de paroles du Prophète. Dieu, dit-il, a révélé à Abraham qu'Il est savant et qu'Il aime tout savant. On sait à quel point l'Islam honore la science, puisqu'il est dit dans un *ḥadîṯ* que l'encre des savants est plus agréable à Dieu que le sang des martyrs. Et pourtant le Paradis est promis à ceux qui meurent dans la voie de Dieu, c'est-à-dire dans le combat pour la religion. Mais pourquoi, objecte-t-on, se voit-il des savants à la porte des riches et non inversement ? La réponse est de type rhétorique : c'est que les savants connaissent la valeur de la fortune, tandis que les riches ignorent la valeur de la science. Un poète a dit que l'ignorance est une mort avant la mort, et le corps de l'ignorant un tombeau avant le tombeau.

Mais la science est vaste et personne ne peut l'embrasser. Celui qui s'y enfonce est semblable à un homme qui se jette dans la mer – cette comparaison est stéréotypée et se retrouve chez un grand nombre d'écrivains musulmans, philosophes, théologiens ou autres –. Il en résulte qu'il faut se tourner vers les sciences les plus importantes, bien qu'elles soient toutes nobles. Or les plus dignes sont les sciences de la religion. Al-Mâwardî répète ce qu'il avait affirmé à propos de la raison : il n'y a pas de piété sans la science. Aussi la recherche du savoir est-elle une prescription pour tout musulman. Un *ḥadîṯ* du Prophète déclare qu'aucun culte de Dieu n'est supérieur à la connaissance de la Loi religieuse (*fiqh*). *Un* seul *faqîh* vaut mieux que mille pieux adorateurs. Certains préfèrent les sciences rationnelles. C'est qu'ils trouvent pénibles les obligations de la religion. Mais leur pensée n'est ni saine ni exacte. Les sciences rationnelles seules ne créent pas une unité entre les hommes. C'est là encore une idée très musulmane : la raison humaine livrée à elle-même n'échappe pas facilement à la passion, en particulier à l'amour-propre. La preuve en est, remarquent certains docteurs, que les philosophes qui prétendent ne faire appel qu'à leur raison, divergent autant entre eux que s'ils suivaient ouvertement leurs passions. Mais la saine raison interdit précisément que les hommes soient « comme un troupeau abandonné, suivant leurs opinions diverses, obéissant à leurs désirs divergents ». Cette idée rappelle ce que nous avons vu à propos de l'entrave de la chamelle. Seule la religion, appuyée sur la raison, est capable de les unir. La raison rend la religion nécessaire et s'y soumet, car le savant qui trébuche entraîne beaucoup de monde, tel un bateau qui coule. Aussi faut-il s'attacher à la science et la rechercher, à n'importe quel âge. La recherche est déjà, en elle-même, un bien. Le Prophète a dit que les Anges étendent leurs ailes sur ceux qui cherchent la science. Il n'est jamais trop tard pour commencer et, comme le dira plus tard Spinoza, ce qui est le plus *utile*, c'est de laisser « des maux certains pour un bien certain » c'est-à-dire « un bien dont la nature n'était pas incertaine, … et dont l'obtention seule l'était » (*De la Réforme de l'Entendement*, 6). Le seul fait de se mettre en route est une garantie contre d'indubitables malheurs.

Ce qui fait la supériorité de la science sur les biens matériels, c'est qu'elle est objet de possession véritable, tandis que la richesse échoit par l'effet de la chance et de la fortune. La raison fait d'ailleurs comprendre que la répartition des ressources matérielles ne peut être fonction de la raison et de la science, sinon, disent certains philosophes, les bêtes brutes ne pourraient vivre. La Sagesse divine tient compte des ordres différents et ne mélange pas ce qui convient à la vie du corps avec ce qui convient à la vie de l'âme. Cette idée est tout à fait conforme à la théodicée mu'tazilite. Ainsi disparaît le scandale des savants qui sont dans le dénuement et des ignorants qui jouissent d'une large aisance.

Mais il y a toute une conduite de la science. Le vrai savant trouve son bonheur dans sa science, parce qu'il ne recherche qu'elle. Celui qui étudie pour triompher des sots, ou pour avoir le dernier mot dans des discussions avec d'autres savants, aura sa demeure en enfer. Le grand juriste al-Awzâ'î (704-774) a dit : « Quand Dieu veut nuire à un peuple, il lui envoie l'éristique (*ǧadal*). » Le disputeur est un inutile : il ne veut pas qu'on apprenne quelque chose de lui et il n'espère rien apprendre de personne. Néanmoins, il doit y avoir des motifs qui incitent à la recherche. Ils ne doivent pas être liés à des mobiles sensibles. Pour al-Mâwardî, ce sont le désir des récompenses promises par Dieu et la crainte des châtiments dont il menace les rebelles. Désir et crainte, promesses et menaces, tels sont les fondements, que nous avons déjà rencontrés, des plus hautes activités humaines. Ces principes sont essentiellement mu'tazilites : on y décèle l'esprit utilitaire de cette école. Le désir est le moteur le plus puissant qui pousse vers la science, pendant que la crainte est l'agent le plus efficace contre les passions et engendre la continence indispensable au savant. Des sages ont dit : le fondement de la science est le désir, son fruit est le bonheur ; le fondement de la continence est la crainte, son fruit est la piété. Quand s'unissent science et continence, le bonheur est parfait et la vertu s'étend à tout. Cela explique la place secondaire, attribuée à la piété : c'est qu'elle relève d'un sentiment négatif et qu'elle doit être appuyée, pour être vraiment valable, sur une puissance positive. Il reste cependant très caractéristique de ce type de pensée que la piété ne soit pas conçue de façon plus positive et plus dynamique, en un mot plus généreuse. Mais l'Islam, en général, se défie de toute religiosité immanente. L'homme ne peut rien offrir à Dieu de lui-même, son culte se réduit à l'obéissance dans la crainte qui respecte la transcendance. La louange, l'action de grâce, ne sont possibles que par une motion divine prévenante, et le Coran enseigne jusqu'aux formules par lesquelles on doit louer et remercier le Seigneur. On constate qu'al-Mâwardî ne parle pas de l'amour de Dieu. C'est que la grâce, en Islam, est un don du type du bienfait, non un travail de Dieu dans l'homme qui ferait participer l'action humaine à l'action divine. Ce don-bienfait est un terme, non une initiative de Dieu qui élèverait la liberté humaine avec toutes ses puissances d'amour, jusqu'à lui faire produire des actions agréables à son Seigneur. En l'occurrence, le don consiste ici en ce que la crainte, qui est un sentiment naturel, devient la crainte de Dieu, qui est un sentiment religieux ; il consiste donc dans les paroles de menace envoyées dans le Coran, si bien que la grâce de Dieu est sa menace même. Quant au désir de la science, s'il est plus positif, il ne saurait cependant partir de l'homme pour aller vers Dieu, et il n'est pas davantage un désir d'amour. Comme la crainte, il est un sentiment naturel, auquel Dieu donne pour objet la science de ses commandements, grâce à ses promesses, autre aspect de sa grâce. De son immanence, l'homme ne peut donc crier vers Dieu, ni dans la crainte, ni dans le désir. Il ne peut que recevoir ce qu'il est bon de craindre et ce qu'il est beau de désirer. On pourrait dire que les grâces de Dieu tombent dans l'immanence de la vie humaine pour empêcher l'homme de concevoir l'espérance insensée de lancer d'ici-bas son appel vers la transcendance. Le mystique al-Bisṭâmî a nettement vu ce caractère de l'Islam, quand il a parlé d'une ruse de Dieu qui arrête la marche du désir humain, grâce à ces délices de Capoue que sont les joies du Paradis. Il affirme, en se déclarant supérieur au Prophète, que l'homme doit aller au-delà et, pour ainsi dire, faire violence à Dieu pour être uni à lui. Mais c'était un mystique [1]. Sans aller aussi loin, d'autres penseurs ont cependant

1. *Cf.* L. GARDET, *Expériences mystiques en terres non chrétiennes*, *op. cit.*, p. 115-131.

estimé que la crainte pouvait être inspirée par le souci de ne pas déplaire à Dieu ou de ne pas être privé de sa conduite, et le désir par un amour véritable. C'est le cas d'al-Ġazâlî. La position d'al-Mâwardî relève de l'intransigeance mu'tazilite dans la doctrine de l'unicité absolument transcendante de Dieu.

Nous n'entrerons pas dans le détail de la suite de ce chapitre, sur les obstacles à la science et les différentes sortes d'incompréhensions qui nuisent à l'enseignement, encore qu'il s'y trouve bien des indications sur le langage, sur le style et la rhétorique, sur l'expression et la liaison des idées, qui sont en rapport étroit avec un ensemble de conceptions et de problèmes propres à la pensée et à la culture islamiques. Notons cependant quelques remarques sur la mémoire. On a souvent accusé les Orientaux de tout apprendre par cœur. Ce défaut est certainement une tendance profonde de leur culture. Les ouvrages mêmes d'*adab*, comme celui que nous parcourons, semblent bien être destinés à faire provision de belles et bonnes sentences pour tous les usages de la vie. Néanmoins al-Mâwardî met en garde contre la mémoire. Il est vrai que ce n'est pas pour louer la réflexion et le travail analytique ou synthétique de l'intelligence, mais pour conseiller de noter par écrit ce qu'on veut retenir. Le Prophète a dit : « Enchaînez la science en l'enfermant dans un livre. » Un homme se plaignait au Prophète de l'oubli. Muḥammad lui dit : « Sers-toi de ta main, » c'est-à-dire écris de façon que, si tu oublies, tu puisses revenir à ce que tu as écrit. Ḫâlid b. Aḥmad a dit : « Faites de ce qui est dans les livres un capital, et de ce que vous avez dans le cœur, le revenu qu'on dépense. » Mahbûḏ a dit : « Sans les expériences des anciens que les livres ont liées de leurs nœuds, les nœuds de la mémoire se seraient défaits chez leurs successeurs par suite de l'oubli. » Nous verrons qu'al-Mawardî a l'idée d'un progrès dans lequel les générations se succèdent en profitant de l'acquis antérieur. Le livre est donc le véhicule même du progrès, et une civilisation de la pure mémoire risquerait d'être stationnaire. Mais si l'écrivain joue un tel rôle, il faut non seulement écrire, mais bien écrire : recommandation importante, avant la découverte de l'imprimerie, surtout quand il s'agit de l'alphabet arabe dont les lettres se confondent si aisément entre elles. Aussi une bonne calligraphie, qui était devenue un art véritable chez les Arabes, est-il un auxiliaire puissant de la science, et il ne faut pas le négliger. On lit dans le Coran : « Prêche au nom de ton Seigneur généreux qui a enseigné le Calame ». Pour beaucoup de théologiens, le calame, comme la « Tablette bien gardée », était devenu un attribut métaphysique de Dieu. Al-Mâwardî tend à prendre ce mot dans son sens propre et général. Peut-être y a-t-il là un écho de la négation mu'tazilite des attributs et de leur doctrine du Coran créé. Le Calame, qui écrit le Coran sur la Tablette, est créé, comme ceux dont se servent les hommes.

Le chapitre se termine par deux études sur les rapports du disciple à son maître et sur les qualités morales du savant, surtout la modestie. Ici apparaît une idée importante, celle du rôle social et religieux de l'homme de science dans la communauté. Si tout fidèle a le devoir d'apprendre, le savant a le devoir d'enseigner. On n'apprend pas pour soi seul. Mais, d'autre part, on n'est jamais absolument un maître, et on doit sans cesse chercher un plus savant que soi, pour s'instruire davantage. Ces impératifs semblent bien correspondre aux coutumes des amateurs de sciences dans ce monde arabe classique, où l'on a vu fréquemment des juristes, des théologiens, des médecins, des naturalistes, des astronomes, entreprendre de longs voyages pour entendre l'enseignement d'un confrère renommé. Un autre trait de mœurs important, qui est évoqué ici, est l'enseignement que les savants donnaient aux puissants. On sait que des califes, des vizirs, des gouverneurs s'entouraient fréquemment de gens de science. C'était là un mécénat de la part des riches, mais une source d'avantages matériels pour les maîtres. Al-Mâwardî montre les difficultés de cette tâche, il donne des conseils pour ne pas engendrer l'ennui chez ces grands qui ont souvent d'autres soucis, dont le cœur n'est pas libre pour entendre toute parole raisonnable. Al-Ḫiḍr disait à Moïse : Celui qui parle s'ennuie moins que celui qui écoute. Des sages ont dit : Le véritable savant est celui qui (dans son enseignement) n'amoindrit rien et n'ennuie pas. Un étalage de science, en effet, peut lasser, surtout des personnages importants. D'autre part, il serait vil de les flatter. Nous trouvons là tous les éléments d'une éthique de la dignité du savant dans la société.

Le troisième chapitre est consacré à l'*adab* de la religion. Dieu a voulu, écrit al-Mâwardî, être utile aux hommes en les comblant de bienfaits qu'on ne saurait dénombrer. Mais son bienfait, dans les prescriptions du culte qu'ils doivent lui rendre, est le plus grand, parce que l'utilité des grâces divines dans ce qui est étranger au culte, se limite au monde qui passe, tandis que la loi du culte a une utilité qui embrasse tous les avantages, en cette vie et en l'autre. Ici l'auteur répète ce qu'il a déjà dit sur les rapports harmonieux de la raison et de la loi, sur le désir et la crainte, la promesse et la menace. Tout ce qui s'insère dans le livre de Dieu, récits concernant les Prophètes anciens, traditions des siècles passés, tout est une instruction pour renforcer le désir et augmenter la crainte, et provient de sa bonté pour nous et de sa grâce. Le rôle essentiel, dans cette révélation, est évidemment départi au Prophète. Mais al-Mâwardî ajoute que Dieu a chargé les savants, après lui, « du soin de déduire ce sur quoi il a attiré l'attention et d'indiquer les principes de ce que dit le Prophète », afin d'arriver par l'effort personnel à la science de ses intentions. Nous avons là une magnifique profession de foi šâfiʿite.

Nous assistons ensuite à une justification rationnelle de la loi, qui est la marque la plus profonde de l'influence muʿtazilite chez al-Mâwardî. La loi comporte trois parties : ce qu'il faut croire, ce qu'il faut faire, ce qu'il est interdit de faire.

a) *Croyances.* – Il y en a qui sont positives, telles l'unicité de Dieu, la prophétie, etc. ; et d'autres qui sont négatives : Dieu n'a pas d'épouse, pas d'enfant, pas de besoin, et surtout, idée particulièrement muʿtazilite, il n'y a en lui aucun mal. C'est l'idée, contraire à beaucoup de théologiens musulmans, que Dieu ne fait que le bien, le mal étant l'œuvre de la liberté humaine.

b) *Actions obligatoires.* – Elles se divisent en trois groupes : ce qui s'impose au corps : la prière, le jeûne ; ce qui touche aux biens : aumône légale, aumônes expiatoires ; ce qui s'impose au corps et touche aux biens : le pèlerinage, la guerre sainte.

Cette présentation d'un culte où il n'est pas dit un seul mot de l'âme, ne saurait nous étonner après ce qui précède. N'oublions pas que des penseurs musulmans aussi différents que le mystique Ibn 'Arabî et le ḥanbalite Ibn Taymiyya (le ḥanbalisme est l'école juridique orthodoxe la plus sévère), se sont trouvés d'accord pour reprocher aux chrétiens un culte trop spirituel et l'abandon des règles matérielles de la Loi. Quoi qu'il en soit, ce qui est intéressant dans cette classification des prescriptions, c'est l'ordre même dans lequel al-Mâwardî voit une progression qui va du plus facile à accomplir au plus difficile. En effet, l'Islam pense, à la suite d'une révélation claire, que Dieu a voulu n'imposer à l'homme que des devoirs qu'il pouvait supporter. La Loi est donc aussi légère que possible. Mais ici cette idée est utilisée pour montrer une organisation parfaitement rationnelle et équilibrée des obligations de l'Islam. La prière passe d'abord, non parce qu'elle est en soi l'acte du culte le plus important, mais parce que les gestes du corps, qui la constituent, sont ce qu'il y a de plus aisé à accomplir. Le jeûne est déjà plus difficile en soi. En outre, il comporte une incitation à la pitié envers les pauvres : les souffrances de celui qui jeûne lui font comprendre les souffrances du malheureux qui a faim, de sorte qu'il pense à le nourrir. On disait à Joseph : Pourquoi as-tu faim alors que tu es à la tête des greniers de la terre ? Il répondit : je crains d'être rassasié et d'oublier ceux qui ont faim. En dernier lieu, le jeûne est une humiliation qui rappelle à l'âme combien elle est en dépendance du corps, par besoin de nourriture. C'est pourquoi Jésus et sa Mère ne sont pas deux dieux (*sic*). Il est écrit dans le Coran : « Jésus le Messie n'est qu'un prophète… et sa mère n'est qu'une femme juste. Tous deux prenaient de la nourriture ». Allah considère donc ce besoin de nourriture, conclut al-Mâwardî, comme une défectuosité qui les empêche d'être dieux. Le jeûne rappelle donc à l'homme sa véritable condition.

L'obligation de l'aumône légale vient ensuite, parce qu'elle touche aux biens, ce qui est plus pénible pour l'homme. Mais elle est plus facile à observer que la loi du pèlerinage et de la guerre sainte, qui exige une dépense pour les frais du voyage ou de l'équipement et, en outre, une fatigue du corps liée à de grands risques. L'entreprise de se rendre à La Mecque était presque aussi hasardeuse que la guerre, car les routes n'étaient pas sûres, et ce fut une des préoccupations des califes et des gouverneurs de prendre des mesures de protection pour les pèlerins. Aussi « l'âme répond moins rapidement à l'obligation du *ḥaǧǧ* qu'à celle de la *zakât* ».

L'utilité de l'aumône légale, outre l'aide qu'elle apporte aux pauvres, aux indigents et à l'ensemble de la communauté, c'est d'empêcher les moins favorisés de la fortune de sombrer dans une haine qui romprait toute relation sociale. La *zakât* est un facteur d'intégration sociale : par elle les malheureux sentent qu'ils font partie de la communauté musulmane (*umma*), et qu'ils ne sont pas des déshérités. De plus, la suppression des haines sociales a pour résultat qu'on attache moins d'importance, dans la vie, à l'argent, aux facteurs économiques, dirions-nous, et qu'on se tourne davantage vers Dieu. Enfin, le paiement de la *zakât* est un bien pour l'âme qui prend des habitudes de douceur et vainc son avarice. Le thème de l'odieux de l'avarice est fréquemment traité dans les *ḥadîṯ*-s. Al-Mâwardî en cite, sur ce sujet, un grand nombre au cours de son livre.

L'obéissance aux deux premiers types de prescriptions ouvre un chemin à l'exécution du troisième où sont réunies les difficultés des deux autres. La fonction religieuse du pèlerinage est d'ailleurs la plus grave : elle est de remettre en mémoire la mort et le jugement, car le fidèle qui va à La Mecque, se sépare de ses biens et de sa famille ; sur le territoire sacré et dans l'état de sacralisation (*iḥrâm*), tous les pèlerins sont égaux : puissants et faibles, riches et pauvres, sont au même titre abaissés, tous dans la main de Dieu, pleins de la crainte et du désir de Dieu, dépouillés de leurs crimes, dans le regret (*nadam*) du pécheur. Al-Mâwardî ne parle ici du repentir, la *tawba*, qui revient si souvent dans la pensée des mystiques, que comme d'une conséquence, une sorte de grâce, du pèlerinage : peu de gens dit-il, font le *ḥaǧǧ* sans se repentir et se dépouiller du mal. Plusieurs traditions du Prophète vont dans ce sens.

En plus de cela, le pèlerinage ravive les souvenirs du Prophète, des bienfaits qu'il a reçus, de la victoire que Dieu lui a donnée sur les forts et les orgueilleux. C'est certainement, pour al-Mâwardî, le rite qui commémore la victoire de l'Islam, celle, en particulier, de la religion de la Communauté sur l'esprit d'indépendance des Arabes, sur leur fierté et leur culte du lignage ancestral qui conduisait à une fragmentation en tribus rivales. À La Mecque, le pèlerin n'est que musulman ; c'est là qu'il fait *islâm* parfaitement, c'est-à-dire qu'il s'abandonne totalement à Dieu, n'étant plus rien d'autre qu'un membre de la communauté. C'est là que se réalise l'action de grâce dans toute sa pureté ; la grâce du pèlerinage se fait action de grâce, car l'homme devient si transparent qu'il n'y a plus d'écran humain entre la grâce reçue et le remerciement. Voilà ce qui semble ressortir des citations qu'al-Mâwardî a choisies pour développer ce sujet. Nous avons déjà dit que la louange à Dieu ne peut être que l'effet d'une grâce prévenante, qui exige à son tour un remerciement, et ainsi de suite à l'infini. Aussi les grâces de Dieu sont innombrables. Manṣûr b. Ismâʿîl a composé ces vers :

Remercier Dieu est une grâce
Qui oblige au remerciement.
Comment le remercierai-je de sa bonté,
Quand ce remerciement provient de sa bonté ?

Il est écrit dans le Coran : « Ils reconnaissent les grâces de Dieu, ensuite ils les nient ». Muğâhid commente en disant qu'ils reconnaissent les bienfaits que Dieu multiplie sur eux, puis ils les nient en prétendant qu'ils les ont hérités de leurs pères ou acquis par leurs actions. Or, précisément le dépouillement du pèlerin supprime cet écran des valeurs héréditaires et personnelles. C'est pourquoi, par son être même, ainsi réduit à son « être-pèlerin », le fidèle à la Mecque est à la fois simple support de la grâce reçue du pèlerinage et vivante action de grâce. Il sort du labyrinthe de l'infini des grâces.

Le *ḥağğ* est donc le point culminant du culte musulman et de la vie musulmane sociale et religieuse. Là, le fidèle se retrempe dans l'Islam, il franchit les temps et retrouve l'intensité de la foi primitive, il renouvelle, pour ainsi dire, dans la perfection, son acte d'*islâm*, d'abandon à Dieu. Il découvre, dans une expérience ethico-religieuse, la valeur de la communauté (*umma*) ; il sent qu'il n'est rien qu'en elle et pour elle : un serviteur anonyme de Dieu, sans parents, sans titres, sans intérêts matériels et personnels, parmi la multitude des autres serviteurs.

Si donc la pensée, imprégnée de mu'tazilisme, d'al-Mâwardî, laisse place à un mysticisme, c'est bien au niveau du pèlerinage. Sans doute, psychologiquement, faut-il reconnaître une action des rites eux-mêmes, le *ṭawâf* qui consiste à faire sept fois le tour de la Ka'ba, les trois premières fois en sautillant, le contact de la pierre noire qui « procure une volupté céleste », le *sa'y*, ou course entre les collines d'al-Ṣafâ et d'al-Marwa, la récitation des versets du Coran, la station devant Dieu à 'Arafât face au mont de la Miséricorde, puis la station à Muzdalifa, enfin le retour à al-Marwa, tous ces mouvements étant des « fuites éperdues » (*ifâḍât*) au cours desquelles chaque année, nous dit Gaudefroy-Demonbynes, des pèlerins trouvent la mort. Assurément l'exaltation atteint aisément au paroxysme. La qualité de cette ferveur, voire de ces transes, peut nous inspirer quelques soupçons. Mais là ne semble pas être le but du pèlerinage, d'après ce que dit al-Mâwardî, car l'important est plutôt pour lui le résultat dans l'âme de cette expérience unique et particulièrement forte en impressions. Le fidèle qui rentre chez lui après le pèlerinage est un homme nouveau dont la pensée a pris des directions nouvelles. Il garde le nom de *ḥâğğ* et il est un peu comme un personnage consacré qui jouera un rôle dans son village, surtout s'il est d'un pays éloigné de l'Arabie et dont les habitants ont rarement les moyens d'entreprendre un voyage coûteux et difficile.

Qu'il y ait là une part d'idéal, qu'on ne sache pas exactement, dans cette interprétation du pèlerinage, ce qui est symbole perceptible par un petit nombre seulement, ou réalité dans la masse, c'est vrai. Mais il n'en est pas moins certain que, si le pèlerinage n'a pas toujours sur l'âme les conséquences purement religieuses qu'al-Mâwardî signale, il la marque cependant fortement d'un sceau religieux, éthique et social, et il a ainsi une grande importance politique de nos jours encore.

Notons qu'al-Mâwardî ne fait aucun développement sur la guerre sainte.

c) *Actes interdits*. – Ces interdictions sont à la fois le fait de la Loi et de la raison. Il y en a deux catégories : la première porte sur les désirs de l'âme et ses passions, par exemple, la débauche et le vin, Dieu les défend à cause de la violence du mouvement qui y porte ; la seconde concerne ce que l'âme fuit d'elle-même, comme de manger des choses répugnantes ; ici, Dieu se contente d'interdire sans parler de punitions.

Certains disent que c'est la raison qui fonde la nécessité de ces interdictions, car elle oblige à s'écarter soi-même du mal et à en écarter les autres. Ils citent, comme illustration, ce *ḥadīṯ* du Prophète : « Des hommes montèrent dans une barque et se la partagèrent de façon que chacun ait sa place. Alors l'un d'eux se mit à creuser avec une hache à l'endroit qu'il occupait. Que fais-tu ? lui dit-on. Il répondit : c'est ma place et je fais ce que je veux. Ils ne s'y opposèrent pas, et tous périrent. » Cet apologue montre que les interdictions de la raison reposent sur la limitation nécessaire de la liberté individuelle dans la société humaine. Mais al-Mâwardî ne s'y arrête pas et se contente de le rapporter. Pour d'autres, c'est la Loi seule qui définit ce qui est défendu. En effet, si les interdictions avaient un fondement rationnel, elles seraient absolues et s'imposeraient à Dieu même. Ainsi, en admettant que l'infidélité (*kufr*) soit condamnée par la raison, Dieu ne pourra plus établir un traitement spécial, comme il l'a fait, en faveur du *ḏimmî*, chrétien, juif ou zoroastrien, qui est vaincu par les musulmans, qui refuse l'Islam, et pourtant n'est pas mis à mort, reçoit la protection des Croyants, garde sa foi et sa loi particulières. Ici encore, al-Mâwardî ne développe pas ce cas très intéressant. Mais, dans la suite, il défend, par un classement des différentes situations possibles, sa thèse sur la coexistence de l'obligation légale et de l'obligation rationnelle. La loi a cet avantage de donner des règles que tout le monde peut connaître, tandis que la raison n'est pas toujours également développée chez tous, et qu'on peut se tromper dans l'usage qu'on en fait. Quant à l'objection illustrée par le privilège du *ḏimmî*, elle suppose que la législation de la raison se tire de valeurs éthiques ou religieuses qui existent en soi, qui sont éternelles et qui s'imposent à Dieu comme les Idées de Platon ou le Bien de Leibniz. Mais l'influence mu'tazilite ne permet pas à notre auteur d'accepter ce point de vue, d'ailleurs peu conforme au génie profond de l'Islam qui voit en Dieu le Tout-Puissant, libre absolument de décréter et de faire ce qu'il veut. Le mu'tazilisme, en effet, au nom de la parfaite transcendance divine, ne reconnaît aucun archétype en Dieu. C'est pourquoi al-Mâwardî, dans cette question, ne fait une place à la raison qu'en tant qu'elle est juge de l'utile ou du plus utile. Si la Loi tolère le *kufr* du *ḏimmî*, c'est que la raison ne l'interdit pas. Ce principe général étant posé, si la tolérance de l'infidélité entraîne un dommage pour la communauté, on a l'obligation rationnelle de ne pas la tolérer. Au contraire, si l'intolérance engendre un mal, alors que la tolérance est sans effet pernicieux, ni la raison ni la Loi n'obligent à être intolérant. Or, on sait par l'histoire, que les traités de protection passés avec les juifs et les chrétiens lors de la conquête de l'Égypte et de la Syrie, ou avec les zoroastriens lors de la conquête de l'Iraq et de la Perse, étaient très avantageux pour les musulmans.

Les observations que fait al-Mâwardî sur le culte, sur le danger et les causes des insuffisances et des excès, sur la perfection, qui est dans un état d'équilibre, sont minutieuses et compliquées, souvent fastidieuses. Nous ne relèverons que quelques idées.

L'insuffisance vient souvent de ce qu'on remet au lendemain, avec l'espérance d'achever ou de corriger, ce qu'on a fait la veille d'imparfait. C'est folie. Le Prophète a dit : Celui qui compte vivre demain, compte vivre toujours. Et encore : Le premier bien utile à la prospérité de cette communauté, s'obtient par l'abstinence et la crainte de Dieu ; le mal qui la corrompt, se réalise par l'avarice et l'espérance. Des sages ont dit : L'ignorant s'appuie sur son espérance et l'homme raisonnable sur son action. Des penseurs éloquents ont dit : L'espérance est comme un mirage ; qui la voit est trompé, qui s'y fie est déçu. Et encore : À délai plus long, négligence plus grande.

L'excès est souvent lié à l'affectation et à l'hypocrisie. Il faut trouver un juste milieu entre l'ostentation et la honte. Mais tandis que l'hypocrisie a été souvent dénoncée, il ne semble pas que la honte religieuse, le respect humain, ait été fréquents en Islam. À l'étalage voyant, s'opposait plutôt le goût d'une adoration plus intérieure. C'est ce que note, par exemple, al-Ġazâlî, pour qui la manifestation extérieure s'impose dans la seule mesure où elle est un acte communautaire et où, par là, elle est un secours pour les autres. Est-ce ce recueillement que vise al-Mâwardî quand il parle du *ḥayâ'*, que nous avons traduit par honte, mais qui signifie aussi pudeur ? C'est difficile à dire. Il rapporte une parole du calife 'Alî : Ne fais aucune sorte de bien par ostentation, mais ne néglige aucun bien par *ḥayâ'*. Un *ḥadîṯ* du Prophète rapporté ici peut nous éclairer : Ce que je crains le plus pour mon peuple, c'est l'hypocrisie extérieure et la passion intérieure. Les deux extrêmes, entre lesquels il faut composer, semblent bien être, d'une part, l'artifice d'une vie qui n'a conscience d'elle-même que par rapport à l'idée qu'on se fait de l'opinion d'autrui et, d'autre part, l'amour propre passionnel d'une vie repliée entièrement sur elle-même qui ne tient aucun compte des autres.

Deux autres formes de l'excès sont, d'une part, celui qui est dû à l'imitation et, d'autre part, celui auquel on se livre de soi-même en vue d'une récompense plus grande ou pour avancer en perfection. Al-Mâwardî ne les blâme pas, au contraire. L'excès par imitation ressemble sans doute à l'excès par ostentation. On ne veut pas, dit l'auteur, faire moins que les gens qu'on fréquente et être au-dessous d'eux dans la pratique du bien. Mais cet esprit de rivalité (*munâfasa*) qui pousse à s'égaler à eux, sera bon s'il s'accompagne d'un désir droit et d'un jugement vrai. Or, ici, il y a une sorte de contrôle social, grâce à la relation où l'on s'engage avec autrui, par la rivalité dans le bien. Les Arabes de l'anté-islam disaient : Sans l'imitation et la rivalité (ce que l'arabe exprime par un seul mot : *wiʾâm*) les hommes périraient, c'est-à-dire que si les hommes ne se regardaient pas vivre les uns les autres de façon à s'imiter entre eux, ils seraient perdus. La pression sociale est donc, dans ce cas, le facteur qui tourne au bien et qui contrôle une disposition individuelle en elle-même dangereuse.

Quant aux excès qui sont dus à l'initiative personnelle, ils pourraient eux aussi ne pas être sans danger, et ils sont, à leur tour, comparables aux excès de la pudeur (*ḥayâʾ*), puisqu'alors l'âme est face à face avec elle-même. Mais ici, il s'agit seulement d'une âme pure, qui n'a rien à redouter des passions intérieures. Aussi atteint-elle l'état le plus haut que puisse atteindre un homme qui agit et qui est pieux. On voit que, si le *ḥayâʾ* enraye l'activité, ce n'est pas du tout le cas du désir intime de perfection qui ne se réalise que par une action extérieure (*ᶜamal*), sans aucun doute utile à la communauté des croyants. En conclusion, relativement au bien, il y a quatre catégories d'hommes : ceux qui procèdent selon leur initiative, ce sont les généreux ; ceux qui procèdent par imitation, ce sont les sages ; ceux qui renoncent au bien par préférence de ce qui est mal, ce sont les méchants ; ceux qui enfin s'en détournent par suite de leurs échecs, ce sont les misérables. On se demandera où se trouvent les hommes qui ne sont ni sages ni méchants, ni généreux ni misérables. En outre, al-Mâwardî semble avoir oublié ce qu'il a dit d'abord d'un état de perfection intermédiaire entre l'excès et le défaut. Sans doute y a-t-il un peu de flottement dans sa pensée. Néanmoins, il est possible d'y mettre de l'ordre.

L'état intermédiaire a sa perfection propre, en tant qu'il est le plus équilibré, selon une définition psycho-éthique de la vertu : en lui, aucune insuffisance, aucun excès. Mais alors que l'insuffisance est donnée comme un des deux extrêmes, sans autre précision, l'excès, l'autre extrême, est déterminé comme étant constitué d'actions de plein gré (*taṭawwuᶜ*). Ce terme a un sens technique et désigne toutes les œuvres surérogatoires (*nawâfil*). L'excès, qui n'est pas blâmable, est donc simplement un surplus, quelque chose qu'on ajoute (*ziyâda*). Alors, à côté de la perfection du juste milieu, il faut reconnaître une autre perfection plus haute. Effectivement, al-Mâwardî déclare que l'un des bienfaits de Dieu est d'avoir établi, pour chaque acte du culte, un état de perfection et un état de légalité. Observer exactement la légalité, c'est se situer dans le juste milieu, qui a lui aussi sa perfection propre. Quant à l'état de perfection véritable, il ne s'atteint qu'avec la sagesse et la générosité, qui ajoutent à la stricte observance, sans la détruire, mais au contraire en en développant l'esprit, des actes surérogatoires. Or, pourquoi Dieu a-t-il établi ces deux états ? Parce qu'il savait, dans sa science antécédente, qu'il y a dans l'homme « une hâte empressée et une lenteur alourdie », et il a voulu que ceux qui n'ont pas la patience d'accomplir le plus parfait, parce qu'ils sont trop pressés, ou parce qu'ils sont trop lents, aient tout de même une forme de culte valable relativement au précepte et capable de leur assurer des récompenses.

Est-ce l'opposition entre la loi et l'esprit ? N'allons pas si vite. C'est plutôt la reprise fort ingénieuse de deux aspects de la loi, couramment reconnus en Islam. D'un côté, il y a le prescrit et l'interdit. C'est ce qu'on pourrait appeler la loi codifiée : là, ou bien on obéit à la lettre, ou bien on se révolte. L'état de légalité paraît bien se référer à ce premier aspect. Mais, d'un autre côté, il y a ce qui est conseillé, déconseillé ou permis.

Al-Mâwardî ne suit d'ailleurs pas cette classification traditionnelle. Celle qu'il propose est plus compliquée, mais elle revient au même : ce que Dieu rend licite, ce qu'il rend illicite (interdiction sacrée), ce qu'il permet, ce qu'il se réserve, ce qu'il aime, ce qu'il hait, ce qu'il ordonne, ce qu'il interdit. Ces huit catégories se laissent également répartir en obligations de stricte observance, constituant la légalité, et en instructions plus larges, qui laissent un large champ à la raison et à la liberté humaine. Là, on doit bien tenir compte de la Parole révélée, mais on ne saurait y répondre par une pure docilité. Il faut méditer, réfléchir, examiner les situations où l'on se trouve, découvrir le moyen d'agir dans l'esprit le plus conforme à la volonté de Dieu ; et c'est ainsi qu'au-delà de la perfection d'obéissance à la Loi, dans ses impératifs et ses défenses, il y a une perfection de compréhension de la Loi dans ses conseils, ses exhortations, ses mises en garde. Cette insertion d'une liberté rationnelle, dans la pratique d'une partie de la Loi, vient certainement du mu'tazilisme. Mais on retrouve aussi une espèce de šâfi'isme moral, selon lequel la Loi fait appel, jusqu'à un certain point, à la réflexion humaine qui seule peut juger des circonstances concrètes de son application. Et de même que le šâfi'isme juridique se propose de légiférer sur les cas nouveaux sans abandonner la Loi, mais en découvrant des principes généraux, de même ce šâfi'isme moral et religieux se propose une perfection de l'âme dans une certaine pénétration de la Loi, et non dans un au-delà de la Loi.

Il y a donc à distinguer deux sortes d'excès. La première est un surplus qui consiste à faire sans cesse davantage et mieux. C'est, dit al-Mâwardî, l'état de ceux qui recherchent un accroissement, en font leur but conscient et sont capables de persévérer dans cette voie, soit seuls, soit soutenus par la communauté des Croyants. Rien n'est meilleur ni plus haut. Selon 'Â'iša, femme du Prophète, Muḥammad a dit : « O hommes, faites en œuvres tout ce que vous pouvez ; Dieu ne se lasse pas de récompenser tant que vous ne vous lassez pas d'agir, et la meilleure des actions est celle où l'on persévère ». Quiconque éprouve un authentique désir de la récompense n'a de joie qu'à lui obéir. Il va sans dire qu'il ne s'agit pas ici de la stricte observance, mais d'une obéissance plus large, ainsi que le prouvent les anecdotes qui suivent. On demandait à un homme d'abstinence[1] quels étaient ses jours de fête : « Toute journée, répondit-il, où je ne désobéis pas à Dieu, est un jour de fête. » Un autre récit rapporte que des hommes d'abstinence sortirent un jour de fête en vêtements usés. « Pourquoi sortez-vous ainsi vêtus en un tel jour, leur demanda-t-on, alors que tout le monde s'habille et se pare ? » « Pour honorer Dieu, expliquèrent-ils, rien ne pare autant que de lui obéir ».

La deuxième sorte d'excès consiste à multiplier les actes de culte et d'adoration, mais tantôt en négligeant ce qui est obligatoire, tantôt sans persévérer. Le surérogatoire ne doit pas se substituer à la prescription. « Dieu aime mieux peu d'actions qui se répètent sur une longue durée de temps, que beaucoup d'actions qui s'épuisent en un temps très bref, car celui qui fait beaucoup en un court espace de temps, agit pendant un temps et n'agit pas pendant un autre, et dans le temps où il n'agit pas, il peut tomber dans le péché ou la négligence. Au contraire celui qui fait peu, mais pendant longtemps, reste éveillé dans ses pensées et garde sans cesse présent le souvenir de Dieu ».

Tout cet ensemble de remarques dénote, chez al-Mâwardî, un activisme moral et religieux. Mais l'activité qu'il recommande ne se réduit pas à une activité intérieure. L'idée que la pure contemplation serait la plus haute activité de l'homme lui est totalement étrangère. Sans doute son utilitarisme ne reste-t-il pas au ras du sol ; il est capable de s'élever ; le désir des récompenses de l'autre vie, qui devient raisonnablement le désir d'obéir sans cesse et toujours mieux à Dieu pour être davantage comblé, se révèle capable de redresser l'âme et de lui donner accès à des valeurs spirituelles incontestables. Mais tout ce mouvement de l'âme s'effectue dans la Loi, par la Loi, et la Loi n'apporte rien d'autre que la promesse de récompenses. L'obéissance exige qu'on ne demande rien de plus. Vouloir trouver Dieu lui-même dans ces récompenses, et *a fortiori* au-delà, serait entretenir un désir que la Loi ne ratifie pas ; ce serait tomber dans la démesure et l'impiété.

Le chapitre de la religion s'achève par des remarques et des citations sur les dangers du monde, sur la nécessité de le fuir, transition qui conduit au quatrième chapitre consacré à l'*adab* du monde. Al-Mâwardî a senti l'importance du problème qui se pose : s'il faut se détourner du monde, il faut bien pourtant y vivre. Le Christianisme avait formulé le mystère de la situation de l'homme de la manière la plus paradoxale et la plus abrupte, puisque le Christ dit à ses disciples : « Vous êtes dans le monde…, vous n'êtes pas de ce monde. » L'idée chrétienne est que le monde est à sauver de la domination du Prince de ce monde. Rien de tel en Islam. Notre auteur rapporte, à ce sujet, toute une série de *ḥadîṯ*-s fort intéressants. Jésus, fils de Marie, a dit : « Le monde est pour

1. Le mot *zâhid* signifie celui qui se prive, qui s'abstient. Il sert à désigner l'ascète, voué à l'adoration de Dieu. Mais, dans ce sens, les musulmans l'appliquent souvent aux moines chrétiens (*râhib*). Aussi nous abstenons-nous de traduire par «ascète» qui semble trop fort.

Iblis un champ ; les hommes de ce monde en sont la semence. » ʿAlî a dit : « Le monde a pour image le serpent, doux au toucher, mais au venin mortel. » Al-Ḫiḍr dit à Moïse : « Détourne-toi du monde et abandonne-le derrière toi. Ce n'est pas une demeure pour toi et il ne t'offre pas de séjour stable. Le monde a été créé uniquement pour que les serviteurs de Dieu en tirent des provisions et un viatique en vue de l'autre vie. » Jésus a dit : « Le monde est un pont, traversez-le ; ne vous installez pas. »

Le monde n'est donc un mal que si on s'attache à lui, si on y prend racine comme la semence du démon. Al-Ġazâlî exprime bien l'idée qu'il ne faut prendre du monde que ce qui est utile pour avancer ; l'erreur est de s'arrêter et de cueillir des biens superflus, ou, puisque la vie contraint de marcher, le mal est d'aller à reculons et de se présenter de dos à la porte du Paradis, les yeux fixés sur le monde, incapables de s'en arracher.

Pour al-Mâwardî, l'enseignement d'al-Ḫiḍr, le mystérieux compagnon de Moïse [1], a une importance capitale, parce qu'il indique la raison d'être du monde comme création de Dieu. Le muʿtazilisme, en effet, recherche toujours la raison suffisante. L'homme raisonnable saura donc utiliser le monde conformément à sa destination. L'*adab* du monde est donc le bon usage du monde et de ce qu'il contient. Car le monde, voulu par Dieu, œuvre de sa Toute-Puissance et de sa Sagesse, est bon. Il faut donc examiner la création, et la créature humaine dans la création : on trouvera là, chez al-Mâwardî, les éléments d'une anthropologie.

Dieu a créé l'homme en état de besoin et de faiblesse, afin d'être seul à posséder la richesse et la puissance. Car, par sa puissance, il est le Créateur (*Ḫâliq*), par sa richesse, il est le Dispensateur (*Râziq*). En outre, parmi tous les animaux, il a fait de l'homme celui qui a le plus de besoins ; en particulier, il a inscrit dans sa nature le besoin de ses semblables, car la plupart des bêtes se suffisent à elles-mêmes et peuvent vivre sans le secours des autres représentants de leur genre. C'est là l'enseignement du Coran : « Et il créa l'homme faible », c'est-à-dire, explique notre auteur, « que l'homme ne peut supporter la privation de ce dont il a besoin, ni se charger de ce dont il est incapable ». Mais l'idée la plus intéressante d'al-Mâwardî, conforme à son principe que tout ce qui est a une raison d'utilité, consiste à voir dans ces innombrables besoins, et

1. Al-Ḫiḍr ou al-Ḫaḍir est, dans le Coran (Sour. XVIII, v. 59-81), un serviteur de Dieu qui rencontre Moïse au cours d'un voyage. Moïse demande à le suivre pour apprendre de lui quelle est la voie droite. Al-Ḫiḍr y consent, tout en le prévenant qu'il ne doit pas l'interroger sur ses actes, si incompréhensibles qu'ils soient. Mais, en route, Moïse perd patience et, devant la conduite de son compagnon, il ne peut s'empêcher de lui demander des explications. On reconnaît l'épisode de l'ange Azraïl que Voltaire a inséré dans Zadig. Wensinck trouve trois sources principales au récit coranique : l'épopée de Gilgamesh, le roman d'Alexandre et la légende juive d'Élie et du Rabbi Josua ben Lévi, où Élie joue le rôle d'al-Ḫiḍr. Sur la signification mystique de l'identification al-Ḫiḍr - Élie, *cf.* Louis MASSIGNON. *Lexique*, p. 131 ; *Études Carmélitaines* (1956), Élie.

cette impuissance, un bienfait de Dieu. Ainsi, l'homme reconnaît, par sa raison que tout lui vient de son Créateur et des dispositions prises dans la création, qu'il doit donc faire un effort, grâce à ses facultés rationnelles et aux enseignements de la révélation, afin de se procurer les biens que Dieu a prévu qu'il aurait à acquérir en mettant en œuvre tous les moyens préparés à cet effet dans le monde. En d'autres termes, Dieu a établi des lois raisonnables dans sa création ; l'homme, en les suivant, obéit à Dieu, au Dieu dispensateur, et obtient cette sorte de récompense naturelle qui est la satisfaction de ses besoins. « Dieu a institué des causes et des agencements dans ce monde même, dont il fait le séjour de l'action et de l'effort pour se pourvoir du nécessaire (*taklîf*) [1], comme il a fait de l'autre vie le séjour du repos et de la rémunération ». C'est pourquoi l'homme doit se tourner vers son monde, « comme vers le lot qui lui échoit de par la Providence divine, car il ne peut se passer de l'approvisionnement qu'il en tire en vue de la vie future ». Mais, ainsi qu'on l'a vu, il ne faut prendre que ce dont on a besoin. Al-Mâwardî n'analyse pas autrement cette notion de besoin. Tout laisse entendre qu'il pense par là, comme Épicure, aux besoins naturels et nécessaires. Dès qu'on en a fini avec leur satisfaction, on doit, suivant le conseil du Coran, tourner ses désirs vers le Seigneur.

Il est donc indispensable de connaître le monde et de le « sonder » par l'expérience. Son bon ordre se situe à deux niveaux : celui de la totalité des choses, celui de la situation de chacun de ses membres. Mais il y a influences réciproques de ces deux niveaux l'un sur l'autre. L'individu ne peut se réformer seul et rester seul dans sa prospérité, si le monde est en désordre. Au contraire, si, dans un monde bien ordonné, un homme individuel voit ses affaires en mauvais état, il ne pourra jouir de l'ordre de l'ensemble. Al-Mâwardî ne dit pas que l'ordre du tout dépend de l'ordre des parties, non plus que l'ordre du tout s'impose aux parties. C'est que, pour lui, le but est le bonheur des particuliers. Quand ils sont tous en bon état et heureux, si l'ordre du monde dans son ensemble n'est qu'une somme de ces bonheurs individuels, il ne présente aucun intérêt supplémentaire. Inversement si, le monde étant bon, toutes ses parties sont *ipso facto* bonnes, chacun tirera immédiatement son bien-être du tout et non de son accord avec les autres parties. Or Dieu, estime notre auteur, veut que le bien de chacun résulte de ses rapports avec les autres, non d'une organisation générale qui lui assignerait sa place de telle sorte qu'en s'y enfermant il ne manquerait plus de rien. C'est ce qu'exprime al-Mâwardî en ces termes : « Le monde n'offre pas une aide à tous, mais il ne se détourne pas de tous. S'il se détournait de tous, ce serait leur ruine, et s'il prêtait également aide à tous, ce serait et la fin de leurs relations réciproques, à cause de leurs

1. Le verbe *kallafa* a plusieurs sens : astreindre à, faire faire des frais, coûter, pourvoir de tout le nécessaire. *Taklîf* est le nom d'action de ce verbe. Il a un sens technique : obligations religieuses imposées par Dieu à l'homme capable de responsabilité. Ici il semble qu'il faille lui donner un sens plus général.

différences et de leurs divergences (qui prendraient le dessus), et la fin de leur concorde dans l'entraide et le secours mutuel. Car s'ils étaient tous égaux, aucun d'eux n'aurait à chercher la voie de l'assistance ». En somme, l'égalité ne peut réaliser d'unité entre des hommes qui sont par nature différents. Or, il est écrit : « Ils différeront sans cesse… ». L'unité exige une harmonie de ces différences. Pour cela il faut que les besoins des hommes deviennent essentiellement le besoin qu'ils ont les uns des autres, ce qui n'est possible que s'ils ne sont pas également satisfaits, s'ils ne sont pas comblés chacun pour soi. Al-Ḥasan a dit : « Ils diffèrent selon les moyens de vivre que Dieu leur envoie (*rizq*), car celui-ci est riche, celui-là est pauvre ; ils ont été créés pour cela, c'est-à-dire pour qu'ils diffèrent selon la richesse et la pauvreté. » Et on peut lire dans le Coran : « Dieu a favorisé certains d'entre vous par rapport aux autres, en ce qui concerne les moyens de vivre ». Néanmoins, le monde – et on voit que, peu à peu, al-Mâwardî ramène ce terme à la signification de la société – quand il est en bon ordre, fournit de plus abondants secours, sans pour autant réaliser l'égalité.

Que penser de cette doctrine, alors qu'on dit, et c'est vrai, que l'Islam est égalitaire ? Tout simplement que l'égalité n'est pas un droit naturel, moins encore une réalité naturelle. Les hommes sont tous différents. En outre, en face de la toute-puissance divine, il n'y a aucun droit de nature à faire valoir. Mais l'égalité est un devoir, elle doit être réalisée par l'obéissance à la Loi, par l'entraide, par la fraternité des musulmans. Elle est un fruit de la religion, qui suppose l'inégalité au départ.

Aussi la première base d'une bonne organisation de la société, c'est *la religion obéie*. La religion est ce qu'il y a de plus utile. Des sages ont dit que la loi religieuse et la science politique convergent dans la justice, qui sauvegarde à la fois le pouvoir et la civilisation d'un pays. La seconde base est un pouvoir fort qui règne sur les cœurs par la crainte. Cette crainte doit évidemment être inspirée aux hommes injustes et malhonnêtes. Le Prophète a dit : « Le pouvoir est l'ombre de Dieu sur la terre, afin que tout opprimé puisse s'y abriter. » En effet, en chaque homme, la religion et la raison peuvent être vaincues par la passion. La seule garantie qui reste alors, c'est la crainte d'un pouvoir fort. On objectera que cette idée est dangereuse et que le pouvoir peut, lui aussi, être injuste. C'est vrai. Mais le Prophète a dit : « Un *imâm* injuste vaut mieux qu'une sédition » ; et Ibn Mas'ûd : « Le pouvoir se corrompt, mais ce que Dieu réalise par son entremise est plus important (que le mal de sa corruption). Si le sultan est juste, il aura sa récompense et vous avez à le remercier ; s'il est injuste, il aura son péché contre lui, et vous avez à le supporter ».

Al-Mâwardî traite ensuite un certain nombre de questions qu'il a développées particulièrement dans son grand ouvrage de droit public, *al-Aḥkâm al-sulṭâniyya* [1] : La nécessité du pouvoir est-elle fondée sur la raison ou sur la Loi (même problème concernant l'envoi des prophètes) ; peut-il y avoir plusieurs *Imâm*-s dans un seul pays ; peut-il y en avoir plusieurs dans des pays différents, mais en même temps ; quels sont les devoirs du sultan ?

La troisième base du bon ordre social, c'est une *justice* qui s'étend à tout et à tous. Elle crée la concorde amicale, excite à l'obéissance, civilise le pays, accroît les biens, augmente la population (m. à m., multiplie la postérité) et garantit le pouvoir. Elle comprend la justice envers soi-même, qui consiste à agir justement, et la justice envers autrui. Celle-ci se divise en trois catégories : a) la justice envers les inférieurs, du sultan envers ses sujets, du chef envers ses subordonnés. Elle consiste à ordonner ce qui est le plus facile, à écarter ce qui est trop difficile, à ne pas exercer le pouvoir par la force, enfin à rechercher dans sa conduite ce qui est vrai et droit (*ḥaqq*). L'application de ces quatre règles entraîne quatre avantages : une autorité plus durable, des conditions plus salutaires, l'amour de l'inférieur pour le supérieur, enfin une aide spontanément consentie. b) La justice envers les supérieurs comprend trois choses : l'obéissance, l'aide et la sincérité dans l'assistance ; c) la justice entre égaux comporte également trois choses : ne pas chercher à avoir le dessus, éviter la familiarité et éviter les torts. Les règles de cette justice ne peuvent être que négatives car al-Mawardî, nous l'avons vu, ne conçoit pas la possibilité de relations constructives entre les hommes dans l'égalité. Il faut simplement ne rien faire qui détruise cette égalité. C'est la seule forme de justice qui soit praticable.

La quatrième base est la *sécurité générale* qui donne la paix aux âmes, leur inspire la modération et le contentement de ce qu'elles ont, et surtout qui permet aux faibles de s'intégrer dans la vie sociale (m. à m., qui apprivoise les faibles, qui les fait vivre en société). Cette dernière idée est très importante. Il ne doit pas y avoir de parias dans une société bien constituée. Pourquoi cette quatrième base ? C'est que l'injustice est de deux sortes : tantôt elle est le fait de la volonté humaine, et alors, la troisième base, la justice, peut y porter remède, mais tantôt elle est le fait des événements, et la justice humaine ne peut rien contre elle. Aussi faut-il recourir à un nouvel élément d'organisation qui est la sécurité.

La cinquième base est la *fécondité du sol* qui donne une vie plus large et plus aisée. La valeur sociale de la prospérité convie les hommes à cultiver le monde. Al-Mâwardî semble vouloir distinguer, sous le nom de richesses d'acquisitions et de richesses de matières, une prospérité provenant du travail et une prospérité faite des produits naturels. Mais il ne développe pas cette idée et dit

1. Traduction française avec commentaire par F. FAGNAN (Alger, 1905), sous le titre : «Les statuts gouvernementaux, ou règles de droit public et administratif», et «Les constitutions politiques», trad. et commentaire d'après les Sources Orientales par L. OSTROROG (Paris, 1900-1906).

simplement que la première espèce de prospérité est le fruit de la sécurité, la seconde le résultat de causes instituées par Dieu et sa justice. Il entend vraisemblablement, comme il le remarque ailleurs, que les différents peuples, sur des domaines inégalement pourvus de ressources naturelles, seront, au même titre que les individus, contraints de s'entraider et de créer entre eux des rapports de civilisation. On voit que son utilitarisme est aussi optimiste que celui des penseurs de l'École Anglaise au XIXe siècle.

La sixième est un *vaste espoir* qui pousse à se lancer dans l'acquisition de ce qu'une vie humaine ne peut embrasser. Ainsi, les enfants s'appuient sur ce que les pères ont entrepris et en poursuivent la réalisation. Sans cela, à chaque génération, il faudrait recommencer à produire les objets de première nécessité, reconstruire les maisons et les villes, redéfricher les champs. Rien ne s'ajouterait à un acquis, capable bien qu'incomplet, et parce qu'il est incomplet, de servir de fondement à une amélioration qui permette plus tard une amélioration nouvelle. Le progrès, que rend possible cet héritage transmis à travers le temps et sans cesse accru, suppose donc que les hommes ne construisent pas seulement pour eux-mêmes, mais plantent pour leurs arrière-neveux. Il est curieux de voir ici louer l'espérance, qui avait été blâmée. De plus, si on se contentait, conformément aux thèses précédentes, de faire face aux besoins immédiats, naturels et nécessaires, on ne laisserait pas grand'chose à la postérité. Il faut donc admettre que, pour al-Mâwardî, ce qui est mauvais pour l'individu, peut être bon pour la communauté, et que ce n'est pas trop s'attacher au monde, que de le cultiver pour les siècles à venir. « Dieu a mis cette espérance dans l'homme pour que la civilisation s'étende sur le monde ».

À côté de la civilisation qui transforme le monde et la société, il y en a une autre, parallèle, qui transforme l'homme et dont le Coran fournit également les bases : l'obéissance religieuse qui est, ici encore, fondamentale, engendre la sociabilité (*ulfa*), formée par le lien de la communauté de foi et par les autres liens que la Loi crée et garantit : le lignage (respect dû aux parents et aux ancêtres : islamisation du vieux et profond sentiment tribal des Arabes), l'alliance par les femmes (*muṣâhara*), que le Prophète a reçu la révélation de consacrer, par exemple dans la loi sur la dévolution successorale, qui crée des héritiers *farḍ*-s par les femmes à côté des héritiers *'asaba* de la lignée paternelle), les liens d'amour philanthropique et de piété. C'est le Coran qui a fait naître, parmi les tribus bédouines dispersées et hostiles, le sentiment de la fraternité des Croyants.

Néanmoins, al-Mâwardî ne va pas au-delà d'un amour dicté par la commune fidélité à l'Islam. Seuls sont frères et alliés les vrais adorateurs du vrai Dieu. « L'hostilité fondée sur la différence de religion est à la mesure de l'amitié qui résulte de l'unité de religion ». Ainsi Abû 'Ubayda b. al-Ğarrâḥ, un des dix croyants à qui Muḥammad avait promis le Paradis, homme d'une haute vertu et dont l'influence était reconnue dans l'Islam, tua son père à la bataille de Badr et il apporta sa tête au Prophète, par obéissance à Dieu et à son Envoyé, parce que son père avait persévéré dans ses erreurs et s'était donné entièrement à sa révolte contre le Tout-Puissant. Aucune miséricorde ne l'adoucit en sa faveur, aucune intercession ne le détourna de le tuer, bien qu'il fût le plus pieux des fils, parce que la religion l'emportait sur le sentiment filial, et l'obéissance à Dieu sur l'obéissance à un père. C'est à ce sujet qu'il est écrit dans le Coran : « Tu ne trouveras personne, croyant en Dieu et en la vie future, qui puisse chérir un homme qui s'oppose à Dieu et à son Envoyé, fût-il son père, son fils ou son frère ».

Suit une longue série de distinctions concernant la fraternité et l'amitié – qui sont de deux espèces : l'une fondée dans la nature, dans une affinité, et qui est plus forte que l'autre, purement volontaire, car ce qui est un effet de la nature est plus fort que ce qui est un effet de la volonté –, et concernant la piété.

Tel est le contenu des quatre premiers chapitres de cet ouvrage d'al-Mâwardî, qui a été beaucoup lu par les musulmans. Les faiblesses en sont évidentes : elles tiennent au genre même, ainsi que nous l'avons fait remarquer au début. Qu'a-t-il pu apporter à ses lecteurs ? Une simple collection de textes et de formules, de *topoi*, qui permettaient de parler élégamment et avec autorité sur tous les problèmes de la religion et du monde ? Peut-être. Il est même vraisemblable que c'était là un bagage culturel pour beaucoup de musulmans moyens, et nous constatons qu'il était pauvre. Mais peut-être aussi la lecture de l'ouvrage apportait-elle une certaine formation de l'esprit à des hommes plus réfléchis, désireux de saisir la pensée et l'intention de l'auteur, qui, au milieu du fatras des textes, des divisions et des subdivisions, se font parfois jour. Celui qui y parvenait, devait trouver dans cette pensée d'al-Mâwardî l'image satisfaisante d'une mentalité sans doute très répandue aux X e et XI e siècles en pays d'Islam, celle qui correspond à un humanisme musulman à égale distance de l'orthodoxie farouche, dénonçant toutes les valeurs humaines comme des idoles et des sources d'impiété, et d'une mystique sublime, perdue dans les hauteurs de la vie spirituelle. Cet humanisme, certes, paraîtra un peu mesquin, voire un tantinet mercantile, fait d'humanitarisme, de respect de la religion et de la Loi, d'utilitarisme et d'optimisme, d'amour de la paix, de la sécurité, du rendement, ennemi des risques, ami de la bonne conscience ; en un mot, on y verra un humanisme du confort religieux, intellectuel, moral, social et économique. Tout cela peut être exact. On lui préfèrera cet humanisme de haute envolée que 'Abd al-Raḥmân Badawî [1] a étudié dans les doctrines mystiques d'*al-Insân al-Kâmil* (l'Homme Parfait), ou même l'humanisme à la fois si équilibré et si ouvert sur les valeurs spirituelles que constitue la pensée d'al-Ġazâlî. Soit. Mais il semble que l'humanisme que peint, ou plutôt que suggère al-Mâwardî, a le mérite de pouvoir être celui de tout musulman de bonne volonté, qui ne

1. « L'humanisme dans la pensée arabe », *Studia Islamica*, fasc. VI, 1956.

distingue pas très bien ses adhésions réelles de ses adhésions notionnelles, mais qui a du bon sens, qui se respecte et respecte ses semblables musulmans, qui reconnaît que son Seigneur est tout-puissant et, en même temps qu'il a, lui, à faire son travail quotidien, qui a besoin de courage, de vertus et d'initiative, qui croit donc au courage, à la vertu et à l'initiative, en un mot, à l'action. Le type d'homme et le type de mentalité qui sont ici caractérisés, ont été rendus possibles par l'influence du mu'tazilisme. Cette école semble jouer, en Islam, le rôle que le stoïcisme a joué dans le christianisme. Dans les deux cas, on a affaire à des doctrines métaphysiques ou théologiques qui, peu à peu, s'infléchissent vers une pure éthique, de plus en plus détachée de ses origines. Dans les deux cas, cette éthique s'exprime par des formules, faites de mots à la fois techniques et usés. Dans les deux cas, on trouve une pensée plus émotionnelle qu'intellectuelle, parce qu'elle a perdu son armature conceptuelle et métaphysique, et qui n'en est que plus apte à présenter aux hommes une image de ce qu'ils pourraient être, très proche de la réalité qu'ils s'imaginent être déjà.

SUR UNE INTERPRÉTATION ÉCONOMIQUE ET SOCIALE DES THÉORIES DE LA « *ZAKÂT* » EN DROIT MUSULMAN

Le droit écrit représente toujours un état plus ou moins dépassé de l'évolution sociale. Pourtant, interrogé avec précaution, il peut fournir des renseignements sur cette évolution et sur les tendances de la société dans laquelle il fut en vigueur. Mais quand il s'agit du Droit musulman, il semble impossible, si prudent soit-on, d'attendre les mêmes services. Les ouvrages des *fuqahâ'*, là même où ils traitent les questions autrement qu'à titre de disputes entre savants ou d'exercices d'école, semblent parler en dehors du temps, dans une sorte d'*aevum* qui reflète assurément l'éternité de la Parole divine, mais qui a, pour nous, l'inconvénient de ne permettre aucune datation et de n'autoriser aucune référence certaine à un lieu géographique. Peut-être nous trouvons-nous là devant un caractère général de la culture arabe classique : de même que la poésie d'Espagne au IVe siècle de l'hégire exploitait les lieux communs, les thèmes de description et les expressions de la poésie arabe du temps du Prophète et des premiers califes, de même un traité de *fiqh* comme celui d'Ibn Ḥazm de Cordoue, dont nous nous proposons de parler, n'offre, par rapport aux livres orientaux de jurisprudence, aucune originalité prégnante qui serait due à la situation particulière de l'Occident musulman à l'époque où il a été écrit. Ce qu'Ibn Ḥazm a en propre, c'est un esprit et une méthode. L'œuvre des juristes de l'Islam n'est ni une œuvre législative, ni une réflexion sur une législation ; elle ne renvoie pas à des institutions concrètes et datées qu'elle analyserait comme des réalités, sauf pour la période des débuts de l'Islam, à laquelle au contraire elle se réfère sans cesse à travers les traditions [1]. Cette œuvre témoigne simplement du fait qu'à une époque mal définie, telle pratique a pu

1. Au contraire, beaucoup de traditions qui se rapportent au Prophète et aux Compagnons, se laissent localiser et mettre en rapport avec des événements connus. Ce fut même un problème pour les commentateurs que de savoir si le contenu de ces *ḥadîṯ*-s devait être compris par référence à leurs circonstances particulières et contingentes. Ibn Ḥazm pense que leur signification est générale, indépendante du contexte historique, tant qu'une indication expresse (*dalîl*) ne vient pas en restreindre la portée.

être en usage, sans qu'on sache jamais exactement si les problèmes agités avaient un fondement réel, si les solutions étaient appliquées ou même étaient destinées à l'être. Veut-on s'aider d'autres ouvrages, pour tenter de déterminer les temps et les lieux ? La difficulté persiste. Ainsi, pour étudier les rapports du droit et de l'économie, il serait intéressant de pouvoir faire comparaître les géographes. Malheureusement, comme l'a montré Sauvaget, ils se copient d'un siècle à l'autre, de telle sorte que ces sources « ne fournissent en réalité, dans la plupart des cas, que des indications anachroniques » [1]. En outre, ces géographes sont aussi peu systématiques que possible et, par exemple, quand ils ne mentionnent pas un produit important parmi les richesses d'un pays, on n'est jamais sûr que c'est parce qu'il n'y existe pas. Il faut donc là encore une extrême prudence.

Peut-on considérer que cette façon de traiter les questions juridiques *sub specie aeternitatis* n'est qu'un masque, et qu'il nous est possible de le soulever pour retrouver, par une critique judicieuse, des motivations concrètes qui présentent un intérêt pour l'histoire ou la sociologie ? Nous n'oserions nier cette possibilité, mais nous craignons qu'une telle recherche ne soit condamnée à un cercle vicieux, car il est très vraisemblable que ce serait à la lumière de connaissances historiques, déjà acquises par ailleurs, qu'on arriverait à voir dans les ouvrages de droit un peu tardifs – et encore avec beaucoup de conjectures et d'incertitudes – les renseignements désirés. En d'autres termes, l'historien de la société musulmane risque de ne trouver dans le droit musulman que ce qu'il y apporte, et c'est à peine si on peut dire qu'en retour, le droit lui en apporterait confirmation. Par conséquent, l'étude du *fiqh* peut avoir besoin de l'histoire générale et de l'histoire sociale, mais il est peu vraisemblable que l'histoire générale ou sociale ait besoin du *fiqh*.

Néanmoins, nous allons tenter une expérience, qui ne peut être que limitée à un cas favorable et limitée également dans ses prétentions, voire dans sa précision [2], celle de tirer d'un ouvrage de droit, sans le secours d'aucune

1. J. SAUVAGET, *Relation de la Chine et de l'Inde*, Introd. XL.

2. Ce n'est pas qu'Ibn Ḥazm s'enferme absolument dans des spéculations purement abstraites. C'est un esprit trop observateur pour cela. Par exemple, à propos des époques où l'on perçoit la *zakât*, il parle des mois dans lesquels ont lieu les récoltes. Cette question l'amène à dire un mot des variétés de semences, les unes précoces, les autres tardives, et il nous donne alors des indications sur le temps des semailles à Medinaceli, en Espagne. On doit semer l'orge à la fin de septembre, à cause des gelées qui empêchent plus tard le travail de la terre. Certaines années, dit-il, nous voyons des champs d'orge et de blé dès le début de mars. Cependant de telles «confidences» sont rares. À l'extrême opposé, Ibn Ḥazm, dans son *Livre de la Zakât* et dans son *Livre des Ventes*, distingue les différents moments de la fructification du palmier, en employant des termes consacrés par l'usage bédouin et qui ont été classés par des grammairiens tels qu'al-Ṯa'âlibî dans le *Fiqh al-luġa*. Ailleurs, il énumère les différents noms du chameau en fonction de son âge. Or ni le palmier ni le chameau ne devaient jouer un rôle très important dans l'économie de l'Espagne musulmane à l'époque d'Ibn Ḥazm.

donnée extérieure, quelques conclusions au sujet du développement de la situation économique du monde musulman dans les premiers siècles (évidemment sans pouvoir fixer aucune date déterminée). Nous nous adressons pour cette expérience au *Kitâb al-Muḥallâ* du ẓâhirite Ibn Ḥazm de Cordoue. (384h/994 - 456h/10344).

À première vue, ce choix semblera insensé. L'idéal ẓâhirite de l'interprétation littérale des textes, sa gageure, si imperturbablement tenue par Ibn Ḥazm, de ne s'attacher qu'à ces textes et à cette interprétation, nous situent dès le principe dans l'intemporel. Il eût été plus indiqué de s'adresser à des ouvrages composés par tel juriste partisan d'un effort personnel capable de développer le droit par les jugements prudentiels et jurisprudentiels ou par le raisonnement analogique : or, pour Ibn Ḥazm, l'*iǧtihâd* doit se borner à l'effort de compréhension de la lettre des versets et du *ḥadîṯ* ; le *ra'y* (opinion) est condamné, ainsi que le *qiyâs* (analogie), et c'est un axiome, qui a pour lui valeur juridique, qu'il est interdit de dépasser les limites ou définitions de Dieu (*ḥudûd Allâh*). Nous aurions pu aussi, à plus juste titre, interroger les docteurs qui donnent un sens large à la notion *d'iǧmâ'* et en font le consensus de la communauté musulmane tout entière : un droit qui s'appuierait sur un tel principe serait capable de suivre, de façon fort intéressante, l'évolution de la société. Mais Ibn Ḥazm, au contraire, a considérablement réduit l'*iǧmâ'* et l'a limité à celui des Compagnons du Prophète, alléguant que, si on l'étendait au-delà, il n'était plus contrôlable et perdrait toute certitude. Par ce côté encore, le ẓâhirisme ḥazmien se replie sur la société du temps du Prophète et il s'enferme en elle. De quel secours nous peut-il être ?

C'est justement parce qu'il cherche, par une critique implacable de toute nouveauté (*bid'a*), de toute adjonction (*ziyâda*), à déterminer comment jugeaient et agissaient réellement le Prophète et ses Compagnons, qu'il fait ressortir, chez les maîtres des autres écoles juridiques, les modifications qu'ils ont introduites et qui, aux yeux d'Ibn Ḥazm, ne peuvent être dictées que par des réactions humaines à la Parole divine. Or c'est bien là que nous aurons des chances de déceler, parmi bien d'autres motivations, la pression de circonstances historiques, sociales ou économiques. Comme les juristes, qui ont voulu étendre le droit coranique, se sont toujours, plus ou moins artificiellement, autorisés du Coran et de la Tradition, comme ils n'ont jamais fourni explicitement un exposé des motifs, ils peuvent donner le change. Mais ils ne trompent pas le vigilant Ibn Ḥazm. Si bien qu'en définitive, le travail que nous nous proposons d'entreprendre trouvera chez lui tous ses éléments réunis.

Plusieurs des questions discutées dans le *Kitâb al-Muḥallâ* pourraient nous fournir des indications sur des faits économiques : les chapitres sur les ventes, sur les associations, sur le partage, sur les emprunts, en particulier. Mais ces indications se sont révélées fragmentaires et il ne nous a pas été possible jusqu'ici de les systématiser sans forcer la portée des textes. En revanche, il est un traité qui, relativement à notre intention, nous offre un ensemble cohérent de faits et d'idées, qui se prête bien à l'expérience que nous tentons, en lui apportant une base consistante, c'est le *Livre de l'Aumône légale* (*Kitâb al-Zakât*).

Ibn Ḥazm remarque d'abord qu'on s'accorde sur le fait que la *zakât* ne porte pas sur les biens qui sont acquis pour l'usage personnel (*li-l-qinya*) [1] et non pour le commerce (*li-l-tiğâra*), par exemple les joyaux, les tapis, les couvertures, les vêtements, les vases de cuivre, de fer, de plomb ou d'étain, les armes, le bois de construction (*ḫašab*), les maisons, les biens-fonds, les mulets, la laine, la soie, etc. Certains disent que la *zakât* pèse sur tout ce dont on fait du pain (*ḫubz*) ou de la *'asîda*, qui est une bouillie épaisse faite de farine, de beurre et de miel. C'est la doctrine d'al-Šâfi'î. Mâlik prescrit une *zakât* obligatoire sur le blé (*qamḥ*), l'orge (*ša'îr*), le *sult*, le *'alas* (sorte de blé), parce qu'ils sont d'une même espèce ; le mil (*duhn*) qui est d'une autre espèce ; le sésame (*simsim*), le riz (*aruz*), le maïs (*ḏurra*) et toutes les espèces semblables ; les févettes (*fûl*), les pois chiches (*ḥummus*), les haricots (*lubyâ*), les lentilles (*'ads*), les gesses (*ğulbân*), les petits-pois (*bisilla*), le lupin (*turmus*) et autres féculents (*wa-sâ'ir al-qutniyya*) [2]. La *zakāt* porte encore sur l'huile d'olive et sur le *zabîb* (raisin sec), mais non sur le lin, sa semence ou son huile, ni sur les vesces noires (*kirminna*), ni sur les raves (*lift*), non plus que sur aucun légume frais, ni sur les fruits : figues (*tîn*), glands (*ballûṭ*, ce mot désigne aussi une espèce de châtaigne), châtaignes (*qastall*), grenades (*rummān*), noix de coco (*ğûz al-Hind*), noix (*ğûz*), amandes (*lûz*).

Telle est l'énumération concernant la *zakāt* des produits agricoles, tous alimentaires, telle que la donne Ibn Ḥazm d'après Mâlik. Il est difficile d'y déceler un ordre. Ibn Ḥazm, avec son zāhirisme, se limite scrupuleusement aux quatre produits nommés dans les *ḥadîṯ-s* qu'il retient comme seuls authentiques : le blé, l'orge, les dattes et le zabîb. C'étaient là, apparemment, les récoltes qui, à l'époque du Prophète, assuraient la consommation courante en Arabie. En effet, si on se reporte aux ouvrages des géographes, on voit que la *Ğazîrat al-'Arab* ne produit guère plus que ces quatre denrées alimentaires. Voici, à titre d'exemple, les renseignements que fournit al-Iṣṭaḫrî (première moitié du

1. La racine de ce mot signifie : prendre quelque chose pour soi-même, non pour la vente (*li-nafsi-hi lâ li-l-bay'*). *Cf.* L A, vol. 63, p. 202, col. 2, haut.

2. On trouvera, dans le *Livre des Simples* d'Ibn al-Bayṭâr, que le *sult* est une espèce d'orge qu'on soumet au frottement et qu'on décortique de manière à la rendre toute pareille au blé. Selon Leclerc, c'est le *tragus* de Dioscorides, qui n'est pas une graine, mais une préparation analogue à l'orge perlée. Théophraste dit que le *sult* peut se transformer en froment au bout de trois ans. Ibn Ḥazm (cf. *infra*) fait allusion à des transformations de ce genre. – Le *duhn* est de deux espèces : l'une a un grain qui peut se décortiquer à l'instar du riz, l'autre a un grain qui ne se décortique pas, mais se laisse broyer. Selon Galien, cette céréale ressemble extérieurement au millet dont elle a les propriétés. Comme le millet, on l'emploie à la panification. Elle est peu nutritive. C'est le genre *holcus*, qui a de nombreux représentants dans le nord de l'Afrique. – Le *ḏurra* est le sorgho, dont on fait grand usage en Égypte.

IVe siècle de l'hégire) : a) À La Mecque même, dans le territoire sacré, ne pousse aucun arbre fruitier ; on n'y trouve que la végétation du désert. Dans les environs, il y a des sources avec des jardins constitués par des plantations de palmiers (*ḥawâ'iṭ*), des *wâdî*-s de verdure, des champs de céréales et des palmiers. b) À Médine, sur un sol rocailleux et salin, il y a de nombreux palmiers ; aux environs, on cultive des céréales. c) Dans le Ṭayf, les fruits sont surtout constitués par le raisin. d) Dans le Ṭay, peu de palmiers et de céréales, au contraire de l'oasis de Ḫaybar qui en produit beaucoup. e) Al-Dušayra se distingue par la qualité et la variété de ses dattes. f) Seul l'Oman est signalé comme producteur de fruits plus diversifiés : bananes, grenades et *nabiq* (ou *nabq*) [1], qui paraît être une espèce de cerisier (alisier ?). En dehors de ces produits comestibles, al-Iṣṭaḫrî ne signale, pour l'Arabie, que l'encens, la résine appelée *lubân*, et une plante tinctoriale, le curcuma ou safran d'Inde (*wars*). Certes, cette énumération n'est ni précise, ni exhaustive. Mais on peut y voir la confirmation du fait que la *zakât* primitive sur les produits agricoles correspond à la situation économique de l'Arabie. La richesse de la péninsule est surtout constituée par les chameaux (ceux du pays de Mahra, en particulier), les parfums et l'encens, et surtout par le commerce. Malgré des tentatives heureuses, faites par des juifs, pour développer les cultures (celles des Banû Qurayẓa près de Médine, celles du Wâdî l-Qurâ qui rapportaient au Trésor), il semble que les productions agricoles en denrées comestibles soient restées rudimentaires, même si elles avaient été à l'origine d'un plus grand rendement qu'à l'époque d'al-Iṣṭaḫrî qui signale que, de son temps, plusieurs domaines, appartenant à des familles de Médine (et il faut sans doute entendre là les anciennes exploitations que les tribus juives avaient dû un certain temps continuer à soigner pour le compte de leurs vainqueurs), avaient été abandonnés et ruinés.

Ainsi, l'Imâm al-Šâfi'î a-t-il vraisemblablement vu juste quand il a fait porter la *zakât* qui nous occupe, essentiellement sur les produits panifiables, en plus des dattes et du zabb. Ce faisant, il met le doigt sur une idée importante. Une des catégories de bénéficiaires de l'aumône légale étant celle des pauvres et des indigents, il a paru normal à ce juriste que les prélèvements portent sur les denrées qui constituaient l'alimentation de base. On objectera qu'alors, en Arabie, le pain était déjà un luxe, qu'en plusieurs régions, les Bédouins ne connaissaient que les dattes, ou comme à Mahra (selon Ibn Ḥawqal) le poisson, les laitages et la viande de leurs chameaux. Mais, d'une part, rien n'oblige à penser que Muḥammad a apporté une loi, compte tenu des ressources et des modes de vie de toutes les régions de l'Arabie ; il est plus vraisemblable qu'il a

1. *Cf.* DOZY, *Suppl.* – Ibn al-Bayṭâr donne le *nabiq* comme identique au *sidr*, ou *dāl*, qui est le fruit du *lotos*, « espèce de cerisier d'Égypte au fruit délicieux » (DOZY). Ibn al-Bayṭâr rapporte que le meilleur fruit du *nabiq* se trouve chez les Arabes ; c'est le *nabiq* de Ḥiǧr « que l'on ne rencontre que dans un seul endroit et qui est réservé pour le prince ».

surtout considéré le pays situé entre La Mecque et Médine où, nous l'avons vu, il y avait des cultures ; et, d'autre part, il n'est pas impossible, même si le pain restait, dans cette contrée aussi, un aliment rare, que le Prophète, réformateur social sur tant de points, ait voulu que les pauvres et les indigents de sa communauté en aient leur part. En un mot, le pain aurait eu, à cette époque, pour Muḥammad, la valeur que nous attachons à l'expression « notre pain quotidien ».

En tout cas, c'est bien le sens de la doctrine d'al-Šâfiʿî, et l'on n'en peut plus douter quand il met, dans une catégorie à part, exempte de *zakât*, les mets qui se mangent pour le plaisir (*tafakkuhan*). La *zakât* touche sans doute le superflu, comme il est écrit dans le Coran, mais un superflu qui devient pour les malheureux une nécessité. Le luxe pur, qui ne servirait de rien aux pauvres, n'a rien à donner en aumône ; nous avons vu que les joyaux et les parures sont exemptés. La seule exception porte sur les métaux précieux, l'or et l'argent, qui constituent une richesse en espèces ou l'exact équivalent, et grâce auxquels on peut pourvoir aux besoins par des achats. En somme, l'institution de l'aumône ne demande pas aux fidèles riches de vendre leurs biens pour en distribuer le produit aux pauvres. Mais c'est sans doute que, dans l'ensemble, l'argent avait à cette époque, pour s'assurer un minimum vital, moins de valeur qu'une denrée en nature, immédiatement consommable, précisément parce que les marchandises d'usage courant étaient peu variées. Le commerce de transit, qu'effectuaient les caravanes d'Arabie, ou celui qui portait sur des produits rares et recherchés, ne touchait ni l'un ni l'autre les classes pauvres de la population, relativement à leurs besoins les plus urgents. En outre, le Prophète, qui a si souvent manifesté sa défiance à l'égard du commerce et son humeur contre les marchands, qui a soumis les ventes à des règlements draconiens – grâce auxquels seulement elles devenaient agréables à Dieu et bénies de Lui –, a sans doute préféré pourvoir directement les pauvres de la nourriture indispensable, plutôt que de leur distribuer de l'argent pour l'acheter ; il rendait ainsi impossibles les égarements de l'acheteur et les fraudes du vendeur, en un mot tout mauvais usage des parts de la *zakât*, et toute spéculation sur elles.

L'idée d'al-Šâfiʿî nous offre donc un fil conducteur précieux. Elle explique les mesures prises par le Prophète ; elle ouvre également la voie à leur extension. C'est bien une extension des règles primitives que nous trouvons chez Mâlik. Mais tandis qu'elle est limitée et définie dans le système šâfiʿite grâce à l'emploi de l'analogie et du *taʿlîl*, elle est débridée dans le mâlékisme et donne naissance à cette longue énumération de produits, que nous avons citée tout entière d'après Ibn Ḥazm, et dont nous cherchions en vain le principe de coordination. En effet, Mâlik ne se contente pas d'une généralisation à toutes les graines panifiables. Il ajoute les féculents et certaines huiles.

Il ne sera pas sans intérêt de savoir ce qu'on pensait de la valeur nutritive de ces féculents. Pour cela consultons le *Traité des Simples* d'Ibn al-Bayṭâr. Nous y trouvons le jugement que le médecin espagnol Ibn Ǧulǧul portait sur la gesse :

« Le *ǧulbân* est une graine comestible… La fleur est rougeâtre et donne une gousse blanchâtre…, douce, qui se mange crue au printemps, que l'on fait sécher aussi pour la faire cuire. Elle produit beaucoup de vents ». Le *Livre de l'Agriculture* dit qu'on le donne en fourrage aux bœufs. Al-Tamimî écrit : « Ce fruit donne un mauvais chyle, engendre un sang épais, donne des vents à l'état frais et ne convient qu'aux *travailleurs* et aux *paysans.* » (C'est nous qui soulignons). Quant au lupin, Avicenne le déclare un aliment mauvais, difficile à digérer ; on aide à sa digestion en le prenant avec du vinaigre. Râzî écrit à son sujet : « Si l'on est *obligé* (c'est nous qui soulignons) de faire un usage habituel du lupin, il faut lui associer beaucoup de sucreries et de corps gras, afin de lui faire perdre ses qualités médicamenteuses et de le faire passer à l'état d'aliment ». On peut admettre qu'alors, comme de nos jours, les féculents, surtout séchés et conservés, constituaient une nourriture sinon toujours grossière, du moins peu raffinée. Les termes que nous avons soulignés, dans les citations précédentes, le prouvent très nettement. On discerne alors, dans la généralisation de Mâlik, un léger glissement : la nourriture du pauvre, correspondant à un *minimum* vital que le Prophète avait voulu, semble-t-il, convenable, quoique simple et modeste, tend à devenir une nourriture de qualité inférieure. Nous ne pensons pas que ce soit par mépris des hommes qui bénéficient de l'aumône (d'autant moins que les pauvres et les indigents n'étaient pas les seuls à en profiter). Il paraît plus vraisemblable que la transformation tient à l'accroissement des besoins, lié à l'accroissement, par la conquête, de la communauté musulmane elle-même. L'institution se fonctionnarise. Il se pose des problèmes de quantité, des problèmes de conservation et de distribution des produits. Dans l'ensemble, Mâlik retient surtout ce qui peut être consommé sec, et on remarquera qu'il signale expressément que la *zakât* ne porte pas sur les légumes frais, ni sur les raves. C'est d'abord qu'il y a des époques de la *zakât*, et que toutes les denrées ne peuvent pas attendre ; ensuite que la distribution devait à son tour demander un certain temps. Néanmoins il est étonnant de le voir exclure les fruits, étant donné que ceux qu'il cite peuvent parfaitement être conservés séchés. On peut conjecturer deux explications, d'ailleurs complémentaires, de cette exception. D'abord il est vraisemblable que les Mâlékites n'ont pas voulu généraliser la *zakât* à tous les produits qu'on peut consommer secs, en tant que consommables secs. Il s'agit seulement d'une extension, plus large que celle d'al-Šâfi'î, mais limitée tout de même, du blé et de l'orge à tous les grains panifiables et de là aux « grains » des légumineuses, dont on ne fait pas de pain, mais qui sont assimilables aux précédents. De nos jours encore, en Orient comme en Occident, le marchand de grains vend des légumes secs (pois, pois chiches, etc…). Mais là s'arrêtait la généralisation. Ensuite, on peut penser que la consommation des fruits, même secs, n'était pas d'un usage courant dans la masse du peuple. Que dire des fruits tels que la pomme, la poire, la pêche, l'abricot, qui n'étaient cultivés que dans quelques régions privilégiées ! Aussi n'en est-il pas question dans la liste que donne Ibn Ḥazm, fût-ce pour dire que la *zakât* ne porte pas sur eux.

Passant alors aux Ḥanéfites, Ibn Ḥazm remarque qu'ils ont généralisé l'obligation de la *zakât* à tous les produits de la terre : grains, fruits, fleurs, jusqu'aux roses (*ward*), aux lys (*sawsan*) et aux narcisses (*narjis*). Il n'y a que trois exceptions, le bois à brûler (*ḥaṭab*), les roseaux (*qaṣab*) et l'herbe (*ḥašîš*). Leur opinion varie sur la canne aromatique (*qaṣab al-ḍarîra*). Abû Yûsuf et Muḥammad b. al-Ḥasan pensent qu'il n'y a pas de *zakât* sur les légumes verts, ni sur les fruits (*ḫuḍar* et *fawâkih*), mais sur la noix, l'amande, la figue, l'olive, l'aveline (*ğillawz*), la noisette (*bunduq*), la pigne (*sanawbar*), la pistache (*fustuq*) [1], le cumin (*kammûn*), le carvi (*karâwiyâ*) ou cumin des prés qui est une plante aromatique [2], la moutarde ou sénevé (*ḫardal*), la jujube (*qunnab*), le macis (*ḥabb al-basbās*) [3], aromate, le lin (*kattân*), le carthame (*ḥabb al-ʿuṣfur*), plante tinctoriale, sa graine et sa fleur, la graine de chanvre (*ḥabb al-qunnab*), la garance (*fuwwa*). Tous ces produits, dès qu'ils atteignent cinq charges (*wasq*, *awsâq*) sont soumis à la *zakât*. Y sont également soumis le safran (*zaʿfarân*), le coton (*quṭn*) et le curcuma.

Puis ces deux juristes se séparent sur les quantités *minima* dans le cas du coton, du safran et du curcuma, ainsi que sur la prune (*inğaṣ*), l'oignon (*baṣal*), l'ail (*ṯawm*) et le henné (*ḥinnâʾ*). Il n'y a pas de *zakât* pour les fibres du chanvre, la graine de coton, le gland, la châtaigne, le *nabq*, la pomme (*tuffâḥ*), la pêche (*kummiṯra*), l'abricot (*mišmiš*), le myrobolan (*ihlilâğ*), la pastèque (*bittîḫ*), le concombre (*quṯṯâʾ*), la rave (*lift*), la mûre (*tût*), la caroube (*ḫarrûb*), le cresson alénois (*hurf*), le fenugrec (*ḥulba*), la nielle (*šuniz*), le poireau (*kurrâṯ*). Ibn Ḥazm rapporte encore d'autres opinions, dans le détail desquelles nous nous dispenserons d'entrer.

On voit que la généralisation ḥanéfite a eu pour résultat un allongement important de la liste. Il serait certes difficile de trouver, pour chaque cas, la raison qui l'y a fait inclure. Dans l'ensemble, nous remarquons une constante : les légumes verts et les fruits frais sont exclus, et probablement pour le motif que nous avons déjà signalé. Mais surtout, parmi les nouveaux produits cités comme touchés par la *zakât*, nous relevons à côté de denrées alimentaires, des plantes textiles, tinctoriales et aromatiques, c'est-à-dire qui donnent lieu à une industrie agricole. Si, comme nous allons le voir, ce n'est pas la terre qui est frappée, car la *zakât* n'est pas un impôt à proprement parler, on voit néanmoins apparaître l'idée que la perception de l'aumône légale est justifiée pour toutes les richesses tirées de la terre, qu'elles servent ou non à l'alimentation.

1. On voit que les Ḥanéfites ajoutent à la liste les fruits qui se mangent secs. Dans cette voie, la généralisation est complète.

2. Selon Râzî, le carvi est un correctif des aliments flatulents.

3. Leclerc a établi que la *basbâsa* correspond au macis des modernes, défini par Isḥâq b. ʿAmrân comme l'écorce de la noix muscade attenante à la grosse écorce qui est son enveloppe.

Mais un problème se pose, que les ouvrages de *fiqh* laissent dans l'ombre. Puisque la *zakât* de tous ces produits est perçue en nature, que va-t-on faire de ce qui a été ainsi prélevé ? On le voyait clairement quand il ne s'agissait que de nourriture. Mais que dire de cultures industrielles ? Il n'existait pas d'industries collectives, dont le rendement aurait pu servir les intérêts généraux de la communauté pour l'entretien de ceux qu'elle a à sa charge. Force est de conclure que les bénéficiaires qui recevaient du macis, du lin ou de la garance, devaient en tirer parti eux-mêmes, ou en faire tirer parti par des membres de leur famille, ou en faire échange pour un produit plus immédiatement utilisable. Or, le cas d'un échange mis à part, il est intéressant de constater qu'ainsi conçue, la *zakât* n'était plus une simple aumône dont le produit était purement et simplement consommé. N'est-il pas alors permis de supposer que le ḥanéfisme, au lieu d'entretenir, sans plus, ceux qui avaient droit à la *zakât*, les engageait à travailler et leur donnait la matière première pour alimenter la petite industrie familiale qui a toujours été la forme principale et presque exclusive de l'industrie dans les pays musulmans au Moyen Age ?

Ainsi, bien qu'il ne puisse être question de succession chronologique, et moins encore d'évolution véritable, nous arrivons à cette hypothèse que le ẓâhirisme, le šâfi'isme, le mâlékisme et le ḥanéfisme représentent des tendances qui impliquent des conceptions diverses de l'économie de la *Umma*. Le ẓâhirisme constate une situation de fait, géographique et humaine, devant laquelle le Prophète a réagi en réformateur, et érige en Loi absolue et définitive les mesures qui ont été prises alors ; il est un bon témoin de la réalité sociale de la Communauté musulmane aux tout premiers temps de l'Islam. Le šâfi'isme sent déjà le besoin d'un élargissement ; mais, malgré les promesses de sa méthode juridique rationnelle, il reste, en fait, très près de la législation coranique et prophétique. Avec le mâlékisme, on perçoit un esprit différent : cette école est certainement plus sensible à la pression des réalités, aux difficultés qu'elle soulève. Mais elle les sent plus qu'elle ne les pense, et elle règle les problèmes comme ils se présentent, sans chercher plus loin. C'est ainsi qu'elle fait face aux difficultés nées de l'accroissement de la *Umma*, en allongeant la liste des produits alimentaires où l'on puisera pour subvenir aux charges de la communauté. Seule l'école ḥanéfite, en dépit de beaucoup d'incohérences, c'est-à-dire de solutions particulières dont nous saisissons mal aujourd'hui la motivation, en dépit aussi des divergences de détail de ses docteurs, laisse percer des idées nouvelles, plus dynamiques. Placés devant la réalité des transformations historiques de la *Umma*, les *fuqahâ'* les ont perçues diversement et ont réagi dans des sens différents : en gros, et en schématisant, on peut dire que les uns ont réagi dans le sens du passé, les autres dans le seul présent, les derniers dans le sens de l'avenir. Le ḥanéfisme qui fut l'objet, on le comprend, des critiques violentes et scandalisées d'Ibn Ḥazm, nous fait voir ici tout ce qu'il aurait pu être. Par malheur, il s'est figé comme les autres écoles et n'a rien donné de vraiment important. Quant au ẓâhirisme ḥazmien, avec sa parfaite logique, ayant défini le sens des textes de la Loi révélée, il laisse tranquillement le monde évoluer, sans se soucier d'étendre, aux formes nouvelles qu'il prend et aux réalités imprévues qu'il engendre, la norme du commandement divin.

Tout ce qui précède va recevoir une certaine confirmation, par l'examen des objections qu'Ibn Ḥazm lance à ses différents adversaires. Par principe, le juriste *ẓâhirite* condamne toute extension analogique. Que deux produits soient de la même espèce, ou d'espèces voisines, s'ils ont des noms différents, il faut les distinguer et exclure des textes, qui font la législation, ceux qui ne sont pas mentionnés par leur propre nom. Ibn Ḥazm, en particulier, s'attaque au *sult*. On a pensé, dit-il, que c'était une espèce de blé. Il n'en est rien ; « bien que le blé puisse en certaines terres se changer en *sult* », les deux noms sont différents chez les Arabes, et les traits qui les définissent diffèrent au simple témoignage des sens (*fî l-mušâhada*. On retrouve là les deux critères essentiels dont fait usage Ibn Ḥazm : l'intuition linguistique et l'intuition sensible. Ce parti pris de ne pas accepter les résultats d'une recherche botanique peut être grave, et son jugement sur le *sult* souligne cette gravité : si les cultivateurs améliorent certaines espèces et créent des variétés nouvelles, que dira-t-on ? Qu'il suffit que le nom demeure ? Que le nom inventé par le producteur pour son produit nouveau n'est qu'une convention humaine sans valeur ? Soit, mais s'il y a des différences sensibles ? À la limite on arriverait à dire que la *zakât* pour les denrées agricoles doit se limiter, non seulement aux cultures d'Arabie, nommément désignées par les textes, mais aux variétés précises que les noms indiquèrent dans l'Arabie d'alors, à l'exclusion de tout ce que les progrès de l'agriculture peuvent créer. Néanmoins, il ne faut pas conclure, de son attitude de juriste, qu'Ibn Ḥazm était hostile au progrès économique. Cet homme extraordinaire se tenait en ces matières, comme en toutes les autres, exactement au courant : peu d'esprits ont été aussi modernes que lui, et c'est justement parce qu'il avait le sens de l'évolution du monde moderne qu'il réagissait sur le plan religieux du *fiqh*, pour conserver à la Loi sa pureté originale. Ce faisant, il « détemporalise » la *šarîᶜa* musulmane, se refusant à la laisser s'égarer dans la complexité de l'évolution économique comme de l'évolution sociale. Aussi se trouve-t-il être un témoin indirect mais précieux de ces évolutions.

Mais à côté de ces réflexions à propos de l'analogie fondée sur la botanique, Ibn Ḥazm s'engage plus profondément dans la question en examinant les analogies fondées sur des motivations juridiques. Ces motivations, chez ses adversaires, s'appuyaient elles-mêmes, nous l'avons vu, sur des raisons d'ordre économique et social. Cette particularité n'échappe pas à Ibn Ḥazm, et il voit bien, en critiquant l'Imâm al-Šâfiʿî et Mâlik, qu'ils ont eu le souci de la valeur nutritive des aliments (*qût*). Il leur reproche de n'être pas allé jusqu'au bout de leur principe de motivation. Contre le premier, il écrit : « Ce qui est étonnant, c'est qu'il admet l'analogie de tout ce dont on fait du pain ou de la *ʿasîda* avec le blé (*burr*) et de l'orge (*šaʿîr*), mais qu'il n'admet pas l'analogie de tous les fruits qui se mangent avec la datte ou le raisin sec (*zabîb*). Pourtant le gland, la châtaigne et la noix d'Inde sont des aliments plus solides (*aqwâ*) et plus répandus dans l'alimentation (*fî l-taqawwut*) que le raisin sec. Nous ne connaissons pas de pays où la nourriture soit constituée par le seul raisin sec, tandis que nous en connaissons où il n'y a absolument aucune autre nourriture que la châtaigne, la noix d'Inde ou le gland, dont on fait du pain et de la *ʿasîda* ». Il faut relever le caractère très concret de ces remarques.

Contre Mâlik, Ibn Ḥazm déploie le même argument, en montrant qu'il s'applique ici avec plus de force encore. Si la motivation (*ʿilla*) de la *zakât* était l'alimentation, les produits signalés plus haut auraient, dit-il, plus de vertus alimentaires que l'huile, le pois chiche, la lentille ou le haricot dont parle Mâlik. Mais le plus étonnant, ajoute-t-il, c'est qu'il prescrit la *zakât* pour l'huile de raifort (*zayt* ou *dahn al-fuǧl*) [1] qui ne se mange pas (*wa-huwa lâ yuʾkal*), dont on ne se sert que pour allumer du feu, et qui n'est connue qu'en Égypte. Il est vrai qu'Ibn Ḥazm ne semble pas savoir très bien ce que c'est. Il prétend qu'un témoin, intelligent et digne de foi, lui a rapporté que les Égyptiens appellent *fuǧl* une plante dont on fait l'huile sur laquelle Mâlik fait porter la *zakât* ; c'est une plante désertique, elle ne se cultive pas. Quoi qu'il en soit, pourquoi citer cette huile de *fuǧl* et omettre des huiles qui servent à la consommation, qui sont produites par le Ḫurasân, l'Iraq, la *Sic*ile, comme les huiles de lin, de sésame, de noix, d'olive sauvage, de lentisque (*ḍirw*) ?

Avec les Ḥanéfites, l'analogie est tellement lointaine qu'Ibn Ḥazm se contente de la réfuter en un mot, en disant qu'elle est purement arbitraire et que, dans cette voie, les listes de matières soumises à la *zakât* sont parfaitement incohérentes. Il est certain qu'aux yeux d'un penseur comme Ibn Ḥazm, le juriste qui s'empare de l'institution de la *zakât* et qui en fait varier l'application selon la diversité infinie des circonstances économiques ne fait qu'altérer la Loi divine, en substituant ses raisons particulières à la volonté inscrutable de Dieu.

En fait, on constate que, pour beaucoup de docteurs, l'aumône légale tendrait à devenir un impôt sur la fortune. À l'origine, la *zakât* est une participation personnelle aux besoins de la communauté, besoins qui sont estimés en nature. C'est une transformation radicale que de la mettre en relation soit avec des droits qui frappent la terre, et non la personne, soit avec la valeur ou le prix de ce que l'on possède. Déjà, poser en principe, avec Abû Ḥanîfa, que la *zakât* touche tous les produits de la terre que la pluie du ciel arrose, ou encore

1. Ibn al-Bayṭâr nous apprend que l'huile de raifort ressemble à de l'huile d'olive vieille. Elle est plus échauffante que l'huile de ricin. Employée en friction, elle résout avec violence. Ibn Ḥazm semble avoir en vue une autre plante qui, dit-il, s'appelle *labištâr* chez nous, en Espagne. L'éditeur du *Kitâb al-Muḥallâ* déclare n'avoir pas pu identifier ce mot. Il suggère que c'est un mot espagnol arabisé. À titre d'hypothèse, nous proposons *labrusca*, la lambruche ou lambrusque, vigne sauvage qui a la forme de buissons et que peut évoquer la description qu'en donne Ibn Ḥazm.

prescrire la *zakât* pour les troupeaux qui paissent librement au pâturage (alors que ceux qui sont nourris à l'étable aux frais du propriétaire en sont exemptés), c'est lier l'institution de l'aumône légale à la terre elle-même, et non au produit, c'est en faire comme une redevance qu'on acquitterait en reconnaissance et contrepartie de ce que Dieu donne à l'homme par l'intermédiaire du sol. C'est ainsi qu'on s'est demandé si le locataire d'un terrain doit payer la *zakât* sur sa récolte : certains exemptaient le produit des terres en location (*al-arḍ al-musta*ʾ*ǧara*). La même tendance apparaît encore dans la discussion à propos de la *zakât* sur le miel. Sur ce chapitre, Mâlik, al-Šâfiʿî, Abû Sulaymân, Sufyân al-Ṯawrî ne l'admettent pas, et c'est l'avis d'Ibn Ḥazm qui critique et rejette tous les *ḥadîṯ*-s où il en est fait mention. Selon Abû Ḥanîfa, si l'abeille est sur une terre à dîme (*ḫarâǧ*), il y a *zakât* sur le miel ; il n'y en a pas s'il s'agit d'une terre à *ḫarâǧ*, quelle que soit la quantité produite, alors que, dans le cas du bétail, on ne tient pas compte, pour la *zakât*, de la distinction des deux sortes de terres. On est ici en présence de l'idée que c'est le revenu de la terre qui est à considérer. De ce point de vue, le miel peut, en effet, plus facilement que les troupeaux être assimilé à un revenu agricole. Sans entrer dans les détails de cette question complexe, à laquelle Ibn Ḥazm ne fait que des allusions, nous voyons, sur ce cas particulier, comment la *zakât* des produits agricoles tendait à recouvrir la dîme. Notre auteur se plaît d'ailleurs à montrer les contradictions qui naissent de telles confusions. D'une façon générale, il s'oppose à ceux qui ne font pas tomber la *zakât* sur les récoltes de blé, d'orge et de dattes dans les terres à *ḫarâǧ* et s'appuient sur ce *ḥadîṯ* : ʿUmar ne prélevait pas la *zakât* sur une terre à *ḫarâǧ*. Cette tradition, répond-il, ne concerne que les terres tenues par des infidèles, qui paient l'impôt foncier, mais n'ont pas à participer, avec les musulmans, à l'aumône légale. Ce n'est que plus tard que le régime foncier se modifiant, par les conversions ou par les ventes et autres modes de transmission de la propriété, on vit se poser le problème des terres à *ḫarâǧ* qui devenaient biens musulmans. Quant à ceux qui prétendent que ʿUmar dispensait de l'aumône légale les tenants de terres à *ḫarâǧ* qui se convertissaient, ils se trompent, car il eût été aussi impensable de les exempter de la *zakât* que de les dispenser de la prière. On invoque, il est vrai, l'*iǧmâ*ʿ selon lequel il y a accord pour lever l'impôt foncier, même si le propriétaire est musulman. À cela, il faut répondre que les Compagnons ont été d'accord pour prélever la *zakât* avant de l'être pour lever le *ḫarâǧ*, et qu'ils l'ont été pendant et après. Rien n'est plus étrange que la doctrine de Muḥammad b. al-Ḥasan qui oblige le musulman à payer le *ḫarâǧ* sur la terre à *ḫarâǧ* qu'il possède, et qui l'exempte de la *zakât*, alors qu'il oblige à la *zakât* les juifs et les chrétiens en possession d'une terre à *ʿušr*, et qu'il les exempte du *ḫarâǧ*. Il est certain que ces décisions, qu'Ibn Ḥazm critique avec indignation, ne peuvent s'expliquer que par l'évolution du régime des terres, et les situations souvent inextricables qui en étaient résultées. Mais c'est justement ce dont le juriste ẓâhirite veut préserver la Loi, en la tenant à l'écart de toute évolution. Comme précédemment, sa prise de position rigide fait ressortir, par rapport à ses adversaires, combien les temps avaient changé.

Il admet donc le cumul de l'impôt foncier et de la *zakât*. C'est qu'il a gardé la notion pure de l'aumône légale qui n'est pas un impôt. Ses adversaires objectaient qu'on ne peut « réunir deux droits sur un seul et même bien ». Ce sont mensonges et contrevérités. Les droits sont les droits de Dieu qui peut les réunir sur un même bien, en y eût-il mille. D'ailleurs Ibn Ḥazm signale que ses adversaires ne sont pas toujours conséquents avec ce principe. Ainsi font-ils payer la double dîme (*ḫums*) sur les mines d'or et d'argent en même temps que la *zakât* ; et si la mine se trouve dans une terre à *ḫarâǧ*, ils y lèvent obligatoirement l'impôt foncier. De même les Ḥanéfites contredisent au principe du non-cumul, quand ils font peser la *zakât* sur les produits d'une terre prise à bail.

Quant à ceux qui appliquent ce principe, ils le font arbitrairement. Ainsi, quand une récolte est destinée à la vente, sera-t-elle frappée par la *zakât* prescrite en général pour les produits de la terre ou par celle qui est prélevée sur les biens destinés au commerce ? Tantôt ils font prédominer l'une, tantôt l'autre. Al-Ḥasan b. Ḥayy pense que ce qui est planté en vue du commerce doit supporter la *zakât* des biens destinés au commerce et non la *zakât* prescrite sur les productions agricoles, mais il laisse cumuler le *ḫarâǧ* et la *zakât*. Les Mâlékites et les Šâfi'ites adoptent l'opinion inverse, mais se contredisent quand ils laissent subsister la *zakât* du capital commercial avec l'aumône de la rupture du jeûne.

En face de cette variété déconcertante de doctrines qui trahissent la pression d'une économie plus complexe, Ibn Ḥazm réaffirme la théorie primitive : il y a, dit-il, un *consensus* de la communauté que la *zakât* pèse sur le propriétaire (*râfi*ᶜ) [1], non sur la terre. Répétons-le : l'aumône légale est, à ses yeux, une institution divine, purement religieuse, qui n'a aucune motivation sociale et économique, et qui doit rester en dehors de l'évolution des sociétés.

Dans les discussions sur la *zakât* des marchandises mises dans le commerce, *wurûd al-tiǧâra*, l'attitude d'Ibn Ḥazm va faire ressortir une évolution semblable à la précédente. Il ne s'agit plus ici de l'influence du régime terrien, mais de l'influence de la richesse. Nous savons que, très tôt, les musulmans se sont enrichis grâce à la conquête et que leur richesse commença à poser des problèmes dès le califat de 'Uṯmân. Mais cette même conquête permit au monde islamisé de prendre une place de première importance dans le grand commerce qui pouvait aller de la Chine jusqu'à l'extrême Maghreb. Il semble certain que la législation muḥammadienne sur les ventes (*buyû'*), qui reposait sur un type d'échange idéalement simple, le troc, et déjà en régression

1. Dozy donne pour le verbe *rafa*ᶜ*a* les sens de *conserver, garder, mettre en réserve, en cave*, et aussi de *déposer* et de *transporter*. Le *râfi'* est celui qui transporte les céréales (*rafa*ᶜ*a*, au sens de *naqala*), de l'endroit où il les a moissonnées (*ḥaṣada*) jusqu'à l'aire où on les bat (*baydâr*). C'est donc le propriétaire (*ṣâḥib*) à qui appartient le produit de la terre.

sur les transactions des caravaniers de l'Arabie antéislamique, ne pouvait plus s'appliquer, si tant est qu'elle l'ait jamais été. Quoi qu'il en soit, alors qu'Ibn Ḥazm interdit le stockage qui favorise la spéculation, le grand commerce supposait la constitution de réserves de marchandises qui n'étaient pas destinées à l'usage personnel du marchand, mais qui représentaient pour lui un capital. Faire porter la *zakât* sur ce capital comme le faisaient Abû Ḥanîfa, Mâlik et al-Šâfi'î, impliquait d'importantes transformations que l'argumentation d'Ibn Ḥazm va nous dévoiler. Ses adversaires s'appuyaient sur un *ḥadîṯ* : « Le Prophète nous ordonnait de prendre la *ṣadaqa* sur ce que nous destinions à la vente ». Mais outre que cette tradition n'est pas valable à cause de la qualité de ses transmetteurs, elle ne nous dit pas s'il s'agit de l'aumône légale proprement dite ou d'une aumône individuelle et libre, faite par bonté d'âme et simplement conseillée. De plus, elle n'apporte aucune précision et, en particulier, elle n'indique pas comment cette *zakât* est perçue, soit qu'on la prélève en nature, soit qu'on procède par estimation (*bi-l-taqwîm*). En fait, il semble bien qu'il y ait eu, pour ces nouveaux docteurs, un paiement en espèces, à la suite d'une estimation. On voit aisément pourquoi la classe des marchands a pu être distinguée relativement à la *zakt* : ils étaient riches, soit en argent comptant, soit en marchandises entreposées, et ils pouvaient, en cas d'urgence, fournir une aide immédiate en espèces ou en nature. C'est ainsi, semble-t-il, qu'il faut entendre un *ḥadîṯ* qu'Ibn Ḥazm met dans la bouche de ses contradicteurs : « J'étais, dit le narrateur, au Trésor à l'époque du calife 'Umar. Quand il payait la solde, il réunissait les biens des marchands, puis il faisait le compte de ces biens, qu'ils fussent présentés ou non, et il prélevait la *zakât* pour l'ensemble en prenant dans ceux qui avaient été présentés ». Ce texte ne laisse aucun doute : il s'agit encore d'un prélèvement en nature. Mais ce qui est intéressant, c'est de voir que, pour s'acquitter de la solde, qui ne souffrait pas de délai, car on ne donnait aux combattants dans la voie de Dieu que le strict nécessaire à leurs besoins, et le paiement en était d'autant plus urgent, le calife s'adresse aux marchands. On pourra objecter avec Ibn Ḥazm, que ces « biens des marchands », dont il est question dans le *ḥadîṯ*, sont peut-être des biens personnels, non destinés au commerce, mais normalement frappés par l'aumône légale. Ce qui reste important, c'est cet appel aux marchands et l'idée qu'il implique, à savoir qu'ils constituent une catégorie de croyants qui ont des ressources disponibles. Si la disponibilité est l'essentiel, on comprend qu'elle soit encore plus grande, quand il s'agit non des marchandises elles-mêmes, mais de leur valeur, de leur prix en argent comptant. Ce dernier pas est franchi grâce à un *ḥadîṯ* d'Ibn 'Abbâs, selon lequel il n'y a pas de mal à différer le paiement de la *zakât* jusqu'à ce que la vente soit effectuée. Alors la *zakât* est obligatoire sur le prix de vente. Selon d'autres traditions qui viennent du même Ibn 'Abbâs, il y aurait *zakât* sur le revenu de l'or et de l'argent, sur les troupeaux dont on tire profit et sur les prix de vente. Pour Ibn Ḥazm, la doctrine d'une *zakât* levée sur les biens qui fructifient est fausse. Tout bien peut fructifier, dit-il, et n'est pas pour autant soumis à la loi de l'aumône. Ainsi on peut tirer profit d'un âne ou d'un mulet, et il n'y a pas de *zakât* sur ces animaux, de l'avis de la majorité des docteurs. Il en va de même pour les chameaux qui travaillent ; or ils ne supportent pas non plus la *zakât* selon la doctrine ḥanéfite. Ces jurisconsultes se contredisent donc. Ainsi Ibn Ḥazm se dresse-t-il contre tous ceux qui tendent à faire porter la *zakât* sur la fortune en tant que telle et, en particulier, sur le capital commercial et sur la richesse en numéraire. Comme précédemment, nous devinons, à travers ces oppositions, le développement d'une société qui s'enrichit, et que notre ẓâhirite se refuse à prendre en considération dans le mouvement de son essor. Mâlik distingue une vente « circulaire », où l'on échange marchandise contre marchandise « sans que soit réalisé un seul dirham ». C'est la vieille conception du troc. Dans ce cas, il n'y a pas de *zakât* sur la vente, au contraire du cas où le prix est payé en argent comptant (*naqd*) [1]. De son côté, al-Šâfi'î ne fait pas porter l'aumône légale en même temps sur le capital et sur le bénéfice, sauf dans le cas particulier des changeurs. Il n'est pas question du capital et de l'intérêt en général, mais d'un simple bénéfice commercial limité, puisque l'Islam interdit le prêt à intérêt comme étant une forme de l'usure. Il n'en est pas moins vrai que les problèmes soulevés par les adversaires d'Ibn Ḥazm ne se comprennent que si on admet un certain développement des activités commerciales, après la stricte réglementation que le Prophète leur avait imposée comme borne, et si l'on suppose l'apparition de formes nouvelles d'entreprises et d'exploitations, dans lesquelles un rôle de plus en plus grand est dévolu à l'argent. Il suffit de rappeler des discussions analogues au sujet de l'association en droit musulman, au cours desquelles Ibn Ḥazm résiste de la même manière à des doctrines « modernes », qui entrevoyaient la nécessité de varier et d'assouplir les contrats en cette matière.

On voit, ainsi que nous l'annoncions au début, que si l'étude des opinions des juristes musulmans ne permet pas de montrer d'une manière précise quels étaient leurs fondements dans la réalité sociale historique et géographique, elle n'en révèle pas moins, surtout grâce à ce « réactif » qu'est le traitement ẓâhirite des questions de droit, que des situations concrètes de fait, ou de simples tendances perçues plus ou moins clairement, ont joué un rôle dans une spéculation qui apparaît souvent, à première vue, comme égarée dans une vaine scolastique. Sans doute, au milieu de cette multitude de cas envisagés, ne peut-on pas affirmer qu'il n'y a pas une part d'artifice, un jeu subtil d'intelligences déliées, mais plus agiles à se mouvoir dans le formalisme, qu'à réfléchir sur un donné. Bien des problèmes imaginaires furent posés pour le seul plaisir de les résoudre habilement. Mais il semble indéniable, au moins dans le cas

1. N'aurions-nous pas précisément ici l'amorce d'une distinction entre la vente ordinaire et la vente commerciale ?

particulier et exceptionnellement favorable de la *zakât*, que nous pouvons déceler une évolution des idées, concernant cette institution, sous la poussée d'une transformation politique, sociale et économique. Si, par la suite, on constate une relative stagnation à la fois des doctrines et des choses dans le monde musulman, sans qu'on puisse d'ailleurs en assigner la cause, la communauté des croyants, à ses débuts, a possédé un incontestable dynamisme et a fait preuve de facultés d'adaptation et d'assimilation. Peut-être même est-ce là ce qui a effrayé des esprits attachés aux traditions dans lesquelles ils voyaient la garantie de la vérité religieuse de la Loi. Quoi qu'il en soit, il faut signaler que les juristes qui ont le plus nettement senti la différence des temps ont toujours, par une sorte d'instinct ou de coutume très profondément ancrée en eux, évité d'énoncer nettement les motivations réelles qui avaient pu orienter leurs recherches. Tout est toujours mis sous le couvert de traditions ou ramené aux versets du Coran. Aussi, quand ces premiers maîtres furent étudiés par des disciples qui n'avaient pas leur ouverture, ils apparurent comme de simples commentateurs du passé, et l'on crut faire comme eux une œuvre valable en se bornant à les commenter à leur tour, au lieu de poursuivre et de développer leurs méthodes. Si l'effort personnel fut si facilement condamné, la porte de l'*iğtihâd* si aisément fermée, si, à quelques exceptions près, il n'y eut ni protestations ni incartades, c'est que la mentalité des juristes postérieurs était préparée à l'abandon de toute initiative.

Un des intérêts de la critique d'Ibn Ḥazm, et ce n'est pas le moindre, est de montrer à quoi se réduit le *fiqh*, quand on ne veut réellement innover en rien. C'est ainsi qu'en dépit de l'extrême prudence de ses adversaires qui s'évertuent à garantir leur fidélité au Coran et à la tradition, il perce leurs intentions véritables et les dénonce comme novateurs. Cette dénonciation, destinée à les condamner sans merci, leur donne leur vrai relief et les rend plus vivants en nous les présentant davantage comme des hommes de leur temps.

INDEX NOMINUM

ORIGINE DES TEXTES

Que soient ici remerciés les éditeurs de revues qui ont bien voulu nous accorder leur autorisation à reproduire.

Le Dieu de l'Islam
Studia Missionalia, Roma, 1968, vol. XVII, p. 81-89

Dieu, la création et la révélation en Islam
Revue de Théologie et de Philosophie, 1969, 19/4, p. 353-361

Dieu comme Essence et comme Personne dans la Théologie et la Mystique chrétiennes et musulmanes
The Concept of Monotheism in Islam and Christianity, Hans Köchler (ed.), International Progress Organization, Wilhelm Braumüller, Wien, 1982, p. 97-106

Prophétie et sainteté en Islam
Mélanges Anton Antweiler, « Weg in die Zukunft », A.T. Khoury und M. Wiegels (Hrgb), Leiden, E.J. Brill, 1975, p. 229-257

Ontologie et mystique musulmane
Travaux et jours, Beyrouth, mai-août 1962, n° 6, p. 3-18

Aspects de l'Exégèse coranique
L'Homme devant Dieu, Mélanges offerts au Père Henri de Lubac, Aubier, 1963, vol. 3 : *Perspectives d'aujourd'hui*, p. 51-60

Aḫbâr et *Awâmir* chez Ibn Ḥazm de Cordoue
Arabica, Leiden, E.J. Brill, 1955, T. II, fascicule 2, p. 211-227

La profession de foi d'Ibn Ḥazm
Actas del primer Congreso de Estudios Arabes e Islamicos, Madrid, Imprenta y Editoria Maestre, 1964, p. 137-161

La guerre sainte selon Ibn Ḥazm de Cordoue
Études d'Orientalisme dédiées à la mémoire de Lévi-Provençal, Paris, G.-P. Maisonneuve et Larose, 1962, p. 445-459

La raison et l'identification de la vérité selon Ibn Ḥazm de Cordoue
Mélanges Louis Massignon, Damas, Institut français de Damas, 1956, p. 111-121

La place du Coran dans les *Uṣûl al-fiqh* d'après le *Muḥallâ* d'Ibn Ḥazm
Studia Islamica, Paris, G.P. Maisonneuve et Larose, 1970, fascicule XXXII, p. 21-30

Controverse d'Ibn Ḥazm contre Ibn Naġrila le Juif
Revue de l'Occident musulman et de la Méditerranée, Extrait des *Mélanges Le Tourneau*, Université d'Aix-en-Provence, 1973, N° 13-14, p. 41-48

Le Moi divin et le Moi humain d'après le commentaire coranique de Faḫr al-Dîn al-Râzî
Studia Islamica, Paris, G.-P. Maisonneuve et Larose, 1972, fascicule XXXVI, p. 71-97

Le moi divin dans la pensée d'Ibn ᶜArabî
Mélanges offerts à H. Corbin, édités par Seyyed Hossein Nasr, Téhéran, Mc Gill University, 1977, p. 219-236

L'âme et le monde dans le système philosophique de Fârâbî
Studia Islamica, Paris, G.-P. Maisonneuve et Larose, 1976, fascicule XLIII, p. 53-63

Pensée et langage dans la philosophie de Fârâbî (À propos du *Kitâb al-Ḥurûf*)
Studia Islamica, Paris, G.-P. Maisonneuve et Larose, 1957, fascicule XLV, p. 57-65

La pensée religieuse d'Averroès. I. La doctrine de la création dans le *Tahâfut*
Studia Islamica, Paris, G.P. Maisonneuve et Larose, 1957, fascicule VII, p. 99-114

La pensée religieuse d'Averroès. II. La théorie de Dieu dans le *Tahâfut*
Studia Islamica, Paris, G.P. Maisonneuve et Larose, 1957, fascicule VIII, p. 15-28

La pensée religieuse d'Averroès. III. L'immortalité de l'âme dans le Tahâfut
Studia Islamica, Paris, G.-P. Maisonneuve et Larose, 1959, fascicule X, p. 23-41

Un témoignage sur la culture arabo-musulmane. Le livre d'*Adab* d'al-Mâwardî (m. 1058)
Cahiers de l'Institut de Sciences Économiques Appliquées (titre actuel : *Économie et Sociétés*), 1960, n° 103, p. 85-124, Presses Universitaires de Grenoble, B.P. 47X, 38040 Grenoble cedex

Sur une interprétation économique et sociale des théories de la « *zakât* » en Droit musulman
Cahiers de l'Institut de Sciences Économiques Appliquées (titre actuel : *Économie et Sociétés*), 1960, n° 106, p. 66-86, Presses Universitaires de Grenoble, B.P. 47X 38040 Grenoble cedex)

TABLE DES MATIÈRES

ROGER ARNALDEZ

ASPECTS DE LA PENSÉE MUSULMANE

Achevé d'imprimer par Corlet Numérique - 14110 Condé-sur-Noireau
N° d'Imprimeur : 121892 - Dépôt légal : octobre 2015 - *Imprimé en France*